부동산등기기록례집

(재단 · 입목 · 선박 · 부부재산 등기 포함)

법원행정처

머리말

법원행정처 사법등기국에서는 그동안 여러 차례에 걸쳐 부동산등기기록례집을 발간하여 일선에서 등기업무를 처리하는 등기관들에게 많은 도움을 준 바 있습니다.

그러나 2013년 부동산등기기록례집을 발간한 이후 많은 등기관련 법령이 제정 또는 개정되었음에도 불구하고 변경된 업무처리내용을 반영한 기록례집이 발간되지 않아 아쉬움이 있었던 것 또한 사실입니다.

이에 종전 기록례집 발간 이후에 변경된 등기사항 및 기록방법과 새로로 변경된 부동산등기사항증명서의 양식을 반영하고 미비하였던 기록례를 추가함과 더불어 현행 부동산등기법에 따라 그 체계를 정리하는 등의 작업을 거쳐 새로운 기록례집을 발간하게 되었습니다.

아무쪼록 이 기록례집이 등기사무의 적정하고 신속한 처리와 등기실무에 대한 이해 증진에 다소나마 도움이 되기를 바랍니다.

2019. 8.

법원행정처 사법등기국장 김 우 현

총목차

제1편 부동산등기

제2편 재단등기

제3편 입목등기

제4편 선박등기

제5편 부부재산약정등기

사항별 목차

제1편 부동산등기

제1장 표시에 관한 등기

제2장 소유권에 관한 등기

제3장 용익권에 관한 등기

제4장 담보권에 관한 등기

제5장 신탁에 관한 등기

제6장 가등기

제7장 처분제한 및 강제집행에 관한 등기

제8장 체납처분에 관한 등기

제9장 법원의 명령에 따른 등기

제10장 환지와 도시 및 주거환경정비 등에 관한 등기

제11장 채무자 회생 및 파산에 관한 법률에 따른 등기

제12장 그 밖의 등기

제2편 재단등기

제3편 입목등기

제4편 선박등기

제5편 부부재산약정등기

제1편

부동산등기

제 1 장

표시에 관한 등기

제1장 표시에 관한 등기

제1절 토지의 표시에 관한 등기

1. 토지의 소유권보존등기(표제부) 1

【표 제 부】	(토지의 표시)				
표시번호	접 수	소 재 지 번	지 목	면 적	등기원인 및 기타사항
1	2019년3월5일	서울특별시 은평구 응암동 2	대	350㎡	

2. 토지의 표시변경에 관한 등기

가. 분필의 등기

1) 1필의 토지를 2필로 분할하는 경우 2

(갑지)

【표 제 부】	(토지의 표시)				
표시번호	접 수	소 재 지 번	지 목	면 적	등기원인 및 기타사항
~~1~~	~~2019년1월12일~~	~~서울특별시 서초구 서초동 10~~	~~대~~	~~300㎡~~	
2	2019년4월20일	서울특별시 서초구 서초동 10	대	150㎡	분할로 인하여 대 150㎡를 서울특별시 서초구 서초동 10-1에 이기

(주) 2필 이상으로 분할된 때에는 "분할로 인하여 대○㎡를 ○○시 ○○구 ○○동 ○○에, 대○㎡를 동소 ○○에 이기"라고 기록한다.

(을지)

【표 제 부】	(토지의 표시)				
표시번호	접 수	소 재 지 번	지 목	면 적	등기원인 및 기타사항
1	2019년4월20일	서울특별시 서초구 서초동 10-1	대	150㎡	분할로 인하여 서울특별시 서초구 서초동 10에서 이기

【갑 구】	(소유권에 관한 사항)			
순위번호	등 기 목 적	접 수	등 기 원 인	권 리 자 및 기 타 사 항
1 (전2)	소유권이전	2019년2월4일 제8061호	2019년2월3일 증여	소유자 김우리 600104-1056429 서울특별시 서초구 서초대로46길 60(서초동)
2 (전3)	압류	2019년2월20일 제9211호	2019년2월10일 압류	권리자 국 처분청 마포세무서장
3 (전4)	소유권이전	2019년3월5일 제10611호	2019년3월4일 증여	소유자 이대한 701115-1201257 서울특별시 서초구 강남대로37길 21(서초동)
				분할로 인하여 순위 제1번부터 3번까지 등기를 서울특별시 서초구 서초동 10에서 전사 접수 2019년4월20일 제20701호

(주) 현재 효력 있는 등기가 아니더라도 소유권 이외의 권리에 대한 등기와 관련되는 등기는 그 이후의 등기와 함께 이를 전사하여야 한다.

2) 근저당권 있는 토지를 분할하는 경우 3

(갑지)

【 을 구 】		(소유권 이외의 권리에 관한 사항)		
순위번호	등 기 목 적	접 수	등 기 원 인	권 리 자 및 기 타 사 항
1	근저당권설정	2019년3월10일 제10655호	2019년3월9일 설정계약	채권최고액 금60,000,000원 채무자 이대한 서울특별시 서초구 강남대로37길 21 (서초동) 근저당권자 정다운 721205-1352121 서울특별시 종로구 인사동6길 8 (인사동)
1-1				공동담보 토지 서울특별시 서초구 서초동 10-1 분할로 인하여 2019년4월20일 부기

(을지)

【 을 구 】		(소유권 이외의 권리에 관한 사항)		
순위번호	등 기 목 적	접 수	등 기 원 인	권 리 자 및 기 타 사 항
1 (전1)	근저당권설정	2019년3월10일 제10655호	2019년3월9일 설정계약	채권최고액 금60,000,000원 채무자 이대한 서울특별시 서초구 강남대로37길 21 (서초동) 근저당권자 정다운 721205-1352121 서울특별시 종로구 인사동6길 8 (인사동) 분할로 인하여 순위 제1번 등기를 서울특별시 서초구 서초동 10에서 전사 공동담보 토지 서울특별시 서초구 서초동 10 접수 2019년4월20일 제20701호

3) 분할로 인하여 신설된 토지(을지)에 관하여 근저당권 소멸승낙이 있는 경우 4

(갑지)

【 을 구 】	(소유권 이외의 권리에 관한 사항)			
순위번호	등 기 목 적	접 수	등 기 원 인	권 리 자 및 기 타 사 항
1	근저당권설정	2019년3월10일 제10655호	2019년3월9일 설정계약	채권최고액 금6,000,000원 채무자 이대한 서울특별시 서초구 강남대로37길 21 (서초동) 근저당권자 정다운 721205-1352121 서울특별시 종로구 인사동6길 8 (인사동)
1-1				분할로 인하여 서울특별시 서초구 서초동 10-1에 이기한 토지에 관해서는 소멸승낙에 의하여 근저당권 소멸 2019년4월20일 부기

(주) 이 경우 을지의 을구에는 근저당권 등기를 전사하지 않는다.

4) 분할한 토지(갑지)에 대하여 근저당권의 소멸승낙이 있는 경우 5

(갑지)

【 을 구 】	(소유권 이외의 권리에 관한 사항)			
순위번호	등 기 목 적	접 수	등 기 원 인	권 리 자 및 기 타 사 항
~~1~~	~~근저당권설정~~	~~2019년3월10일~~ ~~제10655호~~	~~2019년3월9일~~	~~채권최고액 금6,000,000원~~ ~~채무자 이대한~~ ~~서울특별시 서초구 강남대로37길 21(서초동)~~ ~~근저당권자 정다운 721205-1352121~~ ~~서울특별시 종로구 인사동6길 8 (인사동)~~
2	1번근저당권설정 등기말소			소멸승낙으로 인하여 2019년4월20일 등기

5) 공동담보목록의 표시변경

가) 통상의 경우 6

【 공 동 담 보 목 록 】					
목록번호	2019-85				
일련번호	부동산에 관한 권리의 표시	관할등기소명	순위번호	기 타 사 항	
				생성원인	변경/소멸
~~1~~	~~[토지] 서울특별시 서초구 서초동 17~~	~~서울중앙지방법원 등기국~~	~~1~~	~~2019년3월10일 제10677호 설정계약으로 인하여~~	2019년4월20일 제20801호 분할로 인하여
2	[토지] 서울특별시 서초구 서초동 117	서울중앙지방법원 등기국	1	2019년3월10일 제10677호 설정계약으로 인하여	
3	[토지] 서울특별시 서초구 서초동 217	서울중앙지방법원 등기국	1	2019년3월10일 제10677호 설정계약으로 인하여	
4	[토지] 서울특별시 서초구 서초동 317	서울중앙지방법원 등기국	1	2019년3월10일 제10677호 설정계약으로 인하여	
5	[토지] 서울특별시 서초구 서초동 417	서울중앙지방법원 등기국	1	2019년3월10일 제10677호 설정계약으로 인하여	
6	[토지] 서울특별시 서초구 서초동 17	서울중앙지방법원 등기국	1	2019년4월20일 제20801호 분할로 인하여	
7	[토지] 서울특별시 서초구 서초동 17-1	서울중앙지방법원 등기국	1	2019년4월20일 제20801호 분할로 인하여	

(주) 일련번호 제1번의 부동산을 말소하는 표시를 하고, 일련번호 제6번, 제7번의 부동산이 다른 공동담보 부동산과 함께 (근)저당권의 목적이라는 뜻을 기록한다.

나) 분할한 토지(갑지)에 관하여 권리 소멸승낙이 있는 경우 7

【 공 동 담 보 목 록 】					
목록번호	2019-85				
일련번호	부동산에 관한 권리의 표시	관할등기소명	순위번호	기 타 사 항	
				생성원인	변경/소멸
~~1~~	~~[토지] 서울특별시 서초구 서초동 17~~	~~서울중앙지방법원 등기국~~	~~1~~	~~2019년3월10일 제10677호 설정계약으로 인하여~~	2019년4월20일 제20801호 분할로 인하여
2	[토지] 서울특별시 서초구 서초동 117	서울중앙지방법원 등기국	1	2019년3월10일 제10677호 설정계약으로 인하여	
3	[토지] 서울특별시 서초구 서초동 217	서울중앙지방법원 등기국	1	2019년3월10일 제10677호 설정계약으로 인하여	
4	[토지] 서울특별시 서초구 서초동 317	서울중앙지방법원 등기국	1	2019년3월10일 제10677호 설정계약으로 인하여	
5	[토지] 서울특별시 서초구 서초동 417	서울중앙지방법원 등기국	1	2019년3월10일 제10677호 설정계약으로 인하여	
6	[토지] 서울특별시 서초구 서초동 17-1	서울중앙지방법원 등기국	1	2019년4월20일 제20801호 분할로 인하여	

6) 토지 전부에 전세권이 있는 토지를 분할하는 경우 8

(갑지)

【 을 구 】	(소유권 이외의 권리에 관한 사항)			
순위번호	등 기 목 적	접 수	등 기 원 인	권 리 자 및 기 타 사 항
1	전세권설정	2017년7월24일 제8123호	2017년7월24일 설정계약	전세금 금50,000,000원 범 위 토지의 전부 존속기간 2017년7월24일부터 2년간 전세권자 김한울 650422-1045115 서울특별시 종로구 율곡로1길 16 (사간동)
1-1				공동전세 토지 서울특별시 서초구 서초동 20-1 분할로 인하여 2018년9월20일 부기

(을지)

【 을 구 】	(소유권 이외의 권리에 관한 사항)			
순위번호	등 기 목 적	접 수	등 기 원 인	권 리 자 및 기 타 사 항
1 (전1)	전세권설정	2017년7월24일 제8123호	2017년7월24일 설정계약	전세금 금50,000,000원 범 위 토지의 전부 존속기간 2017년7월24일부터 2년간 전세권자 김한울 650422-1045115 서울특별시 종로구 율곡로1길 16 (사간동) 분할로 인하여 순위 제1번 등기를 서울특별시 서초구 서초동 20에서 전사 공동전세 토지 서울특별시 서초구 서초동 20 접수 2018년9월20일 제70701호

7) 토지 전부에 지상권이 있는 토지를 분할하는 경우 9

(을지)

【 을 구 】	(소유권 이외의 권리에 관한 사항)			
순위번호	등 기 목 적	접 수	등 기 원 인	권 리 자 및 기 타 사 항
1 (전2)	지상권설정	2012년9월11일 제9101호	2012년9월11일 설정계약	목 적 목조건물의 소유 범 위 토지의 전부 존속기간 2012년9월11일부터 15년 지상권자 김한울 650422-1045115 서울특별시 종로구 율곡로1길 16 (사간동)
				분할로 인하여 순위 제1번 등기를 서울특별시 서초구 서초동 21에서 전사 접수 2018년9월20일 제70701호

8) 토지의 일부에 지상권이 있는 토지를 분할하는 경우(규칙 제74조, 제77조)

가) 분할 후의 갑지 전부에만 지상권이 존속하는 경우(규칙 제77조제1항) 10

(갑지)

【 을 구 】	(소유권 이외의 권리에 관한 사항)			
순위번호	등 기 목 적	접 수	등 기 원 인	권 리 자 및 기 타 사 항
1	지상권설정	2012년9월11일 제9102호	2012년9월11일 설정계약	목 적 목조건물의 소유 ~~범 위 동남측 300㎡~~ 존속기간 2012년9월11일부터 15년 지상권자 김한울 650422-1045115 서울특별시 종로구 율곡로1길 16 (사간동) ~~도면 제2012-30호~~
1-1	1번지상권변경			범 위 토지의 전부 2018년9월20일 부기
1-2				분할로 인하여 서울특별시 서초구 서초동 22-1에 이기한 토지에 대하여는 1번 지상권 부존재 2018년9월20일 부기

(주) 1. 분필등기신청서에 지상권이 갑지의 전부에만 존속함을 증명하는 지상권자의 확인정보를 첨부정보로서 제공하여야 한다.

2. 을지에는 전사하지 아니한다.

3. 임차권, 전세권 등이 있는 경우에도 동일하다.

나) 분할 후의 을지 전부에만 지상권이 존속하는 경우(규칙 제77조제1항) 11

(갑지)

【 을 구 】	(소유권 이외의 권리에 관한 사항)			
순위번호	등 기 목 적	접 수	등 기 원 인	권 리 자 및 기 타 사 항
~~1~~	~~지상권설정~~	~~2012년9월11일~~ ~~제9102호~~	~~2012년9월11일~~ ~~설정계약~~	~~목 적 목조건물의 소유~~ ~~범 위 동남측 300㎡~~ ~~존속기간 2012년9월11일부터 15년~~ ~~지상권자 김한울 650422-1045115~~ ~~서울특별시 종로구 율곡로1길 16(사간동)~~ ~~도면 제2012-30호~~
2	1번지상권설정 등기말소			분할로 인하여 지상권 부존재 2018년9월20일 등기

(주) 분필등기신청서에 지상권이 을지의 전부에만 존속함을 증명하는 지상권자의 확인정보를 첨부정보로서 제공하여야 한다.

(을지)

【 을 구 】	(소유권 이외의 권리에 관한 사항)			
순위번호	등 기 목 적	접 수	등 기 원 인	권 리 자 및 기 타 사 항
1 (전1)	지상권설정	2012년9월11일 제9102호	2012년9월11일 설정계약	목 적 목조건물의 소유 ~~범 위 동남측 300㎡~~ 존속기간 2012년9월11일부터 15년 지상권자 김한울 650422-1045115 서울특별시 종로구 율곡로1길 16 (사간동) ~~도면 제2012-30호~~
				분할로 인하여 순위 제1번 등기를 서울특별시 서초구 서초동 23에서 전사 접수 2018년9월20일 제9160호
1-1	1번지상권변경			범 위 토지의 전부 2018년9월20일 부기

다) 분할 후의 갑지 일부에만 지상권이 존속하는 경우(규칙 제77조제2항) 12

(갑지)

【 을 구 】	(소유권 이외의 권리에 관한 사항)			
순위번호	등 기 목 적	접 수	등 기 원 인	권 리 자 및 기 타 사 항
1	지상권설정	2012년9월11일 제9102호	2012년9월11일 설정계약	목 적 목조건물의 소유 ~~범 위 동남측 300㎡~~ 존속기간 2012년9월11일부터 15년 지상권자 김한울 650422-1045115 서울특별시 종로구 율곡로1길 16 (사간동) ~~도면 제2012-30호~~
1-1	1번지상권변경			범 위 동남측 300㎡ 도면 제2018-35호 2018년9월20일 부기
1-2				분할로 인하여 서울특별시 서초구 서초동 22-1에 이기한 토지에 대하여는 1번 지상권 부존재 2018년9월20일 부기

(주) 1. 분필등기신청서에 지상권이 갑지의 일부에만 존속함을 증명하는 지상권자의 확인정보와 그 존속하는 부분을 표시한 도면을 첨부정보로서 제공하여야 한다.

2. 을지에는 전사하지 아니한다.

라) 분할 후의 을지 일부에만 지상권이 존속하는 경우(규칙 제77조제2항) 13

(갑지)

【 을 구 】	(소유권 이외의 권리에 관한 사항)			
순위번호	등 기 목 적	접 수	등 기 원 인	권 리 자 및 기 타 사 항
~~1~~	~~지상권설정~~	~~2012년9월11일~~ ~~제9102호~~	~~2012년9월11일~~ ~~설정계약~~	~~목 적 목조건물의 소유~~ ~~범 위 동남측 300㎡~~ ~~존속기간 2012년9월11일부터 15년~~ ~~지상권자 김한울 650422-1045115~~ ~~서울특별시 종로구 율곡로1길 16~~ ~~(사간동)~~ ~~도면 제2012-30호~~
2	1번지상권설정 등기말소			분할로 인하여 지상권 부존재 2018년9월20일 등기

(주) 분필등기신청서에 지상권이 을지의 일부에만 존속함을 증명하는 지상권자의 확인정보와 그 존속하는 부분을 표시한 도면을 첨부정보로서 제공하여야 한다.

(을지)

【 을 구 】	(소유권 이외의 권리에 관한 사항)			
순위번호	등 기 목 적	접 수	등 기 원 인	권 리 자 및 기 타 사 항
1 (전1)	지상권설정	2012년9월11일 제9102호	2012년9월11일 설정계약	목 적 목조건물의 소유 ~~범 위 동남측 300㎡~~ 존속기간 2012년9월11일부터 15년 지상권자 김한울 650422-1045115 서울특별시 종로구 율곡로1길 16 (사간동) ~~도면 제2012-30호~~
				분할로 인하여 순위 제1번 등기를 서울특별시 서초구 서초동 23에서 전사 접수 2018년9월20일 제9160호
1-1	1번지상권변경			범 위 동남측 300㎡ 도면 제2018-35호 2018년9월20일 부기

마) 분할 후의 갑지와 을지의 각 일부에 지상권이 존속하는 경우 (규칙 제77조 제2항) 14

(갑지)

【 을 구 】	(소유권 이외의 권리에 관한 사항)			
순위번호	등 기 목 적	접 수	등 기 원 인	권 리 자 및 기 타 사 항
1	지상권설정	2012년9월11일 제9102호	2012년9월11일 설정계약	목 적 목조건물의 소유 ~~범 위 동측 150㎡~~ 존속기간 2012년9월11일부터 15년 지상권자 김한울 650422-1045115 서울특별시 종로구 율곡로1길 16 (사간동) ~~도면 제2012-30호~~
1-1	1번지상권변경			범 위 동측 50㎡ 도면 제2018-35호 2018년9월20일 부기

(주) 분필등기신청서에 지상권이 갑지 및 을지의 각 일부에 존속함을 증명하는 지상권자의 확인정보와 그 존속하는 부분을 표시한 도면을 첨부정보로서 제공하여야 한다.

(을지)

【 을 구 】	(소유권 이외의 권리에 관한 사항)			
순위번호	등 기 목 적	접 수	등 기 원 인	권 리 자 및 기 타 사 항
1 (전1)	지상권설정	2012년9월11일 제9102호	2012년9월11일 설정계약	목 적 목조건물의 소유 ~~범 위 동측 150㎡~~ 존속기간 2012년9월11일부터 15년 지상권자 김한울 650422-1045115 서울특별시 종로구 율곡로1길 16 (사간동) ~~도면 제2012-30호~~ 분할로 인하여 순위 제1번 등기를 서울특별시 서초구 서초동 24에서 전사 접수 2018년9월20일 제9160호
1-1	1번지상권변경			범 위 동측 100㎡ 도면 제2018-36호 2018년9월20일 부기

바) 분할 후의 갑지의 전부 및 을지의 일부에 지상권이 존속하는 경우 15

(갑지)

【 을 구 】	(소유권 이외의 권리에 관한 사항)			
순위번호	등 기 목 적	접 수	등 기 원 인	권 리 자 및 기 타 사 항
1	지상권설정	2012년9월11일 제9102호	2012년9월11일 설정계약	목 적 목조건물의 소유 ~~범 위 동측 150㎡~~ 존속기간 2012년9월11일부터 15년 지상권자 김한울 650422-1045115 서울특별시 종로구 율곡로1길 16 (사간동) ~~도면 제2012-30호~~
1-1	1번지상권변경			범 위 토지의 전부 2018년9월20일 부기

(주) 분필등기신청서에 지상권이 갑지의 전부 및 을지의 일부에 존속함을 증명하는 지상권자의 확인정보와 을지의 일부에 존속하는 부분을 표시한 도면을 첨부정보로서 제공하여야 한다.

(을지)

【 을 구 】	(소유권 이외의 권리에 관한 사항)			
순위번호	등 기 목 적	접 수	등 기 원 인	권 리 자 및 기 타 사 항
1 (전1)	지상권설정	2012년9월11일 제9102호	2012년9월11일 설정계약	목 적 목조건물의 소유 ~~범 위 동측 150㎡~~ 존속기간 2012년9월11일부터 15년 지상권자 김한울 650422-1045115 서울특별시 종로구 율곡로1길 16 (사간동) ~~도면 제2012-30호~~
				분할로 인하여 순위 제1번 등기를 서울특별시 서초구 서초동 24에서 전사 접수 2018년9월20일 제9160호
1-1	1번지상권변경			범 위 동측 100㎡ 도면 제2018-35호 2018년9월20일 부기

사) 분할 후의 갑지의 일부 및 을지의 전부에 지상권이 존속하는 경우 16

(갑지)

【 을 구 】	(소유권 이외의 권리에 관한 사항)			
순위번호	등 기 목 적	접 수	등 기 원 인	권 리 자 및 기 타 사 항
1	지상권설정	2012년9월11일 제9102호	2012년9월11일 설정계약	목 적 목조건물의 소유 ~~범 위 동측 150㎡~~ 존속기간 2012년9월11일부터 15년 지상권자 김한울 650422-1045115 서울특별시 종로구 율곡로1길 16 (사간동) ~~도면 제2012-30호~~
1-1	1번지상권변경			범 위 동측 50㎡ 도면 제2018-35호 2018년9월20일 부기

(주) 15항의 (주)참조.

(을지)

【 을 구 】	(소유권 이외의 권리에 관한 사항)			
순위번호	등 기 목 적	접 수	등 기 원 인	권 리 자 및 기 타 사 항
1 (전1)	지상권설정	2012년9월11일 제9102호	2012년9월11일 설정계약	목 적 목조건물의 소유 ~~범 위 동측 150㎡~~ 존속기간 2012년9월11일부터 15년 지상권자 김한울 650422-1045115 서울특별시 종로구 율곡로1길 16 (사간동) ~~도면 제2012-30호~~ 분할로 인하여 순위 제1번 등기를 서울특별시 서초구 서초동 24에서 전사 접수 2018년9월20일 제9160호
1-1	1번지상권변경			범 위 토지의 전부 2018년9월20일 부기

(주) 임차권 및 전세권의 경우도 이상 「10항~16항」의 기록례에 의한다.

9) 토지전부에 지역권이 있는 토지를 분할하는 경우

가) 승역지 지역권 17

(을지)

【 을 구 】 (소유권 이외의 권리에 관한 사항)				
순위번호	등기목적	접 수	등기원인	권리자 및 기타사항
1 (전1)	지역권설정	2019년3월10일 제1223호	2019년3월8일 설정계약	목 적 통행 범 위 토지의 전부 특약 지역권은 요역지 소유권과 함께 이전하지 않음 요역지 서울특별시 서초구 서초동 120
				분할로 인하여 순위 제1번 등기를 서울특별시 서초구 서초동 1230에서 전사 접수 2019년5월10일 제11704호

나) 요역지 지역권의 변경

(1) 승역지가 요역지와 동일 등기소 관할인 경우 18

(요역지)

【 을 구 】	(소유권 이외의 권리에 관한 사항)			
순위번호	등 기 목 적	접 수	등 기 원 인	권 리 자 및 기 타 사 항
1	요역지지역권			~~승역지 서울특별시 서초구 서초동 1230~~ 목 적 통행 ~~범 위 토지의 전부~~ 2019년3월10일 등기
1-1	1번요역지지역권 변경			승역지 서울특별시 서초구 서초동 1230 범 위 토지의 전부 승역지 서울특별시 서초구 서초동 1230-1 범 위 토지의 전부 승역지분할로 인하여 2019년5월10일 부기

(2) 승역지가 요역지와 다른 등기소 관할인 경우 19

(요역지)

【 을 구 】	(소유권 이외의 권리에 관한 사항)			
순위번호	등 기 목 적	접 수	등 기 원 인	권 리 자 및 기 타 사 항
1	요역지지역권	2019년3월10일 제1223호		~~승역지 서울특별시 서초구 서초동 121~~ 목 적 통행 ~~범 위 토지의 전부~~
1-1	1번요역지지역권 변경	2019년5월10일 제11704호	2019년5월7일 승역지분할	승역지 서울특별시 서초구 서초동 121 범 위 토지의 전부 승역지 서울특별시 서초구 서초동 121-1 범 위 토지의 전부

10) 토지의 일부에 지역권이 있는 토지를 분할하는 경우

가) 분할 후의 갑지와 을지의 각 일부에 지역권이 존속하는 경우 20

승역지(갑지)

【 을 구 】	(소유권 이외의 권리에 관한 사항)			
순위번호	등 기 목 적	접 수	등 기 원 인	권 리 자 및 기 타 사 항
1	지역권설정	2019년3월10일 제1223호	2012년3월8일 설정계약	목 적 통행 ~~범 위 동측 70㎡~~ 요역지 서울특별시 서초구 서초동 123 ~~도면 제2019-2호~~
1-1	1번지역권변경			범 위 동측 20㎡ 도면 제2019-5호 2019년5월10일 부기

(주) 1. 분할등기신청서에 지역권이 갑지 및 을지의 각 일부에 존속함을 증명하는 지역권자의 확인정보를 제공하여야 한다.
2. 지역권이 갑지 및 을지의 일부에 존재함을 표시하는 도면을 첨부하여야 한다.

승역지(을지)

【 을 구 】	(소유권 이외의 권리에 관한 사항)			
순위번호	등 기 목 적	접 수	등 기 원 인	권 리 자 및 기 타 사 항
1 (전1)	지역권설정	2019년3월10일 제1223호	2019년3월8일 설정계약	목 적 통행 ~~범 위 동측 70㎡~~ 요역지 서울특별시 서초구 서초동 123 ~~도면 제2019-2호~~
				분할로 인하여 순위 제1번 등기를 서울특별시 서초구 서초동 122에서 전사 접수 2019년5월10일 제11704호
1-1	1번지역권변경			범 위 동측 50㎡ 도면 제2019-5호 2019년5월10일 부기

요역지

【 을 구 】	(소유권 이외의 권리에 관한 사항)			
순위번호	등 기 목 적	접 수	등 기 원 인	권 리 자 및 기 타 사 항
1	요역지지역권			~~승역지 서울특별시 서초구 서초동 122~~ 목 적 통행 ~~범 위 동측 70㎡~~ 2019년3월10일 등기
1-1	1번요역지지역권 변경			승역지 서울특별시 서초구 서초동 122 범 위 동측 20㎡ 승역지 서울특별시 서초구 서초동 122-1 범 위 동측 50㎡ 승역지분할로 인하여 2019년5월10일 부기

(주) 승역지와 요역지가 동일 등기소의 관할인 경우이다.

요역지

【 을 구 】	(소유권 이외의 권리에 관한 사항)			
순위번호	등 기 목 적	접 수	등 기 원 인	권 리 자 및 기 타 사 항
1	요역지지역권	2019년3월10일 제1223호		~~승역지 서울특별시 서초구 서초동 122~~ 목 적 통행 ~~범 위 동측 70㎡~~
1-1	1번요역지지역권 변경	2019년5월10일 제11704호	2019년5월7일 승역지분할	승역지 서울특별시 서초구 서초동 122 범 위 동측 20㎡ 승역지 서울특별시 서초구 서초동 122-1 범 위 동측 50㎡

(주) 승역지와 요역지가 다른 등기소의 관할인 경우이다.

나) 분할 후의 갑지 전부에만 지역권이 존속하는 경우 21

승역지(갑지)

【 을 구 】	(소유권 이외의 권리에 관한 사항)			
순위번호	등 기 목 적	접 수	등 기 원 인	권 리 자 및 기 타 사 항
1	지역권설정	2019년3월10일 제1223호	2019년3월8일 설정계약	목 적 통행 ~~범 위 동측 80㎡~~ 요역지 서울특별시 서초구 서초동 125 ~~도면 제2019-2호~~
1-1	1번지역권변경			범 위 토지의 전부 2019년5월10일 부기
1-2				분할로 인하여 서울특별시 서초구 서초동 124-1에 이기한 토지에 대하여는 1번 지역권 부존재 2019년5월10일 부기

(주) 1. 분필등기신청서에 지역권이 갑지의 전부에만 존속함을 증명하는 지역권자의 확인정보를 첨부정보로서 제공하여야 한다.
2. 을지에는 전사하지 않는다.

요역지

【 을 구 】	(소유권 이외의 권리에 관한 사항)			
순위번호	등 기 목 적	접 수	등 기 원 인	권 리 자 및 기 타 사 항
1	요역지지역권			~~승역지 서울특별시 서초구 서초동 124~~ 목 적 통행 ~~범 위 동측 80㎡~~ 2019년3월10일 등기
1-1	1번요역지지역권 변경			승역지 서울특별시 서초구 서초동 124 범 위 토지의 전부 승역지분할로 인하여 2019년5월10일 부기

다) 분할 후의 갑지 일부에만 지역권이 존속하는 경우 22

승역지(갑지)

【 을 구 】	(소유권 이외의 권리에 관한 사항)			
순위번호	등 기 목 적	접 수	등 기 원 인	권 리 자 및 기 타 사 항
1	지역권설정	2019년3월10일 제1223호	2019년3월8일 설정계약	목 적 통행 ~~범 위 동측 80㎡~~ 요역지 서울특별시 서초구 서초동 125 ~~도면 제2019-2호~~
1-1	1번지역권변경			범 위 동측 80㎡ 도면 제2019-5호 2019년5월10일 부기
1-2				분할로 인하여 서울특별시 서초구 서초동 124-1에 이기한 토지에 대하여는 1번 지역권 부존재 2019년5월10일 부기

(주) 1. 분필등기신청서에 지역권이 갑지의 일부에만 존속함을 증명하는 지역권자의 확인정보를 첨부정보로서 제공하여야 한다.
2. 지역권이 갑지의 일부에 존재함을 표시하는 도면을 첨부하여야 한다.
3. 을지에는 전사하지 아니한다.

요역지

【 을 구 】	(소유권 이외의 권리에 관한 사항)			
순위번호	등 기 목 적	접 수	등 기 원 인	권 리 자 및 기 타 사 항
1	요역지지역권			~~승역지 서울특별시 서초구 서초동 124~~ 목 적 통행 ~~범 위 동측 80㎡~~ 2019년3월10일 등기
1-1	1번요역지지역권변경			승역지 서울특별시 서초구 서초동 124 범 위 동측 80㎡ 승역지분할로 인하여 2019년5월10일 부기

라) 분할 후의 을지 전부에만 지역권이 존속하는 경우 23

승역지(갑지)

【 을 구 】		(소유권 이외의 권리에 관한 사항)		
순위번호	등 기 목 적	접 수	등 기 원 인	권 리 자 및 기 타 사 항
~~1~~	~~지역권설정~~	~~2019년3월10일~~ ~~제1223호~~	~~2019년3월8일~~ ~~설정계약~~	~~목 적 통행~~ ~~범 위 동측 140㎡~~ ~~요역지 서울특별시 서초구 서초동 127~~ ~~도면 제2019-2호~~
2	1번지역권설정등기말소			분할로 인하여 지역권 부존재 2019년5월10일 등기

(주) 분필등기신청서에 지역권이 을지의 전부에만 존속함을 증명하는 지역권자의 확인정보를 첨부정보로서 제공하여야 한다.

승역지(을지)

【 을 구 】		(소유권 이외의 권리에 관한 사항)		
순위번호	등 기 목 적	접 수	등 기 원 인	권 리 자 및 기 타 사 항
1 (전1)	지역권설정	2019년3월10일 제1223호	2019년3월8일 설정계약	목 적 통행 ~~범 위 동측 140㎡~~ 요역지 서울특별시 서초구 서초동 127 ~~도면 제2019-2호~~
				분할로 인하여 순위 제1번 등기를 서울특별시 서초구 서초동 126에서 전사 접수 2019년5월10일 제11704호
1-1	1번지역권변경			범 위 토지의 전부 2019년5월10일 부기

요역지

【 을 구 】 (소유권 이외의 권리에 관한 사항)				
순위번호	등 기 목 적	접 수	등 기 원 인	권 리 자 및 기 타 사 항
1	요역지지역권			~~승역지 서울특별시 서초구 서초동 126~~ 목 적 통행 ~~범 위 동측 140㎡~~ 2019년3월10일 등기
1-1	1번요역지지역권 변경			승역지 서울특별시 서초구 서초동 126-1 범 위 토지의 전부 승역지분할로 인하여 2019년5월10일 부기

마) 분할 후의 을지 일부에만 지역권이 존속하는 경우 24

승역지(갑지)

【 을 구 】	(소유권 이외의 권리에 관한 사항)			
순위번호	등 기 목 적	접 수	등 기 원 인	권 리 자 및 기 타 사 항
~~1~~	~~지역권설정~~	~~2019년3월10일~~ ~~제1223호~~	~~2019년3월8일~~ ~~설정계약~~	~~목 적 통행~~ ~~범 위 동측 140㎡~~ ~~요역지 서울특별시 서초구 서초동 127~~ ~~도면 제2019-2호~~
2	1번지역권설정등기말소			분할로 인하여 지역권 부존재 2019년5월10일 등기

(주) 1. 분필등기신청서에 지역권이 을지의 일부에만 존속함을 증명하는 지역권자의 확인정보를 첨부정보로서 제공하여야 한다.
2. 지역권이 을지의 일부에만 존재함을 표시하는 도면을 첨부하여야 한다.

승역지(을지)

【 을 구 】	(소유권 이외의 권리에 관한 사항)			
순위번호	등 기 목 적	접 수	등 기 원 인	권 리 자 및 기 타 사 항
1 (전1)	지역권설정	2019년3월10일 제1223호	2019년3월8일 설정계약	목 적 통행 ~~범 위 동측 140㎡~~ 요역지 서울특별시 서초구 서초동 127 ~~도면 제2019-2호~~
				분할로 인하여 순위 제1번 등기를 서울특별시 서초구 서초동 126에서 전사 접수 2019년5월10일 제11704호
1-1	1번지역권변경			범 위 동측 140㎡ 도면 제2019-5호 2019년5월10일 부기

요역지

【 을 구 】	(소유권 이외의 권리에 관한 사항)			
순위번호	등 기 목 적	접 수	등 기 원 인	권 리 자 및 기 타 사 항
1	요역지지역권			~~승역지 서울특별시 서초구 서초동 126~~ 목 적 통행 ~~범 위 동측 140㎡~~ 2019년3월10일 등기
1-1	1번요역지지역권 변경			승역지 서울특별시 서초구 서초동 126-1 범 위 동측 140㎡ 승역지분할로 인하여 2019년5월10일 부기

바) 분할 후의 갑지의 전부 및 을지의 일부에 지역권이 존속하는 경우 25

승역지(갑지)

【 을 구 】	(소유권 이외의 권리에 관한 사항)			
순위번호	등 기 목 적	접 수	등 기 원 인	권 리 자 및 기 타 사 항
1	지역권설정	2019년3월10일 제1223호	2019년3월8일 설정계약	목 적 통행 ~~범 위 동측 70㎡~~ 요역지 서울특별시 서초구 서초동 123 ~~도면 제2019-2호~~
1-1	1번지역권변경			범 위 토지의 전부 2019년5월10일 부기

(주) 1. 분필등기신청서에 지역권이 갑지의 전부 및 을지의 일부에 존속함을 증명하는 지역권자의 확인정보를 첨부정보로서 제공하여야 한다.
2. 지역권이 을지의 일부에 존재함을 표시하는 도면을 첨부하여야 한다.

승역지(을지)

【 을 구 】	(소유권 이외의 권리에 관한 사항)			
순위번호	등 기 목 적	접 수	등 기 원 인	권 리 자 및 기 타 사 항
1 (전1)	지역권설정	2019년3월10일 제1223호	2019년3월8일 설정계약	목 적 통행 ~~범 위 동측 70㎡~~ 요역지 서울특별시 서초구 서초동 123 ~~도면 제2019-2호~~
				분할로 인하여 순위 제1번 등기를 서울특별시 서초구 서초동 126에서 전사 접수 2019년5월10일 제11704호
1-1	1번지역권변경			범 위 동측 20㎡ 도면 제2019-5호 2019년5월10일 부기

요역지

【 을 구 】	(소유권 이외의 권리에 관한 사항)			
순위번호	등 기 목 적	접 수	등 기 원 인	권 리 자 및 기 타 사 항
1	요역지지역권			~~승역지 서울특별시 서초구 서초동 126~~ 목 적 통행 ~~범 위 동측 70㎡~~ 2019년3월10일 등기
1-1	1번요역지지역권 변경			승역지 서울특별시 서초구 서초동 126 범 위 토지의 전부 승역지 서울특별시 서초구 서초동 126-1 범 위 동측 20㎡ 승역지분할로 인하여 2019년5월10일 부기

사) 분할 후의 갑지의 일부 및 을지의 전부에 지역권이 존속하는 경우 26

승역지(갑지)

【 을 구 】	(소유권 이외의 권리에 관한 사항)			
순위번호	등 기 목 적	접 수	등 기 원 인	권 리 자 및 기 타 사 항
1	지역권설정	2019년3월10일 제1223호	2019년3월8일 설정계약	목 적 통행 ~~범 위 동측 70㎡~~ 요역지 서울특별시 서초구 서초동 123 ~~도면 제2019-2호~~
1-1	1번지역권변경			범 위 동측 30㎡ 도면 제2019-5호 2019년5월10일 부기

(주) 1. 분필등기신청서에 지역권이 갑지의 일부 및 을지의 전부에 존속함을 증명하는 지역권자의 확인정보를 첨부정보로서 제공하여야 한다.
2. 지역권이 갑지의 일부에 존속함을 표시하는 도면을 첨부하여야 한다.

승역지(을지)

【 을 구 】	(소유권 이외의 권리에 관한 사항)			
순위번호	등 기 목 적	접 수	등 기 원 인	권 리 자 및 기 타 사 항
1 (전1)	지역권설정	2019년3월10일 제1223호	2019년3월8일 설정계약	목 적 통행 ~~범 위 동측 70㎡~~ 요역지 서울특별시 서초구 서초동 123 ~~도면 제2019-2호~~
				분할로 인하여 순위 제1번 등기를 서울특별시 서초구 서초동 126에서 전사 접수 2019년5월10일 제11704호
1-1	1번지역권변경			범 위 토지의 전부 2019년5월10일 부기

요역지

【 을 구 】	(소유권 이외의 권리에 관한 사항)			
순위번호	등 기 목 적	접 수	등 기 원 인	권 리 자 및 기 타 사 항
1	요역지지역권			~~승역지 서울특별시 서초구 서초동 126~~ 목 적 통행 ~~범 위 동측 70㎡~~ 2019년3월10일 등기
1-1	1번요역지지역권 변경			승역지 서울특별시 서초구 서초동 126 범 위 동측 30㎡ 승역지 서울특별시 서초구 서초동 126-1 범 위 토지의 전부 승역지분할로 인하여 2019년5월10일 부기

11) 토지 일부에 대한 등기의 말소 또는 회복을 위해 분필등기를 하는 경우(규칙 제115조)

가) 이기된 갑구의 권리가 동일사항이 아닌 경우 27

(갑지)

【표 제 부】 (토지의 표시)					
표시번호	접 수	소 재 지 번	지 목	면 적	등기원인 및 기타사항
~~1~~	~~2010년3월5일~~	~~서울특별시 서초구 서초동 6-1~~	~~대~~	~~100㎡~~	
~~2~~	~~2011년1월8일~~	~~서울특별시 서초구 서초동 6-1~~	~~대~~	~~300㎡~~	~~합병으로 인하여 대 200㎡를 서울특별시 서초구 서초동 6-3에서 이기~~
3	2012년11월10일	서울특별시 서초구 서초동 6-1	대	100㎡	말소(또는 회복)를 위한 분할로 인하여 대 200㎡를 서울특별시 서초구 서초동 6-3에 이기

(갑지)

【 갑 구 】 (소유권에 관한 사항)				
순위번호	등 기 목 적	접 수	등 기 원 인	권 리 자 및 기 타 사 항
1	소유권보존	2010년3월5일 제12098호		소유자 김우리 600104-1056429 서울특별시 중구 정동 1
2	소유권이전	2010년5월6일 제15678호	2010년5월4일 매매	소유자 정다운 721205-1352121 서울특별시 은평구 응암동 5 거래가액 금100,000,000원
~~3~~ ~~(전2)~~	~~합병한 대 200㎡에 대한 이기 소유권이전~~	~~2010년7월6일~~ ~~제17678호~~	~~2010년7월4일~~ ~~매매~~	~~소유자 정다운 721205-1352121~~ ~~서울특별시 은평구 응암동 5~~ ~~거래가액 금 50,000,000원~~ 합병으로 인하여 순위 제3번 등기를 서울특별시 서초구 서초동 6-3에서 이기 접수 2011년1월8일 제1743호
~~4~~	~~3번소유권말소 예고등기~~	~~2011년5월2일~~ ~~제19278호~~	~~2011년4월27일~~ ~~서울중앙지방법원에 소제기(2011가합105)~~	
5	3번소유권이전 등기말소			말소(또는 회복)를 위한 분할로 인하여 2012년11월10일 등기
6	4번예고등기말소			말소(또는 회복)를 위한 분할로 인하여 2012년11월10일 등기

(을지)

【표 제 부】 (토지의 표시)					
표시번호	접 수	소 재 지 번	지 목	면 적	등기원인 및 기타사항
1	2012년11월10일	서울특별시 서초구 서초동 6-3	대	200㎡	말소(또는 회복)를 위한 분할로 인하여 서울특별시 서초구 서초동 6-1에서 이기

(을지)

【갑 구】 (소유권에 관한 사항)				
순위번호	등 기 목 적	접 수	등 기 원 인	권 리 자 및 기 타 사 항
1 (전3)	소유권이전	2010년7월6일 제17678호	2010년7월4일 매매	소유자 정다운 721205-1352121 서울특별시 은평구 응암동 5 거래가액 금100,000,000원
2 (전4)	1번소유권말소 예고등기	2011년5월2일 제19278호	2011년4월27일 서울중앙지방법원에 소제기(2011가합105)	
				말소(또는 회복)를 위한 분할로 인하여 순위 제1번, 제2번 등기를 서울특별시 서초구 서초동 6-1에서 전사 접수 2012년11월10일 제21810호

나) 이기된 갑구의 권리가 동일사항인 경우 28

(갑지)

【표　　제　　부】 (토지의 표시)					
표시번호	접 수	소 재 지 번	지 목	면 적	등기원인 및 기타사항
~~1~~	~~2010년3월5일~~	~~서울특별시 서초구 서초동 6-1~~	~~대~~	~~100㎡~~	
~~2~~	~~2011년1월8일~~	~~서울특별시 서초구 서초동 6-1~~	~~대~~	~~300㎡~~	~~합병으로 인하여 대 200㎡를 서울특별시 서초구 서초동 6-3에서 이기~~
3	2012년11월10일	서울특별시 서초구 서초동 6-1	대	100㎡	말소(또는 회복)를 위한 분할로 인하여 대 200㎡를 서울특별시 서초구 서초동 6-3에 이기

(갑지)

【 갑　　　구 】 (소유권에 관한 사항)				
순위번호	등 기 목 적	접 수	등 기 원 인	권 리 자 및 기 타 사 항
1	소유권보존	2010년3월5일 제6098호		소유자 김우리 600104-1056429 서울특별시 중구 정동 1
2	소유권이전	2010년5월6일 제15678호	2010년5월4일 매매	소유자 정다운 721205-1352121 서울특별시 은평구 응암동 5 거래가액 금100,000,000원
~~3~~ ~~(전2)~~				~~합병한 서울특별시 서초구 서초동 6-3 대 200㎡에 대하여도 2번 등기와 동일사항의 등기임~~ 접수 2011년1월8일 제1743호
~~4~~	~~3번합병된 부분의 소유권말소예고등기~~	~~2011년5월2일~~ ~~제19278호~~	~~2011년4월27일~~ ~~서울중앙지방법원에 소제기(2011가합105)~~	
5	3번등기말소			말소(또는 회복)를 위한 분할로 인하여 2012년11월10일 등기
6	4번예고등기말소			말소(또는 회복)를 위한 분할로 인하여 2012년11월10일 등기

(을지)

【표 제 부】 (토지의 표시)					
표시번호	접 수	소 재 지 번	지 목	면 적	등기원인 및 기타사항
1	2012년11월10일	서울특별시 서초구 서초동 6-3	대	200㎡	말소(또는 회복)를 위한 분할로 인하여 서울특별시 서초구 서초동 6-1에서 이기

(을지)

【갑 구】 (소유권에 관한 사항)				
순위번호	등 기 목 적	접 수	등 기 원 인	권 리 자 및 기 타 사 항
1 (전3)	소유권이전	2010년5월6일 제17678호	2010년5월4일 매매	소유자 정다운 721205-1352121 서울특별시 은평구 응암동 5 거래가액 금500,000,000원
2 (전4)	1번합병된 부분의 소유권말소예고등기	2011년5월2일 제19278호	2011년4월27일 서울중앙지방법원에 소제기(2011가합105)	
				말소(또는 회복)를 위한 분할로 인하여 순위 제1번, 제2번 등기를 서울특별시 서초구 서초동 6-1에서 전사 접수 2012년11월10일 제21810호

나. 분필 · 합필의 등기(규칙 제78조) 29

(갑지)

【표 제 부】	(토지의 표시)				
표시번호	접 수	소 재 지 번	지 목	면 적	등기원인 및 기타사항
~~1~~	~~2017년10월12일~~	~~서울특별시 서초구 서초동 10~~	~~대~~	~~300㎡~~	
2	2018년1월10일	서울특별시 서초구 서초동 10	대	150㎡	분할로 인하여 대 150㎡를 서울특별시 서초구 서초동 10-1에 이기

(을지)

【표 제 부】	(토지의 표시)				
표시번호	접 수	소 재 지 번	지 목	면 적	등기원인 및 기타사항
~~1~~	~~2017년10월22일~~	~~서울특별시 서초구 서초동 10-1~~	~~대~~	~~100㎡~~	
2	2018년1월10일	서울특별시 서초구 서초동 10-1	대	250㎡	합병으로 인하여 대 150㎡를 서울특별시 서초구 서초동 10에서 이기

(주) 1. 갑구 · 을구의 전사절차에 관하여는 분필등기절차에 준하여 기록한다.
2. 갑지 및 을지의 일부를 분할하여 병지에 합병하는 경우에는『대 ○㎡를 갑지에서, 대 ○㎡를 을지에서 이기』라고 기록한다.

다. 합필의 등기(규칙 제79조)

1) 갑지 표제부 30

【표 제 부】	(토지의 표시)				
표시번호	접 수	소 재 지 번	지 목	면 적	등기원인 및 기타사항
~~1~~	~~2018년1월22일~~	~~서울특별시 서초구 서초동 6-3~~	~~대~~	~~40㎡~~	
2	2018년10월20일				합병으로 인하여 서울특별시 서초구 서초동 6-1에 이기
					2번 등기하였으므로 본 등기기록 폐쇄 2018년10월20일

2) 을지 표제부 31

【표 제 부】	(토지의 표시)				
표시번호	접 수	소 재 지 번	지 목	면 적	등기원인 및 기타사항
~~1~~	~~2018년1월22일~~	~~서울특별시 서초구 서초동 6-1~~	~~대~~	~~60㎡~~	
2	2018년10월20일	서울특별시 서초구 서초동 6-1	대	100㎡	합병으로 인하여 대 40㎡를 서울특별시 서초구 서초동 6-3에서 이기

(주) 2필 이상을 합병하는 경우에는 『합병으로 인하여 대 ○㎡를 ○○시 ○○구 ○○동 ○○에서, 대 ○㎡를 ○○시 ○○구 ○○동 ○○에서 이기』라고 기록한다.

3) 등기사항이 같은 경우 32

(을지)

【 갑 구 】	(소유권에 관한 사항)			
순위번호	등 기 목 적	접 수	등 기 원 인	권 리 자 및 기 타 사 항
1	소유권보존	2018년1월22일 제322호		소유자 김우리 600104-1056429 서울특별시 서초구 서초대로46길 60(서초동)
2	소유권이전	2018년3월15일 제5478호	2018년3월13일 매매	소유자 정다운 721205-1352121 서울특별시 종로구 인사동6길 8 (인사동)
3 (전2)				합병한 서울특별시 서초구 서초동 6-3 대 40㎡에 대하여도 2번 등기와 동일사항의 등기임 접수 2018년10월20일 제16812호

(주) 소유권, 지상권, 지역권 또는 임차권의 등기를 전사하는 경우에 등기원인, 그 연월일, 등기의 목적과 접수번호가 동일할 때에는 전사에 갈음하여 을지의 등기기록에 갑지의 번호와 그 토지에 대하여 동일사항의 등기가 있다는 뜻을 기록하여야 하다(규칙 제78조제4항, 제80조제3항).

(을지)

【 을 구 】	(소유권 이외의 권리에 관한 사항)			
순위번호	등 기 목 적	접 수	등 기 원 인	권 리 자 및 기 타 사 항
1	근저당권설정	2018년3월15일 제5479호	2018년3월14일 설정계약	채권최고액 금20,000,000원 채무자 정다운 서울특별시 종로구 인사동6길 8 (인사동) 근저당권자 서하늘 630419-1034125 서울특별시 용산구 효창원로 71 (공덕동) 공동담보 ~~토지 서울특별시 서초구 서초동 6-3~~ 건물 서울특별시 서초구 서초동 6-1
1-1				1번 근저당권 등기는 합병후의 토지 전부에 관한 것임 2018년10월20일 부기

4) 등기사항이 다른 경우 33

(을지)

【 갑 구 】	(소유권에 관한 사항)			
순위번호	등 기 목 적	접 수	등 기 원 인	권 리 자 및 기 타 사 항
1	소유권보존	2018년1월22일 제2322호		소유자 김우리 600104-1056429 서울특별시 서초구 서초대로46길 60(서초동)
2	소유권이전	2018년3월15일 제5478호	2018년3월13일 매매	소유자 정다운 721205-1352121 서울특별시 종로구 인사동6길 8 (인사동)
3 (전2)	합병한 대 40㎡에 대한 이기 소유권이전	2018년7월6일 제15678호	2018년6월13일 매매	소유자 정다운 721205-1352121 서울특별시 종로구 인사동6길 8 (인사동)
				합병으로 인하여 순위 제3번 등기를 서울특별시 서초구 서초동 6-3에서 이기 접수 2018년10월20일 제16812호

(을지)

【 을 구 】	(소유권 이외의 권리에 관한 사항)			
순위번호	등 기 목 적	접 수	등 기 원 인	권 리 자 및 기 타 사 항
2 (전1)	합병한 대 40㎡에 대한 이기 지상권설정	2018년4월5일 제6588호	2018년4월5일 설정계약	목 적 목조건물의 소유 ~~범 위 토지의 전부~~ 존속기간 2018년4월5일부터 15년 지 료 월 금30,000원 지상권자 김한울 650422-1045115 서울특별시 종로구 율곡로1길 16 (사간동)
				합병으로 인하여 서울특별시 서초구 서초동 6-3에서 이기 단 합병한 토지 40㎡만이 지상권의 목적임 접수 2018년10월20일 제16812호

(주) 갑지의 등기기록에 지상권·지역권·전세권 또는 임차권의 등기가 있는 때에는 을지의 등기기록 중 을구 사항란에 그 권리에 관한 등기를 이기하고, 갑지였던 부분만이 그 권리의 목적이라는 뜻과 신청서 접수 연월일 및 접수번호를 기록하여야 한다(규칙 제80조제2항).

5) 등기사항이 다른 3필 이상의 토지를 합병하는 경우 34

(을지)

【 갑 구 】 (소유권에 관한 사항)				
순위번호	등 기 목 적	접 수	등 기 원 인	권 리 자 및 기 타 사 항
1	소유권보존	2018년1월24일 제325호		소유자 정다운 721205-1352121 서울특별시 종로구 인사동6길 8 (인사동)
2 (전2)	합병한 대 100㎡에 대한 이기 소유권이전	2018년3월15일 제4178호	2018년3월13일 매매	소유자 정다운 721205-1352121 서울특별시 종로구 인사동6길 8 (인사동)
				합병으로 인하여 순위 제2번 등기를 서울특별시 서초구 서초동 26에서 이기 접수 2018년10월20일 제16812호
3 (전3)	합병한 대 100㎡에 대한 이기 소유권이전	2018년4월5일 제5479호	2018년4월2일 매매	소유자 정다운 721205-1352121 서울특별시 종로구 인사동6길 8 (인사동)
				합병으로 인하여 순위 제3번 등기를 서울특별시 서초구 서초동 28에서 이기 접수 2018년10월20일 제16812호

6) 합병한 토지 중 일부는 등기사항이 동일하고 일부는 다른 경우 35

(을지)

【 갑 구 】 (소유권에 관한 사항)				
순위번호	등 기 목 적	접 수	등 기 원 인	권 리 자 및 기 타 사 항
1	소유권보존	2018년1월24일 제325호		소유자 정다운 721205-1352121 서울특별시 종로구 인사동6길 8(인사동)
2 (전1)				합병한 서울특별시 서초구 서초동 37 대 100㎡에 대하여도 1번 등기와 동일사항의 등기임
				접수 2018년10월20일 제16812호
3 (전1)				합병한 서울특별시 서초구 서초동 38 대 100㎡에 대하여도 1번 등기와 동일사항의 등기임
				접수 2018년10월20일 제16812호
4 (전2)	합병한 대 50㎡에 대한 이기 소유권이전	2018년3월15일 제4178호	2018년3월13일 매매	소유자 정다운 721205-1352121 서울특별시 종로구 인사동6길 8(인사동)
				합병으로 인하여 순위 제4번 등기를 서울특별시 서초구 서초동 39에서 이기 접수 2018년10월20일 제16812호

7) 공동담보목록의 표시변경 36

【공동담보목록 】

목록번호	2018-3				
일련번호	부동산에 관한 권리의 표시	관할등기소명	순위번호	기 타 사 항	
				생성원인	변경/소멸
~~1~~	~~[토지] 서울특별시 서초구 서초동 17~~	~~서울중앙지방 법원 등기국~~	~~1~~	~~2018년1월4일 제77호 설정계약으로 인하여~~	2018년10월20일 제16812호 합병으로 인하여
~~2~~	~~[토지] 서울특별시 서초구 서초동 117~~	~~서울중앙지방 법원 등기국~~	~~1~~	~~2018년1월4일 제77호 설정계약으로 인하여~~	2018년10월20일 제16812호 합병으로 인하여
3	[토지] 서울특별시 서초구 서초동 217	서울중앙지방 법원 등기국	1	2018년1월4일 제77호 설정계약으로 인하여	
4	[토지] 서울특별시 서초구 서초동 317	서울중앙지방 법원 등기국	1	2018년1월4일 제77호 설정계약으로 인하여	
5	[토지] 서울특별시 서초구 서초동 417	서울중앙지방 법원 등기국	1	2018년1월4일 제77호 설정계약으로 인하여	
6	[토지] 서울특별시 서초구 서초동 17	서울중앙지방 법원 등기국	1	2018년10월20일 제16812호 합병으로 인하여	

8) 분필등기 등이 누락된 채 합필등기로 인하여 등기기록이 폐쇄된 경우 누락된 등기의 기록 37

(갑지)

【표 제 부】 (토지의 표시)					
표시번호	접 수	소 재 지 번	지 목	면 적	등기원인 및 기타사항
~~1~~	~~1960년1월15일~~	~~강원도 원주시 소초면 외관리 808-1~~	~~전~~	~~178평~~	
~~2~~	~~2018년3월27일~~	~~강원도 원주시 소초면 외관리 808-1~~	~~전~~	~~383㎡~~	~~면적단위환산~~
~~3~~	~~2018년5월27일~~				~~합병으로 인하여 강원도 원주시 소초면 외관리 806-2에 이기~~
					~~3번 등기하였으므로 본 등기기록 폐쇄 2018년5월27일~~
~~4~~	~~2018년10월20일~~	~~강원도 원주시 소초면 외관리 808-1~~	~~전~~	~~383㎡~~	~~2번 토지표시변경등기 착오로 인하여 본 등기기록 부활~~
~~5~~	~~2018년10월20일~~	~~강원도 원주시 소초면 외관리 808-1~~	~~전~~	~~588㎡~~	~~신청착오~~
~~6~~	~~2018년10월20일~~	~~강원도 원주시 소초면 외관리 808-1~~	~~전~~	~~383㎡~~	~~분할로 인하여 전 205㎡를 강원도 원주시 소초면 외관리 808-6에 이기~~
7	2018년10월20일				합병으로 인하여 강원도 원주시 소초면 외관리 806-2에 이기 2018년10월20일 등기
					7번 등기하였으므로 본 등기기록 폐쇄 2018년10월20일

(주) 토지(임야)대장상 분할되었으나 등기기록상 분필등기가 마쳐지지 아니한 상태에서 분필 전 토지에 대하여 분할 후 면적으로 면적단위환산등기가 이루어지거나 분필등기시 착오로 등기기록상 일부 토지에 대한 분필등기가 누락된 채 분할 후의 토지가 다른 토지에 합병된 경우 이를 바로잡는 등기 기록례이다(등기예규 제965호 참조).

【 갑 구 】	(소유권에 관한 사항)			
순위번호	등 기 목 적	접 수	등 기 원 인	권 리 자 및 기 타 사 항
1	소유권보존	1960년1월15일 제232호		소유자 김우리 서울시 은평구 응암동 5
2	소유권이전	2018년2월26일 제1398호	2018년2월6일 매매	소유자 정다운 721205-1352121 서울특별시 종로구 인사동6길 8 (인사동)
3	소유권이전	(생략)	(생략)	(생략)

(을지)

【표 제 부】	(토지의 표시)				
표시번호	접 수	소 재 지 번	지 목	면 적	등기원인 및 기타사항
1	2018년10월20일	강원도 원주시 소초면 외관리 808-6	전	205㎡	분할로 인하여 전 205㎡를 강원도 원주시 소초면 외관리 808-1에서 이기

【 갑 구 】	(소유권에 관한 사항)			
순위번호	등 기 목 적	접 수	등 기 원 인	권 리 자 및 기 타 사 항
1 (전2)	소유권이전	2018년2월26일 제1398호	2018년2월6일 매매	소유자 정다운 721205-1352121 서울특별시 종로구 인사동6길 8 (인사동)
				분할로 인하여 순위 제1번 등기를 강원도 원주시 소초면 외관리 808-1 에서 전사 접수 2018년10월20일 제15334호

9) 토지합필의 특례에 따른 등기

가) 대장상 합병 후 토지일부에 관하여 소유권이전등기가 이루어진 경우 38

(갑구)

【 갑 구 】 (소유권에 관한 사항)				
순위번호	등 기 목 적	접 수	등 기 원 인	권 리 자 및 기 타 사 항
2	소유권이전	2013년1월5일 제10호	2012년11월1일 매매	~~소유자 성춘향 340203-2024325~~ ~~서울 은평구 응암동 100~~
2-1	2번소유권변경			공유자 지분 2분의1 성춘향 340203-2024325 서울 은평구 응암동 100 합병으로 인하여 2019년5월1일 부기
3	합병한 대 100㎡에 대한 이기 소유권 보존	2000년1월4일 제100호		~~소유자 이도령 300114-1057329~~ ~~서울 은평구 응암동 10~~
				합병으로 인하여 순위 제3번 등기를 서울특별시 서초구 서초동 6-3에서 이기 접수 2019년5월1일 제5000호
3-1	3번소유권변경			공유자 지분 2분의1 이도령 300114-1057329 서울특별시 은평구 은평로20길 10-5(응암동) 합병으로 인하여 2019년5월1일 부기

(주) 소유권 이기 후 그 등기가 갑지이었던 부분만에 관한 것이라는 뜻을 기록(합병한 대○○㎡에 대한 이기)하고 소유권에 관한 등기를 공유지분으로 변경하는 등기를 한다.

(을구)

【 을 구 】	(소유권 이외의 권리에 관한 사항)			
순위번호	등기목적	접 수	등 기 원 인	권리자 및 기타사항
2	~~저당권설정~~	2013년1월5일 제11호	2013년1월1일 설정계약	채권액 금10,000,000원 채무자 성춘향 서울 은평구 응암동 100 저당권자 이갑순 520125-2351421 서울 용산구 청파동 3
2-1	2번저당권변경			목적 갑구2번성춘향지분전부저당권 설정 합병으로 인하여 2019년5월1일 부기
3 (전4)	~~합병한 대 100㎡에~~ ~~대한 이가~~ ~~저당권설정~~	2000년3월1일 제7000호	2000년2월27일 설정계약	채권액 금10,000,000원 채무자 이도령 서울 은평구 응암동 10 저당권자 이갑순 520125-2351421 서울 용산구 청파동 3 합병으로 인하여 서울특별시 서초구 서초동 6-3에서 이기 접수 2019년5월1일 제5000호
3-1	3번저당권변경			목적 갑구3번이도령지분전부저당권 설정 합병으로 인하여 2019년5월1일 부기

나) 대장상 합병 후 합필제한사유에 해당하는 권리에 관한 등기가 이루어진 경우

(1) 합필제한사유에 해당하는 권리에 관한 등기의 등기원인, 그 연월일, 등기목적과 접수번호가 동일한 경우 39

【 갑 구 】 (소유권에 관한 사항)				
순위번호	등 기 목 적	접 수	등 기 원 인	권리자 및 기타사항
2	소유권이전	2013년1월5일 제10호	2012년11월1일 매매	소유자 성춘향 340203-2024325 서울 은평구 응암동 100
3	가압류	2014년3월5일 제3017호	2014년3월3일 서울중앙지방법원의 가압류결정(2014카단1000)	청구금액 금10,000,000원 채권자 변학도 330102-1014325 서울 은평구 응암동 1
3-1				3번 가압류등기는 합병 후의 토지 전부에 관한 것임 2019년5월1일 부기
4 (전2)				합병한 서울특별시 서초구 서초동 6-3에 대하여도 2번 등기와 동일사항의 등기임 접수 2019년5월1일 제5000호

(주) 합필 후의 공유지분으로 변경하지 않고, 종전 합필등기절차에 따라 기록하되 가압류가 합병 후의 토지 전부에 관한 것이라는 뜻을 기록한다.

(2) 합필제한사유에 해당하는 권리에 관한 등기의 등기원인, 그 연월일, 등기목적과 접수번호가 동일하지 않은 경우 40

【 갑 구 】	(소유권에 관한 사항)			
순위번호	등 기 목 적	접 수	등 기 원 인	권리자 및 기타사항
2	소유권이전	2013년1월5일 제10호	2012년11월1일 매매	~~소유자 성춘향 340203-2024325~~ ~~서울 은평구 응암동 100~~
2-1	2번소유권변경			공유자 지분 2분의1 성춘향 340203-2024325 서울특별시 은평구 은평로20길 10-5(응암동) 합병으로 인하여 2019년5월1일 부기
3	~~압류~~	2013년4월1일 제3908호	2013년3월28일 압류(세일1234)	권리자 서울특별시 411
3-1	3번압류변경			목적 2번 성춘향지분 압류 합병으로 인하여 2019년5월1일 부기
4 (전1)	합병한 대 100㎡에 대한 이기 소유권보존	2000년1월2일 제100호		~~소유자 성춘향 340203-2024325~~ ~~서울 은평구 응암동 100~~ 합병으로 인하여 순위 제4번 등기를 서울특별시 서초구 서초동 6-3에서 이기 접수 2019년5월1일 제5000호
4-1	4번소유권변경			공유자 지분 2분의1 성춘향 340203-2024325 서울특별시 은평구 은평로20길 10-5(응암동) 합병으로 인하여 2019년5월1일 부기

5 (전2)	~~합병한 대100㎡에 대한 이가 가압류~~	2014년3월5일 제3017호	2014년3월3일 서울중앙지방법원의 가압류결정 (2014카단1000)	청구금액 금10,000,000원 채권자 변학도 330102-1014325 서울 은평구 응암동 1
				합병으로 인하여 순위 제4번 등기를 서울특별시 서초구 서초동 6-3에서 이기
5-1	5번 가압류 변경			목적 4번 성춘향지분 가압류 합병으로 인하여 2019년5월1일 부기

(주) 등기관은 소유자의 동일여부에 관계없이 합필 후의 공유지분으로 하는 등기를 한 후, 각 압류 및 가압류 등기를 직권으로 변경하는 등기를 한다.

다) 토지의 일부에 요역지의 등기가 있는 경우 41

(요역지)

【 을 구 】	(소유권 이외의 권리에 관한 사항)			
순위번호	등기목적	접 수	등 기 원 인	권리자 및 기타사항
1 (전1)	~~합병한 대100㎡에 대한 이기 요역지지역권~~			승역지 서울특별시 서초구 서초동 122 목 적 통행 범 위 동측 70㎡ 2012년3월10일 등기 합병으로 인하여 서울특별시 서초구 서초동 6-3에서 이기 접수 2019년5월1일 제5000호
1-1	1번요역지지역권 변경			목 적 합필 후 토지 전체로 하는 요역지 지역권 합병으로 인하여 2019년5월1일 부기

(승역지)

【 을 구 】	(소유권 이외의 권리에 관한 사항)			
순위번호	등기목적	접 수	등 기 원 인	권리자 및 기타사항
1 (전1)	지역권설정	2012년3월10일 제3005호	2012년3월4일 설정계약	목 적 통행 범 위 동측 70㎡ ~~요역지 서울특별시 서초구 서초동 6-3~~ 도면 제2012-5호
1-1	1번지역권변경			요역지 서울특별시 서초구 서초동 6-1 합병으로 인하여 2019년5월1일 부기

(주) 갑지와 을지의 어느 한쪽에 지역권의 등기가 있는 경우로, 갑지의 을구에 있는 요역지의 등기는 이를 을지의 을구에 이기한 후 그 등기가 갑지이었던 부분만이 그 권리의 목적이라는 뜻, 신청서 접수의 연월일과 접수번호를 기록하고, 합필 후 토지의 전체로 하는 변경등기를 한다. 또한, 승역지의 지역권에 관하여 합필을 원인으로 하는 변경등기를 한다.

10) 신탁된 토지의 합필등기 42

【 갑 구 】	(소유권에 관한 사항)			
순위번호	등 기 목 적	접 수	등 기 원 인	권리자 및 기타사항
4	2번 김갑동지분 전부이전	2018년1월5일 제10호	2018년1월4일 신탁	~~수탁자 지분 2분의 1~~ ~~진달래아파트재건축조합~~ ~~112671-0012345~~ ~~서울특별시 은평구 은평로22길~~ ~~29-1(응암동)~~
	신탁			신탁원부 제2018-1호
4-1	4번 소유권변경			수탁자 지분 4분의 1 진달래아파트재건축조합 112671-0012345 서울특별시 은평구 은평로22길 29-1(응암동) 합병으로 인하여 2019년5월1일 부기
5	3번 김을동지분 전부이전	2018년1월8일 제20호	2018년1월7일 신탁	~~수탁자 지분 2분의 1~~ ~~진달래아파트재건축조합~~ ~~112671-0012345~~ ~~서울특별시 은평구 은평로22길~~ ~~29-1(응암동)~~
	신탁			신탁원부 제2018-2호
5-1	5번 소유권변경			수탁자 지분 4분의 1 진달래아파트재건축조합 112671-0012345 서울특별시 은평구 은평로22길 29-1(응암동) 합병으로 인하여 2019년5월1일 부기

6 (전4)	합병한 대 100㎡에 대한 이기 전2번 김상동지분 전부이전	2013년1월5일 제11호	2018년1월4일 신탁	~~수탁자 지분 2분의 1~~ ~~진달래아파트재건축조합~~ ~~112671-0012345~~ ~~서울특별시 은평구 은평로22길 29-1(응암동)~~
	신탁			신탁원부 제2018-3호
6-1	6번 소유권변경			수탁자 지분 4분의 1 진달래아파트재건축조합 112671-0012345 서울특별시 은평구 은평로22길 29-1(응암동) 합병으로 인하여 2019년5월1일 부기
7 (전5)	합병한 대 100㎡에 대한 이기 전3번 김병동지분 전부이전	2018년1월8일 제21호	2018년1월7일 신탁	~~수탁자 지분 2분의 1~~ ~~진달래아파트재건축조합~~ ~~112671-0012345~~ ~~서울특별시 은평구 은평로22길 29-1(응암동)~~
	신탁			신탁원부 제2018-4호
				합병으로 인하여 순위 제6번, 제7번 등기를 서울특별시 은평구 응암동 101에서 이기 접수 2019년5월1일 제1205호
7-1	7번 소유권변경			수탁자 지분 4분의 1 진달래아파트재건축조합 112671-0012345 서울특별시 은평구 은평로22길 29-1(응암동) 합병으로 인하여 2019년5월1일 부기

(주) 등기관은 합필등기를 한 후, 신청정보에 표시된 합필 후의 공유지분에 따라 변경등기를 하여야 한다.

라. 지목 · 면적 등의 변경등기

1) 지목변경등기

가) 지목변경 43

【표 제 부】	(토지의 표시)				
표시번호	접 수	소 재 지 번	지 목	면 적	등기원인 및 기타사항
~~1~~	~~2002년10월12일~~	~~서울특별시 서초구 서초동 10~~	~~잡종지~~	~~300㎡~~	
2	2019년1월10일	서울특별시 서초구 서초동 10	대	300㎡	지목변경

나) 등록전환 44

【표 제 부】	(토지의 표시)				
표시번호	접 수	소 재 지 번	지 목	면 적	등기원인 및 기타사항
~~1~~	~~2002년10월12일~~	~~서울특별시 서초구 서초동 산 13~~	~~임야~~	~~30000㎡~~	
2	2019년1월10일	서울특별시 서초구 서초동 10	대	30000㎡	등록전환

다) 표시등기시 지목변경 직권등기 45

【표 제 부】	(토지의 표시)				
표시번호	접 수	소 재 지 번	지 목	면 적	등기원인 및 기타사항
~~1~~	~~1980년10월12일~~	~~서울특별시 서초구 서초동 40~~	~~공원지~~	~~1000평~~	
2		서울특별시 서초구 서초동 40	공원	3305.8㎡	면적단위 환산 2019년1월10일 등기

(주) 표시변경(면적단위환산, 분할, 합병 등) 등기 시에 지목 '공원지'를 측량·수로조사 및 지적에 관한 법률에 의하여 수정된 지목인 '공원'으로 표기한다[구 부동산등기법(법률 제3692호) 부칙 제3항].

라) 다른 등기시 지목변경 직권등기 46

【표 제 부】		(토지의 표시)			
표시번호	접 수	소 재 지 번	지 목	면 적	등기원인 및 기타사항
~~1~~	~~1980년10월12일~~	~~서울특별시 서초구 서초동 42~~	~~공원자~~	~~100㎡~~	
2		서울특별시 서초구 서초동 42	공원	100㎡	지목변경 2019년1월10일 등기

(주) 갑구·을구 등기 시에 직권으로 지목수정등기를 한다[구 부동산등기법(법률 제3692호) 부칙 제3항].

2) 면적변경등기 47

【표 제 부】		(토지의 표시)			
표시번호	접 수	소 재 지 번	지 목	면 적	등기원인 및 기타사항
~~1~~	~~2000년10월12일~~	~~서울특별시 서초구 서초동 42~~	~~대~~	~~300.5㎡~~	
2	2019년1월10일	서울특별시 서초구 서초동 42	대	300㎡	면적정정

3) 면적단위 환산등기

가) 보존등기인 경우 48

【표 제 부】		(토지의 표시)			
표시번호	접 수	소 재 지 번	지 목	면 적	등기원인 및 기타사항
1	2019년1월10일	서울특별시 중구 정동 10	대	360㎡	

(주) 소유권보존등기를 할 때에는 지적단위를 제곱미터(㎡)로 표기하여야 한다(등기예규 제1426호 참조).

나) 직권에 의한 면적단위 환산등기 49

【표 제 부】		(토지의 표시)			
표시번호	접 수	소 재 지 번	지 목	면 적	등기원인 및 기타사항
~~1~~	~~2000년10월12일~~	~~서울특별시 서초구 서초동 41~~	~~대~~	~~100평~~	
2		서울특별시 서초구 서초동 41	대	330㎡	면적단위환산 2019년1월10일 등기

(주) 면적단위환산등기가 되어 있지 아니한 기등기 토지에 대하여 다른 등기신청이 있는 경우 그 신청서에 첨부한 지적공부 등본에 의하여 그 토지의 면적표시가 제곱미터로 환신등록된 사실을 안 때에는 등기관은 직권으로 그 환산등기를 하여야 한다(등기예규 제1426호 참조).

마. 행정구역 또는 그 명칭의 변경등기

1) 부동산의 소재지가 다른 등기소의 관할로 변경된 경우 50

【표 제 부】 (토지의 표시)					
표시번호	접 수	소 재 지 번	지 목	면 적	등기원인 및 기타사항
~~1~~	~~2011년5월3일~~	~~서울특별시 강남구 수서동 10~~	~~대~~	~~100㎡~~	
2		서울특별시 송파구 가락동 10	대	100㎡	2012년1월1일 행정구역변경에 따른 관할변경 2012년1월4일 등기

2) 동일 등기소 내에서의 행정구역 또는 그 명칭 변경

가) 신청에 의한 경우 51

【표 제 부】 (토지의 표시)					
표시번호	접 수	소 재 지 번	지 목	면 적	등기원인 및 기타사항
~~1~~	~~2011년5월3일~~	~~서울특별시 서초구 개포동 10~~	~~대~~	~~100㎡~~	
2	2012년1월4일	서울특별시 서초구 양재동 10	대	100㎡	2012년1월1일 행정구역명칭 변경

나) 직권에 의한 경우 52

【표 제 부】 (토지의 표시)					
표시번호	접 수	소 재 지 번	지 목	면 적	등기원인 및 기타사항
~~1~~	~~2011년5월3일~~	~~서울특별시 서초구 개포동 10~~	~~대~~	~~100㎡~~	
2		서울특별시 서초구 양재동 10	대	100㎡	2012년1월1일 행정구역명칭 변경 2012년1월4일 등기

바. 토지표시경정에 관한 등기

1) 지번경정 53

【표 제 부】	(토지의 표시)				
표시번호	접 수	소 재 지 번	지 목	면 적	등기원인 및 기타사항
~~1~~	~~2018년10월12일~~	~~서울특별시 서초구 서초동 10~~	~~대~~	~~300㎡~~	
2	2019년1월10일	서울특별시 서초구 서초동 12	대	300㎡	신청착오

2) 면적경정 54

【표 제 부】	(토지의 표시)				
표시번호	접 수	소 재 지 번	지 목	면 적	등기원인 및 기타사항
~~1~~	~~2018년10월12일~~	~~서울특별시 서초구 서초동 10~~	~~대~~	~~300㎡~~	
2	2019년1월10일	서울특별시 서초구 서초동 10	대	200㎡	신청착오

3) 지목경정 55

【표 제 부】	(토지의 표시)				
표시번호	접 수	소 재 지 번	지 목	면 적	등기원인 및 기타사항
~~1~~	~~2018년10월12일~~	~~서울특별시 서초구 서초동 10~~	~~답~~	~~300㎡~~	
2	2019년1월10일	서울특별시 서초구 서초동 10	대	300㎡	신청착오

사. 토지표시 말소등기

1) 토지가 해몰된 경우 56

【표 제 부】 (토지의 표시)					
표시번호	접 수	소 재 지 번	지 목	면 적	등기원인 및 기타사항
~~1~~	~~2000년10월12일~~	~~인천직할시 북구 부평동 156~~	~~잡종지~~	~~700㎡~~	
2	2019년1월12일				해몰
					2번 등기하였으므로 본 등기기록 폐쇄 2019년1월12일

2) 토지가 부존재하는 경우 57

【표 제 부】 (토지의 표시)					
표시번호	접 수	소 재 지 번	지 목	면 적	등기원인 및 기타사항
~~1~~	~~2000년10월12일~~	~~서울특별시 서초구 서초동 45~~	~~대~~	~~200㎡~~	
2	2019년1월12일				부존재
					2번 등기하였으므로 본 등기기록 폐쇄 2019년1월12일

아. 중복등기정리

1) 폐쇄 58

(폐쇄등기기록)

【표 제 부】	(토지의 표시)				
표시번호	접 수	소 재 지 번	지 목	면 적	등기원인 및 기타사항
~~1~~	~~2012년1월12일~~	~~서울특별시 중구 명동 10~~	~~대~~	~~100㎡~~	
2					부동산등기규칙 제34조의 규정에 의한 중복등기의 정리를 위하여 본 등기기록 폐쇄 2018년6월10일

(존치등기기록)

【표 제 부】	(토지의 표시)				
표시번호	접 수	소 재 지 번	지 목	면 적	등기원인 및 기타사항
1	2012년1월12일	서울특별시 중구 명동 10	대	100㎡	
2					부동산등기규칙 제34조의 규정에 의한 중복등기의 정리를 위하여 다른 중복등기기록 폐쇄 2018년6월10일

(주) 폐쇄근거가 된 부동산등기규칙의 해당 조문(동 규칙 제34조부터 제39조까지의 조문 중 1조문)을 기재한다.

2) 부활 59

(부활등기기록)

【표 제 부】	(토지의 표시)				
표시번호	접 수	소 재 지 번	지 목	면 적	등기원인 및 기타사항
~~1~~	~~2012년1월12일~~	~~서울특별시 중구 명동 10~~	~~대~~	~~100㎡~~	
~~2~~					~~부동산등기규칙 제34조의 규정에 의한 중복등기정리를 위하여 본 등기기록 폐쇄~~ ~~2018년6월10일~~
3	2018년10월10일	서울특별시 중구 명동 10	대	100㎡	중복등기정리착오로 다른 중복등기기록 폐쇄하고 본 등기기록 부활

(폐쇄등기기록)

【표 제 부】	(토지의 표시)				
표시번호	접 수	소 재 지 번	지 목	면 적	등기원인 및 기타사항
~~1~~	~~2012년1월10일~~	~~서울특별시 중구 명동 10~~	~~대~~	~~100㎡~~	
~~2~~					~~부동산등기규칙 제34조의 규정에 의한 중복등기의 정리를 위하여 다른 중복등기기록 폐쇄~~ ~~2018년6월10일~~
3					부동산등기규칙 제41조제2항의 규정에 의하여 다른 등기기록 부활로 본 등기기록 폐쇄 2018년10월10일

자. 그 밖의 등기

1) 합필등기 착오를 원인으로 폐쇄된 등기기록을 부활하는 경우 60

(갑지)

【표 제 부】	(토지의 표시)				
표시번호	접 수	소 재 지 번	지 목	면 적	등기원인 및 기타사항
~~1~~	~~2018년8월2일~~	~~서울특별시 중구 필동 6-3~~	~~대~~	~~100㎡~~	
~~2~~	~~2018년10월5일~~				~~합병으로 인하여 서울특별시 중구 필동 6에 이기~~
					~~2번 등기하였으므로 본 등기기록 폐쇄~~ ~~2018년10월5일~~
3	2018년10월10일	서울특별시 중구 필동 6-3	대	100㎡	2번 합필등기 착오로 인하여 본 등기기록 부활

(을지)

【표 제 부】	(토지의 표시)				
표시번호	접 수	소 재 지 번	지 목	면 적	등기원인 및 기타사항
~~1~~	~~2018년8월8일~~	~~서울특별시 중구 필동 6~~	~~대~~	~~200㎡~~	
~~2~~	~~2018년10월5일~~	~~서울특별시 중구 필동 6~~	~~대~~	~~300㎡~~	~~합병으로 인하여 대 100㎡를 서울특별시 중구 필동 6-3에서 이기~~
3	2018년10월10일	서울특별시 중구 필동 6	대	200㎡	2번 합필등기 착오로 인하여

【 갑 구 】 (소유권에 관한 사항)				
순위번호	등 기 목 적	접 수	등 기 원 인	권 리 자 및 기 타 사 항
1	소유권보존	2018년8월8일 제3546호		소유자 정다운 721205-1352121 서울특별시 종로구 인사동6길 8 (인사동)
~~2~~ ~~(전1)~~	~~합병한 대 100㎡에 대한 이기~~ ~~소유권보존~~	~~2018년8월2일~~ ~~제3150호~~	~~2018년7월28일~~ ~~매매~~	~~소유자 정다운 721205-1352121~~ ~~서울특별시 종로구 인사동6길 8~~ ~~(인사동)~~ 합병으로 인하여 순위 제2번 등기를 서울특별시 중구 필동 6-3에서 이기 접수 2018년10월5일 제12345호
3	2번소유권보존등기 말소			합필등기 착오로 인하여 2018년10월10일 등기

(주) 합병으로 을지에 이기된 등기사항은 합필등기 착오로 인하여 갑지의 등기기록을 부활한 때에는 이를 말소하는 표시를 하여야 한다.

2) 환지촉탁등기 착오를 원인으로 폐쇄된 등기기록을 부활하는 경우 61

(갑지)

【표 제 부】	(토지의 표시)				
표시번호	접 수	소 재 지 번	지 목	면 적	등기원인 및 기타사항
~~1~~	~~2018년2월3일~~	~~경기도 고양시 덕양구 화전동 2~~	~~답~~	~~600㎡~~	
~~2~~	~~2018년8월9일~~				~~도시개발사업으로 인하여 경기도 고양시 덕양구 화전동 3에 이기~~
					~~2번 등기하였으므로 본 등기기록 폐쇄~~ ~~2018년8월9일~~
3	2018년10월10일	경기도 고양시 덕앙구 화선동 2	납	600㎡	2번 환지등기 착오로 인하여 본 등기기록 부활

(을지)

【표 제 부】	(토지의 표시)				
표시번호	접 수	소 재 지 번	지 목	면 적	등기원인 및 기타사항
~~1~~	~~2018년2월3일~~	~~경기도 고양시 덕양구 화전동 1~~	~~답~~	~~300㎡~~	
~~2~~	~~2018년8월9일~~	~~경기도 고양시 덕양구 화전동 3~~	~~답~~	~~700㎡~~	~~종전토지(본호)~~ ~~경기도 고양시 덕양구 화전동 1~~ ~~답 300㎡~~ ~~종전토지~~ ~~경기도 고양시 덕양구 화전동 2~~ ~~답 600㎡~~ ~~도시개발사업에 의한 환지~~
3	2018년10월10일	경기도 고양시 덕양구 화전동 1	답	300㎡	2번 환지등기 착오로 인하여

(을지)

【 갑 구 】 (소유권에 관한 사항)				
순위번호	등 기 목 적	접 수	등 기 원 인	권 리 자 및 기 타 사 항
1	소유권보존	2018년2월3일 제100호		소유자 정다운 721205-1352121 서울특별시 종로구 인사동6길 8 (인사동)
~~2~~ ~~(전3)~~	~~종전토지 답 600㎡에 대한 이기~~ ~~소유권이전~~	~~2018년5월2일~~ ~~제5031호~~	~~2018년4월2일~~ ~~매매~~	~~소유자 정다운 721205-1352121~~ ~~서울특별시 종로구 인사동6길 8~~ ~~(인사동)~~
				도시개발사업으로 인하여 순위 제2번 등기를 경기도 고양시 덕양구 화전동 2에서 이기 접수 2018년8월9일 제8092호
3	2번소유권이전 등기말소			환지등기 착오로 인하여 2018년10월10일 등기

3) 소유권보존등기 말소의 회복 등을 원인으로 폐쇄된 등기기록을 부활하는 경우 62

【표 제 부】	(토지의 표시)				
표시번호	접 수	소 재 지 번	지 목	면 적	등기원인 및 기타사항
~~1~~	~~2010년3월8일~~	~~서울특별시 마포구 망원동 7~~	~~대~~	~~300㎡~~	
~~2~~					~~갑구 2번 등기하였으므로~~ ~~1번 등기말소~~ ~~2018년4월6일 등기~~
					~~2번 등기하였으므로 본 등기기록 폐쇄~~ ~~2018년4월6일 등기~~
3	2018년10월10일	서울특별시 마포구 망원동 7	대	300㎡	갑구 1번 등기회복으로 본 등기기록 부활

【갑 구】	(소유권에 관한 사항)			
순위번호	등 기 목 적	접 수	등 기 원 인	권 리 자 및 기 타 사 항
~~1~~	~~소유권보존~~	~~2010년3월8일~~ ~~제3008호~~		~~소유자 김우리 600104-1056429~~ ~~서울특별시 서초구 서초대로46길 60(서초동)~~
2	1번소유권보존 등기말소	2018년4월6일 제3786호	2012년4월5일 확정판결	
3	1번소유권보존 등기회복	2018년10월10일 제11057호	2018년7월15일 확정판결	
1	소유권보존	2010년3월8일 제3008호		소유자 김우리 600104-1056429 서울특별시 서초구 서초대로46길 60(서초동) 2018년10월10일 등기

4) 분필등기 착오를 원인으로 말소하는 경우 63

(갑지)

【표 제 부】 (토지의 표시)					
표시번호	접 수	소 재 지 번	지 목	면 적	등기원인 및 기타사항
~~1~~	~~2018년1월6일~~	~~서울특별시 중구 예장동 10~~	~~대~~	~~300㎡~~	
~~2~~	~~2018년6월10일~~	~~서울특별시 중구 예장동 10~~	~~대~~	~~150㎡~~	~~분할로 인하여 대 150㎡를 서울특별시 중구 예장동 10-1에 이기~~
3	2018년9월20일				분필등기 착오로 인하여 2번 등기말소
4		서울특별시 중구 예장동 10	대	300㎡	2018년9월20일 등기

(주) 건물의 분할등기를 착오를 원인으로 하여 말소하는 경우에도 이에 준하여 한다.

【을 구】 (소유권 이외의 권리에 관한 사항)				
순위번호	등 기 목 적	접 수	등 기 원 인	권 리 자 및 기 타 사 항
1	근저당권설정	2018년3월4일 제10750호	2012년3월3일 설정계약	채권최고액 금6,000,000원 채무자 이대한 서울특별시 서초구 강남대로37길 21(서초동) 근저당권자 정다운 721205-1352121 서울특별시 종로구 인사동6길 8 (인사동)
1-1				~~공동담보 토지 서울특별시 중구 예장동 10-1~~ 분할로 인하여 2018년6월10일 부기
1-2	1번근저당권공동담보변경			분필등기 착오로 인하여 2018년9월20일 부기

(주) 근저당권에 관한 등기가 되어 있는 토지의 분필등기를 착오에 의하여 말소하는 표시를 하는 기록례이다.

(을지)

【표 제 부】 (토지의 표시)					
표시번호	접 수	소 재 지 번	지 목	면 적	등기원인 및 기타사항
~~1~~	~~2018년1월10일~~	~~서울특별시 중구 예장동 10-1~~	~~대~~	~~150㎡~~	~~분할로 인하여 대 150㎡를 서울특별시 중구 예장동 10에서 이기~~
2	2018년2월20일				분필등기착오로 인하여 1번 등기말소
					2번 등기하였으므로 본 등기기록 폐쇄 2018년2월20일 등기

3. 토지개발등기

가. 종전 토지에 관한 등기의 말소등기 64

【표 제 부】 (토지의 표시)					
표시번호	접 수	소 재 지 번	지목	면적	등기원인 및 기타사항
~~1~~	~~1982년3월5일~~	~~경기도 파주시 아동동 21~~	~~대~~	~~30㎡~~	
2	2019년5월1일				토지개발사업시행으로 인하여 말소
					2번 등기하였으므로 본등기기록 폐쇄 2019년5월1일

나. 새로이 조성된 토지에 관한 소유권보존등기 65

【표 제 부】 (토지의 표시)					
표시번호	접 수	소 재 지 번	지목	면적	등기원인 및 기타사항
1	2019년5월1일	경기도 파주시 아동동 80	대	90㎡	토지개발사업시행으로 인하여 등기

【갑 구】 (소유권에 관한 사항)				
순위번호	등기목적	접수	등기원인	권리자 및 기타사항
1	소유권보존	2019년5월1일 제3456호		소유자 한국토지주택공사 135671-0033355 경상남도 진주시 충의로 19 (충무공동)

제2절 건물의 표시에 관한 등기

1. 건물의 소유권보존등기(표제부)

가. 단층건물인 경우 66

【표 제 부】 (건물의 표시)				
표시번호	접 수	소재지번 및 건물번호	건 물 내 역	등기원인 및 기타사항
1	2019년3월5일	서울특별시 서초구 서초동 151 [도로명주소] 서울특별시 서초구 명달로22길 23	시멘트블럭조 시멘트 기와지붕 단층 주택 85㎡	

(주) 1. 갑구는 토지 소유권보존등기의 기록례와 같다.
2. 통상의 건물 소유권보존등기 신청 시에는 도면을 제출할 필요가 없지만, 그 건물의 대지상에 수개의 건물이 있는 경우 건축물대장 정보를 첨부정보로서 제공한 때를 제외하고는 그 소재도를 첨부하여야 하며 이때에는 표제부(건물내역란)에 한 등기 말미에 『도면 제○○○○-○호』로 기록한다(법 제40조 제1항제6호, 규칙 제121조제3항).

나. 2층 이상 건물인 경우 67

【표 제 부】 (건물의 표시)				
표시번호	접 수	소재지번 및 건물번호	건 물 내 역	등기원인 및 기타사항
1	2019년3월5일	서울특별시 서초구 서초동 151 [도로명주소] 서울특별시 서초구 명달로22길 23	철근콘크리트조 평스라브지붕 2층 다가구용단독주택 지하층 100㎡ 1층 150㎡ 2층 150㎡ 옥탑층 10㎡	

(주) 1. 건물 전체의 주된 용도만 등기사항이고 각 층별 용도 또는 동일한 층 내의 면적별 세부용도는 등기할 수 없다.
2. 연면적에서 제외된 옥탑층도 등기하여야 하나, '연면적제외'는 등기하지 않는다.

다. 부속건물이 있는 경우 68

【표 제 부】 (건물의 표시)				
표시번호	접 수	소재지번 및 건물번호	건 물 내 역	등기원인 및 기타사항
1	2019년3월5일	서울특별시 서초구 서초동 151 [도로명주소] 서울특별시 서초구 명달로22길 23	시멘트블록조 시멘트기와지붕 단층 주택 200㎡ 지하실 100㎡ 부속건물 시멘트블록조 시멘트기와지붕 단층창고 100㎡ 시멘트블록조 슬라브지붕 화장실 6㎡	

라. 구조복합 건물인 경우 69

【표 제 부】 (건물의 표시)				
표시번호	접 수	소재지번 및 건물번호	건 물 내 역	등기원인 및 기타사항
1	2019년3월5일	서울특별시 서초구 서초동 151 [도로명주소] 서울특별시 서초구 명달로22길 23	벽돌조 및 시멘트벽돌조 슬래브지붕 단층 사무실 및 차고 80㎡	

(주) 구조나 용도 또는 종류가 복합된 건물(구분건물포함)에 대하여 건물표시를 등기할 경우 그 구체적인 내역은 이를 기록하지 아니한다.

마. 축사의 부동산등기에 관한 특례법에 따른 등기 70

【표 제 부】 (건물의 표시)				
표시번호	접 수	소재지번 및 건물번호	건 물 내 역	등기원인 및 기타사항
1	2019년4월1일	강원도 횡성군 횡성읍 옥동리 24 [도로명주소] 강원도 횡성군 성동로 32	철골조 칼라강판지붕 단층 동물 및 식물 관련 시설 201㎡	축사의 부동산등기에 관한 특례법에 따른 등기

바. 사용승인을 받지 않은 경우(직권으로 소유권보존등기를 할 경우)

1) 사용승인을 받지 않은 경우 71

【표 제 부】	(건물의 표시)			
표시번호	접 수	소재지번 및 건물번호	건 물 내 역	등기원인 및 기타사항
1		서울특별시 서초구 서초동 151 [도로명주소] 서울특별시 서초구 명달로22길 23	시멘트블록조 기와지붕 2층 주택 1층 200㎡ 2층 150㎡	2019년3월5일 등기
2				건축법상 사용승인 받지 않은 건물임

(주) 법 제66조제2항 및 등기예규 제1469호 참조

2) 사용승인을 사후에 받은 경우 72

【표 제 부】	(건물의 표시)			
표시번호	접 수	소재지번 및 건물번호	건 물 내 역	등기원인 및 기타사항
1		서울특별시 서초구 서초동 151 [도로명주소] 서울특별시 서초구 명달로22길 23	시멘트블록조 기와지붕 2층 주택 1층 200㎡ 2층 150㎡	2019년3월5일 등기
~~2~~				~~건축법상 사용승인 받지 않은 건물임~~
3	2019년4월9일			2019년3월20일 사용승인으로 인하여 2번 등기 말소

(주) 법 제66조제3항 및 등기예규 제1469호 참조

2. 건물의 표시변경에 관한 등기

가. 건물분할의 등기

1) 갑 건물의 부속건물을 분할(분리)하여 을 건물로 하는 경우 73

(갑건물)

【표 제 부】 (건물의 표시)				
표시번호	접 수	소재지번 및 건물번호	건 물 내 역	등기원인 및 기타사항
~~1~~	~~2019년1월3일~~	~~서울특별시 서초구 서초동 43~~ ~~[도로명주소]~~ ~~서울특별시 서초구~~ ~~명달로22길 23~~	~~목조 기와지붕~~ ~~단층 주택~~ ~~200㎡~~ ~~부속건물~~ ~~목조 기와지붕~~ ~~단층 창고~~ ~~20㎡~~	
2	2019년3월31일	서울특별시 서초구 서초동 43 제1호 [도로명주소] 서울특별시 서초구 명달로22길 23	목조 기와지붕 단층 주택 200㎡	분할로 인하여 부속건물 20㎡를 서울특별시 서초구 서초동 43 제2호에 이기

(주) 건물 자체의 물리적 분할은 통상 있을 수 없으므로 규칙 제96조에서는 갑 건물과 그 부속건물의 분할만을 전제로 하여 규정하고 있다.

(을건물)

【표 제 부】 (건물의 표시)				
표시번호	접 수	소재지번 및 건물번호	건 물 내 역	등기원인 및 기타사항
1	2019년3월31일	서울특별시 서초구 서초동 43 제2호 [도로명주소] 서울특별시 서초구 명달로22길 23-1	목조 기와지붕 단층 창고 20㎡	분할로 인하여 서울특별시 서초구 서초동 43에서 이기

【갑 구】 (소유권에 관한 사항)				
순위번호	등 기 목 적	접 수	등 기 원 인	권 리 자 및 기 타 사 항
1 (전 1)	소유권보존	2019년1월3일 제6호		소유자 정디운 721205-1352121 서울특별시 종로구 인사동6길 8 (인사동) 분할로 인하여 순위 제1번 등기를 서울특별시 서초구 서초동 43에서 전사 접수 2019년3월31일 제2161호

2) 근저당권 있는 건물을 분할하는 경우 74

(갑건물)

【 을 구 】	(소유권 이외의 권리에 관한 사항)			
순위번호	등 기 목 적	접 수	등 기 원 인	권 리 자 및 기 타 사 항
1	근저당권설정	2019년1월13일 제21호	2012년1월10일 설정계약	채권최고액 금6,000,000원 채무자 서하늘 서울특별시 용산구 효창원로 71 (산천동) 근저당권자 정다운 721205-1352121 서울특별시 종로구 인사동6길 8 (인사동) 공동담보 토지 서울특별시 서초구 서초동 40
1-1				공동담보 건물 서울특별시 서초구 서초동 43 제2호 분할로 인하여 2019년3월31일 부기

(주) 공동담보목록이 작성된 경우에는 그 공동담보목록에 분할 후의 부동산 표시를 하고 분할 전 부동산을 말소하는 표시를 한다(토지분할등기 기록례 참조).

(을건물)

【 을 구 】	(소유권 이외의 권리에 관한 사항)			
순위번호	등 기 목 적	접 수	등 기 원 인	권 리 자 및 기 타 사 항
1 (전 1)	근저당권설정	2019년1월13일 제21호	2019년1월10일 설정계약	채권최고액 금6,000,000원 채무자 서하늘 서울특별시 용산구 효창원로 71 (산천동) 근저당권자 정다운 721205-1352121 서울특별시 종로구 인사동6길 8 (인사동) 공동담보 토지 서울특별시 서초구 서초동 40
				분할로 인하여 순위 제1번 등기를 서울특별시 서초구 서초동 43에서 전사 공동담보 건물 서울특별시 서초구 서초동 43 제1호 접수 2019년3월31일 제2161호

3) 분할로 인하여 등기기록이 개설된 건물에 관하여 근저당권의 소멸승낙이 있는 경우 75

(갑건물)

【 을 구 】	(소유권 이외의 권리에 관한 사항)			
순위번호	등 기 목 적	접 수	등 기 원 인	권 리 자 및 기 타 사 항
1	근저당권설정	2019년1월13일 제21호	2019년1월10일 설정계약	채권최고액 금6,000,000원 채무자 서하늘 서울특별시 용산구 효창원로 71 (산천동) 근저당권자 정다운 721205-1352121 서울특별시 종로구 인사동6길 8 (인사동) 공동담보 토지 서울특별시 서초구 서초동 40
1-1				분할로 인하여 서울특별시 서초구 서초동 43 제2호에 이기한 건물에 관해서는 소멸승낙에 의하여 근저당권 소멸 2019년3월31일 부기

(주) 1. 이 경우 을 건물의 을구에는 근저당권등기를 전사하지 아니한다.
2. 갑 건물에 대하여 근저당권의 소멸승낙이 있는 경우는 5항 기록례 참조.

4) 갑 건물의 수동의 부속건물을 분할하여 을 건물로 하는 경우 76

(갑건물)

【표 제 부】 (건물의 표시)				
표시번호	접 수	소재지번 및 건물번호	건 물 내 역	등기원인 및 기타사항
~~1~~	~~2018년6월5일~~	~~서울특별시 서초구 서초동 151~~ ~~[도로명주소]~~ ~~서울특별시 서초구~~ ~~명달로22길 23~~	~~벽돌조 시멘트기와지붕~~ ~~단층 주택~~ ~~250㎡~~ ~~부속건물~~ ~~벽돌조 시멘트기와지붕~~ ~~단층 주택~~ ~~70㎡~~ ~~목조 기와지붕 단층 창고~~ ~~50㎡~~	
2	2018년9월8일	서울특별시 서초구 서초동 151 제1호 [도로명주소] 서울특별시 서초구 명달로22길 23	벽돌조 시멘트기와지붕 단층 주택 250㎡	분할로 인하여 부속건물 70㎡, 50㎡를 서울특별시 서초구 서초동 151 제2호에 이기

(을건물)

【표 제 부】 (건물의 표시)				
표시번호	접 수	소재지번 및 건물번호	건 물 내 역	등기원인 및 기타사항
1	2018년9월8일	서울특별시 서초구 서초동 151 제2호 [도로명주소] 서울특별시 서초구 명달로22길 23-1	벽돌조 시멘트기와지붕 단층 주택 70㎡ 부속건물 목조 기와지붕 단층 창고 50㎡	분할로 인하여 서울특별시 서초구 서초동 151에서 이기

【갑 구】 (소유권에 관한 사항)				
순위번호	등 기 목 적	접 수	등 기 원 인	권 리 자 및 기 타 사 항
1 (전 3)	소유권이전	2018년7월5일 제17320호	2018년7월3일 매매	소유자 김우리 600104-1056429 서울특별시 서초구 서초대로46길 60(서초동)
				분할로 인하여 순위 제1번 등기를 서울특별시 서초구 서초동 151에서 전사 접수 2018년9월8일 제28000호

나. 건물합병의 등기

1) 갑 건물을 을 건물의 부속건물로 하는 경우 77

(갑건물)

【표 제 부】 (건물의 표시)

표시번호	접 수	소재지번 및 건물번호	건 물 내 역	등기원인 및 기타사항
~~1~~	~~2018년9월11일~~	~~서울특별시 서초구 서초동 151 제2호~~ ~~[도로명주소]~~ ~~서울특별시 서초구 명달로22길 24~~	~~벽돌조 시멘트기와지붕 단층 주택~~ ~~230㎡~~	
2	2018년9월29일			합병으로 인하여 서울특별시 서초구 서초동 151 제1호에 이기
				2번 등기하였으므로 본 등기기록 폐쇄 2018년9월29일

(을건물)

【표 제 부】 (건물의 표시)

표시번호	접 수	소재지번 및 건물번호	건 물 내 역	등기원인 및 기타사항
~~1~~	~~2018년9월1일~~	~~서울특별시 서초구 서초동 151 제1호~~ ~~[도로명주소]~~ ~~서울특별시 서초구 명달로22길 23~~	~~벽돌조 시멘트기와지붕 단층 주택~~ ~~200㎡~~	
2	2018년9월29일	서울특별시 서초구 서초동 151 제1호 [도로명주소] 서울특별시 서초구 명달로22길 23	벽돌조 시멘트기와지붕 단층 주택 200㎡ 부속건물 벽돌조 시멘트기와지붕 단층 주택 230㎡	합병으로 인하여 230㎡를 서울특별시 서초구 서초동 151 제2호에서 이기

2) 갑 건물의 부속건물을 분할하여 을 건물의 부속건물로 하는 경우(규칙 제98조의 경우 건물의 분할합병등기) 78

(갑건물)

【표 제 부】	(건물의 표시)			
표시번호	접 수	소재지번 및 건물번호	건 물 내 역	등기원인 및 기타사항
~~1~~	~~2018년9월1일~~	~~서울특별시 서초구 서초동 151 제2호~~ ~~[도로명주소]~~ ~~서울특별시 서초구~~ ~~명달로22길 24~~	~~벽돌조 시멘트기와지붕 단층 주택~~ ~~230㎡~~ ~~부속건물~~ ~~목조 기와지붕 단층 창고~~ ~~33㎡~~	
2	2018년9월9일	서울특별시 서초구 서초동 151 제2호 [도로명주소] 서울특별시 서초구 명달로22길 24	벽돌조 시멘트기와지붕 단층 주택 230㎡	분할로 인하여 부속건물 33㎡를 서울특별시 서초구 서초동 151 제1호에 이기

(을건물)

【표 제 부】	(건물의 표시)			
표시번호	접 수	소재지번 및 건물번호	건 물 내 역	등기원인 및 기타사항
~~1~~	~~2018년9월1일~~	~~서울특별시 서초구 서초동 151 제1호~~ ~~[도로명주소]~~ ~~서울특별시 서초구~~ ~~명달로22길 23~~	~~벽돌조 시멘트기와지붕 단층 주택~~ ~~200㎡~~	
2	2018년9월9일	서울특별시 서초구 서초동 151 제1호 [도로명주소] 서울특별시 서초구 명달로22길 23	벽돌조 시멘트기와지붕 단층 주택 200㎡ 부속건물 목조 기와지붕 단층 창고 33㎡	합병으로 인하여 33㎡를 서울특별시 서초구 서초동 151 제2호에서 이기

3) 부속건물을 증축을 원인으로 주건물에 합병하는 경우 79

【표 제 부】 (건물의 표시)				
표시번호	접 수	소재지번 및 건물번호	건 물 내 역	등기원인 및 기타사항
~~1~~	~~2019년1월3일~~	~~서울특별시 서초구 서초동 151~~ ~~[도로명주소]~~ ~~서울특별시 서초구 명달로 22길 23~~	~~벽돌조 시멘트기와지붕 단층 주택~~ ~~200㎡~~ ~~부속건물~~ ~~벽돌조 시멘트기와지붕 단층 주택~~ ~~100㎡~~	
2	2019년1월9일	서울특별시 서초구 서초동 151 [도로명주소] 서울특별시 서초구 명달로 22길 23	벽돌조 시멘트기와지붕 단층 주택 320㎡	증축으로 부속건물을 주건물에 합병

다. 건물을 증축 또는 개축하거나 부속건물을 신축하는 경우의 등기

1) 증축의 경우 80

【표 제 부】 (건물의 표시)				
표시번호	접 수	소재지번 및 건물번호	건 물 내 역	등기원인 및 기타사항
~~1~~	~~2010년7월5일~~	~~서울특별시 서초구 서초동 151~~ ~~[도로명주소]~~ ~~서울특별시 서초구 명달로22길 23~~	~~목조 기와지붕 단층 주택~~ ~~20㎡~~	
2	2019년9월2일	서울특별시 서초구 서초동 151 [도로명주소] 서울특별시 서초구 명달로22길 23	목조 기와지붕 단층 주택 25㎡	증축

(주) 증축이 수차에 걸쳐 이루어진 경우에는 1건으로 신청할 수 있다.

2) 증축 및 개축의 경우 81

【표 제 부】 (건물의 표시)				
표시번호	접 수	소재지번 및 건물번호	건 물 내 역	등기원인 및 기타사항
~~2~~	~~2010년3월2일~~	~~서울특별시 서초구 서초동 151~~ ~~[도로명주소]~~ ~~서울특별시 서초구 명달로22길 23~~	~~목조 기와지붕 단층 주택 25㎡~~	
3	2018년8월2일	서울특별시 서초구 서초동 151 [도로명주소] 서울특별시 서초구 명달로22길 23	시멘트블록조 기와지붕 단층 주택 28㎡	증축 및 개축

3) 개축의 경우 82

【표 제 부】 (건물의 표시)				
표시번호	접 수	소재지번 및 건물번호	건 물 내 역	등기원인 및 기타사항
~~1~~	~~2010년5월2일~~	~~서울특별시 서초구 서초동 151~~ ~~[도로명주소]~~ ~~서울특별시 서초구 명달로22길 23~~	~~목조 기와지붕 단층 주택 280㎡~~	
2	2018년8월1일	서울특별시 서초구 서초동 151 [도로명주소] 서울특별시 서초구 명달로22길 23	시멘트벽돌조 기와지붕 단층 주택 280㎡	개축

4) 부속건물을 신축하는 경우 83

【표 제 부】 (건물의 표시)				
표시번호	접 수	소재지번 및 건물번호	건 물 내 역	등기원인 및 기타사항
~~1~~	~~2010년1월5일~~	~~서울특별시 서초구 서초동 151~~ ~~[도로명주소]~~ ~~서울특별시 서초구~~ ~~명달로22길 23~~	~~벽돌조 시멘트기와지붕 단층 주택~~ ~~280㎡~~	
2	2018년3월8일	서울특별시 서초구 서초동 151 [도로명주소] 서울특별시 서초구 명달로22길 23	벽돌조 시멘트기와지붕 단층 주택 280㎡ 부속건물 벽돌조 시멘트기와지붕 단층 창고 100㎡	부속건물신축

라. 구조·용도 등의 변경등기

1) 건물의 구조변경등기 84

【표 제 부】 (건물의 표시)				
표시번호	접 수	소재지번 및 건물번호	건 물 내 역	등기원인 및 기타사항
~~1~~	~~2010년3월8일~~	~~서울특별시 서초구 서초동 151~~ ~~[도로명주소]~~ ~~서울특별시 서초구~~ ~~명달로22길 23~~	~~목조 기와지붕 단층 주택~~ ~~280㎡~~	
2	2018년9월6일	서울특별시 서초구 서초동 151 [도로명주소] 서울특별시 서초구 명달로22길 23	시멘트블록조 기와지붕 단층 주택 280㎡	구조변경

2) 건물의 용도변경등기 85

【표 제 부】 (건물의 표시)				
표시번호	접 수	소재지번 및 건물번호	건 물 내 역	등기원인 및 기타사항
~~1~~	~~2010년5월4일~~	~~서울특별시 서초구 서초동 151~~ ~~[도로명주소]~~ ~~서울특별시 서초구~~ ~~명달로22길 23~~	~~벽돌조 슬래브지붕~~ ~~단층 점포~~ ~~280㎡~~	
2	2018년8월5일	서울특별시 서초구 서초동 151 [도로명주소] 서울특별시 서초구 명달로22길 23	벽돌조 슬래브지붕 단층 주택 280㎡	용도변경

3) 건물의 지붕바꿈 등기 86

【표 제 부】 (건물의 표시)				
표시번호	접 수	소재지번 및 건물번호	건 물 내 역	등기원인 및 기타사항
~~1~~	~~2002년3월8일~~	~~서울특별시 서초구 서초동 151~~ ~~[도로명주소]~~ ~~서울특별시 서초구~~ ~~명달로22길 23~~	~~목조 초가지붕 단층 주택~~ ~~280㎡~~	
2	2018년9월6일	서울특별시 서초구 서초동 151 [도로명주소] 서울특별시 서초구 명달로22길 23	목조 기와지붕 단층 주택 280㎡	지붕바꿈

4) 건물의 택지번호 변경등기 87

【표 제 부】	(건물의 표시)			
표시번호	접 수	소재지번 및 건물번호	건 물 내 역	등기원인 및 기타사항
~~1~~	~~2018년5월5일~~	~~서울특별시 서초구 서초동 서초꽃마을지구100블록 100로트~~ ~~[도로명주소]~~ ~~서울특별시 서초구 명달로22길 23~~	~~벽돌조 기와지붕 단층 주택~~ ~~280㎡~~	
2	2018년8월4일	서울특별시 서초구 서초동 551 [도로명주소] 서울특별시 서초구 명달로22길 23	벽돌조 기와지붕 단층 주택 280㎡	지번부여

5) 건물의 구조 및 용도의 변경 88

【표 제 부】	(건물의 표시)			
표시번호	접 수	소재지번 및 건물번호	건 물 내 역	등기원인 및 기타사항
~~1~~	~~2010년7월4일~~	~~서울특별시 서초구 서초동 151~~ ~~[도로명주소]~~ ~~서울특별시 서초구 명달로22길 23~~	~~목조 기와지붕 단층 주택~~ ~~280㎡~~	
2	2018년9월2일	서울특별시 서초구 서초동 151 [도로명주소] 서울특별시 서초구 명달로22길 23	시멘트벽돌조 기와지붕 단층 판매시설 280㎡	용도 및 구조변경

(주) 건물의 면적과 구조 및 용도, 택지번호, 증축 등의 2부분 또는 3부분이 동시에 변경 또는 경정된 경우에도 한꺼번에 신청할 수 있다.

마. 건물멸실의 등기

1) 전부멸실의 경우 89

【표 제 부】	(건물의 표시)			
표시번호	접 수	소재지번 및 건물번호	건 물 내 역	등기원인 및 기타사항
~~1~~	~~2012년2월2일~~	~~서울특별시 서초구 서초동 151~~ ~~[도로명주소]~~ ~~서울특별시 서초구 명달로22길 23~~	~~목조 기와지붕 단층 주택 250㎡~~	
2	2019년3월30일			2019년3월30일 멸실
				2번 등기하였으므로 본 등기기록 폐쇄 2019년3월30일

2) 일부멸실의 경우 90

【표 제 부】	(건물의 표시)			
표시번호	접 수	소재지번 및 건물번호	건 물 내 역	등기원인 및 기타사항
~~1~~	~~2012년2월1일~~	~~서울특별시 서초구 서초동 151~~ ~~[도로명주소]~~ ~~서울특별시 서초구 명달로22길 23~~	~~목조 기와지붕 단층 주택 300㎡~~	
2	2018년8월2일	서울특별시 서초구 서초동 151 [도로명주소] 서울특별시 서초구 명달로22길 23	목조 기와지붕 단층 주택 250㎡	일부멸실

3) 부속건물 있는 주된 건물 멸실의 경우 91

【표 제 부】 (건물의 표시)				
표시번호	접 수	소재지번 및 건물번호	건 물 내 역	등기원인 및 기타사항
~~1~~	~~2002년3월5일~~	~~서울특별시 서초구 서초동 151~~ ~~[도로명주소]~~ ~~서울특별시 서초구~~ ~~명달로22길 23~~	~~벽돌조 시멘트기와지붕~~ ~~단층 주택~~ ~~300㎡~~ ~~부속건물~~ ~~벽돌조 시멘트기와지붕~~ ~~단층 주택~~ ~~100㎡~~	
2	2018년8월2일	서울특별시 서초구 서초동 151 [도로명주소] 서울특별시 서초구 명달로22길 23	벽돌조 시멘트기와지붕 단층 주택 100㎡	주된 건물 멸실

4) 부속건물 멸실의 경우 92

【표 제 부】 (건물의 표시)				
표시번호	접 수	소재지번 및 건물번호	건 물 내 역	등기원인 및 기타사항
~~1~~	~~2010년2월2일~~	~~서울특별시 서초구 서초동 151~~ ~~[도로명주소]~~ ~~서울특별시 서초구~~ ~~명달로22길 23~~	~~벽돌조 시멘트기와지붕~~ ~~단층 주택~~ ~~300㎡~~ ~~부속건물~~ ~~벽돌조 시멘트기와지붕~~ ~~단층 주택~~ ~~50㎡~~	
2	2018년3월5일	서울특별시 서초구 서초동 151 [도로명주소] 서울특별시 서초구 명달로22길 23	벽돌조 시멘트기와지붕 단층 주택 300㎡	부속건물 멸실

5) 건물 부존재의 경우(규칙 제103조) 93

【표 제 부】 (건물의 표시)				
표시번호	접 수	소재지번 및 건물번호	건 물 내 역	등기원인 및 기타사항
~~1~~	~~2012년2월3일~~	~~서울특별시 서초구 서초동 151~~ ~~[도로명주소]~~ ~~서울특별시 서초구 명달로22길 23~~	~~목조 기와지붕 단층 주택 60㎡~~	
2	2018년10월4일			부존재
				2번 등기하였으므로 본 등기기록 폐쇄 2018년10월4일

6) 멸실건물등기기록의 폐쇄[구법(법률 제4422호) 부칙 제3조제3항] 94

【표 제 부】 (건물의 표시)				
표시번호	접 수	소재지번 및 건물번호	건 물 내 역	등기원인 및 기타사항
~~1~~	~~1948년5월12일~~	~~서울특별시 서초구 서초동 151~~ ~~[도로명주소]~~ ~~서울특별시 서초구 명달로22길 23~~	~~벽돌조 시멘트기와지붕 단층 주택 250㎡~~	~~도면편철장 제1책 제5면~~
				구 부동산등기법 부칙 제3조제3항의 규정에 의하여 본 등기기록 폐쇄 2018년11월10일 등기

(주) 멸실건물등기기록 폐쇄 후 등기기록 부활의 경우[구법(법률 제4422호) 부칙 제3조제4항]의 기록례는 96항 참조.

바. 그 밖의 등기

1) 멸실착오를 원인으로 폐쇄된 등기기록을 부활하는 경우 95

【표 제 부】	(건물의 표시)			
표시번호	접 수	소재지번 및 건물번호	건 물 내 역	등기원인 및 기타사항
~~1~~	~~1972년2월2일~~	~~서울특별시 서초구 서초동 151~~	~~목조 와즙 단층 주택 20평~~	
~~2~~	~~2018년7월6일~~			~~2018년5월15일 멸실~~
				~~2번 등기하였으므로 본 등기기록 폐쇄 2018년7월6일~~
3	2018년8월2일	서울특별시 서초구 서초동 151 [도로명주소] 서울특별시 서초구 명달로22길 23	목조 기와지붕 단층 주택 66.1㎡	2번 멸실등기 착오로 인하여 본 등기기록 부활

(주) 등기예규 제1207호 참조

2) 멸실건물등기기록 폐쇄 후 등기기록 부활의 경우[구법(법률 제4422호) 부칙 제3조제4항] 96

【표 제 부】 (건물의 표시)				
표시번호	접 수	소재지번 및 건물번호	건 물 내 역	등기원인 및 기타사항
~~1~~	~~1949년5월1일~~	~~서울특별시 중구 북창동 1~~	~~벽돌조 시멘트기와지붕 단층주택 100㎡~~	~~도면편철장 제10책 제5면~~
				~~부동산등기법 부칙 제3조제3항의 규정에 의하여 본호용지 폐쇄 1992년5월3일 등기~~
2	1993년1월5일	서울특별시 중구 북창동 1	벽돌조 시멘트기와지붕 단층주택 100㎡	폐쇄등기 착오로 본호 용지 부활

제3절 구분건물의 표시에 관한 등기

1. 구분건물의 소유권보존등기(표제부)

가. 부속건물이 없는 경우 97

【표 제 부】 (1동의 건물의 표시)				
표시번호	접 수	소재지번, 건물명칭 및 번호	건 물 내 역	등기원인 및 기타사항
1	2019년3월5일	서울특별시 서초구 반포동 151-1 서초아파트 제101동 [도로명주소] 서울특별시 서초구 동광로27길 61	철근콘크리트조 슬래브지붕 5층 아파트 지하층 300㎡ 1층 1,000㎡ 2층 1,000㎡ 3층 1,000㎡ 4층 1,000㎡ 5층 1,000㎡ 옥탑층 100㎡	

【표 제 부】 (전유부분의 건물의 표시)				
표시번호	접 수	건 물 번 호	건 물 내 역	등기원인 및 기타사항
1	2019년3월5일	제1층 제101호	철근콘크리트조 87㎡	

나. 복합구분건물인 경우 98

【표 제 부】 (1동의 건물의 표시)				
표시번호	접 수	소재지번, 건물명칭 및 번호	건 물 내 역	등기원인 및 기타사항
1	2019년2월3일	서울특별시 서초구 반포동 151-1 서초아파트 제101동 [도로명주소] 서울특별시 서초구 동광로27길 61	철근콘크리트조 (철근)콘크리트지붕 5층 공동주택, 업무시설 지하층 300㎡ 1층 1,000㎡ 2층 1,000㎡ 3층 1,000㎡ 4층 1,000㎡ 5층 1,000㎡ 옥탑층 100㎡	

【표 제 부】 (전유부분의 건물의 표시)				
표시번호	접 수	건 물 번 호	건 물 내 역	등기원인 및 기타사항
1	2019년2월3일	제1층 제101호	철근콘크리트조 업무시설 87㎡	

(주) 1동의 건물에 속하는 구분건물의 종류가 동일하지 않는 경우, 즉 1동의 건물이 복합건물인 경우에는 각 구분건물의 표제부 중 건물내역란에 건물의 종류를 기록한다.

다. 다른 1동의 건물을 구분한 부속건물이 있는 경우 99

【표 제 부】 (전유부분의 건물의 표시)				
표시번호	접 수	건 물 번 호	건 물 내 역	등기원인 및 기타사항
1	2018년8월3일	제1층 제102호	철근콘크리트조 87㎡ 부속건물 서울특별시 서초구 반포동 152 목조기와지붕 단층 창고 256㎡ 내 다호 34㎡	

라. 주된 건물과 동일한 1동의 건물을 구분한 부속건물이 있는 경우 100

【표 제 부】 (전유부분의 건물의 표시)				
표시번호	접 수	건 물 번 호	건 물 내 역	등기원인 및 기타사항
1	2018년8월3일	제1층 제301호	철근콘크리트조 단층 87㎡ 부속건물 철근콘크리트조 지하실 5호 35㎡	

(주) 부속건물 자체의 구조도 기록하여야 한다.

마. 부속건물이 1동의 건물인 경우 101

【표 제 부】 (전유부분의 건물의 표시)				
표시번호	접 수	건 물 번 호	건 물 내 역	등기원인 및 기타사항
1	2018년8월3일	제1층 제104호	철근콘크리트조 87㎡ 부속건물 서울특별시 강남구 역삼동 47 벽돌조 기와지붕 단층 창고 32㎡	

2. 구분건물의 표시변경에 관한 등기

가. 건물의 구분

1) 갑 건물을 구분하여 갑, 을 구분건물로 하는 경우 102

(신등기기록의 1동의 건물)

【표 제 부】 (1동의 건물의 표시)				
표시번호	접 수	소재지번, 건물명칭 및 번호	건 물 내 역	등기원인 및 기타사항
1	2018년6월5일	서울특별시 서초구 반포동 153 [도로명주소] 서울특별시 서초구 동광로 27길 61	벽돌조 슬래브지붕 단층 주택 및 사무실 164㎡	구분으로 인하여 서울특별시 서초구 반포동 153에서 이기

(주) 비구분건물을 구분하는 등기를 하는 때에는 1동의 건물의 표제부를 새로 개설하여 구등기기록으로부터 건물의 표시를 이기하여야 한다.

(신등기기록의 갑 건물)

【표 제 부】 (전유부분의 건물의 표시)				
표시번호	접 수	건 물 번 호	건 물 내 역	등기원인 및 기타사항
1	2018년6월5일	제가호	벽돌조 주택 82㎡	구분으로 인하여 서울특별시 서초구 반포동 153에서 이기

(주) 1. 신등기기록의 을 건물 전유부분의 표제부도 같다.
2. 1동의 건물이 복합건물이고 그 종류(용도)별로 구분된 때에는 그 종류(용도)도 표시하여야 한다.

【갑 구】 (소유권에 관한 사항)				
순위번호	등 기 목 적	접 수	등 기 원 인	권 리 자 및 기 타 사 항
1 (전3)	소유권이전	2016년4월5일 제5471호	2016년4월4일 매매	소유자 강미래 790513-1052134 서울특별시 용산구 원효로 10(원효로1가)
				구분으로 인하여 순위 제1번 등기를 서울특별시 서초구 반포동 153에서 이기 접수 2018년6월5일 제9674호

(주) 종전의 등기기록으로부터 소유권에 관한 등기를 신등기기록 각 전유부분의 갑구에 이기한다(규칙 제97조 제3항).

【 을 구 】		(소유권 이외의 권리에 관한 사항)		
순위번호	등 기 목 적	접 수	등 기 원 인	권 리 자 및 기 타 사 항
1 (전2)	근저당권설정	2016년4월6일 제5498호	2016년4월5일 설정계약	채권최고액 금50,000,000원 채무자 강미래 서울특별시 용산구 원효로 10(원효로1가) 근저당권자 주식회사대한은행 110100-4803112 서울특별시 강남구 강남대로 430(양재동) (강남지점)
				구분으로 인하여 순위 제1번 등기를 서울특별시 서초구 반포동 153에서 이기 공동담보 건물 서울특별시 서초구 반포동 153 제나호 접수 2018년6월5일 제9674호

(주) 소유권 이외의 권리가 있는 경우에도 이를 이기하고 다른 등기기록에 옮겨 기록한 건물이 함께 그 권리의 목적인 뜻을 기록한다(규칙 제97조제3항).

(구분 전 건물의 표제부)

【표 제 부】		(건물의 표시)		
표시번호	접 수	소재지번 및 건물번호	건 물 내 역	등기원인 및 기타사항
~~1~~	~~2012년3월9일~~	~~서울특별시 서초구~~ ~~반포동 153~~ ~~[도로명주소]~~ ~~서울특별시 서초구~~ ~~동광로27길 61~~	~~벽돌조 슬래브지붕~~ ~~단층 주택 및 사무실~~ ~~164㎡~~	
2	2018년6월5일			구분으로 인하여 서울특별시 서초구 반포동 153에 이기
				2번 등기하였으므로 본 등기기록 폐쇄 2018년6월5일

(주) 구분 전 건물의 등기기록은 이를 폐쇄한다(규칙 제97조제2항).

2) 갑 구분건물을 구분하여 갑, 을 구분건물로 하는 경우 103

(구분전 건물의 표제부)

【표 제 부】	(전유부분의 건물의 표시)			
표시번호	접 수	건 물 번 호	건 물 내 역	등기원인 및 기타사항
~~1~~	~~2012년3월5일~~	~~제1층 제101호~~	~~철근콘크리트조~~ ~~87㎡~~	
2	2018년6월5일	제1층 제101호	철근콘크리트조 44㎡	구분으로 인하여 43㎡를 서울특별시 강남구 역삼동 56 대림빌라 제1층 제106호에 이기

(을 건물의 표제부)

【표 제 부】	(전유부분의 건물의 표시)			
표시번호	접 수	건 물 번 호	건 물 내 역	등기원인 및 기타사항
1	2018년6월5일	제1층 제106호	철근콘크리트조 43㎡	구분으로 인하여 서울특별시 강남구 역삼동 56 대림빌라 제1층 제101호에서 이기

나. 건물의 합병

1) 갑 구분건물을 구분하여 을 구분건물에 합병하는 경우(구분합병) 104

(갑 건물의 표제부)

【표 제 부】	(전유부분의 건물의 표시)			
표시번호	접 수	건 물 번 호	건 물 내 역	등기원인 및 기타사항
~~1~~	~~2012년3월5일~~	~~제1층 제102호~~	~~철근콘크리트조~~ ~~87㎡~~	
2	2018년6월5일	제1층 제102호	철근콘크리트조 44㎡	구분합병으로 인하여 43㎡를 서울특별시 강남구 역삼동 56 대림빌라 제1층 제103호에 이기

※ 이 기록례는 전산으로 등기유형을 지원하지 않는다.

(을 건물의 표제부)

【표 제 부】	(전유부분의 건물의 표시)			
표시번호	접 수	건 물 번 호	건 물 내 역	등기원인 및 기타사항
~~1~~	~~2012년3월5일~~	~~제1층 제103호~~	~~철근콘크리트조~~ ~~87㎡~~	
2	2018년6월5일	제1층 제103호	철근콘크리트조 130㎡	구분합병으로 인하여 43㎡를 서울특별시 강남구 역삼동 56 대림빌라 제1층 제102호에서 이기

※ 이 기록례는 전산으로 등기유형을 지원하지 않는다.

2) 갑, 을 구분건물을 합병하여 구분건물이 아닌 것으로 되는 경우 105

(1동의 건물)

【표 제 부】 (1동의 건물의 표시)				
표시번호	접 수	소재지번, 건물명칭 및 번호	건 물 내 역	등기원인 및 기타사항
~~1~~	~~2012년3월9일~~	~~서울특별시 서초구 반포동 153~~ ~~[도로명주소]~~ ~~서울특별시 서초구~~ ~~동광로27길 61~~	~~철근콘크리트조~~ ~~슬래브지붕~~ ~~단층 상가~~ ~~1000㎡~~	
2				합병으로 인하여 신 등기기록 서울특별시 서초구 반포동 153에 이기
				2번 등기하였으므로 본 등기기록 폐쇄 2019년5월7일

(갑 구분건물)

【표 제 부】 (전유부분의 건물의 표시)				
표시번호	접 수	건 물 번 호	건 물 내 역	등기원인 및 기타사항
~~1~~	~~2012년3월9일~~	~~제1층 제101호~~	~~철근콘크리트조~~ ~~500㎡~~	
2				합병으로 인하여 신 등기기록에 이기

(주) 을 구분건물의 표제부도 같다.

(신등기기록)

【표 제 부】 (건물의 표시)				
표시번호	접 수	소재지번 및 건물번호	건 물 내 역	등기원인 및 기타사항
1	2019년5월7일	서울특별시 서초구 반포동 153 [도로명주소] 서울특별시 서초구 동광로27길 61	철근콘크리트조 슬래브지붕 단층 상가 1000㎡	합병으로 인하여 500㎡를 서울특별시 서초구 반포동 153 제1층 제101호, 500㎡를 제1층 제102호에서 이기

(주) 1. 건물합병으로 인하여 구분건물이 아닌 것으로 된 경우에 그 등기를 하는 때에는 신등기기록을 개설하여야 한다(규칙 제100조제2항)

2. 갑구와 을구의 등기기록도 신등기기록을 사용하여 소유권 또는 소유권 이외의 권리의 등기를 이기하여야 한다(규칙 제100조제4항, 제80조).

3) 갑 구분건물을 을 구분건물에 합병하는 경우 (다른 구분건물이 있는 경우) 106

(을 건물)

【표 제 부】		(전유부분의 건물의 표시)		
표시번호	접 수	건 물 번 호	건 물 내 역	등기원인 및 기타사항
~~1~~	~~2012년3월5일~~	~~제1층 제101호~~	~~철근콘크리트조~~ ~~91㎡~~	
2	2018년6월9일	제1층 제101호	철근콘크리트조 182㎡	합병으로 인하여 91㎡를 서울특별시 동대문구 용두동 91외 1필지 무지개아파트 제가동 제1층 제102호에서 이기

(갑 건물)

【표 제 부】		(전유부분의 건물의 표시)		
표시번호	접 수	건 물 번 호	건 물 내 역	등기원인 및 기타사항
~~1~~	~~2012년3월5일~~	~~제1층 제102호~~	~~철근콘크리트조~~ ~~91㎡~~	
2	2018년6월9일			합병으로 인하여 서울특별시 동대문구 용두동 91외 1필지 무지개아파트 제가동 제1층 제101호에 이기
				2번 등기하였으므로 본 등기기록 폐쇄 2018년6월9일

다. 건물의 신축으로 인하여 구분건물이 아닌 것이 구분건물로 된 경우(규칙 제101조, 제97조)

107

(1동의 건물)

【표 제 부】 (1동의 건물의 표시)				
표시번호	접 수	소재지번, 건물명칭 및 번호	건 물 내 역	등기원인 및 기타사항
1	2018년7월1일	서울특별시 서초구 반포동 153 [도로명주소] 서울특별시 서초구 동광로27길 61	벽돌조 슬래브지붕 단층 주택 150㎡	

(주) 일반건물의 표제부(전등기기록)로부터 부동산의 표시에 관한 사항을 구분건물의 표제부(신등기기록)로 이기한다.

(이기한 구분건물-신축전 건물)

【표 제 부】 (전유부분의 건물의 표시)				
표시번호	접 수	건 물 번 호	건 물 내 역	등기원인 및 기타사항
1	2018년7월1일	제1호	벽돌조 87㎡	건물의 신축으로 인하여 전등기인 서울특별시 서초구 반포동 153에서 이기

【갑 구】 (소유권에 관한 사항)				
순위번호	등 기 목 적	접 수	등 기 원 인	권 리 자 및 기 타 사 항
1 (전3)	소유권이전	2012년1월5일 제346호	2012년1월4일 매매	소유자 정다운 600104-1056429 서울특별시 서초구 서초대로46길 60 (서초동) 건물의 신축으로 인하여 순위 제1번 등기를 서울특별시 서초구 반포동 153에서 이기 접수 2018년7월1일 제1000호

(주) 소유권 이외의 권리에 관한 등기가 있는 경우에도 같다.

(신축한 구분건물)

【표 제 부】 (전유부분의 건물의 표시)				
표시번호	접 수	건 물 번 호	건 물 내 역	등기원인 및 기타사항
1	2018년7월1일	제2호	벽돌조 63㎡	

(주) 갑구에는 소유권보존등기를 하게 된다.

(이기 전 건물)

【표 제 부】 (건물의 표시)				
표시번호	접 수	소재지번 및 건물번호	건 물 내 역	등기원인 및 기타사항
~~1~~	~~(생략)~~	~~(생략)~~	~~(생략)~~	~~(생략)~~
2	2018년7월1일			건물의 신축으로 인하여 신 등기기록 서울특별시 서초구 반포동 153에 이기
				2번 등기하였으므로 본 등기기록 폐쇄 2018년7월1일

(주) 신등기기록에 이기한 때에는 전등기기록을 폐쇄한다(규칙 제101조, 제97조).

라. 건물의 증축으로 인하여 구분건물이 아닌 것이 구분건물로 된 경우(규칙 제101조, 제97조)

108

(1동의 건물)

【표 제 부】 (1동의 건물의 표시)				
표시번호	접 수	소재지번, 건물명칭 및 번호	건 물 내 역	등기원인 및 기타사항
1	2019년4월5일	서울특별시 서초구 반포동 153, 154 [도로명주소] 서울특별시 서초구 동광로 27길 61	시멘트벽돌조 및 시멘트블록조 슬래브지붕 단층 주택 및 사무실 320㎡	

(주) 갑·을 두 비구분건물의 중간에 증축을 하여 구분건물이 생긴 경우에 비구분건물을 구분하는 등기절차이다.

(이기한 구분건물 - 증축 전 건물)

【표 제 부】 (전유부분의 건물의 표시)				
표시번호	접 수	건 물 번 호	건 물 내 역	등기원인 및 기타사항
1	2019년4월5일	제가호	벽돌조 주택 및 사무실 200㎡	증축으로 인하여 서울특별시 서초구 반포동 153에서 이기

(주) 이기한 다른 구분건물(나호)의 경우에도 이와 같은 형식으로 기록한다.

【갑 구】 (소유권에 관한 사항)				
순위번호	등 기 목 적	접 수	등 기 원 인	권 리 자 및 기 타 사 항
1 (전3)	소유권이전	2012년3월5일 제7350호	2012년3월4일 매매	소유자 김우리 600104-1056429 서울특별시 서초구 서초대로46길 60 (서초동)
				증축으로 인하여 순위 제1번 등기를 서울특별시 서초구 반포동 153에서 이기 접수 2019년4월5일 제7891호

(주) 1. 종전의 등기기록으로부터 소유권에 관한 등기를 신등기기록 전유부분의 갑구에 이기한다(규칙 제97조 제3항).
2. 이기한 다른 구분건물(나호)의 경우에도 이와 같은 형식으로 기록한다.
3. 소유권 이외의 권리에 관한 등기가 있는 경우에도 같다.

(이기 전 건물)

【표 제 부】 (건물의 표시)				
표시번호	접 수	소재지번 및 건물번호	건 물 내 역	등기원인 및 기타사항
~~1~~	~~2012년1월9일~~	~~서울특별시 서초구 반포동 153~~ ~~[도로명주소]~~ ~~서울특별시 서초구 동광로27길 61~~	~~벽돌조 슬래브지붕단층 주택 및 사무실~~ ~~200㎡~~	
2	2019년4월5일			증축으로 인하여 서울특별시 서초구 반포동 153외 1필지 제가호에 이기
				2번 등기하였으므로 본 등기기록 폐쇄 2019년4월5일

(주) 다른 이기 전 건물등기의 경우에도 위와 동일하게 폐쇄한다.

마. 구분건물 중 일부가 멸실되어 구분건물이 아닌 건물로 된 경우(규칙 제101조 후단, 제100조 제2항부터 제5항까지) 109

(멸실전의 1동의 건물)

【표 제 부】	(1동의 건물의 표시)			
표시번호	접 수	소재지번, 건물명칭 및 번호	건 물 내 역	등기원인 및 기타사항
~~1~~	~~(생략)~~	~~(생략)~~	~~(생략)~~	
2				일부멸실로 인하여 신 등기기록 서울특별시 서초구 서초동 151 한승빌딩에 이기
				2번 등기하였으므로 본 등기기록 폐쇄 2019년4월5일

(주) 구분건물이 건물합병 이외의 사유로 구분건물이 아닌 건물로 된 경우 종전등기를 신등기기록에 이기한 때에는 종전등기기록은 그 뜻을 기록하고 표제부의 등기를 각 말소하는 표시를 하고 등기기록을 폐쇄하여야 한다(규칙 제101조 후단, 제100조제3항)

(멸실된 구분건물)

【표 제 부】	(전유부분의 건물의 표시)			
표시번호	접 수	건 물 번 호	건 물 내 역	등기원인 및 기타사항
~~1~~	~~2012년1월5일~~	~~제1층 제가호~~	~~철근콘크리트조 1층 200㎡~~	
2	2019년4월5일			2019년3월25일 멸실

(멸실하지 아니한 구분건물)

【표 제 부】	(전유부분의 건물의 표시)			
표시번호	접 수	건 물 번 호	건 물 내 역	등기원인 및 기타사항
~~1~~	~~2012년1월5일~~	~~제1층 제나호~~	~~철근콘크리트조 1층 200㎡~~	
				일부멸실로 인하여 신 등기기록 서울특별시 서초구 서초동 151 한승빌딩에 이기

(신등기기록)

【표 제 부】	(건물의 표시)			
표시번호	접 수	소재지번 및 건물번호	건 물 내 역	등기원인 및 기타사항
1	2019년4월5일	서울특별시 서초구 서초동 151 한승빌딩 [도로명주소] 서울특별시 서초구 서초대로40길 56	철근콘크리트조 슬래브지붕 단층 사무실 200㎡	일부멸실로 인하여 서울특별시 서초구 서초동 151 한승빌딩 제1층 제나호에서 이기

(주) 구분건물이 건물합병 이외의 사유로 구분건물이 아닌 건물로 된 경우에 그 등기를 하는 때에는 신등기기록을 사용하여야 한다(규칙 제101조 후단, 제100조제2항).

【 갑 구 】	(소유권에 관한 사항)			
순위번호	등 기 목 적	접 수	등 기 원 인	권 리 자 및 기 타 사 항
1 (전2)	소유권이전	2012년3월5일 제1356호	2012년3월3일 매매	소유자 김우리 600104-1056429 서울특별시 서초구 서초대로46길 60 (서초동)
				일부멸실로 인하여 순위 제1번 등기를 서울특별시 강남구 역삼동 162 한승빌딩 1층 제나호에서 이기 접수 2019년4월5일 제5687호

(주) 갑구와 을구는 신 등기기록에 소유권 또는 소유권 이외의 권리의 등기를 이기하여야 한다(규칙 제101조 후단, 제100조제4항).

3. 대지권에 관한 등기

가. 대지권 표시의 등기

1) 규약대지를 포함하여 수필의 건물대지가 있는 경우 110

【표 제 부】 (1동의 건물의 표시)				
표시번호	접 수	소재지번, 건물명칭 및 번호	건 물 내 역	등기원인 및 기타사항
1	2019년4월5일	서울특별시 서초구 반포동 151, 151-1, 151-2 서초아파트 제101동 [도로명주소] 서울특별시 서초구 동광로27길 61	철근콘크리트조 슬래브지붕 5층 아파트 지하층 300㎡ 1층 1,000㎡ 2층 1,000㎡ 3층 1,000㎡ 4층 1,000㎡ 5층 1,000㎡ 옥탑층 100㎡	
(대지권의 목적인 토지의 표시)				
표시번호	소 재 지 번	지 목	면 적	등기원인 및 기타사항
1	1. 서울특별시 서초구 반포동 151 2. 서울특별시 서초구 반포동 151-1 3. 서울특별시 서초구 반포동 151-2	대 대 대	1759㎡ 745㎡ 674㎡	2019년4월5일 등기

(주) 대지권의 목적인 토지가 1필인 경우에도 토지의 일련번호를 생략하여서는 안된다.

【표 제 부】 (전유부분의 건물의 표시)				
표시번호	접 수	건 물 번 호	건 물 내 역	등기원인 및 기타사항
1	2019년4월5일	제1층 제101호	철근콘크리트조 96㎡	
(대지권의 표시)				
표시번호	대지권종류		대지권비율	등기원인 및 기타사항
1	1, 2 소유권대지권 3 임차권대지권		1000분의 47 500분의 18	2019년3월5일 대지권 2019년3월5일 대지권 2019년4월5일 등기

2) 부속건물에 대한 대지권 표시의 등기를 하는 경우

가) 주된 건물과 동일한 동에 부속건물이 있는 경우 111

【표 제 부】 (전유부분의 건물의 표시)				
표시번호	접 수	건 물 번 호	건 물 내 역	등기원인 및 기타사항
1	2019년4월5일	제1층 제102호	철근콘크리트조 96㎡ 부속건물 철근콘크리트조 지하실 10호 34㎡	
(대지권의 표시)				
표시번호	대지권종류		대지권비율	등기원인 및 기타사항
1	1 소유권대지권 1 소유권대지권 2 소유권대지권 2 소유권대지권 3 임차권대지권		1000분의 47 1000분의 16 1000분의 47 1000분의 16 500분의 18	2019년4월5일 대지권 2019년4월5일 부속건물대지권 2019년4월5일 대지권 2019년4월5일 부속건물대지권 2019년4월5일 대지권 2019년4월5일 등기

(주) 부속건물에 대한 대지권의 표시를 하는 때에는 대지권의 말미에 그 대지권이 부속건물에 대한 대지권인 뜻을 기록하여야 한다(규칙 제88조제2항).

나) 주된 건물과 별개의 동에 부속건물이 있는 경우 112

【표 제 부】 (전유부분의 건물의 표시)				
표시번호	접 수	건 물 번 호	건 물 내 역	등기원인 및 기타사항
1	2019년4월5일	제1층 제101호	철근콘크리트조 95㎡ 부속건물 서울특별시 서초구 반포동151 목조 기와지붕 단층 차고 256㎡ 내 7호 32㎡	
(대지권의 표시)				
표시번호	대지권종류		대지권비율	등기원인 및 기타사항
1	1 소유권대지권 2 소유권대지권		1000분의 35 1000분의 30	2019년4월5일 대지권 2019년4월5일 부속건물 대지권 2019년4월5일 등기

(주) 1동의 건물의 표제부의 대지권의 목적인 토지의 표시란에는 주된 건물 대지의 표시가 1토지로, 부속건물 대지의 표시가 2토지로 기록되어 있는 경우이다.

다) 주된 건물이 구분건물이 아닌 경우 113

【표 제 부】 (건물의 표시)				
표시번호	접 수	소재지번 및 건물번호	건 물 내 역	등기원인 및 기타사항
1	2019년4월5일	서울특별시 서초구 서초동 151 [도로명주소] 서울특별시 서초구 명달로22길 23	벽돌조 슬래브지붕 단층 주택 138㎡ 부속건물 서울특별시 서초구 서초동 152 목조 기와지붕 단층 차고 255㎡ 내 제3호 51㎡ 대지권의 표시 서울특별시 서초구 서초동 152 대 310㎡ 소유권 310분의 62 2019년4월5일 대지권	

(주) 부속건물만이 1동의 건물을 구분한 건물인 때에는 그 부속건물에 대한 대지권의 표시는 부속건물의 표시에 이어서 하여야 한다(규칙 제88조제1항 단서).

나. 대지권이라는 뜻의 등기

1) 단독 소유권이 대지권인 경우 114

【 갑 구 】 (소유권에 관한 사항)				
순위번호	등 기 목 적	접 수	등 기 원 인	권 리 자 및 기 타 사 항
2	소유권이전	(생략)	(생략)	(생략)
3	소유권대지권			건물의 표시 서울특별시 서초구 반포동 151외 1필지 서초아파트 제101동 2019년4월5일 등기

(주) 1. 건물의 등기기록에 대지권의 등기를 한 때에는 그 권리의 목적인 토지의 등기기록 중 해당구 사항란에 대지권인 뜻의 등기를 하여야 한다(규칙 제89조제1항).
2. 1동의 건물을 표시함에 족한 사항은 건물의 종류, 구조와 면적을 기록하고, 1동의 건물의 명칭 및 건물의 번호가 있는 때에는 그 명칭과 건물의 번호를 기록함으로써 족하다.
3. 1동의 건물의 대지가 수필인 경우 그 소재지번의 표시는 대지권의 목적인 토지의 표시란에 기록된 첫 번째 토지와 그 밖의 필수를 기록한다.
4. 구분건물을 신축한 자가 대지권등기를 하지 않고 구분건물에 관한 소유권이전등기만을 마쳤거나, 구분건물을 신축하여 양도한 자가 대지사용권을 나중에 취득하여 이전하기로 약정한 경우에도 위와 같이 기록한다(법 제60조).

2) 단독 소유권의 일부가 대지권인 경우 115

【 갑 구 】 (소유권에 관한 사항)				
순위번호	등 기 목 적	접 수	등 기 원 인	권 리 자 및 기 타 사 항
2	소유권이전	(생략)	(생략)	(생략)
3	소유권 3분의1 대지권			건물의 표시 서울특별시 서초구 반포동 151 철근콘크리트조 슬래브지붕 2층 연립주택 1층 356㎡ 2층 256㎡ 지하실 256㎡ 2019년4월5일 등기

3) 소유권의 공유지분이 대지권인 경우

가) 공유지분 전부가 대지권인 때 116

【 갑 구 】	(소유권에 관한 사항)			
순위번호	등 기 목 적	접 수	등 기 원 인	권 리 자 및 기 타 사 항
2 ∫ 12	소유권이전	(생략)	(생략)	(생략)
13	공유자 전원지분 전부대지권			건물의 표시 서울특별시 서초구 반포동 151외 1필지 서초아파트 제101동 2019년4월5일 등기

(주) 순위번호 2번부터 12번까지는 지분이전 등기이다.

나) 일부 공유자의 지분을 제외한 공유지분 전부가 대지권인 때 117

【 갑 구 】	(소유권에 관한 사항)			
순위번호	등 기 목 적	접 수	등 기 원 인	권 리 자 및 기 타 사 항
2 ∫ 12	소유권이전	(생략)	(생략)	(생략)
13	3번 김갑동지분을 제외한 공유지분 전부대지권			건물의 표시 서울특별시 서초구 반포동 151외 1필지 서초아파트 제101동 2019년4월5일 등기

다) 대지권이 아닌 공유지분이 나중에 대지권이 된 경우 118

【 갑 구 】	(소유권에 관한 사항)			
순위번호	등 기 목 적	접 수	등 기 원 인	권 리 자 및 기 타 사 항
2 ∫ 12	소유권이전	(생략)	(생략)	(생략)
13	3번 김갑동지분을 제외한 공유지분 전부대지권			건물의 표시 서울특별시 서초구 반포동 151외 1필지 서초아파트 제101동(제201호 제외) 2019년4월5일 등기
14	3번 김갑동지분 전부대지권			건물의 표시 서울특별시 서초구 반포동 151외 1필지 서초아파트 제101동 제201호 2019년4월9일 등기

4) 구분건물이 아닌 건물의 부속건물에 대한 대지권의 표시를 등기한 경우 119

【 갑 구 】	(소유권에 관한 사항)			
순위번호	등 기 목 적	접 수	등 기 원 인	권 리 자 및 기 타 사 항
2 ∫ 12	소유권이전	(생략)	(생략)	(생략)
13	3번 김갑동지분 전부대지권			건물의 표시 서울특별시 서초구 반포동 151 목조 기와지붕 단층 창고 255㎡ 2019년5월15일 등기

5) 다른 등기소로부터의 통지에 의하여 등기하는 경우 120

【 갑 구 】	(소유권에 관한 사항)			
순위번호	등 기 목 적	접 수	등 기 원 인	권 리 자 및 기 타 사 항
2	소유권이전	(생략)	(생략)	(생략)
3	소유권대지권	2019년5월15일 제15619호		건물의 표시 서울특별시 서초구 반포동 151외 1필지 서초아파트 제101동 2019년5월15일 등기

6) 임차권이 대지권인 경우 121

【 을 구 】	(소유권 이외의 권리에 관한 사항)			
순위번호	등 기 목 적	접 수	등 기 원 인	권 리 자 및 기 타 사 항
1	임차권설정	(생략)	(생략)	(생략)
2	1번 임차권 대지권			건물의 표시 서울특별시 서초구 반포동 151외 1필지 서초아파트 제101동 2019년4월5일 등기

다. 별도등기

1) 대지권의 목적인 토지에 별도의 등기가 있는 경우 122

【표 제 부】	(전유부분의 건물의 표시)			
표시번호	접 수	건 물 번 호	건 물 내 역	등기원인 및 기타사항
1	(생략)	(생략)	(생략)	
(대지권의 표시)				
표시번호	대지권종류		대지권비율	등기원인 및 기타사항
1	1 소유권대지권 2 소유권대지권		1000분의 47 1500분의 60	2019년3월25일 대지권 2019년3월25일 대지권 2019년4월5일 등기
2				별도등기 있음 1토지(갑구 5번 가압류등기, 을구 2번 근저당권설정등기), 2토지(갑구 2번 가처분등기, 을구 3번 근저당권설정등기) 2019년4월5일 등기

(주) '등기예규 1045호' 시행 이후에는 대지권 등기시 그 토지등기기록에 소유권보존등기 또는 소유권이전등기 이외의 소유권에 관한 등기 또는 소유권 이외의 권리에 관한 등기가 있는 경우, 토지등기기록에 별도의 등기가 있다는 뜻의 기록은 전유부분의 표제부 중 대지권의 표시란에 한다(규칙 제90조제1항).

2) 대지권의 목적인 특정 토지에 별도등기가 있는 경우 123

【표 제 부】	(전유부분의 건물의 표시)			
표시번호	접 수	건 물 번 호	건 물 내 역	등기원인 및 기타사항
1	(생략)	(생략)	(생략)	
(대지권의 표시)				
표시번호	대지권종류		대지권비율	등기원인 및 기타사항
1	(생략)		(생략)	(생략)
2	3 소유권대지권		1000분의 45	2019년3월5일 대지권 2019년4월5일 등기
3				별도등기 있음 3토지(갑구 5번 가압류등기, 을구 3번 근저당권설정등기) 2019년4월5일 등기

3) 대지권의 목적인 특정 토지에 수개의 별도등기가 전부 말소된 경우 124

【표 제 부】	(전유부분의 건물의 표시)			
표시번호	접 수	건 물 번 호	건 물 내 역	등기원인 및 기타사항
1	(생략)	(생략)	(생략)	
(대지권의 표시)				
표시번호	대지권종류		대지권비율	등기원인 및 기타사항
1	(생략)		(생략)	(생략)
2	3 소유권대지권		1000분의 45	2018년3월5일 대지권 2018년4월5일 등기
~~3~~				~~별도등기 있음~~ ~~3토지(갑구 5번 가압류등기, 을구 3번 근저당권설정등기)~~ ~~2018년4월5일 등기~~
4				3번 별도등기 말소 2018년9월1일 등기

4) 대지권의 목적인 수필지 토지에 대한 별도등기 중 특정 토지에 관한 별도등기가 전부 말소된 경우 125

【표 제 부】	(전유부분의 건물의 표시)			
표시번호	접 수	건 물 번 호	건 물 내 역	등기원인 및 기타사항
1	(생략)	(생략)	(생략)	
(대지권의 표시)				
표시번호	대지권종류		대지권비율	등기원인 및 기타사항
1	1 소유권대지권 2 소유권대지권		1000분의 47 1500분의 60	2018년3월5일 대지권 2018년3월5일 대지권 2018년4월5일 등기
2				별도등기 있음 ~~1토지(갑구 5번 가압류등기, 을구 2번 근저당권설정등기)~~, 2토지(갑구 2번 가처분등기, 을구 3번 근저당권 설정등기) 2018년4월5일 등기
3				2번 1토지에 관한 별도등기 말소 2018년9월1일 등기

5) 대지권의 목적인 특정 토지에 관한 수개의 별도등기 중 일부가 말소된 경우 126

【표 제 부】 (전유부분의 건물의 표시)				
표시번호	접 수	건 물 번 호	건 물 내 역	등기원인 및 기타사항
1	(생략)	(생략)	(생략)	

(대지권의 표시)			
표시번호	대지권종류	대지권비율	등기원인 및 기타사항
1	(생략)	(생략)	(생략)
2	3 소유권대지권	1000분의 45	2018년3월5일 대지권 2018년4월5일 등기
~~3~~			~~별도등기 있음~~ ~~3토지(갑구 5번 가압류등기, 을구 3번 근저당권 설정등기)~~ ~~2018년4월5일 등기~~
4			3번 별도등기 중 을구 3번 근저당권 설정등기말소 별도등기 있음 3토지(갑구 5번 가압류등기) 2018년9월1일 등기

6) 대지권의 목적인 수필지 토지의 전체에 대한 별도등기 중 특정 토지에 관한 별도의 등기 일부가 말소된 경우 127

【표 제 부】	(전유부분의 건물의 표시)			
표시번호	접 수	건 물 번 호	건 물 내 역	등기원인 및 기타사항
1	(생략)	(생략)	(생략)	

(대지권의 표시)			
표시번호	대지권종류	대지권비율	등기원인 및 기타사항
1	1 소유권대지권 2 소유권대지권	1000분의 47 1500분의 60	2018년4월5일 대지권 2018년4월5일 대지권 2018년4월5일 등기
2			별도등기 있음 ~~1토지(갑구 5번 가압류등기, 을구 2번 근저당권설정등기)~~, 2토지(갑구 2번 가처분등기, 을구 3번 근저당권설정등기) 2018년4월5일 등기
3			2번 1토지에 관한 별도등기 중 을구 2번 근저당권설정등기말소 별도등기 있음 1토지(갑구 5번 가압류등기) 2018년9월1일 등기

7) 구분소유자 전부에 대하여 효력을 미치는 별도의 등기가 특정 구분소유자의 대지권인 공유지분에 대하여 소멸한 경우 128

(토지등기기록)

【 을 구 】		(소유권 이외의 권리에 관한 사항)		
순위번호	등 기 목 적	접 수	등 기 원 인	권 리 자 및 기 타 사 항
1	~~근저당권설정~~	2012년3월15일 제3691호	2012년3월14일 설정계약	채권최고액 금100,000,000원 채무자 김한울 서울특별시 종로구 율곡로1길 16 (사간동) 근저당권자 이대한 701115-1201257 서울특별시 서초구 강남대로37길 21 (서초동)
1-1	1번근저당권 변경	2018년10월1일 제18749호	2018년9월29일 지분포기	목적 5000분의4940근저당권설정 포기한지분 김길동(101동 102호)지분 5000분의 60 포기

(주) 1. 이 기록례는 특정 구분건물 소유자의 대지권인 고유지분에 대한 근저당권을 포기한 경우이다.
2. 건물 101동 102호의 전유부분 표제부에 등기한 별도등기는 말소하는 표시를 한다.

8) 1동 건물의 표제부에 마쳐진 별도등기를 전유부분 표제부의 대지권표시란에 이기하는 경우

가) 1동 건물의 표제부 129

【표 제 부】 (1동의 건물의 표시)				
표시번호	접 수	소재지번, 건물명칭 및 번호	건 물 내 역	등기원인 및 기타사항
1	(생략)	(생략)	(생략)	

(대지권의 목적인 토지의 표시)				
표시번호	소 재 지 번	지 목	면 적	등기원인 및 기타사항
1	(생략)	(생략)	(생략)	(생략)
~~2~~				~~별도등기 있음~~ ~~1토지(갑구 5번 가압류등기, 을구 2번 근저당권설정등기),~~ ~~2토지(갑구 2번 가처분등기, 을구 3번 저당권설정등기)~~ ~~2001년12월10일 등기~~
3				2번 별도등기말소 부동산등기규칙 제90조에 의하여 전유부분의 표제부에 이기 2018년10월25일 등기

(주) 구 등기예규 1045호 시행(2002년 1월 1일) 이전에 1동의 건물 표제부에 마쳐진 별도의 등기가 있다는 뜻의 기록도 등기관의 형식적 심사에 의하여 전유부분별로 효력이 있는지 여부를 구분할 수 있는 경우에는 이를 말소하고 전유부분 표제부의 대지권표시란에 별도의 등기가 있다는 뜻의 기록을 할 수 있다(등기예규 제1470호 참조).

나) 전유부분의 표제부 130

【표 제 부】 (전유부분의 건물의 표시)				
표시번호	접 수	건 물 번 호	건 물 내 역	등기원인 및 기타사항
1	(생략)	(생략)	(생략)	
(대지권의 표시)				
표시번호	대지권종류		대지권비율	등기원인 및 기타사항
1	1 소유권대지권 2 소유권대지권		1000분의 47 1500분의 60	2001년12월1일 대지권 2001년12월10일 대지권 2001년12월10일 등기
2				별도등기 있음 1토지(갑구 5번 가압류등기, 을구 2번 근저당권설정등기), 2토지(갑구 2번 가처분등기, 을구 3번 근저당권설정등기) 부동산등기규칙 제90조에 의하여 1동건물의 표제부에서 이기 2018년10월25일 등기

라. 대지권의 표시에 관한 건물의 표시변경 또는 경정의 등기

1) 규약대지를 정하는 규약이 설정됨으로 인한 대지권 표시를 등기하는 경우 131

【표 제 부】 (1동의 건물의 표시)				
표시번호	접 수	소재지번, 건물명칭 및 번호	건 물 내 역	등기원인 및 기타사항
1	(생략)	(생략)	(생략)	

(대지권의 목적인 토지의 표시)				
표시번호	소 재 지 번	지 목	면 적	등기원인 및 기타사항
1	(생략)	(생략)	(생략)	(생략)
2	4. 서울특별시 서초구 반포동 151	대	456㎡	2019년4월25일 등기

(주) 1. 분리처분가능규약의 폐지로 인한 경우에도 마찬가지이다.
2. 대지권의 표시에 관한 구분건물표시변경등기는 소유권의 등기명의인 전원이 일괄신청하거나 일부가 다른 등기명의인을 대위하여 일괄신청하여야 한다(법 제41조, 등기예규 제1470호).
3. 구분소유자가 대지를 취득함으로 인한 대지권표시변경등기의 경우도 마찬가지이다.

【표 제 부】 (전유부분의 건물의 표시)				
표시번호	접 수	건 물 번 호	건 물 내 역	등기원인 및 기타사항
1	(생략)	(생략)	(생략)	

(대지권의 표시)			
표시번호	대지권종류	대지권비율	등기원인 및 기타사항
1	(생략)	(생략)	(생략)
2	4 소유권대지권	1000분의 47	2019년4월25일 대지권 2019년4월25일 등기

(주) 분리처분가능규약의 폐지, 건물의 대지에 관하여 등기한 권리의 취득 등으로 인하여 대지권의 표시를 등기하는 경우에도 등기원인과 그 연월일은 『○년 ○월 ○일 대지권』으로 기록한다.

2) 분리처분가능규약의 설정 또는 규약대지로 하는 규약의 폐지로 대지권 표시등기를 말소하는 경우 132

【표 제 부】	(1동의 건물의 표시)				
표시번호	접 수	소재지번, 건물명칭 및 번호	건 물 내 역		등기원인 및 기타사항
1	(생략)	(생략)	(생략)		
(대지권의 목적인 토지의 표시)					
표시번호	소 재 지 번		지 목	면 적	등기원인 및 기타사항
1	(생략)		(생략)	(생략)	(생략)
~~2~~	~~4. 서울특별시 서초구 반포동 151~~		~~대~~	~~456㎡~~	~~2019년4월25일 등기~~
3					2019년4월30일 4토지 대지권 표시등기 전부말소 2019년4월30일 등기

(주) 1. 각 전유부분에 한 대지권 표시의 등기를 전부 말소한 경우에 한하여 본란에 기록한다.
2. 건물의 소유권의 등기명의인 전원이 일괄하여 신청하거나 일부의 자가 다른 등기명의인을 대위하여 일괄신청하여야 한다(법 제41조, 등기예규 제1470호).

【표 제 부】	(전유부분의 건물의 표시)			
표시번호	접 수	건 물 번 호	건 물 내 역	등기원인 및 기타사항
1	(생략)	(생략)	(생략)	
(대지권의 표시)				
표시번호	대지권종류		대지권비율	등기원인 및 기타사항
1	(생략)		(생략)	(생략)
~~2~~	~~4 소유권대지권~~		~~1000분의 47~~	~~2019년3월25일 대지권~~ ~~2019년4월25일 등기~~
3				2019년4월30일 4토지 대지권이 아닌것으로 됨 2019년4월30일 등기

(주) 1. 대지권이 아닌 권리로 된 경우의 등기원인과 그 연월일은 모두『○년 ○월 ○일 대지권이 아닌 것으로 됨』이라 기록한다.
2. 전유부분 전부에 대하여 이와 같은 등기를 한다.

3) 대지권의 소멸에 의한 대지권 표시등기를 말소하는 경우 133

【표 제 부】 (1동의 건물의 표시)

표시번호	접 수	소재지번, 건물명칭 및 번호	건 물 내 역	등기원인 및 기타사항
1	(생략)	(생략)	(생략)	

(대지권의 목적인 토지의 표시)

표시번호	소 재 지 번	지 목	면 적	등기원인 및 기타사항
1	1. 서울특별시 서초구 반포동 151 2. 서울특별시 서초구 반포동 151-1 ~~3. 서울특별시 서초구 반포동 151-2~~	대 대 ~~대~~	1759㎡ 745㎡ ~~674㎡~~	2019년4월25일 등기
2				2019년5월6일 3토지 대지권 표시등기 전부말소 2019년5월6일 등기

(주) 건물의 소유권의 등기명의인 전원이 일괄하여 신청하거나 일부의 자가 다른 등기명의인을 대위하여 일괄 신청하여야 한다(법 제41조, 등기예규 제1470호).

【표 제 부】 (전유부분의 건물의 표시)

표시번호	접 수	건 물 번 호	건 물 내 역	등기원인 및 기타사항
1	(생략)	(생략)	(생략)	

(대지권의 표시)

표시번호	대지권종류	대지권비율	등기원인 및 기타사항
1	1,2 소유권대지권 ~~3 임차권대지권~~	1000분의 47 ~~500분의 18~~	2019년4월25일 대지권 ~~2019년4월25일 대지권~~ 2019년4월25일 등기
2			2019년5월6일 3토지 대지권소멸 2019년5월6일 등기

4) 경정에 의하여 대지권표시를 등기하는 경우 134

【표 제 부】 (1동의 건물의 표시)				
표시번호	접 수	소재지번, 건물명칭 및 번호	건 물 내 역	등기원인 및 기타사항
1	(생략)	(생략)	(생략)	
(대지권의 목적인 토지의 표시)				
표시번호	소 재 지 번	지 목	면 적	등기원인 및 기타사항
1	(생략)	(생략)	(생략)	(생략)
2	5. 서울특별시 서초구 반포동 151	대	562㎡	2019년5월25일 등기

【표 제 부】 (전유부분의 건물의 표시)				
표시번호	접 수	건 물 번 호	건 물 내 역	등기원인 및 기타사항
1	(생략)	(생략)	(생략)	
(대지권의 표시)				
표시번호	대지권종류		대지권비율	등기원인 및 기타사항
1	(생략)		(생략)	(생략)
2	5 소유권대지권		1000분의 47	2019년4월25일 대지권 2019년5월25일 착오발견 2019년5월25일 등기

5) 경정에 의하여 대지권 표시의 등기를 말소하는 경우 135

【표 제 부】	(1동의 건물의 표시)			
표시번호	접 수	소재지번, 건물명칭 및 번호	건 물 내 역	등기원인 및 기타사항
1	(생략)	(생략)	(생략)	

(대지권의 목적인 토지의 표시)				
표시번호	소 재 지 번	지 목	면 적	등기원인 및 기타사항
1	1. 서울특별시 서초구 반포동 151 ~~2. 서울특별시 서초구 반포동 151-1~~	대 ~~대~~	1759㎡ ~~745㎡~~	2019년4월15일 등기
2				2019년5월16일 2토지 대지권 표시 등기 전부말소 2019년5월16일 등기

【표 제 부】	(전유부분의 건물의 표시)			
표시번호	접 수	건 물 번 호	건 물 내 역	등기원인 및 기타사항
1	(생략)	(생략)	(생략)	

(대지권의 표시)			
표시번호	대지권종류	대지권비율	등기원인 및 기타사항
1	1,~~2~~ 소유권대지권	1000분의 47	2019년4월15일 대지권 2019년4월15일 등기
2			2019년4월15일 2토지 대지권착오 2019년5월16일 등기

(주) 1동의 건물에 속하는 구분건물 전부에 대하여 말소등기를 하여야 한다.

6) 대지권 표시의 기록사항을 변경하는 경우

가) 대지권의 목적인 토지의 분필등기를 하는 경우 136

【표 제 부】 (1동의 건물의 표시)				
표시번호	접 수	소재지번, 건물명칭 및 번호	건 물 내 역	등기원인 및 기타사항
1	(생략)	(생략)	(생략)	

(대지권의 목적인 토지의 표시)				
표시번호	소 재 지 번	지 목	면 적	등기원인 및 기타사항
1	~~1. 서울특별시 서초구 반포동 151~~ 2. 서울특별시 서초구 반포동 153 3. 서울특별시 서초구 반포동 157	~~대~~ 대 대	~~1759㎡~~ 745㎡ 674㎡	2019년4월15일 등기
2	1. 서울특별시 서초구 반포동 151 4. 서울특별시 서초구 반포동 151-1	대 대	871㎡ 888㎡	2019년5월18일 1토지 분필 2019년5월18일 등기

(주) 1. 대지권의 목적인 토지가 지목변경 또는 면적의 증감이 있는 경우에도 같다.
2. 신청인은 건물의 소유권의 등기명의인 전원 또는 일부의 등기명의인이 다른 등기명의인을 대위하여 일괄신청하여야 한다.

【표 제 부】 (전유부분의 건물의 표시)				
표시번호	접 수	건 물 번 호	건 물 내 역	등기원인 및 기타사항
1	(생략)	(생략)	(생략)	

(대지권의 표시)			
표시번호	대지권종류	대지권비율	등기원인 및 기타사항
1	(생략)	(생략)	(생략)
2	4 소유권대지권	1000분의 47	2019년4월15일 대지권 2019년5월18일 등기

(주) 1동의 건물에 속하는 전유부분의 전부에 대하여 변경등기를 한다.

나) 대지권의 목적인 토지의 면적을 경정등기 한 때 137

【표 제 부】	(1동의 건물의 표시)			
표시번호	접 수	소재지번, 건물명칭 및 번호	건 물 내 역	등기원인 및 기타사항
1	(생략)	(생략)	(생략)	
(대지권의 목적인 토지의 표시)				
표시번호	소 재 지 번	지 목	면 적	등기원인 및 기타사항
1	~~1. 서울특별시 서초구 반포동 151~~ 2. 서울특별시 서초구 반포동 153	~~대~~ 대	~~1759㎡~~ 745㎡	2019년4월15일 등기
2	1. 서울특별시 서초구 반포동 151	대	1756㎡	2019년5월21일 1토지 면적경정 2019년5월21일 등기

마. 건물의 표시변경 또는 경정의 등기에 의하여 대지권 표시를 등기한 경우에 하는 등기(표제부의 등기는 다항, 라항의 1)부터 4)까지, 대지권이라는 뜻의 등기는 나항 참조)

1) 건물만에 관한 것이라는 뜻의 등기

가) 소유권보존과 이전등기 이외의 소유권에 관한 등기에 부기하는 경우 (규칙 제92조제1항 본문) 138

(전유부분)

【 갑 구 】 (소유권에 관한 사항)				
순위번호	등 기 목 적	접 수	등 기 원 인	권 리 자 및 기 타 사 항
2	소유권이전	(생략)	(생략)	(생략)
3	소유권이전 청구권가등기	(생략)	(생략)	(생략)
3-1				3번 등기는 건물만에 관한 것임 2019년4월25일 부기

(주) 그 등기가 건물과 토지의 등기기록에 되어 있고 등기원인, 그 연월일과 접수번호가 동일한 경우에도 저당권의 경우를 제외하고 그 뜻을 부기하여야 한다.

나) 소유권 이외의 권리의 등기에 부기하는 경우 139

(전유부분)

【 을 구 】		(소유권 이외의 권리에 관한 사항)		
순위번호	등 기 목 적	접 수	등 기 원 인	권 리 자 및 기 타 사 항
1	근저당권설정	(생략)	(생략)	(생략)
1-1				1번 등기는 건물만에 관한 것임 2019년4월25일 부기
2	임차권설정	(생략)	(생략)	(생략)
2-1				2번 등기는 건물만에 관한 것임 2019년4월25일 부기

(주) 대지권에 대한 등기와 등기원인, 그 연월일과 접수번호가 동일한 (근)저당권이 있는 때에는 그 등기를 말소하고 건물만에 관한 것이라는 뜻을 부기하지 아니한다(규칙 제92조제1항 단서).

다) 대지권의 목적인 토지에 관하여 전유부분 및 기존의 대지권과 동일한 (근)저당권의 등기가 없는 경우 140

(전유부분)

【 을 구 】		(소유권 이외의 권리에 관한 사항)		
순위번호	등 기 목 적	접 수	등 기 원 인	권 리 자 및 기 타 사 항
1	근저당권설정	(생략)	(생략)	(생략)
1-1				1번 등기는 4토지에 대해서는 건물만에 관한 등기임 2019년4월25일 부기

(주) 전유부분과 기존의 대지권에 관하여 동일한 저당권의 등기가 있고 추가된 규약대지(대지권의 목적인 토지의 표시란에 토지의 일련번호 4로 등기한 토지)에 관하여는 동일한 (근)저당권의 등기가 없는 경우이다.

2) 대지권의 목적인 토지에 마쳐진 동일한 저당권 등기의 말소(규칙 제92조제2항) 141

(토지)

【 을 구 】		(소유권 이외의 권리에 관한 사항)		
순위번호	등 기 목 적	접 수	등 기 원 인	권 리 자 및 기 타 사 항
~~1~~	~~갑구20번이도령지분전부근저당권설정~~	~~2019년3월5일 제3500호~~	~~2019년3월4일 설정계약~~	~~채권최고액 금30,000,000원~~ ~~채무자 이도령~~ ~~서울특별시 종로구 창덕궁길 100(계동)~~ ~~근저당권자 이겨레 750614-1035852~~ ~~서울특별시 종로구 율곡로 16(원서동)~~ ~~공동담보 건물 서울특별시 서초구 반포동 151 서초아파트 제101동 제1층 제101호~~
2	1번근저당권설정등기말소			부동산등기규칙 제92조 제2항의 규정에 의하여 2019년4월25일 등기

(주) 말소할 등기가 수 개인 경우에도 1개의 등기로 말소할 수 있다.

(전유부분)

【 을 구 】		(소유권 이외의 권리에 관한 사항)		
순위번호	등 기 목 적	접 수	등 기 원 인	권 리 자 및 기 타 사 항
1	근저당권설정	2019년3월5일 제3500호	2019년3월4일 설정계약	채권최고액 금30,000,000원 채무자 이도령 서울특별시 종로구 창덕궁길 100 (계동) 근저당권자 이겨레 750614-1035852 서울특별시 종로구 율곡로 16 (원서동) ~~공동담보 토지 서울특별시 서초구 반포동 151 이도령지분~~
1-1	1번근저당권공동담보변경			토지 서울특별시 서초구 반포동 151 부동산등기규칙 제92조 제2항의 규정에 의하여 2019년4월25일 부기

바. 대지권인 권리가 대지권이 아닌 것으로 변경됨으로 인하여 대지권 표시의 등기를 말소한 경우에 하는 등기(규칙 제93조, 표제부의 기록은 라항 2) 참조)

1) 대지권인 취지의 등기의 말소(변경)와 대지권인 권리와 권리자의 표시

가) 대지권의 전부가 대지권이 아닌 것으로 된 경우

(1) 소유권이 대지권인 때 142

(토지)

【 갑 구 】	(소유권에 관한 사항)			
순위번호	등 기 목 적	접 수	등 기 원 인	권 리 자 및 기 타 사 항
2	소유권이전	(생략)	(생략)	(생략)
~~3~~	~~소유권대지권~~			~~건물의 표시~~ ~~서울시 서초구 반포동 151번지외 1필지~~ ~~서초아파트 제101동~~ ~~2003년4월15일 등기~~
4	3번 등기 말소			대지권 표시변경등기로 인하여 2019년4월30일 등기
5	소유권등기			공유자 지분 5000분의 126 정다운 721205-1352121 서울특별시 종로구 인사동6길 8 (인사동) 지분 5000분의 126 김예린 790521-2035332 서울특별시 서초구 서초대로46길 60, 101동 201호(서초동, 서초아파트) (생략) · ·
				대지권이라는 뜻의 등기 말소로 인하여 2019년4월30일 등기

(주) 1. 대지권이라는 뜻의 등기를 말소한 경우에 등기관은 직권으로 대지권인 취지의 등기를 말소하는 표시를 하여야 한다(부동산등기규칙 제91조제3항).

2. 대지권이라는 뜻의 등기를 말소한 경우에 등기관은 그 토지의 등기기록 등 해당구 권리자 및 기타사항란에 대지권인 권리와 그 권리자를 표시하고 부동산등기규칙 제91조제3항의 등기를 기록함에 따라 등기하였다는 뜻과 그 연월일을 기록한다(부동산등기규칙 제91조제1항).

3. 대지권의 등기 후 건물의 등기기록에 대지권에 효력이 미치는 등기가 없는 때에는 대지권이라는 뜻의 등기를 말소하는 표시를 함으로써 족하다.

(2) 임차권이 대지권인 때 143

(토지)

【 을 구 】	(소유권 이외의 권리에 관한 사항)			
순위번호	등 기 목 적	접 수	등 기 원 인	권 리 자 및 기 타 사 항
1	임차권설정	(생략)	(생략)	(생략)
1-1	1번임차권등기			임차권자 지분 10분의 1 서하늘 630419-1034125 서울특별시 용산구 효창원로 71 (산천동) 지분 10분의 1 강미래 790513-1052134 서울특별시 용산구 원효로 10 (원효로1가) (생략) · ·
				3번 등기로 인하여 2019년4월30일 등기
~~2~~	~~1번임차권대지권~~	~~(생략)~~	~~(생략)~~	~~(생략)~~
3	2번등기말소			대지권 표시변경등기로 인하여 2019년4월30일 등기

(주) 지상권, 전세권이 대지권인 경우에도 동일하다.

나) 대지권의 일부가 대지권이 아닌 것으로 된 경우

(1) 모든 전유부분의 대지권에 관하여 그 일부의 분리처분가능규약이 설정된 때 144

(토지)

【 갑 구 】	(소유권에 관한 사항)			
순위번호	등 기 목 적	접 수	등 기 원 인	권 리 자 및 기 타 사 항
2	소유권이전	(생략)	(생략)	(생략)
3	~~소유권대지권~~	(생략)	(생략)	(생략)
3-1	3번등기변경			목적 소유권 3분의2 대지권 대지권 표시변경등기로 인하여 2019년4월30일 부기
4	소유권 3분의1 등기			공유자 (생략)
				대지권이라는 뜻의 변경등기로 인하여 2019년4월30일 등기

(2) 일부의 전유부분의 대지권에 관하여 분리처분가능규약이 설정된 때 145

(토지)

【 갑 구 】 (소유권에 관한 사항)				
순위번호	등 기 목 적	접 수	등 기 원 인	권 리 자 및 기 타 사 항
~~13~~	~~공유자전원지분 전부대지권~~	~~(생략)~~	~~(생략)~~	~~(생략)~~
13-1	13번등기변경			목적 갑구 3번 김일동지분 전부, 갑구 4번 김이동지분 전부, 갑구 5번 김삼동지분 전부, 갑구 6번 김사동지분 전부, 갑구 7번 김오동지분 전부, 갑구 8번 김육동지분 전부 대지권 건물의 표시 서울시 서초구 반포동 151 서초아파트 제101동 전유부분의 건물의 번호 제1층 제101호부터 제1층 제106호까지 대지권 표시변경등기로 인하여 2019년4월30일 부기
14	소유권 9분의3 등기			공유자 (생략) 대지권이라는 뜻의 변경으로 인하여 2019년4월30일 등기

(주) 전유부분의 일부가 멸실된 경우에도 같다.

다) 특정의 전유부분에 관하여 현재의 등기명의인의 등기 전에 소유권이전청구권의 가등기가 있는 경우 146

(제2층 제201호)

【 갑 구 】	(소유권에 관한 사항)			
순위번호	등 기 목 적	접 수	등 기 원 인	권 리 자 및 기 타 사 항
2	소유권이전	2019년4월15일 제6576호	2019년4월15일 매매	소유자 정다운 721205-1352121 서울특별시 종로구 인사동6길 8 (인사동) 거래가액 금70,000,000원
3	소유권이전 청구권가등기	2019년4월16일 제6785호	2019년4월16일 매매예약	가등기권자 김한울 650422-1045115 서울특별시 종로구 율곡로1길 16 (사간동)
4	소유권이전	2019년4월17일 제6796호	2019년4월17일 매매	소유자 이겨레 750614-1035852 서울특별시 종로구 창덕궁길 105 (원서동) 거래가액 금70,000,000원

(주) 순위번호 3번의 등기는 압류, 가압류, 가처분의 등기인 경우에도 같다.

(제2층 제202호)

【 갑 구 】	(소유권에 관한 사항)			
순위번호	등 기 목 적	접 수	등 기 원 인	권 리 자 및 기 타 사 항
1	소유권보존	2019년1월15일 제6577호		소유자 강미래 790513-1052134 서울특별시 용산구 원효로 10 (원효로1가)
2	소유권이전 청구권가등기	2019년1월16일 제6787호	2019년1월16일 매매예약	가등기권자 김예린 790521-2035332 서울특별시 서초구 서초대로46길 60, 101동 201호 (서초동, 서초아파트)

(주) 각 전유부분의 대지권 비율은 100분의 1이다.

(토지)

【 갑 구 】 (소유권에 관한 사항)				
순위번호	등 기 목 적	접 수	등 기 원 인	권 리 자 및 기 타 사 항
2	소유권이전	(생략)	(생략)	(생략)
~~3~~	~~소유권대지권~~			~~건물의 표시~~ ~~(생략)~~
4	3번등기말소			대지권 표시변경등기로 인하여 2012년4월30일 등기
5	소유권 100분의 99 등기			공유자 지분 100분의 1 강미래 790513-1052134 서울특별시 용산구 원효로 10 (원효로1가) (생략) · · 대지권이라는 뜻의 등기 말소로 인하여 2019년4월30일 등기
6 (전2)	공유지분 일부이전	2019년4월15일 제6576호	2019년4월15일 매매	공유자 지분 100분의 1 정다운 721205-1352121 서울특별시 종로구 인사동6길 8 (인사동) 거래가액 금70,000,000원
7 (전3)	6번정다운지분 전부이전청구권 가등기	2019년4월16일 제6785호	2019년4월16일 매매예약	가등기권자 김한울 650422-1045115 서울특별시 종로구 율곡로1길 16 (사간동)
8 (전4)	6번정다운지분 전부이전	2019년4월17일 제6796호	2019년4월17일 매매	공유자 100분의 1 이겨레 750614-1035852 서울특별시 종로구 창덕궁길 105 (원서동) 거래가액 금70,000,000원 부동산등기규칙 제93조제2항의 규정에 의하여 건물등기 서울특별시 서초구 반포동 151 서초아파트 제101동 제2층 제201호에서 순위 제6번부터 8번까지 등기를 전사 2019년4월30일 등기

9 (전2)	5번강미래지분 전부이전청구권 가등기	2019년1월16일 제6787호	2019년1월16일 매매예약	가등기권자 김예린 790521-2035332 서울특별시 서초구 서초대로46길 60, 101동 201호(서초동, 서초아파트)
				부동산등기규칙 제93조제2항의 규정에 의하여 건물등기 서울특별시 서초구 반포동 151 서초아파트 제101동 제2층 제202호에서 전사 2019년4월30일 등기

2) 저당권 등의 등기의 전사

가) 전사할 등기가 1개인 경우 147

(토지)

【 을 구 】	(소유권 이외의 권리에 관한 사항)			
순위번호	등 기 목 적	접 수	등 기 원 인	권 리 자 및 기 타 사 항
3 (전2)	갑구7번서하늘지분전부근저당권설정	2019년1월15일 제9578호	2019년1월14일 설정계약	채권최고액 금50,000,000원 채무자 서하늘 서울특별시 용산구 효창원로 71 (공덕동) 근저당권자 주식회사대한은행 110100-4803112 서울특별시 강남구 테헤란로 430 (대치동)
				부동산등기규칙 제93조제2항의 규정에 의하여 건물 등기 서울특별시 서초구 반포동 151 서초아파트 제101동 제1층 제101호에서 전사 2019년5월30일 등기
3-1				공동담보 건물 서울특별시 서초구 반포동 151 서초아파트 제101동 제1층 제101호 대지권 표시등기 말소로 인하여 2019년5월30일 부기

(주) 구분건물의 멸실 이외의 사유(규약설정 등)로 대지권 표시를 말소할 경우에는 공동담보인 뜻을 부기한다.

나) 전사할 등기가 수개인 경우 148

(토지)

【 을 구 】	(소유권 이외의 권리에 관한 사항)			
순위번호	등 기 목 적	접 수	등 기 원 인	권 리 자 및 기 타 사 항
3 (전2)	갑구7번서하늘 지분전부 근저당권설정	2019년1월15일 제9578호	2019년1월14일 설정계약	채권최고액 금50,000,000 원 채무자 서하늘 서울특별시 용산구 효창원로 71 (산천동) 근저당권자 주식회사대한은행 110100-4803112 서울특별시 강남구 테헤란로 430 (대치동)
				부동산등기규칙 제93조제2항의 규정에 의하여 건물 등기 서울특별시 서초구 반포동 151 서초아파트 제101동 제1층 제101호에서 전사 2019년5월30일 등기
3-1				공동담보 건물 서울특별시 서초구 반포동 151 서초아파트 제101동 제1층 제101호 대지권 표시등기 말소로 인하여 2019년5월30일 부기
4 (전3)	갑구8번최민국 지분전부 근저당권설정	2019년1월15일 제9579호	2019년1월14일 설정계약	채권최고액 금50,000,000 원 채무자 최민국 서울특별시 마포구 마포대로11가길 25(염리동) 근저당권자 주식회사대한은행 110100-4803112 서울특별시 강남구 테헤란로 430 (대치동)
				부동산등기규칙 제93조제2항의 규정에 의하여 건물 등기 서울특별시 서초구 반포동 151 서초아파트 제101동 제1층 제102호에서 전사 2019년5월30일 등기

4-1				공동담보 건물 서울특별시 서초구 반포동 151 서초아파트 제101동 제1층 제102호 대지권 표시등기 말소로 인하여 2019년5월30일 부기

(주) 1. 전유부분마다 합쳐서 전사사항을 기록할 수 있다.
2. 147항 (주) 참조.

다) 순위번호를 경정하는 경우(규칙 제93조제3항) 149

(토지)

【 을 구 】	(소유권 이외의 권리에 관한 사항)			
순위번호	등 기 목 적	접 수	등 기 원 인	권 리 자 및 기 타 사 항
~~1~~	~~근저당권설정~~	~~(생략)~~	~~(생략)~~	~~(생략)~~
~~2~~	~~갑구3번김일남지분전부근저당권설정~~	~~(생략)~~	~~(생략)~~	~~(생략)~~
~~6~~ 3 (전2)	갑구7번서하늘지분전부근저당권설정	2019년1월15일 제9578호	2019년1월14일 설정계약	채권최고액 금50,000,000원 채무자 서하늘 서울특별시 용산구 효창원로 71 (공덕동) 근저당권자 주식회사대한은행 110100-4803112 서울특별시 강남구 테헤란로 430 (대치동)
				부동산등기규칙 제93조제2항의 규정에 의하여 건물등기 서울특별시 서초구 반포동 151 서초아파트 제101동 제1층 제101호에서 전사 2019년5월30일 등기
~~6-1~~ 3-1				공동담보 건물 서울특별시 서초구 반포동 151 서초아파트 제101동 제1층 제101호 대지권 표시등기 말소로 인하여 2019년5월30일 부기
~~3~~ 4	지상권설정	2019년5월17일 제9682호	2019년5월16일 설정계약	목 적 지하철도 소유 범 위 토지의 남쪽끝 지점을 포함한 수평면을 기준으로 하여 지하 15미터로부터 35미터 사이 존속기간 50년 지상권자 서울특별시 411
~~4~~ 5	2번근저당권설정등기말소	(생략)	(생략)	(생략)
~~5~~ 6	1번근저당권설정등기말소	(생략)	(생략)	(생략)

7	3번, 4번, 5번, 6번, 6-1번 순위번호 경정	(생략)	(생략)	(생략)

(주) 전유부분으로부터 순위 3번 등기를 이기하는 경우에 그 등기보다 후순위의 구분지상권설정등기가 토지 등 기기록에 있는 경우로서 기존에는 을구를 폐쇄하고 신등기기록에 이기하는 형태였으나 전산화 후에는 순위번호를 경정하는 방법으로 한다.

라) 대지권인 권리를 목적으로 하는 근저당권의 소멸승낙이 있는 경우에 전유부분에 기록할 등기 150

(전유부분)

【 을 구 】	(소유권 이외의 권리에 관한 사항)			
순위번호	등 기 목 적	접 수	등 기 원 인	권 리 자 및 기 타 사 항
1	근저당권설정	(생략)	(생략)	(생략)
1-1				2토지의 권리에 관한 1번 근저당권 소멸 2019년4월30일 부기

(주) 소멸승낙에 따른 근저당권의 목적인 권리는 대지권의 목적인 토지의 일련번호를 사용하여 특정한다.

사. 대지권이 소멸함으로 인하여 대지권 표시의 등기를 말소한 경우에 하는 등기(규칙 제91조 제3항, 표제부의 기록은 라항의 3) 참조) 151

【 을 구 】	(소유권 이외의 권리에 관한 사항)			
순위번호	등 기 목 적	접 수	등 기 원 인	권 리 자 및 기 타 사 항
~~1~~	~~임차권설정~~	~~(생략)~~	~~(생략)~~	~~(생략)~~
~~2~~	~~1번임차권대지권~~	~~(생략)~~	~~(생략)~~	~~(생략)~~
3	1번임차권설정등기말소	2019년5월8일 제9856호	2019년5월7일 해제(또는 포기)	
4	2번 등기말소			대지권 표시변경등기로 인하여 2019년5월8일 등기

(주) 1. 대지권인 권리와 권리자의 표시 및 전유부분에 한 등기는 전사할 필요 없다.
2. 지상권, 전세권이 대지권인 경우에도 같다.

아. 대지권이 아닌 것을 대지권으로 한 등기를 경정함으로 인하여 대지권 표시의 등기를 말소한 경우에 하는 등기(규칙 제94조, 표제부의 기록은 라항의 5) 참조) - 경정에 의하여 대지권이라는 뜻의 등기를 말소하는 경우

1) 소유권이 대지권으로 표시된 경우 152

(토지)

【 갑 구 】	(소유권에 관한 사항)			
순위번호	등 기 목 적	접 수	등 기 원 인	권 리 자 및 기 타 사 항
2	소유권이전	2019년1월1일 제875호	2019년1월1일 매매	소유자 김우리 600104-1056429 서울특별시 서초구 서초대로46길 60, 101동 201호(서초동, 서초아파트)
~~3~~	~~소유권대지권~~			~~건물의 표시~~ ~~서울특별시 서초구 반포동 151외 1필지 서초아파트 제101동~~ ~~2019년1월15일 등기~~
4	3번등기말소			대지권 표시경정등기로 인하여 2019년5월16일 등기
5 (전2)	공유지분일부이전	2019년1월16일 제5678호	2019년1월15일 매매	공유자 지분 100분의 1 박나라 620201-2024425 서울특별시 서초구 서초대로62길 31, 102동 103호(서초동, 한양아파트)
6 (전3)	5번박나라지분전부소유권이전청구권 가등기	2019년1월17일 제5682호	2019년1월17일 매매예약	가등기권자 지분 100분의 1 정다운 721205-1352121 서울특별시 종로구 인사동6길 8 (인사동)
				부동산등기규칙 제94조제1항의 규정에 의하여 건물 서울특별시 서초구 반포동 151 서초아파트 제101동 제2층 제201호에서 순위 제5번, 제6번 등기를 전사 2019년5월16일 등기

7 (전2)	공유지분일부 이전	2019년1월16일 제5679호	2019년1월15일 매매	공유자 지분 100분의 2 이대한 701115-1201257 서울특별시 서초구 강남대로37길 21(서초동)
8 (전3)	7번이대한지분 100분의2 중 일부(100분의1) 이전	2019년1월17일 제5683호	2019년1월16일 매매	공유자 지분 100분의 1 김한울 650422-1045115 서울특별시 종로구 율곡로1길 16 (사간동)
				부동산등기규칙 제94조제1항의 규정에 의하여 건물 서울특별시 서초구 반포동 151 서초아파트 제101동 제2층 제202호에서 순위 제7번, 제8번 등기를 전사 2019년5월16일 등기

(주) 1. 대지권의 표시를 등기한 후에 건물에 대한 소유권에 관한 등기로서 대지권에 대하여 동일한 등기로서의 효력이 있는 전부를 전유부분마다 권리의 순서에 따라 전사한다.
2. 대지권에 대하여 동일한 등기로서의 효력이 있는 저당권의 전사에 관하여는 변경등기 절차(바. 2))와 같다.

2) 지상권이 대지권으로 표시된 경우 153

(토지)

【 을 구 】	(소유권 이외의 권리에 관한 사항)			
순위번호	등 기 목 적	접 수	등 기 원 인	권 리 자 및 기 타 사 항
1	지상권설정	(생략)	(생략)	지상권자 갑 (일부생략)
1-1	1번지상권일부이전	(생략)	(생략)	지상권자 지분 50분의 1 을 (생략)
1-1-1	1번지상권(을지분)근저당권설정	(생략)	(생략)	(생략)
1-1-2	1번지상권(을지분)전부이전	(생략)	(생략)	지상권자 지분 50분의 1 병 (생략) 부동산등기규칙 제94조제1항의 규정에 의하여 건물 서울시 서초구 반포동 서초아파트 제101동 제2층 제201호에서 순위 제1-1번, 제1-1-1번, 제1-1-2번 등기를 전사 2019년5월8일 등기
1-2	1번지상권(갑지분)일부이전	(생략)	(생략)	지상권자 지분 50분의 1 정 (생략)
1-2-1	1번지상권(정지분)근저당권설정	(생략)	(생략)	(생략) 부동산등기규칙 제94조제1항의 규정에 의하여 건물 서울시 서초구 반포동 서초아파트 제101동 제2층 제202호에서 순위 제1-2번, 제1-2-1번 등기를 전사 2019년5월8일 등기

1-3	1번지상권(갑지분)전부이전	(생략)	(생략)	지상권자 지분 50분의 1 무 (생략) 부동산등기규칙 제94조제1항의 규정에 의하여 건물 서울시 서초구 반포동 서초아파트 제101동 제5층 제510호에서 전사 2019년5월8일 등기
~~2~~	~~1번지상권대지권~~	~~(생략)~~	~~(생략)~~	~~(생략)~~
3	2번등기말소			대지권표시경정등기로 인하여 2019년5월8일 등기

자. 건물의 구분 또는 합병으로 인한 대지권 표시의 변경

1) 갑 구분건물을 구분하여 갑과 을의 구분건물로 하는 경우 154

(갑 건물의 전유부분)

(대지권의 표시)			
표시번호	대지권종류	대지권비율	등기원인 및 기타사항
1	~~1 소유권대지권~~	~~50분의 1~~	2017년4월15일 대지권 2017년4월25일 등기
2	1 소유권대지권	150분의 2	2019년5월15일 변경 2019년5월25일 등기

(주) 갑 구분건물을 구분하여 을 구분건물에 합병하는 경우의 갑 건물의 전유부분 표제부의 대지권표시의 변경 등기도 위와 같이 한다.

(을 건물의 전유부분)

(대지권의 표시)			
표시번호	대지권종류	대지권비율	등기원인 및 기타사항
1	1 소유권대지권	150분의 1	2017년4월15일 대지권 2019년5월25일 등기

2) 갑 구분건물을 을 구분건물에 합병하는 경우 155

(갑 건물의 전유부분)

【표 제 부】	(전유부분의 건물의 표시)			
표시번호	접 수	건 물 번 호	건 물 내 역	등기원인 및 기타사항
~~1~~	~~(생략)~~	~~(생략)~~	~~(생략)~~	~~(생략)~~
2	2019년5월6일			합병으로 인하여 서울특별시 강남구 역삼동 23 제에이동 제1층 제108호에 이기
				2번 등기하였으므로 본 등기기록 폐쇄 2019년5월6일

(대지권의 표시)			
표시번호	대지권종류	대지권비율	등기원인 및 기타사항
~~1~~	~~1 소유권대지권~~	~~100분의 1~~	~~2017년4월15일 대지권~~ ~~2017년5월25일 등기~~

(을 건물의 전유부분)

【표 제 부】	(전유부분의 건물의 표시)			
표시번호	접 수	건 물 번 호	건 물 내 역	등기원인 및 기타사항
~~1~~	~~(생략)~~	~~(생략)~~	~~(생략)~~	~~(생략)~~
2	(생략)	(생략)	(생략)	(생략)

(대지권의 표시)			
표시번호	대지권종류	대지권비율	등기원인 및 기타사항
1	~~1 소유권대지권~~	~~100분의 1~~	2017년4월15일 대지권 2017년5월25일 등기
2	1 소유권대지권	100분의 2	2019년5월1일 변경 2019년5월6일 등기

(주) 갑 구분건물을 구분하여 을 구분건물에 합병하는 경우의 을 건물의 전유부분의 표제부상의 대지권표시의 변경등기도 위와 같이 한다.

3) 구분건물을 합병하여 구분건물이 아닌 건물로 된 경우 156

【표 제 부】 (1동의 건물의 표시)				
표시번호	접 수	소재지번, 건물명칭 및 번호	건 물 내 역	등기원인 및 기타사항
~~1~~	~~(생략)~~	~~(생략)~~	~~(생략)~~	~~(생략)~~
2	2019년5월2일			합병으로 인하여 신 등기기록 서울특별시 강남구 역삼동 23에 이기
				2번 등기하였으므로 본 등기기록 폐쇄 2019년5월2일
(대지권의 목적인 토지의 표시)				
표시번호	소 재 지 번	지 목	면 적	등기원인 및 기타사항
~~1~~	~~(생략)~~	~~(생략)~~	~~(생략)~~	~~(생략)~~

【표 제 부】 (전유부분의 건물의 표시)				
표시번호	접 수	건 물 번 호	건 물 내 역	등기원인 및 기타사항
~~1~~	~~(생략)~~	~~(생략)~~	~~(생략)~~	~~(생략)~~
2				합병으로 인하여 신 등기기록에 이기
(대지권의 표시)				
표시번호	대지권종류		대지권비율	등기원인 및 기타사항
~~1~~	~~1 소유권대지권~~		~~100분의 1~~	~~2017년4월15일 대지권~~ ~~2017년5월25일 등기~~

(주) 1. 대지권의 등기를 말소하는 표시를 한다.
2. 구분건물의 일부가 멸실되어 구분건물이 아닌 건물로 된 경우에도 동일하다.
3. 건물합병으로 인하여 구분건물이 아닌 것으로 된 경우에 종전등기를 신등기기록에 이기한 때에는 종전 등기기록 중 표제부의 등기를 말소하는 표시를 하고 그 등기기록을 폐쇄한다(규칙 제100조제3항).
4. 다른 전유부분의 표제부도 이와 동일하다.

차. 대지권표시를 등기한 건물 또는 대지권의 목적인 토지를 목적으로 하는 등기

1) 전유부분만을 목적으로 하는 권리에 관한 등기(대지권발생 전의 건물의 소유권분쟁에 관한 가처분등기를 하는 경우) 157

(전유부분)

【 갑 구 】 (소유권에 관한 사항)				
순위번호	등 기 목 적	접 수	등 기 원 인	권 리 자 및 기 타 사 항
5	가처분	2019년4월20일 제7326호	2019년4월15일 서울중앙지방법원의 가처분결정 (2019카합320)	피보전권리 소유권이전청구권 채권자 이겨레 750614-1035852 서울특별시 종로구 창덕궁길 105 (원서동) 금지사항 양도, 담보권설정 기타 일체의 처분행위의 금지
5-1				5번 등기는 건물만에 관한 것임 2019년4월20일 부기

(주) 등기촉탁서에는 대지권의 표시를 기록할 필요가 없다.

2) 대지권의 전부를 목적으로 하는 기존 저당권의 실행을 위한 경매개시결정등기 158

(토지)

【 갑 구 】 (소유권에 관한 사항)				
순위번호	등 기 목 적	접 수	등 기 원 인	권 리 자 및 기 타 사 항
3	소유권대지권	(생략)	(생략)	(생략)
4	임의경매개시결정	2019년5월15일 제8321호	2019년5월14일 서울중앙지방법원의 임의경매개시결정 (2019타경8288)	채권자 이대한 701115-1201257 서울특별시 서초구 강남대로37길 21(서초동)

(주) 1. 대지권표시등기가 마쳐지기 전에 토지소유권 전부를 목적으로 하는 저당권이 설정되고 대지권표시변경등기가 마쳐진 이후 그 저당권을 실행하는 경우이다.

2. 구분건물의 전체 전유부분 표제부의 대지권의 표시란에 토지등기기록에 별도등기 있다는 뜻을 기록하여야 한다.

3. 매각으로 인한 소유권이전등기를 함에는 그 전제로서 대지권이 대지권이 아닌 것으로 됨으로 인하여 건물의 표시변경등기에 의하여 대지권표시의 등기와 대지권이라는 뜻의 등기를 말소함을 요한다.

3) 특정의 전유부분에 따른 대지권만을 목적으로 하는 기존 저당권의 실행을 위한 경매신청 기입등기 159

【 갑 구 】 (소유권에 관한 사항)				
순위번호	등 기 목 적	접 수	등 기 원 인	권 리 자 및 기 타 사 항
3	공유자전원지분 전부대지권	(생략)	(생략)	(생략)
4	2번김한울지분 임의경매개시결정	2019년5월17일 제8753호	2019년5월16일 서울중앙지방법원의 임의경매 개시결정 (2019타경2009)	채권자 이대한 701115-1201257 서울특별시 서초구 강남대로37길 21(서초동)

(주) 1. 토지등기기록 갑구의 등기목적란에는 전유부분의 소유자를 표시한다.
2. 전유부분의 표제부의 대지권의 표시란에 토지등기에 별도등기 있다는 뜻을 기록하여야 한다.

카. 대지권이라는 뜻의 등기가 된 갑구 등기기록을 이기하는 경우(분할의 경우)

1) 공유지분 전부에 대지권이라는 뜻의 등기가 마쳐진 토지의 갑구 등기기록을 이기하는 경우 160

(이기 전 토지)

【 갑 구 】	(소유권에 관한 사항)			
순위번호	등 기 목 적	접 수	등 기 원 인	권 리 자 및 기 타 사 항
1~10	(생략)	(생략)	(생략)	(생략)
11	공유자전원지분 전부대지권	(생략)	(생략)	건물의 표시 (생략)

(이기 후 토지)

【 갑 구 】	(소유권에 관한 사항)			
순위번호	등 기 목 적	접 수	등 기 원 인	권 리 자 및 기 타 사 항
1~10 (전1~전10)	(생략)	(생략)	(생략)	(생략)
11 (전11)	공유자전원지분 전부대지권	(생략)	(생략)	건물의 표시 (생략)
				분할로 인하여 순위 제1번부터 11번까지 등기를 서울특별시 서초구 반포동 151에서 전사 접수 2018년6월10일 제21361호

2) 공유지분의 일부에 대하여 제3자의 권리의 등기가 있는 대지권이라는 뜻의 등기가 된 토지의 갑구 등기기록을 이기하는 경우 161

(이기 전 토지)

【 갑 구 】 (소유권에 관한 사항)				
순위번호	등 기 목 적	접 수	등 기 원 인	권 리 자 및 기 타 사 항
2	소유권이전	(생략)	(생략)	소유자 갑 (생략)
3	소유권일부이전	(생략)	(생략)	공유자 지분 1000분의 25 을 (생략)
4	3번을지분전부이전청구권가등기	(생략)	(생략)	(생략)
5~40	(생략)	(생략)	(생략)	(생략)
41	공유자전원지분전부대지권	(생략)	(생략)	건물의 표시 (생략)

(이기 후 토지)

【 갑 구 】 (소유권에 관한 사항)				
순위번호	등 기 목 적	접 수	등 기 원 인	권 리 자 및 기 타 사 항
1 (전3)	소유권일부이전	(생략)	(생략)	공유자 지분 1000분의 25 을 (생략)
2 (전4)	1번을지분전부이전청구권가등기	(생략)	(생략)	(생략)
3~38 (전5~전40)	(생략)	(생략)	(생략)	(생략)
39 (전41)	공유자전원지분전부대지권	(생략)	(생략)	건물의 표시 (생략) 분할로 인하여 순위 제1번부터 39번까지 등기를 서울특별시 서초구 반포동 151에서 전사 접수 2018년6월10일 제21361호

4. 공용부분에 관한 등기

가. 공용부분이라는 뜻의 등기(같은 등기기록에 등기된 구분건물의 공용부분인 경우)

1) 1동 건물의 구분소유자 전원의 공용부분인 경우 162

【표 제 부】 (전유부분의 건물의 표시)				
표시번호	접 수	건 물 번 호	건 물 내 역	등기원인 및 기타사항
1	2018년4월5일	제1층 제105호	철근콘크리트조 96㎡	
2	2018년6월8일			2018년6월8일 규약설정 공용부분

(주) 1. 공용부분인 뜻의 등기는 기등기의 건물에 한다.
2. 1동 건물의 구분소유자 전원의 공용부분인 경우에는 공용자의 범위는 기록하지 아니한다.
3. 공정증서 또는 규약을 첨부하여야 한다.

【 갑 구 】 (소유권에 관한 사항)				
순위번호	등 기 목 적	접 수	등 기 원 인	권 리 자 및 기 타 사 항
~~1~~	~~소유권보존~~	~~(생략)~~		~~(생략)~~
~~2~~	~~소유권이전~~	~~(생략)~~	~~(생략)~~	~~(생략)~~
3	1번소유권, 2번소유권말소			부동산등기규칙 제104조제3항의 규정에 의하여 2018년6월8일 등기

(주) 1. 소유권의 등기는 전부 말소하는 표시를 하여야 한다.
2. 을구의 등기사항에 대하여도 같다. 다만, 소유권의 등기 외의 등기가 있는 때에는 그 등기명의인의 승낙이 있음을 증명하는 정보 또는 이에 대항할 수 있는 재판이 있음을 증명하는 정보를 첨부정보로서 제공하여야 한다(규칙 제104조제1항 후단).

2) 1동건물 구분소유자 중 일부의 공용부분인 경우 163

【표 제 부】 (전유부분의 건물의 표시)				
표시번호	접 수	건 물 번 호	건 물 내 역	등기원인 및 기타사항
1	(생략)	(생략)	(생략)	(생략)
2	2018년6월8일			2018년6월8일 규약설정 제101호부터 제109호까지의 ~~공용부분~~

【갑 구】 (소유권에 관한 사항)				
순위번호	등 기 목 적	접 수	등 기 원 인	권 리 자 및 기 타 사 항
~~1~~	~~소유권보존~~	~~(생략)~~		~~(생략)~~
~~2~~	~~소유권이전~~	~~(생략)~~	~~(생략)~~	~~(생략)~~
3	1번소유권, 2번소유권말소			부동산등기규칙 제104조제3항의 규정에 의하여 2018년6월8일 등기

(주) 1. 소유권의 등기는 전부 말소하는 표시를 하여야 한다.
2. 을구의 등기사항에 대하여도 같다. 다만, 소유권의 등기 외의 등기가 있는 때에는 그 등기명의인의 승낙이 있음을 증명하는 정보 또는 이에 대항할 수 있는 재판이 있음을 증명하는 정보를 첨부정보로서 제공하여야 한다(규칙 제104조제1항).

나. 공용부분이 다른 등기기록에 등기된 건물의 구분소유권자가 공용하는 경우 164

【표 제 부】 (전유부분의 건물의 표시)				
표시번호	접 수	건 물 번 호	건 물 내 역	등기원인 및 기타사항
1	(생략)	(생략)	(생략)	(생략)
2	2018년6월8일			2018년6월8일 규약설정 서울특별시 서초구 반포동 151외 1필지 서초아파트 제101동 제1층 제101호, 제2층 제201호의 공용부분

(주) 1. 다른 등기기록에 등기된 건물의 구분소유자 전원이 공용하는 것일 때에는 그 1동 건물의 번호만을 표시함으로써 족하다(규칙 제104조제3항).
2. 갑구, 을구의 말소등기 기록례는 전항의 기록례에 의한다.

다. 공용부분이라는 뜻의 등기의 말소 165

1) 규약폐지에 따른 소유권보존등기신청

【 갑 구 】	(소유권에 관한 사항)			
순위번호	등 기 목 적	접 수	등 기 원 인	권 리 자 및 기 타 사 항
~~1~~	~~소유권보존~~	~~(생략)~~		~~(생략)~~
~~2~~	~~소유권이전~~	~~(생략)~~	~~(생략)~~	~~(생략)~~
3	1번소유권, 2번소유권말소			(생략)
4	소유권보존	2018년9월5일 제123456호	2018년9월5일 규약폐지	소유자 김한울 650422-1045115 서울특별시 종로구 율곡로1길 16 (사간동)

(주) 공용부분이라는 뜻을 정한 규약을 폐지함에 따라 공용부분의 취득자가 소유권보존등기를 신청하는 경우 기존 등기기록 갑구사항란에 취득자 명의의 소유권보존등기를 하여야 한다(법 제47조제2항).

2) 공용부분이라는 뜻의 등기의 직권말소

【표 제 부】	(전유부분의 건물의 표시)			
표시번호	접 수	건 물 번 호	건 물 내 역	등기원인 및 기타사항
1	(생략)	(생략)	(생략)	(생략)
~~2~~	~~2018년6월8일~~			~~2018년6월8일 규약설정~~ ~~공용부분~~
3	2018년9월5일			규약폐지에 따른 소유권보존등기로 인하여 2018년9월5일 등기

(주) 갑구사항란에 소유권보존등기를 한 때에는 등기관은 직권으로 공용부분이라는 뜻의 기록을 말소하는 표시를 하여야 한다(규칙 제104조제5항).

라. 단지공용부분이라는 뜻의 등기 166

【표 제 부】	(전유부분의 건물의 표시)			
표시번호	접 수	건 물 번 호	건 물 내 역	등기원인 및 기타사항
1	(생략)	(생략)	(생략)	(생략)
2	2018년6월8일			2018년6월8일 단지규약 설정 단지 건물의 표시 서울특별시 서초구 반포동 151외 1필지 서초아파트 제101동 서울특별시 서초구 반포동 151외 1필지 서초아파트 제102동 단지공용부분

(주) 1. 단지 내의 단독건물(예, 노인정)이 규약에 의하여 단지공용부분으로 된 경우이다.
2. 갑구・을구의 등기사항은 말소하는 표시를 하여야 한다(163항 참조).

5. 구분건물에 관하여 먼저 근저당권이 설정된 후 새로 건물의 대지권의 목적이 된 토지에 관하여 동일 채권의 담보를 위한 근저당권을 추가 설정하는 경우 167

【 을 구 】	(소유권 이외의 권리에 관한 사항)			
순위번호	등 기 목 적	접 수	등 기 원 인	권 리 자 및 기 타 사 항
1	근저당권설정	(생략)	(생략)	(생략)
1-1				1번등기는 건물만에 관한 것임 2018년1월10일 부기
1-2	1번근저당권담보 추가			공동담보 2번의 근저당권의 목적물인 이 건물과 그 대지권
2	근저당권설정	2019년2월1일 제333호	2019년1월3일 추가설정계약	채권최고액 금60,000,000원 채무자 이겨레 서울특별시 종로구 창덕궁길 100 (계동) 근저당권자 강미래 790513-1052134 서울특별시 용산구 원효로 10 (원효로1가) 1번의 근저당권의 목적물에 추가

(주) 1. 대지권이 전혀 없는 상태에서 구분건물에 1번 근저당권이 설정되고 대지권등기(이때 1-1번의 등기를 함) 후 저당권을 추가설정하는 경우의 기록례이다(등기예규 제1470호 참조).
2. 대지권 등기가 된 상태에서 1번 근저당권이 설정되고 대지권 추가의 변경등기 후 근저당권을 추가설정하는 경우에는 순위 2번의 등기와 순위 1번의 부기등기 중 공동담보에 관한 사항을 각각 『순위 1번의 저당권의 목적물에 추가』와 『순위 2번의 근저당권의 목적물인 이 건물과 그 대지권』이라고 기록한다.
3. 추가근저당권설정의 등기는 구분건물의 등기기록 을구에만 이를 기록하고 토지의 등기기록에는 별도의 등기기록을 할 필요가 없다.
4. 추가근저당권설정등기의 신청서에는 구분건물 외에 그 대지권의 표시를 하여야 한다.

제4절 등기명의인의 표시에 관한 등기

1. 등기명의인의 표시

가. 자연인

1) 내국인 168

【 갑 구 】	(소유권에 관한 사항)			
순위번호	등 기 목 적	접 수	등 기 원 인	권 리 자 및 기 타 사 항
1	소유권보존	2019년3월5일 제3005호		소유자 배진 840905-1156429 서울특별시 서초구 서리풀길 12, 101동 501호(서초동, 트라움하우스)

(주) 1984. 7. 1. 이전에는 등기명의인의 표시에 주민등록번호를 기록하지 아니하였다.

2) 외국인 169

【 갑 구 】	(소유권에 관한 사항)			
순위번호	등 기 목 적	접 수	등 기 원 인	권 리 자 및 기 타 사 항
1	소유권보존	2019년3월5일 제3005호		소유자 미합중국인 헨리키신저 600104-5011118 미국 캘리포니아주 노스힐스 애퀴덕트 애비뉴 9560

나. 법인

1) 일반적인 경우 170

【 갑 구 】	(소유권에 관한 사항)			
순위번호	등 기 목 적	접 수	등 기 원 인	권 리 자 및 기 타 사 항
1	소유권보존	2019년3월5일 제3005호		소유자 비에스인터내셔널주식회사 110111-0003111 서울특별시 강남구 테헤란로 15 (삼성동)

2) 법인이 (근)저당권자인 경우 171

【 을 구 】 (소유권 이외의 권리에 관한 사항)				
순위번호	등 기 목 적	접 수	등 기 원 인	권 리 자 및 기 타 사 항
1	근저당권설정	2019년1월9일 제109호	2019년1월8일 설정계약	채권최고액 금100,000,000원 채무자 김한울 서울특별시 종로구 율곡로 16 (원서동) 근저당권자 농협은행주식회사 110111-4809385 서울특별시 중구 통일로 120 (충정로1가) (용산지점)

(주) 1. 취급지점의 표시는 회사표시 다음에 줄을 바꾸어 괄호 안에 기록하고 취급지점 등의 소재지는 표시하지 아니한다.
2. 지점명칭은 그 명칭이 등기된 것일 때에는 이에 의하여, 그 명칭이 등기되지 아니한 것일 때에는 당해 회사에서 호칭하는 통상명칭에 의하여 표시한다.
3. 저당권 또는 근저당권 설정계약서등 원인증서의 기재에 의하여 등기신청서에 기재된 취급지점의 거래에 관한 것임이 표현되어 있어야 한다.
4. 지점의 폐합, 신설 등에 따른 관할 변경으로 인하여 취급지점의 명칭에 변경이 있는 때의 등기기록상의 표시변경절차와 등록면허세 등은 등기명의인 표시변경등기의 예에 준하여 처리한다(등기예규 제1188호 참조).

3) 공공기관이 체납처분에 의한 압류등기의 권리자인 경우 172

【 갑 구 】 (소유권에 관한 사항)				
순위번호	등 기 목 적	접 수	등 기 원 인	권 리 자 및 기 타 사 항
5	압류	2019년3월8일 제3908호	2019년3월5일 압류(고객지원부 -2341)	권리자 국민건강보험공단 111471-0008863 강원도 원주시 건강로 32(반곡동) (서초지사)

(주) 체납처분에 의한 압류등기에 관하여 공공기관(국민연금공단, 국민건강보험공단, 근로복지공단 등)의 촉탁이 있는 경우 촉탁서에 그 기관의 분사무소 등의 표시가 있는 때에는 공공기관의 표시 다음에 줄을 바꾸어 괄호 안에 기록하고 그 소재지는 표시하지 아니한다(등기예규 제1188호 참조).

다. 법인 아닌 사단이나 재단 173

【 갑 구 】		(소유권에 관한 사항)		
순위번호	등 기 목 적	접 수	등 기 원 인	권 리 자 및 기 타 사 항
1	소유권보존	2019년5월7일 제8005호		소유자 경주김씨종중 111101-1234567 서울특별시 종로구 인사동6길 8 (인사동) 대표자 김정수 600104-1056429 서울특별시 종로구 율곡로1길 16 (사간동)

(주) 법인 아닌 사단 또는 재단이 소유자인 경우에는 그 대표자 또는 관리인의 성명, 주소 및 주민등록번호를 같이 기록한다(법 제48조제3항).

라. 국가

1) 일반적인 경우 174

【 갑 구 】		(소유권에 관한 사항)		
순위번호	등 기 목 적	접 수	등 기 원 인	권 리 자 및 기 타 사 항
2	소유권이전	2019년2월5일 제2005호	2019년1월5일 토지수용	소유자 국 관리청 국토교통부

(주) 등기권리자의 명의는 '국'으로 하고 관리청으로 소관 중앙관서의 명칭을 덧붙여 기록하되(국유재산법 제14조제2항 참조), 부동산등기용등록번호 및 사무소 소재지는 기록하지 않는다.

2) 국가가 체납처분으로 인한 압류등기의 권리자인 경우 175

【 갑 구 】		(소유권에 관한 사항)		
순위번호	등 기 목 적	접 수	등 기 원 인	권 리 자 및 기 타 사 항
2	압류	2019년2월5일 제2005호	2019년1월5일 압류(세일 1234)	소유자 국 처분청 서초세무서장

(주) 등기권리자의 명의는 '국'으로 하고 처분청으로 압류한 세무서장을 덧붙여 기록하되, 부동산등기용등록번호 및 사무소 소재지는 기록하지 않는다.

마. 지방자치단체

1) 일반적인 경우

가) 광역지방자치단체 176

【 갑 구 】	(소유권에 관한 사항)			
순위번호	등 기 목 적	접 수	등 기 원 인	권 리 자 및 기 타 사 항
2	소유권이전	2019년2월5일 제2005호	2019년1월5일 공공용지의 협의취득	소유자 서울특별시 411

(주) 1. 「지방자치법」 제2조제1항제1호의 특별시·광역시·특별자치시·도·특별자치도가 등기권리자인 경우에는 그 명의를 해당 지방자치단체의 명칭으로 하고 부동산등기용등록번호를 함께 기록하되, 사무소 소재지는 기록하지 않는다.
2. 교육비특별회계 소관의 부동산에 대하여는 소관청으로 '교육감'을 덧붙여 기록한다(공유재산 및 물품관리법 제9조제2항 단서 참조).

나) 기초지방자치단체

(1) 일반적인 경우 177

【 갑 구 】	(소유권에 관한 사항)			
순위번호	등 기 목 적	접 수	등 기 원 인	권 리 자 및 기 타 사 항
2	소유권이전	2019년2월5일 제2005호	2019년1월5일 공공용지의 협의취득	소유자 평택시 3120

(주) 「지방자치법」 제2조제1항제2호의 시·군·구(구는 특별시와 광역시의 관할 구역 안의 구만을 말한다. 이하 '자치구'라 한다)가 등기권리자인 경우에는 그 명의를 해당 지방자치단체의 명칭으로 하고 부동산등기용등록번호를 함께 기록하되, 사무소 소재지는 기록하지 않는다.

(2) 자치구 및 동일한 명칭이 2개 이상 존재하는 시·군의 경우 178

【 갑 구 】	(소유권에 관한 사항)			
순위번호	등 기 목 적	접 수	등 기 원 인	권 리 자 및 기 타 사 항
2	소유권이전	2019년2월5일 제2005호	2019년1월5일 공공용지의 협의취득	소유자 북구(광주광역시) 2413

(주) 동일한 명칭이 2개 이상 존재하는 시·군(예 : 고성군)이 등기권리자인 경우와 자치구가 등기권리자인 경우에는 등기권리자의 명의를 기록할 때에 괄호 안에 해당 지방자치단체의 상급 지방자치단체의 명칭을 덧붙여 기록한다.

다) 지방자치단체조합 179

【 갑	구 】	(소유권에 관한 사항)		
순위번호	등 기 목 적	접 수	등 기 원 인	권 리 자 및 기 타 사 항
2	소유권이전	2019년2월5일 제2005호	2019년1월5일 공공용지의 협의취득	소유자 부산진해경제자유구역청 702

(주) 「지방자치법」 제159조의 지방자치단체조합이 등기권리자인 경우에는 그 명의를 해당 지방자치단체조합의 명칭으로 하고 부동산등기용등록번호를 함께 기록하되, 사무소 소재지는 기록하지 않는다.

2) 지방자치단체가 체납처분으로 인한 압류등기의 권리자인 경우 180

【 갑	구 】	(소유권에 관한 사항)		
순위번호	등 기 목 적	접 수	등 기 원 인	권 리 자 및 기 타 사 항
2	압류	2019년2월5일 제2005호	2019년1월5일 압류(세무과 1234)	소유자 수원시 3111 처분청 팔달구청장

(주) 지방자치단체의 장이 하부 행정기관에게 지방세의 징수사무를 위임한 때에는 처분청으로 그 행정기관의 명칭을 덧붙여 기록한다.

바. 외국정부 181

【 갑	구 】	(소유권에 관한 사항)		
순위번호	등 기 목 적	접 수	등 기 원 인	권 리 자 및 기 타 사 항
2	소유권이전	2019년2월5일 제2005호	2019년1월5일 매매	소유자 미합중국 275 거래가액 금300,000,000원

(주) 등기권리자의 명의는 해당 외국정부의 명칭으로 하고 부동산등기용등록번호를 함께 기록하되, 외국정부의 소재지는 기록하지 않는다.

사. 국제기관 182

【 갑	구 】	(소유권에 관한 사항)		
순위번호	등 기 목 적	접 수	등 기 원 인	권 리 자 및 기 타 사 항
2	소유권이전	2019년2월5일 제2005호	2019년1월5일 매매	소유자 국제연합 900 미합중국 뉴욕시 42번가 이스트 405 거래가액 금300,000,000원

(주) 등기권리자의 명의는 해당 국제기관의 명칭으로 하고 부동산등기용등록번호와 사무소 소재지를 기록한다.

2. 등기명의인의 표시변경에 관한 등기

가. 성명변경 183

【 갑 구 】		(소유권에 관한 사항)		
순위번호	등 기 목 적	접 수	등 기 원 인	권 리 자 및 기 타 사 항
1	소유권보존	2018년5월3일 제5300호		소유자 ~~김상민~~ 580303-1017821 서울특별시 마포구 마포대로 25 (공덕동)
1-1	1번등기명의인표시변경	2019년2월3일 제1300호	2018년9월1일 개명	김상민의 성명(명칭) 김민성

(주) 등기명의인이 공유(합유)자인 경우에도 '1번등기명의인표시변경'으로 기록한다.

나. 주소변경

1) 일반 184

【 갑 구 】		(소유권에 관한 사항)		
순위번호	등 기 목 적	접 수	등 기 원 인	권 리 자 및 기 타 사 항
1	소유권보존	2001년5월3일 제5300호		소유자 김상민 580303-1017821 ~~서울시 중구 명동 2가 5~~
1-1	1번등기명의인표시변경	2019년2월3일 제1300호	2019년2월1일 주소변경	김상민의 주소 서울특별시 중구 명동3길 10(명동1가)

2) 합병등기후 주소변경 185

【 갑 구 】	(소유권에 관한 사항)			
순위번호	등 기 목 적	접 수	등 기 원 인	권 리 자 및 기 타 사 항
1	소유권보존	2012년8월8일 제3546호		소유자 정다운 721205-1352121 ~~서울특별시 종로구 인사동6길 8 (인사동)~~
1-1	1번등기명의인표시변경	2019년2월3일 제7300호	2019년2월1일 주소변경	정다운의 주소 서울특별시 중구 명동3길 10(명동1가)
2 (전1)	합병한 대 100㎡에 대한 이기 소유권이전	2012년8월2일 제3150호	2012년7월28일 매매	소유자 정다운 721205-1352121 서울특별시 종로구 인사동6길 8 (인사동) 합병으로 인하여 순위 제2번 등기를 서울특별시 중구 필동 6-3에서 이기 접수 2018년10월5일 제12345호

3) 소유권이전등기의무자 주소의 직권변경(규칙 제122조) 186

【 갑 구 】	(소유권에 관한 사항)			
순위번호	등 기 목 적	접 수	등 기 원 인	권 리 자 및 기 타 사 항
1	소유권보존	1990년8월1일 제7000호		소유자 최민국 680703-1562316 ~~서울시 중구 명동 2가 5~~
1-1	1번등기명의인표시변경		2019년4월3일 주소변경	최민국의 주소 서울특별시 중구 명동3길 11(명동1가) 2019년4월3일 부기

4) 행정구역 또는 그 명칭변경과 행정구역 아닌 종전의 구획 또는 그 명칭변경이 있는 때

가) 동일등기소 관할 내에서 등기명의인 주소가 부동산 표시와 같은 원인에 의하여 변경된 경우 187

【 갑 구 】	(소유권에 관한 사항)			
순위번호	등 기 목 적	접 수	등 기 원 인	권 리 자 및 기 타 사 항
1	소유권보존	1988년5월7일 제5001호		소유자 홍길용 580303-1017821 ~~경기도 양주군 구리면 갈매리 15~~
1-1	1번등기명의인표시변경			홍길용의 주소 경기도 구리시 산마루로29길 6(갈매동) 행정구역 및 지번변경으로 인하여 2019년1월20일 부기

(주) 1. 부동산의 표시변경등기를 할 때에 등기관이 직권으로 할 수 있다.
2. 등기원인은 각각의 원인에 따라 기록하면 된다.

나) 동일등기소 관할구역 이외의 등기소에서의 경우

(1) 다른 등기의 실행에 의하여 효력을 잃게 되는 등기의 경우 188

【 갑 구 】	(소유권에 관한 사항)			
순위번호	등 기 목 적	접 수	등 기 원 인	권 리 자 및 기 타 사 항
1	소유권보존	1988년5월7일 제5001호		소유자 홍길용 580303-1017821 경기도 양주군 구리면 갈매리 516
2	소유권이전	2018년11월25일 제5005호	2018년10월21일 매매	소유자 이대한 701115-1201257 서울특별시 서초구 강남대로 21 (서초동) 거래가액 금60,000,000원

(주) 법 제31조의 규정에 의하여 등기명의인의 주소가 당연히 변경된 것으로 보게 되므로 다른 등기의 신청이 있는 경우에는 주소변경등기를 생략한다.

(2) 다른 등기를 하는 경우에 현재 효력 있는 등기명의인의 주소변경등기 189

【 갑 구 】	(소유권에 관한 사항)			
순위번호	등 기 목 적	접 수	등 기 원 인	권 리 자 및 기 타 사 항
1	소유권보존	1988년5월7일 제5001호		소유자 홍길용 580303-1017821 ~~경기도 양주군 구리면 갈매리 516~~
1-1	1번등기명의인 표시변경			홍길용의 주소 경기도 구리시 산마루로 29길 6(갈매동) 행정구역 및 지번변경으로 인하여 2018년11월26일 부기
2	소유권이전 청구권가등기	2018년11월26일 제5006호	2018년11월25일 매매예약	가등기권자 이대한 701115-1201257 서울특별시 서초구 강남대로 21 (서초동)

(주) 법 제31조, 규칙 제54조 참조.

다. 외국인이 대한민국 국적을 취득한 경우 190

【 갑 구 】	(소유권에 관한 사항)			
순위번호	등 기 목 적	접 수	등 기 원 인	권 리 자 및 기 타 사 항
2	소유권이전	2012년5월3일 제5300호	2012년5월1일 증여	소유자 ~~미합중국인 메이플강~~ ~~580303-5011113~~ ~~미국 캘리포니아주 노스힐스~~ ~~애쿼덕트 애비뉴 9560~~
2-1	2번등기명의인 표시변경	2018년3월9일 제7300호	2018년2월1일 국적변경	메이플강의 성명(명칭) 강단풍 강단풍의 국적 대한민국인
2-2	2번등기명의인 표시변경	2018년3월9일 제7301호	2018년3월2일 등록번호변경	강단풍의 등록번호 580303-1017821
2-3	2번등기명의인 표시변경	2018년3월9일 제7302호	2012년9월1일 주소변경	강단풍의 주소 서울특별시 서초구 서초대로 1(서초동)

(주) 1. 내국인이 외국국적을 취득한 경우의 기록례도 위와 같다. 다만, 등기의무자로서 소유권이전등기 또는 소유권이전등기말소등기를 할 때 부동산등기용등록번호를 발급받지 않은 상태라면 순위번호 2-2번의 등록번호를 변경하는 등기명의인표시변경등기는 생략할 수 있다.

2. 「등기부의 기재문자에 대한 사무처리지침」에 따르면 외국인의 성명을 표시할 때에만 국적을 기재하도록 하고 있으나 외국인이 대한민국 국적을 취득하여 "국적변경"을 원인으로 등기명의인표시변경등기를 할 때에는 순위번호 2-1번과 같이 "대한민국인"으로 표시한다.

3. 소유권이전등기를 할 때에 등기의무자의 주소가 변경된 경우라면 등기관이 직권으로 순위번호 2-3번의 주소변경등기를 한다(규칙 제122조).

라. 성명경정 191

【 갑 구 】	(소유권에 관한 사항)			
순위번호	등 기 목 적	접 수	등 기 원 인	권 리 자 및 기 타 사 항
2	소유권이전	2012년6월5일 제6500호	2012년6월3일 매매	소유자 ~~이거래~~ 750614-1035852 서울특별시 종로구 창덕궁길 105 (원서동) 거래가액 금60,000,000원
2-1	2번등기명의인 표시경정	2018년6월9일 제6869호	2012년6월5일 신청착오	이겨래의 성명(명칭) 이거레

마. 주소경정 192

【 갑 구 】	(소유권에 관한 사항)			
순위번호	등 기 목 적	접 수	등 기 원 인	권 리 자 및 기 타 사 항
2	소유권이전	2012년9월5일 제9500호	2012년9월3일 매매	소유자 정다운 721205-1352121 ~~서울특별시 종로구 인사동길 7~~ ~~(인사동)~~ 거래가액 금80,000,000원
2-1	2번등기명의인 표시경정	2018년10월9일 제13900호	2012년9월5일 신청착오	정다운의 주소 서울특별시 종로구 인사동길 9(인사동)

바. 관리청명칭 첨기 193

【 갑 구 】	(소유권에 관한 사항)			
순위번호	등 기 목 적	접 수	등 기 원 인	권 리 자 및 기 타 사 항
1	소유권보존	2011년9월5일 제9500호		소유자 국
1-1	1번등기명의인 표시변경	2018년3월5일 제3500호	2018년3월2일 관리청지정	관리청 국토교통부

사. 관리청변경 194

【 갑 구 】	(소유권에 관한 사항)			
순위번호	등 기 목 적	접 수	등 기 원 인	권 리 자 및 기 타 사 항
1	소유권보존	2011년9월5일 제9500호		소유자 국 ~~관리청 국토해양부~~
1-1	1번등기명의인 표시변경	2019년3월5일 제3500호	2019년3월2일 관리전환협의	관리청 교육부

(주) 용도폐지되어 총괄청에게 인계하는 경우에는 '용도폐지'로, 관리전환의 협의가 있는 경우에는 '관리전환협의'로, 총괄청의 관리전환결정이 있는 경우에는 '관리전환결정'으로 등기원인을 기록한다(등기예규 제1657호 참조).

아. 대한민국정부수립 195

【 갑 구 】	(소유권에 관한 사항)			
순위번호	등 기 목 적	접 수	등 기 원 인	권 리 자 및 기 타 사 항
2	소유권이전	1940년5월6일 제5600호	1940년5월1일 매매	~~소유자 조선총독부~~
2-1	2번등기명의인 표시변경	2019년3월2일 제7901호	1948년8월15일 대한민국정부 수립	조선총독부의 성명(명칭) 국 관리청 교육부

자. 회사의 조직변경 196

【 갑 구 】	(소유권에 관한 사항)			
순위번호	등 기 목 적	접 수	등 기 원 인	권 리 자 및 기 타 사 항
1	소유권보존	2012년5월3일 제5300호		소유자 ~~유한회사삼한~~ ~~200123-0212345~~ 서울특별시 마포구 마포대로 105 (공덕동)
1-1	1번등기명의인 표시변경	2018년9월3일 제7300호	2018년9월1일 조직변경	유한회사삼한의 성명(명칭) 주식회사삼한 주식회사삼한의 등록번호 101123-0212345

차. 등기명의인의 표시를 타인의 이름으로 변경(경정)하는 등기가 마쳐진 경우의 등기명의 회복방법 197

【 갑 구 】		(소유권에 관한 사항)		
순위번호	등 기 목 적	접 수	등 기 원 인	권 리 자 및 기 타 사 항
2	소유권이전	1980년5월6일 제5600호	1980년5월1일 매매	소유자 ~~김갑동~~ 서울특별시 마포구 도화동 307
~~2-1~~	~~2번등기명의인 표시변경(경정)~~	~~2010년5월2일 제3900호~~	~~2010년3월15일 개명~~	~~김갑동의 성명(명칭) 김우리~~
2-2				김우리의 성명(명칭) 김갑동 3번 등기로 인하여 2번 등기명의인표시회복 2018년6월10일 부기
3	2-1번등기명의인 표시변경 (경정)등기말소	2018년6월10일 제11111호	2018년5월7일 확정판결(또는 말소 합의)	

(주) 등기기록상 소유자가 '갑'으로 되어 있었으나 '을'이 마치 '갑'인 것처럼 허위로 신청착오, 개명 등을 원인으로 한 등기명의인표시변경(경정) 등기신청을 하여 등기상 소유자가 '을'로 마쳐진 경우에는 '갑'은 '을'과 공동으로 그 변경(경정)등기의 말소등기신청을 하거나 또는 '을'에 대하여 위 말소등기절차의 이행을 명하는 확정판결을 받아 그 등기를 단독으로 신청함으로써 갑의 등기명의를 회복할 수 있다.

카. 등기명의인의 주민등록번호 추가 198

【 갑 구 】		(소유권에 관한 사항)		
순위번호	등 기 목 적	접 수	등 기 원 인	권 리 자 및 기 타 사 항
1	소유권보존	1977년8월25일 제5001호		소유자 최민국 서울시 종로구 종로1가 1
2	소유권이전	1978년7월25일 제5005호	1978년7월20일 매매	소유자 정다운 서울시 중구 명동1가 2
2-1	2번등기명의인 표시변경	2019년1월10일 제100호	2019년1월10일 주민등록번호 (또는 부동산등기용등록번호) 추가	정다운의 등록번호 480909-1089541

(주) 현재 효력 있는 소유권의 등기명의인의 주민등록번호 등이 등기기록에 기록되어 있지 않은 경우, 그 등기명의인은 주민등록번호를 추가로 기록하는 내용의 등기명의인표시변경등기를 신청할 수 있다.

제2장

소유권에 관한 등기

제2장 소유권에 관한 등기

제1절 소유권보존등기

1. 신청에 따라 소유권보존등기를 하는 경우

가. 단독소유인 경우 199

【 갑 구 】	(소유권에 관한 사항)			
순위번호	등 기 목 적	접 수	등 기 원 인	권 리 자 및 기 타 사 항
1	소유권보존	2019년3월5일 제3005호		소유자 김우리 600104-1056429 서울특별시 서초구 서초대로46길 60, 101동 201호(서초동, 서초아파트)

나. 공유인 경우 200

【 갑 구 】	(소유권에 관한 사항)			
순위번호	등 기 목 적	접 수	등 기 원 인	권 리 자 및 기 타 사 항
1	소유권보존	2019년3월5일 제3005호		공유자 지분 3분의 1 이대한 701115-1201257 서울특별시 서초구 강남대로37길 21(서초동) 지분 3분의 1 최민국 680703-1562316 서울특별시 마포구 마포대로 25 (공덕동) 지분 3분의 1 김우리 600104-1056429 서울특별시 서초구 서초대로46길 60, 101동 201호(서초동, 서초아파트)

다. 합유인 경우 201

【 갑 구 】 (소유권에 관한 사항)				
순위번호	등 기 목 적	접 수	등 기 원 인	권 리 자 및 기 타 사 항
1	소유권보존	2019년3월5일 제3005호		합유자 이대한 701115-1201257 서울특별시 서초구 강남대로37길 21(서초동) 최민국 680703-1562316 서울특별시 마포구 마포대로11가길 25 (염리동) 김우리 600104-1056429 서울특별시 서초구 서초대로46길 60, 101동 201호(서초동, 서초아파트)

2. 직권으로 소유권보존등기를 하는 경우 202

【 갑 구 】 (소유권에 관한 사항)				
순위번호	등 기 목 적	접 수	등 기 원 인	권 리 자 및 기 타 사 항
1	소유권보존			소유자 정다운 721205-1352121 서울특별시 종로구 인사동6길 8 (인사동) 가처분 등기의 촉탁으로 인하여 2019년3월5일 등기
2	가처분	2019년3월5일 제3005호	2019년3월2일 서울중앙지방법원의 가처분결정(2019카합100)	피보전권리 소유권이전등기청구권 채권자 김한울 650422-1045115 서울특별시 종로구 율곡로1길 16 (사간동) 금지사항 양도, 담보권설정 기타 일체의 처분행위의 금지

(주) 1. 표제부는 일반 보존등기의 기록례와 같다.
2. 가처분등기촉탁서에는 부동산의 표시를 증명하는 서면으로 토지의 경우에는 토지대장 정보나 임야대장 정보, 건물의 경우에는 건축물대장 정보나 그 밖의 정보를 첨부정보로서 등기소에 제공하여야 한다(규칙 제121조제2항).

제2절 소유권이전등기

1. 매매로 인한 소유권이전등기

가. 소유권 전부이전인 경우 203

【 갑 구 】	(소유권에 관한 사항)			
순위번호	등 기 목 적	접 수	등 기 원 인	권 리 자 및 기 타 사 항
3	소유권이전	2019년3월5일 제3500호	2019년2월4일 매매	소유자 박창수 600104-1056429 서울특별시 서초구 서초대로46길 60, 101동 201호(서초동, 서초아파트) 거래가액 금120,000,000원

나. 단독명의의 소유권 일부를 이전하는 경우 204

【 갑 구 】	(소유권에 관한 사항)			
순위번호	등 기 목 적	접 수	등 기 원 인	권 리 자 및 기 타 사 항
3	소유권일부이전	2019년3월5일 제3500호	2019년3월4일 매매	공유자 지분 4분의 1 정다운 721205-1352121 서울특별시 종로구 인사동6길 8 (인사동) 거래가액 금80,000,000원

다. 공유지분을 이전하는 경우

1) 공유지분의 전부이전 205

【 갑 구 】 (소유권에 관한 사항)				
순위번호	등 기 목 적	접 수	등 기 원 인	권 리 자 및 기 타 사 항
2	소유권이전	2018년10월9일 제1900호	2018년9월8일 매매	공유자 지분 3분의 1 김우리 600104-1056429 서울특별시 서초구 서초대로46길 60, 101동 201호(서초동, 서초아파트) 지분 3분의 2 이겨레 750614-1035852 서울특별시 종로구 창덕궁길 105 (원서동) 거래가액 금120,000,000원
3	2번이겨레지분 전부이전	2018년12월5일 제3500호	2018년11월4일 매매	공유자 지분 3분의 2 정다운 721205-1352121 서울특별시 종로구 인사동6길 8 (인사동) 거래가액 금80,000,000원

(주) 1. 공유자의 지분 전부를 이전할 경우에 등기목적은 『몇번아무개지분전부이전』이라고 기록하여 이전할 지분의 갑구 순위번호를 특징하여 기록한다.

2. 별도 순위로 지분취득등기를 한 공유자의 지분 전부를 이전할 경우에 등기목적은 『몇번아무개지분전부, 몇번아무개지분전부이전』이라고 한다.

2) 공유지분의 일부이전 206

【 갑 구 】	(소유권에 관한 사항)			
순위번호	등 기 목 적	접 수	등 기 원 인	권 리 자 및 기 타 사 항
3	소유권이전	2018년8월10일 제1900호	2018년8월9일 매매	공유자 지분 5분의 3 이대한 701115-1201257 서울특별시 서초구 강남대로37길 21(서초동) 지분 5분의 2 김예슬 770313-2033012 서울특별시 서초구 서초대로46길 60, 101동 201호(서초동, 서초아파트) 거래가액 금170,000,000원
4	3번이대한지분 5분의3 중 일부 (5분의2)이전	2018년12월5일 제3500호	2018년12월4일 매매	공유자 지분 5분의 2 이겨레 750614-1035852 서울특별시 종로구 창덕궁길 105 (원서동) 거래가액 금88,000,000원

(주) 1. 특정순위로 취득등기를 한 지분 중 일부를 이전할 경우 등기목적은 『몇번아무개지분얼마 중 일부(○분의○)이전』이라고 기록하고, 그 지분을 취득한 공유자의 지분은 '전체에 대한 지분'을 표시한다.

2. 별도순위로 취득등기를 한 지분 중 특정순위로 취득한 지분만에 대하여 이전하는 경우에 등기목적은 『아무개지분 ○중 일부(갑구○번으로 취득한 지분전부 또는 일부○분의○), 을구○번○○권설정된 지분 ○분의○, 갑구○번으로 가압류된 지분○분의○ 등』으로 기록한다(등기예규 제1313호 참조).

3. 같은 순위번호에 성명이 같은 공유자가 있는 경우에는 등기목적에 그 공유자를 특정할 수 있도록 『몇번아무개지분 전부이전(갑구○번 아무개의 주소 서울특별시 서초구 서초대로 ○○)』와 같이 해당 공유자의 주소를 괄호 안에 기록하여야 한다(등기예규 제1313호 참조).

3) 각 공유자의 지분 일부이전

가) 각 공유자의 지분을 1인에게 이전하는 경우 207

【 갑 구 】 (소유권에 관한 사항)				
순위번호	등 기 목 적	접 수	등 기 원 인	권 리 자 및 기 타 사 항
2	소유권이전	2018년9월10일 제1900호	2018년9월9일 매매	공유자 지분 5분의 3 이대한 330102-1014325 서울특별시 서초구 강남대로37길 21(서초동) 지분 5분의 2 김예슬 770313-2033012 서울특별시 서초구 서초대로46길 60, 101동 201호(서초동, 서초아파트) 거래가액 금240,000,000원
3	2번이대한지분 5분의3 중 일부(5분의1), 2번김예슬지분 5분의2 중 일부(5분의1) 이전	2018년12월5일 제3500호	2018년11월4일 매매	공유자 지분 5분의 2 이겨레 750614-1035852 서울특별시 종로구 창덕궁길 105(원서동) 거래가액 금100,000,000원

(주) 수인의 공유자가 각지의 지분 일부씩을 이전하는 경우에는 위 기록례와 같이 기록한다. 등기목적 중 『괄호』 안에는 각 공유자가 이전하는 지분을 기록하되 전체에 대한 지분을 기록하며, 새로운 공유자가 취득하는 지분은 각 『괄호지분의 합』이 된다.

나) 수인의 공유자가 수인에게 지분의 전부 또는 일부를 이전하는 경우

(1) 등기권리자별로 신청한 경우 208

【 갑 구 】	(소유권에 관한 사항)			
순위번호	등 기 목 적	접 수	등 기 원 인	권 리 자 및 기 타 사 항
3	소유권이전	2018년8월10일 제1900호	2018년6월2일 매매	공유자 지분 2분의 1 이대한 701115-1201257 서울특별시 서초구 강남대로37길 21(서초동) 지분 2분의 1 김예슬 770313-2033012 서울특별시 서초구 서초대로46길 60, 101동 201호(서초동, 서초아파트) 거래가액 금170,000,000원
4	3번이대한지분 2분의1 중 일부(4분의1), 3번김예슬지분 2분의1 중 일부(4분의1) 이전	2018년12월5일 제3500호	2018년11월4일 매매	공유자 지분 2분의 1 이겨레 750614-1035852 서울특별시 종로구 창덕궁길 105 (원서동) 매매목록 제2018-105호
5	3번이대한지분 전부, 3번김예슬 지분전부이전	2018년12월5일 제3501호	2018년11월4일 매매	공유자 지분 2분의 1 서하늘 630419-1034125 서울특별시 용산구 효창원로 71 (공덕동) 매매목록 제2018-105호

(주) 1. 등기권리자별로 신청하는 경우에는 등기의무자들의 각 지분 중 각 ○분의 ○지분이 등기권리자 중 각 1인에게 이전되었는지를 기록하여야 한다(등기예규 제1363호 참조).

2. 거래부동산이 2개 이상인 경우 또는 거래부동산이 1개라 하더라도 여러 명의 매도인과 여러 명의 매수인 사이의 매매계약인 경우에는 매매목록도 첨부정보로 제공하여야 한다.

(2) 등기의무자별로 신청한 경우 209

【 갑 구 】 (소유권에 관한 사항)				
순위번호	등 기 목 적	접 수	등 기 원 인	권 리 자 및 기 타 사 항
3	소유권이전	2018년8월10일 제1900호	2018년6월2일 매매	공유자 지분 2분의 1 이대한 330102-1014325 서울특별시 서초구 강남대로 21 (서초동) 지분 2분의 1 김예슬 340203-2024425 서울특별시 서초구 서초대로46길 60, 101동 201호(서초동, 서초아파트) 거래가액 금180,000,000원
4	3번이대한지분 전부이전	2018년12월5일 제3500호	2018년11월4일 매매	공유자 지분 4분의 1 이겨레 500112-1450214 서울특별시 종로구 창덕궁길 105 (원서동) 지분 4분의 1 서하늘 630419-1034125 서울특별시 용산구 효창원로 71 (공덕동) 매매목록 제2018-105호
5	3번김예슬지분 전부이전	2018년12월5일 제3501호	2018년11월4일 매매	공유자 지분 4분의 1 이겨레 500112-1450214 서울특별시 종로구 창덕궁길 105 (원서동) 지분 4분의 1 서하늘 630419-1034125 서울특별시 용산구 효창원로 71 (공덕동) 매매목록 제2018-105호

(주) 등기의무자별로 신청하는 경우에는 등기의무자 1인의 지분이 등기권리자들에게 각 ○분의 ○씩 이전되었는지를 기록하여야 한다(등기예규 제1363호).

4) 특정순위로 취득등기를 한 지분 중 그 일부에 대하여 저당권이 설정된 경우의 일부이전 210

(저당권이 설정된 부분)

【 갑 구 】	(소유권에 관한 사항)			
순위번호	등 기 목 적	접 수	등 기 원 인	권 리 자 및 기 타 사 항
3	2번이대한지분 전부이전	2018년5월7일 제5978호	2018년5월6일 매매	공유자 지분 10분의 4 정다운 721205-1352121 서울특별시 종로구 인사동길 8 (인사동) 거래가액 금110,000,000원
4	3번정다운지분 10분의4 중 일부 (10분의2)이전 (을구2번저당권 등기된 지분)	2019년6월8일 제7005호	2019년6월7일 매매	공유자 지분 10분의 2 김우리 600104-1056429 서울특별시 서초구 서초대로46길 60, 101동 201호(서초동, 서초아파트) 거래가액 금55,000,000원

(저당권이 설정되지 아니한 부분)

【 갑 구 】	(소유권에 관한 사항)			
순위번호	등 기 목 적	접 수	등 기 원 인	권 리 자 및 기 타 사 항
3	2번이대한지분 전부이전	2018년5월7일 제5978호	2018년5월6일 매매	공유자 지분 10분의 4 정다운 721205-1352121 서울특별시 종로구 인사동길 8 (인사동) 거래가액 금110,000,000원
4	3번정다운지분 10분의4 중 일부 (10분의2)이전 (을구2번저당권 등기되지 아니한 지분)	2019년6월8일 제7005호	2019년6월7일 매매	공유자 지분 10분의 2 강미래 790513-1052134 서울특별시 용산구 원효로 10 (원효로1가) 거래가액 금55,000,000원

【 을 구 】	(소유권 이외의 권리에 관한 사항)			
순위번호	등 기 목 적	접 수	등 기 원 인	권 리 자 및 기 타 사 항
2	갑구3번정다운지분10분의4 중 일부(10분의2)저당권설정	2019년3월5일 제3005호	2019년3월4일 설정계약	채권액 금5,000,000원 이자 연 6푼 채무자 정다운 서울특별시 종로구 인사동길 8 (인사동) 저당권자 이겨레 750614-1035852 서울특별시 종로구 창덕궁길 105 (원서동)

5) 공유명의를 공유자 이외의 단독명의로 이전 211

【 갑 구 】	(소유권에 관한 사항)			
순위번호	등 기 목 적	접 수	등 기 원 인	권 리 자 및 기 타 사 항
4	소유권이전	2018년12월10일 제12900호	2018년12월9일 매매	공유자 지분 2분의 1 이대한 701115-1201257 서울특별시 서초구 강남대로 21 (서초동) 지분 2분의 1 김예슬 340203-2024325 서울특별시 서초구 서초대로46길 60, 101동 201호(서초동, 서초아파트) 거래가액 금380,000,000원
5	공유자전원지분전부이전	2019년3월5일 제350호	2019년2월14일 매매	소유자 손윤재 750614-1035852 서울특별시 종로구 창덕궁길 105 (원서동) 거래가액 금380,000,000원

6) 공유자 중 1인의 단독명의로 이전 212

【 갑 구 】 (소유권에 관한 사항)				
순위번호	등 기 목 적	접 수	등 기 원 인	권 리 자 및 기 타 사 항
2	소유권이전	2018년9월10일 제9100호	2018년8월9일 매매	공유자 지분 2분의 1 이대한 701115-1201257 서울특별시 서초구 강남대로 21 (서초동) 지분 2분의 1 김예슬 770313-2033012 서울특별시 서초구 서초대로46길 60, 101동 201호(서초동, 서초아파트) 거래가액 금270,000,000원
3	2번김예슬지분 전부이전	2018년12월5일 제13100호	2018년11월14일 매매	공유자 지분 2분의 1 이대한 701115-1201257 서울특별시 서초구 강남대로 21 (서초동) 거래가액 금135,000,000원

7) 공유자가 다수인 경우 공유자 1인을 제외한 다른 공유자의 지분 전부이전 213

【 갑 구 】 (소유권에 관한 사항)				
순위번호	등 기 목 적	접 수	등 기 원 인	권 리 자 및 기 타 사 항
2	소유권이전	2018년5월20일 제13200호	2018년4월18일 매매	공유자 지분 50분의 3 김우리 600104-1056429 (일부생략) . . .
3	2번김우리지분을 제외한 공유자 전원지분전부이전	2018년6월30일 제15720호	2018년5월25일 매매	공유자 지분 50분의 47 박잔디 620201-2024425 서울특별시 서초구 서초대로62길 31, 102동 103호(서초동, 한양아파트) 거래가액 금350,000,000원

8) 공유자 2인 이상의 지분 전부이전 214

【 갑 구 】		(소유권에 관한 사항)		
순위번호	등 기 목 적	접 수	등 기 원 인	권 리 자 및 기 타 사 항
2	소유권이전	2018년9월10일 제9100호	2018년8월9일 매매	공유자 지분 4분의 1 이대한 701115-1201257 서울특별시 서초구 강남대로 21 (서초동) 지분 4분의 1 김예린 790521-2035332 서울특별시 서초구 서초대로46길 60, 101동 201호(서초동, 서초아파트) 지분 4분의 2 이겨레 750614-1035852 서울특별시 종로구 창덕궁길 105 (원서동) 거래가액 금240,000,000원
3	2번이대한지분전부, 2번김예린지분전부이전	2018년12월5일 제13005호	2018년11월4일 매매	공유자 지분 4분의 2 홍은실 630419-2034125 서울특별시 서초구 서초대로46길 60, 101동 201호(서초동, 서초아파트) 거래가액 금120,000,000원

9) 공유지분포기로 인한 이전 215

【 갑 구 】		(소유권에 관한 사항)		
순위번호	등 기 목 적	접 수	등 기 원 인	권 리 자 및 기 타 사 항
2	소유권이전	2018년9월10일 제9100호	2018년8월9일 상속	공유자 지분 3분의 1 이대한 701115-1201257 서울특별시 서초구 강남대로 21 (서초동) 지분 3분의 1 김예린 790521-2035332 서울특별시 서초구 서초대로46길 60, 101동 201호(서초동, 서초아파트) 지분 3분의 1 이겨레 750614-1035852 서울특별시 종로구 창덕궁길 105 (원서동)
3	2번이대한지분전 부이전	2018년12월5일 제13005호	2018년11월4일 지분포기	공유자 지분 6분의 1 김예린 790521-2035332 서울특별시 서초구 서초대로46길 60, 101동 201호(서초동, 서초아파트) 지분 6분의 1 이겨레 750614-1035852 서울특별시 종로구 창덕궁길 105 (원서동)

(주) 민법 제267조의 경우이다.

10) 지분을 목적으로 하는 제3자의 권리 등기가 있는 경우에 단독명의로 이전 216

【 갑 구 】	(소유권에 관한 사항)			
순위번호	등 기 목 적	접 수	등 기 원 인	권 리 자 및 기 타 사 항
2	소유권이전	2018년9월5일 제17643호	2018년8월4일 매매	공유자 지분 2분의 1 이대한 701115-1201257 서울특별시 서초구 강남대로 21 (서초동) 지분 2분의 1 김예린 790521-2035332 서울특별시 서초구 서초대로46길 60, 101동 201호(서초동, 서초아파트) 거래가액 금150,000,000원
3	2번이대한지분 전부이전	2018년10월7일 제19780호	2018년9월6일 매매	공유자 지분 2분의 1 이겨레 750614-1035852 서울특별시 종로구 창덕궁길 105 (원서동) 거래가액 금75,000,000원
4	2번김예린지분 전부이전	2018년10월7일 제19781호	2018년9월6일 매매	공유자 지분 2분의 1 이겨레 750614-1035852 서울특별시 종로구 창덕궁길 105 (원서동) 거래가액 금75,000,000원

【 을 구 】	(소유권 이외의 권리에 관한 사항)			
순위번호	등 기 목 적	접 수	등 기 원 인	권 리 자 및 기 타 사 항
2	갑구2번이대한 지분전부저당권 설정	2018년9월25일 제18550호	2018년8월24일 설정계약	채권액 금6,000,000원 이자 연 6푼 채무자 김예린 서울특별시 서초구 서초대로46길 60, 101동 201호(서초동, 서초아파트) 저당권자 정다운 721205-1352121 서울특별시 종로구 인사동길 8 (인사동)

라. 단독소유를 합유로 이전하는 경우

1) 단독소유자를 포함하지 아니하는 수인의 합유로 이전하는 경우 217

【 갑 구 】	(소유권에 관한 사항)			
순위번호	등 기 목 적	접 수	등 기 원 인	권 리 자 및 기 타 사 항
2	소유권이전	2018년9월10일 제910호	2018년8월9일 매매	소유자 김한울 650422-1045115 서울특별시 종로구 율곡로1길 16 (사간동) 거래가액 금450,000,000원
3	소유권이전	2018년12월5일 제13500호	2018년11월4일 매매	합유자 이겨레 750614-1035852 서울특별시 종로구 창덕궁길 105 (원서동) 김예린 790521-2035332 서울특별시 서초구 서초대로46길 60, 101동 201호(서초동, 서초아파트) 거래가액 금450,000,000원

(주) 등기권리자가 2인 이상인 경우에 그 권리가 합유인 때에는 등기기록상 각 합유자의 지분을 표시하지 아니하고 "합유자"로만 기록한다(등기예규 제911호).

2) 단독소유자를 포함한 수인의 합유로 이전하는 경우 218

【 갑 구 】	(소유권에 관한 사항)			
순위번호	등 기 목 적	접 수	등 기 원 인	권 리 자 및 기 타 사 항
2	소유권이전	2018년9월10일 제910호	2018년8월9일 매매	소유자 김한울 650422-1045115 서울특별시 종로구 율곡로1길 16 (사간동) 거래가액 금94,600,000원
3	소유권이전	2018년12월5일 제3500호	2018년11월4일 매매(또는 조합계약에 따른 출자 등)	합유자 김한울 650422-1045115 서울특별시 종로구 율곡로1길 16 (사간동) 이겨레 750614-1035852 서울특별시 종로구 창덕궁길 105 (원서동) 김예린 790521-2035332 서울특별시 서초구 서초대로46길 60, 101동 201호(서초동, 서초아파트) 거래가액 금95,000,000원

(주) 1. 단독소유가 그 단독소유자를 포함한 합유로 되었을 경우 3번 사항란에 전소유자를 합유자로 표시한다(등기예규 제911호).
2. 단독소유자와 합유자들의 공동신청으로 소유권이전등기를 신청하여야 한다.

3) 단독명의의 소유권 일부를 수인의 합유로 이전하는 경우 219

【 갑 구 】 (소유권에 관한 사항)				
순위번호	등 기 목 적	접 수	등 기 원 인	권 리 자 및 기 타 사 항
2	소유권이전	2018년9월10일 제910호	2018년8월9일 매매	소유자 김한울 650422-1045115 서울특별시 종로구 율곡로1길 16 (사간동) 거래가액 금130,000,000원
3	소유권일부이전	2018년12월5일 제3500호	2018년12월4일 매매	합유자 목적지분 2분의 1 이겨레 750614-1035852 서울특별시 종로구 창덕궁길 105 (원서동) 김예린 790521-2035332 서울특별시 서초구 서초대로46길 60, 101동 201호(서초동, 서초아파트) 거래가액 금70,000,000원

(주) 합유대상이 되는 지분을 목적지분으로 표시한다.

마. 공유를 합유로 변경하는 경우

1) 공유의 전부를 합유로 변경하는 경우 220

【 갑 구 】	(소유권에 관한 사항)			
순위번호	등 기 목 적	접 수	등 기 원 인	권 리 자 및 기 타 사 항
2	소유권이전	2019년2월3일 제206호	2019년1월30일 매매	~~공유자~~ ~~지분3분의1~~ ~~김한울 650422-1045115~~ ~~서울특별시 종로구 율곡로1길 16 (사간동)~~ ~~지분3분의1~~ ~~이겨레 750614-1035852~~ ~~서울특별시 종로구 창덕궁길 105 (원서동)~~ ~~지분3분의1~~ ~~김예린 790521-2035332~~ ~~서울특별시 서초구 서초대로46길 60, 101동 201호(서초동, 서초아파트)~~ 거래가액 금19,000,000원
2-1	2번소유권변경	2019년4월1일 제608호	2019년3월25일 변경계약	합유자 김한울 650422-1045115 서울특별시 종로구 율곡로1길 16 (사간동) 이겨레 750614-1035852 서울특별시 종로구 창덕궁길 105 (원서동) 김예린 790521-2035332 서울특별시 서초구 서초대로46길 60, 101동 201호(서초동, 서초아파트)

2) 공유의 일부를 합유로 변경하는 경우 221

【 갑 구 】 (소유권에 관한 사항)

순위번호	등 기 목 적	접 수	등 기 원 인	권 리 자 및 기 타 사 항
2	소유권이전	2018년9월10일 제9100호	2018년8월10일 매매	~~공유자~~ ~~지분6분의1~~ ~~김한울 650422-1045115~~ ~~서울특별시 종로구 율곡로1길 16 (사간동)~~ ~~지분6분의2~~ ~~이겨레 750614-1035852~~ ~~서울특별시 종로구 창덕궁길 105 (원서동)~~ ~~지분6분의3~~ ~~김예린 790521-2035332~~ ~~서울특별시 서초구 서초대로46길 60, 101동 201호(서초동, 서초아파트)~~ 거래가액 금71,000,000원
2-1	2번소유권변경	2018년12월5일 제13005호	2018년11월10일 변경계약	공유자 지분 6분의 1 김한울 650422-1045115 서울특별시 종로구 율곡로1길 16 (사간동) 합유자 목적지분 6분의 5 이겨레 750614-1035852 서울특별시 종로구 창덕궁길 105 (원서동) 김예린 790521-2035332 서울특별시 서초구 서초대로46길 60, 101동 201호(서초동, 서초아파트)

바. 합유자가 변경되는 경우

1) 합유자 중 일부가 교체되는 경우 222

【 갑 구 】 (소유권에 관한 사항)				
순위번호	등 기 목 적	접 수	등 기 원 인	권 리 자 및 기 타 사 항
2	소유권이전	2019년2월3일 제206호	2019년1월30일 매매	~~합유자~~ ~~김한울 650422-1045115~~ ~~서울특별시 종로구 율곡로1길 16 (사간동)~~ ~~이겨레 750614-1035852~~ ~~서울특별시 종로구 창덕궁길 105(원서동)~~ ~~김예린 790521-2035332~~ ~~서울특별시 서초구 서초대로46길 60, 101동 201호(서초동, 서초아파트)~~ 거래가액 금130,000,000원
2-1	2번소유권변경	2019년4월1일 제608호	2019년3월25일 합유자 변경	합유자 김한울 650422-1045115 서울특별시 종로구 율곡로1길 16 (사간동) 이겨레 750614-1035852 서울특별시 종로구 창덕궁길 105 (원서동) 강미래 790513-1052134 서울특별시 용산구 원효로 10 (원효로1가)

2) 합유자 중 일부가 탈퇴한 경우

가) 잔존 합유자가 수인인 경우 223

【 갑 구 】 (소유권에 관한 사항)

순위번호	등 기 목 적	접 수	등 기 원 인	권 리 자 및 기 타 사 항
2	소유권이전	2019년2월3일 제206호	2019년1월30일 매매	~~합유자~~ ~~김한울 650422-1045115~~ ~~서울특별시 종로구 율곡로1길 16 (사간동)~~ ~~이겨레 750614-1035852~~ ~~서울특별시 종로구 창덕궁길 105 (원서동)~~ ~~김예린 790521-2035332~~ ~~서울특별시 서초구 서초대로46길 60, 101동 201호(서초동, 서초아파트)~~ 거래가액 금85,000,000원
2-1	2번소유권변경	2019년4월1일 제608호	2019년3월25일 합유자 김예린 탈퇴	합유자 김한울 650422-1045115 서울특별시 종로구 율곡로1길 16 (사간동) 이겨레 750614-1035852 서울특별시 종로구 창덕궁길 105 (원서동)

나) 잔존 합유자가 1인인 경우 224

【 갑 구 】	(소유권에 관한 사항)			
순위번호	등 기 목 적	접 수	등 기 원 인	권 리 자 및 기 타 사 항
2	소유권이전	2019년2월3일 제206호	2019년1월30일 매매	~~합유자~~ ~~김한울 650422-1045115~~ ~~서울특별시 종로구 율곡로1길 16 (사간동)~~ ~~이겨레 750614-1035852~~ ~~서울특별시 종로구 창덕궁길 105 (원서동)~~ 거래가액 금115,000,000원
2-1	2번소유권변경	2019년4월1일 제608호	2019년3월25일 합유자 이겨레 탈퇴	소유자 김한울 650422-1045115 서울특별시 종로구 율곡로1길 16 (사간동)

3) 합유자가 추가된 경우 225

【 갑 구 】	(소유권에 관한 사항)			
순위번호	등 기 목 적	접 수	등 기 원 인	권 리 자 및 기 타 사 항
2	소유권이전	2019년2월3일 제206호	2019년1월30일 매매	~~합유자~~ ~~김한울 650422-1045115~~ ~~서울특별시 종로구 율곡로1길 16(사간동)~~ ~~이겨레 750614-1035852~~ ~~서울특별시 종로구 창덕궁길 105(원서동)~~ 거래가액 금80,000,000원
2-1	2번소유권변경	2019년4월1일 제608호	2019년3월25일 합유자 강미래 가입	합유자 김한울 650422-1045115 서울특별시 종로구 율곡로1길 16(사간동) 이겨레 750614-1035852 서울특별시 종로구 창덕궁길 105(원서동) 강미래 790513-1052134 서울특별시 용산구 원효로 10(원효로1가)

4) 합유자가 3인 이상인 경우 그 1인이 순차적으로 사망한 경우 226

【 갑 구 】	(소유권에 관한 사항)			
순위번호	등 기 목 적	접 수	등 기 원 인	권 리 자 및 기 타 사 항
2	소유권이전	2012년2월3일 제206호	2012년1월30일 매매	~~합유자~~ ~~김한울 650422-1045115~~ ~~서울특별시 종로구 율곡로1길 16(사간동)~~ ~~이겨레 750614-1035852~~ ~~서울특별시 종로구 창덕궁길 105(원서동)~~ ~~김예린 790521-2035332~~ ~~서울특별시 서초구 서초대로46길 60, 101동 201호(서초동, 서초아파트)~~ 거래가액 금270,000,000원
2-1	2번소유권변경	2018년3월4일 제505호	2018년2월4일 합유자 김예린 사망	~~합유자~~ ~~김한울 650422-1045115~~ ~~서울특별시 종로구 율곡로1길 16(사간동)~~ ~~이겨레 750614-1035852~~ ~~서울특별시 종로구 창덕궁길 105(원서동)~~
2-2	2번소유권변경	2019년4월1일 제608호	2019년3월25일 합유자 김한울 사망	소유자 이겨레 750614-1035852 서울특별시 종로구 창덕궁길 105(원서동)

(주) 1. 합유자 사이에 특별한 약정이 없는 한 사망한 합유자의 지분에 관하여 합유자의 상속인 앞으로 상속등기를 할 수 없으므로, 그 상속인 및 잔존 합유자의 합유로 하는 변경등기를 할 것이 아니다.
2. 잔존 합유자는 등기신청서에 사망한 합유자의 사망사실을 증명하는 서면을 첨부하여야 한다.
3. 합유자가 2인인 경우 그 중 1인이 사망한 때에는 해당 부동산은 잔존 합유자의 단독소유로 귀속된다.

5) 합유자 중 1인의 사망에 따른 변경등기를 하지 않고 있는 사이에 잔존 합유자 중 일부가 사망한 경우 227

【 갑 구 】 (소유권에 관한 사항)				
순위번호	등 기 목 적	접 수	등 기 원 인	권 리 자 및 기 타 사 항
2	소유권이전	2012년1월10일 제1100호	2012년1월10일 매매	~~합유자~~ ~~김한울 650422-1045115~~ ~~서울특별시 종로구 율곡로1길 16(사간동)~~ ~~이거레 750614-1035852~~ ~~서울특별시 종로구 창덕궁길 105(원서동)~~ ~~김예린 790521-2035332~~ ~~서울특별시 서초구 서초대로46길 60, 101동 201호(서초동, 서초아파트)~~ 거래가액 금60,000,000원
2-1	2번소유권변경	2018년12월30일 제12005호	2016년7월10일 합유자 김한울 사망 2018년12월3일 합유자 김예린 사망	소유자 이거레 750614-1035852 서울특별시 종로구 창덕궁길 105(원서동)

(주) 1. 현재의 잔존 합유자는 해당 부동산의 소유명의인을 당초의 합유자 전원으로부터 바로 현재의 잔존 합유자로 변경하는 등기를 할 수 있다.
2. 잔존 합유자가 1인인 경우에는 그의 단독소유로 변경된다.
3. 등기원인에는 사망한 합유자들의 사망일자와 그 뜻을 모두 기록하여야 한다.

6) 합유자 중 일부의 사망에 따른 변경등기를 하지 않고 있는 사이에 잔존 합유자가 모두 사망한 경우 228

【 갑 구 】 (소유권에 관한 사항)				
순위번호	등 기 목 적	접 수	등 기 원 인	권 리 자 및 기 타 사 항
2	소유권이전	2012년2월3일 제206호	2012년1월2일 매매	합유자 김한울 650422-1045115 서울특별시 종로구 율곡로1길 16(사간동) 이겨레 750614-1035852 서울특별시 종로구 창덕궁길 105(원서동) 김예린 790521-2035332 서울특별시 서초구 서초대로46길 60, 101동 201호(서초동, 서초아파트) 거래가액 금120,000,000원
3	소유권이전	2018년11월4일 제11505호	2015년2월4일 합유자 김한울 사망 2017년3월5일 합유자 이겨레 사망 2018년9월5일 합유자 김예린 사망으로 상속	공유자 지분 5분의 3 최민국 680201-1024425 서울특별시 서초구 서초대로46길 60, 101동 201호(서초동, 서초아파트) 지분 5분의 2 최나라 050703-1562316 서울특별시 서초구 서초대로46길 60, 101동 201호(서초동, 서초아파트)

(주) 1. 마지막 합유자의 상속인은 바로 상속인 앞으로 상속등기를 신청할 수 있다.
2. 등기원인에는 다른 합유자들의 사망일자와 사망의 뜻 및 상속인의 상속일자와 그 뜻을 함께 기록한다.
3. 상속을 증명하는 서면 외에 다른 합유자의 사망사실을 증명하는 서면을 첨부정보로서 제공하여야 한다.

사. 거래가액의 등기

1) 1개의 신고필증에 1개의 부동산이 기재되어 있는 경우 229

(토지 서울특별시 강남구 신사동 53)

【 갑 구 】	(소유권에 관한 사항)			
순위번호	등 기 목 적	접 수	등 기 원 인	권 리 자 및 기 타 사 항
2	소유권이전	2018년5월10일 제5500호	2018년5월9일 매매	소유자 이갑동 330102-1014325 서울특별시 종로구 인사동6길 8 (인사동) 거래가액 금300,000,000원
3	소유권이전	2018년6월5일 제8000호	2018년6월4일 매매	소유자 이규호 801118-1072512 서울특별시 종로구 율곡로1길 16(사간동) 거래가액 금300,000,000원

2) 1개의 신고필증에 여러 개의 부동산이 기재되어 있는 경우 230

(토지 서울특별시 강남구 신사동 153)

【 갑 구 】	(소유권에 관한 사항)			
순위번호	등 기 목 적	접 수	등 기 원 인	권 리 자 및 기 타 사 항
2	소유권이전	2018년5월10일 제5501호	2018년5월9일 매매	소유자 이갑동 330102-1014325 서울특별시 종로구 인사동6길 8 (인사동) 매매목록 제2018-85호
3	소유권이전	2018년6월5일 제8001호	2018년6월4일 매매	소유자 박성준 900320-1072512 서울특별시 종로구 율곡로1길 16(사간동) 매매목록 제2018-101호

(건물 서울특별시 강남구 신사동 153)

【 갑 구 】 (소유권에 관한 사항)				
순위번호	등 기 목 적	접 수	등 기 원 인	권 리 자 및 기 타 사 항
2	소유권이전	2018년5월10일 제5501호	2018년5월9일 매매	소유자 이갑동 330102-1014325 서울특별시 종로구 인사동6길 8 (인사동) 매매목록 제2018-85호
3	소유권이전	2018년6월5일 제8001호	2018년6월4일 매매	소유자 박성준 900320-1072512 서울특별시 종로구 율곡로1길 16(사간동) 매매목록 제2018-101호

(매매목록 제2018-101호)

【 매 매 목 록 】				
목록번호	2018-101			
거래가액	금500,000,000원			
일련번호	부 동 산 의 표 시	순위번호	예비란	
			등기원인	경정원인
1	[토지] 서울특별시 강남구 신사동 153	3	2018년6월4일 매매	
2	[건물] 서울특별시 강남구 신사동 153	3	2018년6월4일 매매	

(주) 1. 여러 개의 부동산 중 1개에 대한 등기신청이 있는 경우에도 매매목록을 작성한다.
2. 지분이 매매의 목적인 경우 그 지분은 표시하지 아니한다.
3. 미등기 부동산인 경우에는 순위번호를 기록하지 아니한다.

3) 하나의 부동산에 대해 수인의 매도인과 수인의 매수인이 매매계약을 체결한 경우 231

(토지 서울특별시 강남구 신사동 233)

【 갑 구 】 (소유권에 관한 사항)				
순위번호	등기목적	접 수	등기원인	권리자 및 기타사항
2	소유권이전	2018년5월10일 제5502호	2018년5월9일 매매	공유자 지분 2분의 1 이갑동 330102-1014325 서울특별시 종로구 인사동6길 8 (인사동) 지분 2분의 1 김삼남 500112-1450214 서울특별시 종로구 창덕궁길 105(원서동) 거래가액 금300,000,000원
3	2번이갑동지분 2분의1 중 일부(4분의1), 2번김삼남지분 2분의1 중 일부(4분의1) 이전	2018년6월5일 제8002호	2018년6월4일 매매	공유자 지분 2분의 1 홍길동 450320-1672512 서울특별시 종로구 율곡로1길 16(사간동) 매매목록 제2018-102호
4	2번이갑동지분 전부, 2번김삼남 지분전부이전	2018년6월5일 제8003호	2018년6월4일 매매	공유자 지분 2분의 1 성춘향 470410-2672511 서울특별시 서초구 강남대로37길 21 (서초동) 매매목록 제2018-102호

(매매목록 제2018-102호)

【 매 매 목 록 】				
목록번호	2018-102			
거래가액	금300,000,000원			
일련번호	부동산의 표시	순위번호	예비란	
			등기원인	경정원인
1	[토지] 서울특별시 강남구 신사동 233	3	2018년6월4일 매매	
2	[토지] 서울특별시 강남구 신사동 233	4	2018년6월4일 매매	

4) 매매목록에 기재한 거래가액을 경정한 경우 232

(소유권이전등기시 작성한 매매목록 제2018-101호)

<table>
<tr><th colspan="5">【 매 매 목 록 】</th></tr>
<tr><td>목록번호</td><td colspan="4">2018-101</td></tr>
<tr><td>거래가액</td><td colspan="4">금500,000,000원</td></tr>
<tr><td rowspan="2">일련번호</td><td rowspan="2">부 동 산 의 표 시</td><td rowspan="2">순위번호</td><td colspan="2">예비란</td></tr>
<tr><td>등기원인</td><td>경정원인</td></tr>
<tr><td>1</td><td>[토지] 서울특별시 강남구 신사동 153</td><td>3</td><td>2018년6월4일
매매</td><td></td></tr>
<tr><td>2</td><td>[건물] 서울특별시 강남구 신사동 153</td><td>3</td><td>2018년6월4일
매매</td><td></td></tr>
</table>

(소유권이전등기후 거래가액을 경정한 매매목록 제2018-101호)

<table>
<tr><th colspan="5">【 매 매 목 록 】</th></tr>
<tr><td>목록번호</td><td colspan="4">2018-101</td></tr>
<tr><td rowspan="2">거래가액</td><td colspan="4"><s>금500,000,000원</s></td></tr>
<tr><td colspan="2">금600,000,000원</td><td colspan="2">2018년6월6일 경정</td></tr>
<tr><td rowspan="2">일련번호</td><td rowspan="2">부 동 산 의 표 시</td><td rowspan="2">순위번호</td><td colspan="2">예비란</td></tr>
<tr><td>등기원인</td><td>경정원인</td></tr>
<tr><td>1</td><td>[토지] 서울특별시 강남구 신사동 153</td><td>3</td><td>2018년6월4일
매매</td><td></td></tr>
<tr><td>2</td><td>[건물] 서울특별시 강남구 신사동 153</td><td>3</td><td>2018년6월4일
매매</td><td></td></tr>
</table>

2. 상속으로 인한 소유권이전등기

가. 상속

1) 법정상속분에 따라 상속하는 경우 233

【 갑 구 】	(소유권에 관한 사항)			
순위번호	등 기 목 적	접 수	등 기 원 인	권 리 자 및 기 타 사 항
3	소유권이전	2019년3월5일 제3500호	2019년1월10일 상속	공유자 지분 2분의 1 김예슬 770313-2033012 서울특별시 서초구 서초대로46길 60, 101동 201호(서초동, 서초아파트) 지분 2분의 1 김예린 790521-2035332 서울특별시 서초구 서초대로46길 60, 101동 201호(서초동, 서초아파트)

(주) 법정상속분에 따라 상속등기를 신청할 때에는 등기원인을 '상속'으로, 그 연월일을 피상속인이 사망한 날로 한다. 다만, 1959. 12. 31. 이전에 개시된 상속으로 인한 소유권이전등기를 신청할 때에는 등기원인을 '호주상속 또는 유산상속'으로, 1960. 1. 1. 부터 1990. 12. 31. 까지의 기간 중에 개시된 상속으로 인한 소유권이전등기를 신청할 때에는 등기원인을 '재산상속'으로 한다.

2) 법정상속분에 따라 공유지분을 상속하는 경우 234

【 갑 구 】	(소유권에 관한 사항)			
순위번호	등 기 목 적	접 수	등 기 원 인	권 리 자 및 기 타 사 항
3	2번김우리지분 전부이전	2019년3월5일 제3500호	2019년1월10일 상속	공유자 지분 10분의 3 김예슬 770313-2033012 서울특별시 서초구 서초대로46길 60, 101동 201호(서초동, 서초아파트) 지분 10분의 3 김예린 790521-2035332 서울특별시 서초구 서초대로46길 60, 101동 201호(서초동, 서초아파트)

(주) 상속인이 취득한 지분표시는 전체에 대한 지분을 표시한다.

3) 협의분할에 의한 상속의 경우 235

【 갑 구 】	(소유권에 관한 사항)			
순위번호	등 기 목 적	접 수	등 기 원 인	권 리 자 및 기 타 사 항
5	소유권이전	2019년3월5일 제3500호	2019년1월10일 협의분할에 의한 상속	소유자 이기태 721205-1352121 서울특별시 종로구 인사동길 8 (인사동)

(주) 협의분할에 의하여 공유지분을 상속하는 경우는 전항 참조.

4) 조정분할 또는 심판분할에 의한 상속의 경우 236

【 갑 구 】	(소유권에 관한 사항)			
순위번호	등 기 목 적	접 수	등 기 원 인	권 리 자 및 기 타 사 항
5	소유권이전	2019년3월5일 제3500호	2019년1월10일 조정분할(또는 심판분할)에 의한 상속	소유자 이기태 721205-1352121 서울특별시 종로구 인사동길 8 (인사동)

(주) 조정분할 또는 심판분할에 의하여 공유지분을 상속하는 경우는 234항 참조.

5) 상속재산 분리의 경우 237

【 갑 구 】	(소유권에 관한 사항)			
순위번호	등 기 목 적	접 수	등 기 원 인	권 리 자 및 기 타 사 항
5	상속재산분리	2019년5월3일 제3500호	2019년2월4일 상속재산분리	권리자 김일남 430210-1456314 서울특별시 마포구 마포대로 25 (공덕동)

(주) 1. 민법 제1049조에 의한 경우이다.
2. 상속재산의 분리를 청구한 자를 권리자로 기록한다.

6) 상속포기의 경우 238

【 갑 구 】	(소유권에 관한 사항)			
순위번호	등 기 목 적	접 수	등 기 원 인	~~권 리 자 및 기 타 사 항~~
2	소유권이전	2018년2월3일 제2062호	2018년2월1일 상속	~~공유자~~ ~~지분 7분의 3~~ ~~김한울 350125-1045215~~ ~~서울특별시 종로구 율곡로1길 16~~ ~~(사간동)~~ ~~지분 7분의 2~~ ~~김우리 580125-1056326~~ ~~서울특별시 서초구 반포대로 60~~ ~~(반포동)~~ ~~지분 7분의 2~~ 김~~겨레 601020-1032145~~ ~~서울특별시 종로구 창덕궁길 105~~ ~~(원서동)~~
2-1	2번소유권경정	2018년6월1일 제3005호	2018년4월21일 김겨레 상속포기	공유자 지분 5분의 3 김한울 350125-1045215 서울특별시 종로구 율곡로1길 16 (사간동) 지분 5분의 2 김우리 580125-1056326 서울특별시 서초구 반포대로 60 (반포동)

(주) 1. 이 기록례는 상속등기 후 상속인 중 일부가 상속을 포기한 경우이다.
2. 등기상의 이해관계인이 존재하는 경우에는 그의 승낙을 증명하는 정보 또는 이에 대항할 수 있는 재판이 있음을 증명하는 정보를 제공하여야 한다.
3. 등기를 한 때에는 소유권이전등기사항 중 경정할 사항을 말소하는 표시를 하여야 한다. 상속을 포기한 자의 지분을 목적으로 하는 저당권이 있는 때에는 이를 직권으로 말소하여야 한다.

7) 유류분 반환 239

【 갑 구 】		(소유권에 관한 사항)		
순위번호	등 기 목 적	접 수	등 기 원 인	권 리 자 및 기 타 사 항
5	소유권일부이전	2019년3월5일 제3500호	2019년2월5일 유류분반환	공유자 지분 3분의 1 박나라 620201-2024425 서울특별시 마포구 성암로15길 12(상암동)

(주) 원인일자는 반환청구의 의사표시를 한 날(소에 의하여 반환청구의 의사표시를 한 때에는 소장 송달일)이다.

나. 호주상속 240

【 갑 구 】		(소유권에 관한 사항)		
순위번호	등 기 목 적	접 수	등 기 원 인	권 리 자 및 기 타 사 항
3	소유권이전	2019년3월9일 제3900호	1958년3월8일 호주상속	소유자 김정수 520115-1056407 서울특별시 종로구 인사동6길 7 (인사동)

(주) 구민법 당시(1959. 12. 31. 이전)의 호주상속의 경우이다.

다. 유산상속 241

【 갑 구 】		(소유권에 관한 사항)		
순위번호	등 기 목 적	접 수	등 기 원 인	권 리 자 및 기 타 사 항
3	소유권이전	2019년3월5일 제1505호	1958년2월10일 유산상속	공유자 지분 2분의 1 이명안 520115-1056407 서울특별시 종로구 인사동6길 7 (인사동) 지분 2분의 1 이성한 530425-1056408 서울특별시 종로구 창덕궁길 105(원서동)

(주) 구민법 당시(1959. 12. 31. 이전)의 유산상속의 경우이다.

라. 상속등기 전에 다시 상속이 개시된 경우

1) 구민법 당시인 경우 242

【 갑 구 】	(소유권에 관한 사항)			
순위번호	등 기 목 적	접 수	등 기 원 인	권 리 자 및 기 타 사 항
3	소유권이전	2019년3월5일 제3500호	1958년2월8일 유산상속	공유자 지분 3분의 1 정하늘 520124-1056407 서울특별시 영등포구 의사당대로 1길 26(여의도동) 지분 3분의 1 정민국 550425-1056408 서울특별시 마포구 마포대로 25 (공덕동) 공동상속인 중 정다운은 1959년10월 8일 사망하였으므로 호주상속 지분 3분의 1 정진운 450320-1617312 서울특별시 서대문구 세무서2길 2(홍제동)

(주) 수인의 공동 유산상속이 개시된 후 그 상속등기를 하기 전에 공동 상속자의 1인이 구민법 당시(1959. 12. 31. 이전) 사망으로 호주상속이 개시되어 유산상속과 호주상속을 동시에 신청하는 경우의 등기 기록례이다.

2) 신민법 당시인 경우 243

<table>
<tr><th colspan="5">【 갑 구 】 (소유권에 관한 사항)</th></tr>
<tr><th>순위번호</th><th>등 기 목 적</th><th>접 수</th><th>등 기 원 인</th><th>권 리 자 및 기 타 사 항</th></tr>
<tr><td>3</td><td>소유권이전</td><td>2019년3월5일
제3500호</td><td>1963년2월3일
재산상속</td><td>공유자
지분 21분의 9
서하늘 520124-1056407
서울특별시 영등포구 의사당대로 1길 26 (여의도동)
지분 21분의 6
서민국 550425-1056408
서울특별시 마포구 마포대로 25 (공덕동)
공동상속인 중 서도남은 1992년5월 3일 사망하였으므로 상속
지분 21분의 2
서영수 740320-1617312
서울특별시 종로구 인사동6길 7 (인사동)
지분 21분의 2
서영진 761010-1065420
서울특별시 종로구 인사동6길 7 (인사동)
지분 21분의 2
서영호 780722-2066221
서울특별시 종로구 인사동6길 7 (인사동)</td></tr>
</table>

(주) 개정민법(1990. 1. 13. 법률 제4199호)의 시행일(1991. 1. 1.)이후에 상속이 개시된 때에는 등기원인을 『재산상속』이라고 기록할 수 없고 『상속』으로 기록하여야 한다.

3) 신·구민법 경합인 경우 244

【 갑 구 】 (소유권에 관한 사항)				
순위번호	등 기 목 적	접 수	등 기 원 인	권 리 자 및 기 타 사 항
3	소유권이전	2019년3월5일 제3500호	1955년2월3일 유산상속	공유자 지분 18분의 6 김도남 500124-1056407 서울특별시 중구 남대문로 113 (다동) 지분 18분의 6 김도칠 530425-1056408 서울특별시 도봉구 덕릉로60길 5(월계동) 공동상속인 중 김학영은 1963년6월 2일 사망하였으므로 재산상속 지분 18분의 3 김영수 720320-1617312 서울특별시 용산구 원효로 10 (원효로1가) 지분 18분의 2 김영진 741010-1065420 서울특별시 용산구 원효로 10 (원효로1가) 지분 18분의 1 김영호 760722-1066221 서울특별시 용산구 원효로 10 (원효로1가)

(주) 전항의 (주) 참조.

4) 제1상속등기 전에 제2상속이 개시된 경우 245

【 갑 구 】 (소유권에 관한 사항)				
순위번호	등 기 목 적	접 수	등 기 원 인	권 리 자 및 기 타 사 항
3	소유권이전	2019년3월8일 제5020호	1934년10월2일 박성범이 호주상속 후 1959년10월8일 사망하였으므로 호주상속	소유자 박영준 500124-1056407 서울특별시 강남구 강남대로 430 (양재동)

(주) 1. 호주상속이 개시되었으나 그 상속등기를 하지 않고 있다가 신법 당시에 사망한 경우의 원인기록은 『○○○○년○월○일 아무개가 호주상속 후 ○○○○년○월○일 사망하였으므로 재산상속』으로 기록한다.
2. 243항의 (주)참조.

5) 공유지분이 수차 상속된 경우 246

【 갑 구 】 (소유권에 관한 사항)				
순위번호	등 기 목 적	접 수	등 기 원 인	권 리 자 및 기 타 사 항
3	2번김우리지분전부이전	2019년3월5일 제3500호	1956년4월4일 김을동이 호주상속 후 1988년5월2일 사망하였으므로 재산상속	공유자 지분 4분의 1 김광선 701115-1201257 서울특별시 서초구 강남대로 21 (서초동) 지분 4분의 1 김선호 720703-1562316 서울특별시 마포구 마포대로 25 (염리동)

(주) 1. 상속인이 취득한 지분표시는 전체에 대한 지분을 표시한다.
2. 243, 245항의 (주) 참조.

마. 실종선고로 인한 경우(민법 부칙 제25조제2항) 247

【 갑 구 】	(소유권에 관한 사항)			
순위번호	등 기 목 적	접 수	등 기 원 인	권 리 자 및 기 타 사 항
3	소유권이전	2019년3월5일 제3500호	1959년1월5일 재산상속(1964년 1월5일 실종선고)	공유자 지분 6분의 3 이대한 490114-1056429 서울특별시 서초구 강남대로 21 (서초동) 지분 6분의 2 이민국 551014-1236429 서울특별시 마포구 마포대로 25 (염리동) 지분 6분의 1 이예린 570225-2829736 서울특별시 서초구 서초대로 60 (서초동)

(주) 1. 구민법 당시 실종기간이 만료되었으나 실종선고는 신민법 시행 후에 된 경우이다.
2. 그 상속순위, 상속분 기타 상속에 대하여는 신민법 규정에 따라야 한다.
3. 등기원인 일자는 실종기간 만료일을 기록한다(민법 제28조 참조).

바. 권리귀속 248

【 갑 구 】	(소유권에 관한 사항)			
순위번호	등 기 목 적	접 수	등 기 원 인	권 리 자 및 기 타 사 항
3	소유권이전	2019년3월5일 제3500호	1958년8월9일 권리귀속	소유자 송찬호 431014-1236429 서울특별시 서초구 강남대로37길 21(서초동)

(주) 1. 구민법 시대의 관습에 따른 권리귀속 등기의 경우이다.
2. 권리귀속 일자는 전소유자 사망일자를 기록한다.

사. 공유자 중 1인의 상속인 부존재에 의한 이전 249

【 갑 구 】	(소유권에 관한 사항)			
순위번호	등 기 목 적	접 수	등 기 원 인	권 리 자 및 기 타 사 항
1	소유권보존	2018년3월5일 제3050호		공유자 지분 2분의 1 이대한 701115-1201257 서울특별시 서초구 강남대로 21 (서초동) 지분 2분의 1 최민국 680703-1562316 서울특별시 마포구 마포대로 25 (공덕동)
2	1번최민국지분전 부이전	2019년5월7일 제3500호	2019년5월7일 상속인부존재 확정	공유자 지분 2분의 1 이대한 701115-1201257 서울특별시 서초구 강남대로 21 (서초동)

(주) 1. 민법 제267조의 경우이다.
2. 원인일자는 상속인 수색공고(민법 제1057조)의 공고기간의 다음날로 한다.

아. 특별연고자에 대한 분여 250

【 갑 구 】	(소유권에 관한 사항)			
순위번호	등 기 목 적	접 수	등 기 원 인	권 리 자 및 기 타 사 항
2	소유권이전	2018년10월2일 제1234호	2018년9월30일 민법 제1057조의 2의 규정에 의한 심판	소유자 서하늘 630419-1034125 서울특별시 용산구 효창원로 71 (공덕동)

3. 그 밖의 원인으로 인한 소유권이전등기

가. 유증(또는 증여) 251

【 갑 구 】	(소유권에 관한 사항)			
순위번호	등 기 목 적	접 수	등 기 원 인	권 리 자 및 기 타 사 항
2	소유권이전	2019년6월7일 제6007호	2019년6월5일 유증(또는 증여)	소유자 이경수 701115-1201257 서울특별시 서초구 강남대로 21 (서초동)

(주) 특정유증이든 포괄유증이든 불문하며, 사인증여의 경우에도 동일하다.

나. 공유물분할

1) 지분이전 252

【 갑 구 】	(소유권에 관한 사항)			
순위번호	등 기 목 적	접 수	등 기 원 인	권 리 자 및 기 타 사 항
2	소유권이전	2018년12월4일 제7004호	2018년12월3일 매매	공유자 지분 2분의 1 이대한 701115-1201257 서울특별시 서초구 강남대로 21 (서초동) 지분 2분의 1 최민국 680703-1562316 서울특별시 마포구 마포대로11가길 25(염리동) 거래가액 140,000,000원
3	2번최민국지분 전부이전	2019년3월5일 제3004호	2019년3월4일 공유물분할	공유자 지분 2분의 1 이대한 701115-1201257 서울특별시 서초구 강남대로 21 (서초동)

2) 다른 부동산의 지분이전 253

【 갑 구 】		(소유권에 관한 사항)		
순위번호	등 기 목 적	접 수	등 기 원 인	권 리 자 및 기 타 사 항
3	2번이대한지분 전부이전	2019년3월5일 제3005호	2019년3월4일 공유물분할	공유자 지분 2분의 1 최민국 680703-1562316 서울특별시 마포구 마포대로11가길 25 (염리동)

다. 대물변제 254

【 갑 구 】		(소유권에 관한 사항)		
순위번호	등 기 목 적	접 수	등 기 원 인	권 리 자 및 기 타 사 항
3	소유권이전	2019년3월5일 제3005호	2019년3월4일 대물변제	소유자 이겨레 750614-1035852 서울특별시 종로구 창덕궁길 105 (원서동)

라. 현물출자 255

【 갑 구 】		(소유권에 관한 사항)		
순위번호	등 기 목 적	접 수	등 기 원 인	권 리 자 및 기 타 사 항
3	소유권이전	2019년3월5일 제3005호	2019년2월4일 현물출자	소유자 대림주식회사 110111-0432125 서울특별시 마포구 성암로15길 12(상암동)

마. 출연 256

【 갑 구 】		(소유권에 관한 사항)		
순위번호	등 기 목 적	접 수	등 기 원 인	권 리 자 및 기 타 사 항
3	소유권이전	2019년3월5일 제3005호	2019년3월4일 출연	소유자 재단법인 대림 110122-0001564 서울특별시 서대문구 세무서2길 2(홍제동)

바. 교환 257

【 갑 구 】		(소유권에 관한 사항)		
순위번호	등 기 목 적	접 수	등 기 원 인	권 리 자 및 기 타 사 항
3	소유권이전	2019년3월5일 제3005호	2019년3월4일 교환	소유자 이겨레 750614-1035852 서울특별시 종로구 창덕궁길 105 (원서동)

사. 양도담보

1) 양도담보 258

【 갑 구 】		(소유권에 관한 사항)		
순위번호	등 기 목 적	접 수	등 기 원 인	권 리 자 및 기 타 사 항
3	소유권이전	2019년3월5일 제3005호	2019년3월4일 양도담보	소유자 이겨레 750614-1035852 서울특별시 종로구 창덕궁길 105 (원서동)

2) 양도담보계약 해제 259

【 갑 구 】		(소유권에 관한 사항)		
순위번호	등 기 목 적	접 수	등 기 원 인	권 리 자 및 기 타 사 항
3	소유권이전	2018년8월6일 제8006호	2018년8월5일 양도담보계약 해제	소유자 정다운 721205-1352121 서울특별시 종로구 인사동길 8 (인사동)

(주) 기타 계약의 해제를 등기원인으로 하여 소유권이전등기를 하는 경우에도 위와 같이 할 수 있다.

아. 민법 제684조제2항의 규정에 의한 수임인이 취득한 권리의 위임인에게로의 이전 260

【 갑 구 】		(소유권에 관한 사항)		
순위번호	등 기 목 적	접 수	등 기 원 인	권 리 자 및 기 타 사 항
3	소유권이전	2018년8월6일 제8006호	2018년8월5일 민법 제684조 제2항에 의한 이전	소유자 정다운 721205-1352121 서울특별시 종로구 인사동길 8 (인사동)

자. 민법 제299조의 규정에 의한 위기로 인한 이전 261

【 갑	구 】	(소유권에 관한 사항)		
순위번호	등 기 목 적	접 수	등 기 원 인	권 리 자 및 기 타 사 항
3	소유권이전	2019년3월5일 제3005호	2019년3월4일 민법 제299조에 의한 위기	소유자 정다운 721205-1352121 서울특별시 종로구 인사동길 8 (인사동)

차. 회사합병으로 인한 이전 262

【 갑	구 】	(소유권에 관한 사항)		
순위번호	등 기 목 적	접 수	등 기 원 인	권 리 자 및 기 타 사 항
3	소유권이전	2019년3월5일 제3005호	2019년3월4일 회사합병	소유자 주식회사 대림 110112-0510134 서울특별시 강남구 테헤란로 430 (대치동)

카. 민법 제839조의2의 규정에 의한 재산분할의 경우 263

【 갑	구 】	(소유권에 관한 사항)		
순위번호	등 기 목 적	접 수	등 기 원 인	권 리 자 및 기 타 사 항
3	소유권이전	2018년7월20일 제10350호	2018년3월4일 재산분할	소유자 송시현 600312-1510134 서울특별시 용산구 원효로 10 (원효로1가)

타. 시효취득 264

【 갑	구 】	(소유권에 관한 사항)		
순위번호	등 기 목 적	접 수	등 기 원 인	권 리 자 및 기 타 사 항
3	소유권이전	2019년5월20일 제10340호	1996년3월25일 시효취득	소유자 최우 721205-1352121 서울특별시 종로구 인사동길 8 (인사동)

(주) 시효취득을 원인으로 하는 소유권이전등기신청 시 등기원인일자는 시효기간의 기산일(개시일)로 한다. 다만, 판결 등 집행권원에 의한 경우 판결 등의 주문에 따른다.

파. 진정명의회복 265

【 갑 구 】 (소유권에 관한 사항)				
순위번호	등 기 목 적	접 수	등 기 원 인	권 리 자 및 기 타 사 항
3	소유권이전	2019년1월15일 제350호	진정명의회복	소유자 최민국 680703-1562316 서울특별시 마포구 마포대로 25 (염리동)

하. 소유권포기 266

【 갑 구 】 (소유권에 관한 사항)				
순위번호	등 기 목 적	접 수	등 기 원 인	권 리 자 및 기 타 사 항
1	소유권보존	2012년7월1일 제4050호		소유자 김우리 600104-1056429 서울특별시 서초구 서초대로46길 60, 101동 201호(서초동, 서초아파트)
2	소유권이전	2018년11월5일 제13050호	2018년11월2일 소유권포기	소유자 국 관리청 기획재정부

(주) 등기상 이해관계 있는 제3자가 있는 때에는 그의 승낙을 증명하는 정보 또는 이에 대항할 수 있는 재판이 있음을 증명하는 정보를 제공하여야 한다.

【 을 구 】 (소유권 이외의 권리에 관한 사항)				
순위번호	등 기 목 적	접 수	등 기 원 인	권 리 자 및 기 타 사 항
~~1~~	~~저당권설정~~	~~(생략)~~	~~(생략)~~	~~(생략)~~
2	1번저당권설정 등기말소			갑구 2번 소유권포기를 원인으로 한 소유권이전등기로 인하여 2018년11월5일 등기

(주) 소유권 이외의 권리에 관한 등기를 말소한다.

4. 특별법에 따른 소유권이전등기

가. 수용으로 인한 소유권이전 267

【 갑 구 】		(소유권에 관한 사항)		
순위번호	등 기 목 적	접 수	등 기 원 인	권 리 자 및 기 타 사 항
1	소유권보존	2011년11월8일 제5008호		소유자 이대한 701115-1201257 서울특별시 서초구 강남대로 21 (서초동)
2	소유권이전	2019년2월5일 제2005호	2019년1월5일 토지수용	소유자 국 관리청 국토교통부

【 을 구 】		(소유권 이외의 권리에 관한 사항)		
순위번호	등 기 목 적	접 수	등 기 원 인	권 리 자 및 기 타 사 항
~~1~~	~~근저당권설정~~	~~(생략)~~	~~(생략)~~	~~(생략)~~
2	1번근저당권설정 등기말소			갑구 2번 토지수용을 원인으로 한 소유권이전등기로 인하여 2019년2월5일 등기

(주) 1. 소유권 이외의 권리(토지수용위원회의 재결로써 존속이 인정된 권리와 지역권은 제외)에 관한 등기를 말소한다(법 제99조).
2. 수용의 개시일 이후에 마쳐진 소유권이전등기(상속을 원인으로 한 소유권이전등기는 제외)는 직권으로 말소한다.
3. 원인일자는 수용개시일을 기록한다.

나. 상환완료로 인한 이전 268

【 갑 구 】		(소유권에 관한 사항)		
순위번호	등 기 목 적	접 수	등 기 원 인	권 리 자 및 기 타 사 항
2	소유권이전	2003년3월5일 제3008호	1954년3월4일 상환완료	소유자 김갑돌 344171-1045115 서울특별시 종로구 사간동 16

다. 권리귀속(귀속재산)으로 인한 이전 269

【 갑 구 】	(소유권에 관한 사항)			
순위번호	등 기 목 적	접 수	등 기 원 인	권 리 자 및 기 타 사 항
2	소유권이전	1939년3월5일 제3021호	1939년2월20일 매매	소유자 神田英雄 서울시 중구 명동 1가 2
3	소유권이전	2019년3월10일 제3100호	1948년9월11일 권리귀속	소유자 국 관리청 기획재정부

라. 승계로 인한 이전 270

【 갑 구 】	(소유권에 관한 사항)			
순위번호	등 기 목 적	접 수	등 기 원 인	권 리 자 및 기 타 사 항
2	소유권이전	1944년5월2일 제4760호	1944년4월9일 매매	소유자 李王職長官
3	소유권이전	2018년8월9일 제8093호	1963년2월9일 승계	소유자 국 관리청 기획재정부

마. 공익사업을 위한 토지 등의 취득 및 보상에 관한 법률에 의한 이전 271

【 갑 구 】	(소유권에 관한 사항)			
순위번호	등 기 목 적	접 수	등 기 원 인	권 리 자 및 기 타 사 항
3	소유권이전	2019년1월10일 제101호	2019년1월7일 공공용지의 협의취득	소유자 한국토지주택공사 135671-0033355 경상남도 진주시 충의로 19 (충무공동)

제3절 소유권경정등기

1. 단독소유를 공유로 경정 272

【 갑 구 】		(소유권에 관한 사항)		
순위번호	등 기 목 적	접 수	등 기 원 인	권 리 자 및 기 타 사 항
1	소유권보존	2018년12월3일 제2062호		~~소유자 김우리 600104-1056429~~ ~~서울특별시 서초구 서초대로46길 60, 101동 201호(서초동, 서초아파트)~~
1-1	1번소유권경정	2019년3월5일 제5005호	2018년12월3일 신청착오	공유자 지분 4분의 3 김우리 600104-1056429 서울특별시 서초구 서초대로46길 60, 101동 201호(서초동, 서초아파트) 지분 4분의 1 이겨레 750614-1035852 서울특별시 종로구 창덕궁길 105(원서동)

(주) 소유권경정등기는 반드시 부기등기로 하여야 한다(단, 등기상 이해관계 있는 제3자가 있는 때에는 그의 승낙을 증명하는 정보 또는 이에 대항할 수 있는 재판이 있음을 증명하는 정보를 첨부하여야 한다).

【 을 구 】		(소유권 이외의 권리에 관한 사항)		
순위번호	등 기 목 적	접 수	등 기 원 인	권 리 자 및 기 타 사 항
1-1	1번저당권경정			목적 갑구 1번 김우리지분전부 저당권설정 갑구 1-1번 등기로 인하여 2019년3월5일 부기
~~2~~	~~지상권설정~~	~~(생략)~~	~~(생략)~~	~~(생략)~~
3	2번지상권설정등기말소			갑구 1-1번 등기로 인하여 2019년3월5일 등기

(주) 1. 소유권경정등기를 한 때에는 그 부동산을 목적으로 하는 저당권등기를 직권으로 경정한다(단, 소유권경정등기신청서에는 저당권자의 승낙을 증명하는 정보 또는 이에 대항할 수 있는 재판이 있음을 증명하는 정보가 첨부되어야 한다).

2. 단독소유를 공유로 경정등기를 한 때에는 그 부동산을 목적으로 하는 용익물권의 등기는 직권으로 말소한다(단, 소유권경정등기신청서에 지상권자의 승낙을 증명하는 정보 또는 이에 대항할 수 있는 재판이 있음을 증명하는 정보가 첨부되어 있어야 한다).

2. 공유를 단독소유로 경정 273

【 갑 구 】 (소유권에 관한 사항)				
순위번호	등 기 목 적	접 수	등 기 원 인	권 리 자 및 기 타 사 항
1	소유권보존	2019년2월3일 제2062호		~~공유자~~ ~~지분 4분의 3~~ ~~김한울 650422-1045115~~ ~~서울특별시 종로구 율곡로1길 16(사간동)~~ ~~지분 4분의 1~~ ~~김예슬 770313-2033012~~ ~~서울특별시 서초구 서초대로46길 60, 101동 201호(서초동, 서초아파트)~~
1-1	1번소유권경정	2019년3월5일 제5005호	2019년2월3일 신청착오	소유자 김한울 650422-1045115 서울특별시 종로구 율곡로1길 16 (사간동)

(주) 1. 272항 (갑구) (주) 참조.

【 을 구 】 (소유권 이외의 권리에 관한 사항)				
순위번호	등 기 목 적	접 수	등 기 원 인	권 리 자 및 기 타 사 항
1-1	1번근저당권경정			목적 소유권일부(4분의3) 근저당권설정 갑구 1-1번 등기로 인하여 2019년3월5일 부기
~~2~~	~~김예슬 지분전부 근저당권설정~~	~~(생략)~~	~~(생략)~~	~~(생략)~~
3	2번근저당권설정 등기말소			갑구 1-1번 등기로 인하여 2019년3월5일 등기

(주) 1. 소유권경정등기를 한 때에는 김한울의 지분을 목적으로 한 저당권등기를 직권으로 경정한다.
2. 소유권경정등기를 한 때에는 그 경정등기에 의하여 공유지분을 상실한 자(전 공유자)의 지분을 목적으로 하는 저당권의 등기를 직권으로 말소한다.
3. 272항 갑구 및 을구 (주)참조.

3. 등기원인 경정 274

【 갑 구 】	(소유권에 관한 사항)			
순위번호	등 기 목 적	접 수	등 기 원 인	권 리 자 및 기 타 사 항
2	소유권이전	2019년2월3일 제2062호	2019년2월1일 ~~증여~~	소유자 김한울 650422-1045115 서울특별시 종로구 율곡로1길 16 (사간동)
2-1	2번소유권경정	2019년5월31일 제5005호	2019년2월3일 신청착오	등기원인 교환

4. 새로 공유자를 추가하는 경정 275

【 갑 구 】	(소유권에 관한 사항)			
순위번호	등 기 목 적	접 수	등 기 원 인	권 리 자 및 기 타 사 항
2	소유권이전	2019년2월3일 제2062호	2019년2월1일 매매	~~공유자~~ ~~지분 3분의 2~~ ~~김한울 650422-1045115~~ ~~서울특별시 종로구 율곡로1길 16(사간동)~~ ~~지분 3분의 1~~ ~~최민국 680703-1562316~~ ~~서울특별시 마포구 마포대로 25(공덕동)~~ 거래가액 금120,000,000원
2-1	2번소유권 경정	2019년5월31일 제5005호	2019년2월3일 신청착오	공유자 지분 3분의 1 김한울 650422-1045115 서울특별시 종로구 율곡로1길 16(사간동) 지분 3분의 1 최민국 680703-1562316 서울특별시 마포구 마포대로 25(공덕동) 지분 3분의 1 김예린 790521-2035332 서울특별시 서초구 서초대로46길 60, 101동 201호(서초동, 서초아파트)

(주) 272항 (갑구) (주) 참조.

【 을 구 】	(소유권 이외의 권리에 관한 사항)			
순위번호	등 기 목 적	접 수	등 기 원 인	권 리 자 및 기 타 사 항
1	~~근저당권설정~~	2019년3월15일 제3691호	2019년3월14일 설정계약	채권최고액 금60,000,000원 채무자 김한울 서울특별시 종로구 율곡로 16 (원서동) 근저당권자 이겨레 750614-1035852 서울특별시 종로구 창덕궁길 100 (계동)
1-1	1번근저당권경정			목적 갑구 2번 김한울지분전부 및 최민국지분전부 근저당권설정 갑구 2-1번 등기로 인하여 2019년5월31일 부기
2	~~갑구2번김한울~~ ~~지분전부~~ ~~근저당권설정~~	2019년4월2일 제4100호	2019년4월1일 설정계약	채권최고액 금10,000,000원 채무자 김한울 서울특별시 종로구 율곡로 16 (원서동) 근저당권자 이겨레 750614-1035852 서울특별시 종로구 창덕궁길 100 (계동)
2-1	2번근저당권경정			목적 갑구 2번 김한울지분전부 근저당권설정 갑구 2-1번 등기로 인하여 2019년5월31일 부기

(주) 272항 (을구) (주) 참조.

5. 공유자 중의 1인을 탈퇴시키는 경정 276

【 갑 구 】 (소유권에 관한 사항)				
순위번호	등 기 목 적	접 수	등 기 원 인	권 리 자 및 기 타 사 항
2	소유권이전	2019년2월3일 제2062호	2019년2월1일 매매	~~공유자~~ ~~지분 6분의 3~~ ~~김한울 650422-1045115~~ ~~서울특별시 종로구 율곡로1길 16(사간동)~~ ~~지분 6분의 2~~ ~~최민국 680703-1562316~~ ~~서울특별시 마포구 마포대로 25(공덕동)~~ ~~지분 6분의 1~~ ~~김예린 790521-2035332~~ ~~서울특별시 서초구 서초대로46길 60, 101동 201호(서초동, 서초아파트)~~ 거래가액 금150,000,000원
2-1	2번소유권경정	2019년5월31일 제5005호	2019년2월3일 신청착오	공유자 지분 2분의 1 김한울 650422-1045115 서울특별시 종로구 율곡로1길 16(사간동) 지분 2분의 1 최민국 680703-1562316 서울특별시 마포구 마포대로 25(공덕동)

(주) 김예린 지분을 목적으로 한 저당권 등기가 있는 경우 그 등기를 직권으로 말소한다(단, 소유권경정등기의 신청서에는 저당권자의 승낙을 증명하는 정보 또는 이에 대항할 수 있는 재판이 있음을 증명하는 정보를 첨부하여야 한다).

6. 공유자지분만의 경정 277

【 갑 구 】	(소유권에 관한 사항)			
순위번호	등 기 목 적	접 수	등 기 원 인	권 리 자 및 기 타 사 항
2	소유권이전	2019년2월3일 제2062호	2019년2월1일 매매	~~공유자~~ ~~지분 3분의 1~~ ~~김한울 650422-1045115~~ ~~서울특별시 종로구 율곡로1길 16(사간동)~~ ~~지분 3분의 1~~ ~~최민국 680703-1562316~~ ~~서울특별시 마포구 마포대로 25(공덕동)~~ ~~지분 3분의 1~~ ~~김예린 790521-2035332~~ ~~서울특별시 서초구 서초대로46길 60, 101동 201호(서초동, 서초아파트)~~ 거래가액 금170,000,000원
2-1	2번소유권경정	2019년5월31일 제5005호	2019년2월3일 신청착오	공유자 지분 6분의 3 김한울 650422-1045115 서울특별시 종로구 율곡로1길 16(사간동) 지분 6분의 2 최민국 680703-1562316 서울특별시 마포구 마포대로 25(공덕동) 지분 6분의 1 김예린 790521-2035332 서울특별시 서초구 서초대로46길 60, 101동 201호(서초동, 서초아파트)

(주) 272항 (갑구) (주) 참조.

7. 소유권에 관한 가등기 및 본등기를 경정하는 경우 278

【 갑 구 】 (소유권에 관한 사항)				
순위번호	등기목적	접 수	등기원인	권리자 및 기타사항
2	소유권이전 청구권가등기	2019년2월3일 제2062호	2019년2월1일 매매예약	~~가등기권자 김한울 650422-1045115~~ ~~서울특별시 종로구 율곡로1길 16~~ ~~(사간동)~~
	소유권이전	2019년3월3일 제2362호	2019년3월1일 매매	~~소유자 김한울 650422-1045115~~ ~~서울특별시 종로구 율곡로1길 16~~ ~~(사간동)~~ 거래가액 금90,000,000원
2-1	2번가등기 및 본등기경정	2019년5월31일 제5005호	2019년2월3일 신청착오	공유자 지분 2분의 1 김한울 650422-1045115 서울특별시 종로구 율곡로1길 16 (사간동) 지분 2분의 1 최민국 680703-1562316 서울특별시 마포구 마포대로 25 (공덕동)

(주) 272항 (갑구) (주) 참조.

8. 소유권 전부이전을 일부이전으로 경정 279

【 갑 구 】 (소유권에 관한 사항)				
순위번호	등기목적	접 수	등기원인	권리자 및 기타사항
2	~~소유권이전~~	2019년2월3일 제2062호	2019년2월1일 매매	~~소유자 김한울 650422-1045115~~ ~~서울특별시 종로구 율곡로1길 16~~ ~~(사간동)~~ 거래가액 금80,000,000원
2-1	2번소유권경정	2019년5월31일 제5005호	2019년2월3일 신청착오	목적 소유권일부이전 공유자 지분 2분의 1 김한울 650422-1045115 서울특별시 종로구 율곡로1길 16 (사간동)

(주) 272항 (갑구) (주) 참조.

9. 등기관의 직권에 의한 경우 280

【 갑 구 】 (소유권에 관한 사항)				
순위번호	등 기 목 적	접 수	등 기 원 인	권 리 자 및 기 타 사 항
2	소유권일부이전	2019년2월3일 제2062호	2019년2월1일 매매	~~공유자 지분 2분의 1~~ ~~김한울 650422-1045115~~ ~~서울특별시 종로구 율곡로1길 16 (사간동)~~ 거래가액 금80,000,000원
2-1	2번소유권경정			공유자 지분 4분의 3 김한울 650422-1045115 서울특별시 종로구 율곡로1길 16 (사간동) 착오(유루)발견으로 인하여 2019년5월31일 부기

10. 소유권 일부이전을 전부이전으로 경정 281

【 갑 구 】 (소유권에 관한 사항)				
순위번호	등 기 목 적	접 수	등 기 원 인	권 리 자 및 기 타 사 항
2	~~소유권일부이전~~	2019년2월3일 제2062호	2019년2월1일 매매	~~공유자 지분 2분의 1~~ ~~김한울 650422-1045115~~ ~~서울특별시 종로구 율곡로1길 16 (사간동)~~ 거래가액 금120,000,000원
2-1	2번소유권경정	2019년5월31일 제3005호	2019년2월3일 신청착오	목적 소유권이전 소유자 김한울 650422-1045115 서울특별시 종로구 율곡로1길 16 (사간동)

(주) 소유권경정등기를 한 때에는 경정등기에 의하여 공유지분을 상실한 자(전 공유자)의 지분을 목적으로 하는 저당권의 등기를 직권으로 말소한다(단, 소유권경정등기의 신청서에는 저당권자의 승낙을 증명하는 정보 또는 이에 대항할 수 있는 재판이 있음을 증명하는 정보를 첨부하여야 한다).

11. 지분의 일부말소판결에 의한 경정 282

【 갑 구 】	(소유권에 관한 사항)			
순위번호	등 기 목 적	접 수	등 기 원 인	권 리 자 및 기 타 사 항
6	소유권이전	2011년11월11일 제11005호	2011년11월1일 매매	소유자 김한울 650422-1045115 서울특별시 종로구 율곡로1길 16 (사간동) 거래가액 금120,000,000원
7	소유권일부이전	2019년3월3일 제2062호	2019년3월1일 매매	~~공유자 지분 3분의 2~~ ~~이시용 690123-1211207~~ ~~서울특별시 서대문구 세무서2길 2(홍제동)~~ 거래가액 금80,000,000원
7-1	7번소유권경정	2019년5월31일 제5305호	2019년5월11일 확정판결	공유자 지분 3분의 1 이시용 690123-1211207 서울특별시 서대문구 세무서2길 2(홍제동)

(주) 소유권경정등기를 한 때에는 그 부동산을 목적으로 하는 저당권등기를 직권으로 경정한다(단, 소유권경정등기의 신청서에는 저당권자의 승낙을 증명하는 정보 또는 이에 대항할 수 있는 재판이 있음을 증명하는 정보를 첨부하여야 한다).

12. 상속등기 후 상속재산의 협의분할 등으로 인한 소유권경정 283

【 갑 구 】 (소유권에 관한 사항)

순위번호	등 기 목 적	접 수	등 기 원 인	권 리 자 및 기 타 사 항
2	소유권이전	2019년3월3일 제2062호	2019년3월1일 ~~상속~~	~~공유자~~ ~~지분 3분의 1~~ ~~이대한 701115-1201257~~ ~~서울특별시 서초구 강남대로 21 (서초동)~~ ~~지분 3분의 1~~ ~~이민국 680703-1562316~~ ~~서울특별시 마포구 마포대로 25 (공덕동)~~ ~~지분 3분의 1~~ ~~이겨레 750614-1035852~~ ~~서울특별시 종로구 창덕궁길 105(원서동)~~
2-1	2번소유권경정	2019년5월31일 제5305호	2019년5월27일 협의분할	등기원인 협의분할에 의한 상속 공유자 지분 2분의 1 이대한 701115-1201257 서울특별시 서초구 강남대로 21 (서초동) 지분 2분의 1 이민국 680703-1562316 서울특별시 마포구 마포대로 25 (공덕동)

(주) 1. 법정상속분에 따라 여러 명의 공동상속인들을 등기명의인으로 하는 상속등기를 마친 후에 그 공동상속인들 중 일부에게 해당 부동산을 상속하게 하는 등의 상속재산 협의분할, 상속재산 조정분할 또는 상속재산 심판분할이 있어 이를 원인으로 상속등기의 경정등기를 신청할 때에는 등기원인을 각각 '협의분할', '조정분할' 또는 '심판분할'로, 그 연월일을 각각 협의가 성립한 날, 조정조서 기재일 또는 심판의 확정일로 한다.

2. 경정 전의 등기원인인 '상속'을 '협의분할에 의한 상속', '조정분할에 의한 상속' 또는 '심판분할에 의한 상속'으로, 경정 전의 등기명의인을 협의분할, 조정분할 또는 심판분할에 따라 해당 부동산을 취득한 상속인으로 경정한다는 뜻을 신청정보의 내용으로 제공한다.

3. 소유권경정등기로 인하여 공유지분을 상실한 공동상속인의 지분을 목적으로 하는 저당권등기 등을 직권말소하며, 공유지분이 변경(감소)된 경우에는 변경 전 지분을 목적으로 한 저당권등기 등을 직권경정한다(단, 소유권경정등기의 신청서에는 저당권자의 승낙을 증명하는 정보 또는 이에 대항할 수 있는 재판이 있음을 증명하는 정보를 첨부하여야 한다).

13. 협의분할 후 재협의분할으로 인한 소유권경정 284

【 갑 구 】 (소유권에 관한 사항)				
순위번호	등 기 목 적	접 수	등 기 원 인	권 리 자 및 기 타 사 항
2	소유권이전	2019년3월3일 제2062호	2019년3월1일 협의분할에 의한 상속	~~공유자~~ ~~지분 2분의 1~~ ~~이대한 701115-1201257~~ ~~서울특별시 서초구 강남대로 21 (서초동)~~ ~~지분 2분의 1~~ ~~이민국 680703-1562316~~ ~~서울특별시 마포구 마포대로 25 (공덕동)~~
2-1	2번소유권경정	2019년5월31일 제5305호	2019년5월27일 재협의분할	공유자 지분 2분의 1 이대한 701115-1201257 서울특별시 서초구 강남대로 21 (서초동) 지분 2분의 1 이겨레 750614-1035852 서울특별시 종로구 창덕궁길 105 (원서동)

(주) 1. 상속재산 협의분할에 따라 상속등기를 마친 후에 공동상속인들이 그 협의를 전원의 합의에 의하여 해제한 후 다시 새로운 협의분할을 하고 이를 원인으로 상속등기의 경정등기를 신청할 때에는 등기원인을 '재협의분할'로, 그 연월일을 재협의가 성립한 날로 한다.

2. 상속재산 협의분할에 따라 갑과 을을 등기명의인으로 하는 상속등기가 마쳐진 후에 공동상속인들이 그 협의를 전원의 합의에 의하여 해제하고 병을 상속인으로 하는 새로운 협의분할을 한 경우와 같이 재협의분할로 인하여 상속인 전부가 교체될 때에는 상속등기의 경정등기를 신청할 수 없다.

14. 단독명의로 등기된 후 상속포기신고의 수리심판이 취소된 경우 285

【 갑 구 】	(소유권에 관한 사항)			
순위번호	등 기 목 적	접 수	등 기 원 인	권 리 자 및 기 타 사 항
2	소유권이전	2019년3월3일 제2062호	2019년3월1일 상속	~~소유자 이대한 701115-1201257 서울특별시 서초구 강남대로 21 (서초동)~~
2-1	2번소유권경정	2019년5월31일 제5305호	2019년5월27일 상속포기취소	공유자 지분 3분의 1 이대한 701115-1201257 서울특별시 서초구 강남대로 21 (서초동) 지분 3분의 1 이민국 680703-1562316 서울특별시 마포구 마포대로 25 (공덕동) 지분 3분의 1 이겨레 750614-1035852 서울특별시 종로구 창덕궁길 105 (원서동)

(주) 283항 (주)3 참조.

15. 소유권보존등기의 공유자 중 1인의 지분말소판결에 기한 경정 286

【 갑 구 】 (소유권에 관한 사항)				
순위번호	등 기 목 적	접 수	등 기 원 인	권 리 자 및 기 타 사 항
1	소유권보존	2019년3월3일 제2062호		~~공유자~~ ~~지분 2분의 1~~ ~~이대한 701115-1201257~~ ~~서울특별시 서초구 강남대로 21 (서초동)~~ ~~지분 2분의 1~~ ~~김한울 650422-1045115~~ ~~서울특별시 종로구 율곡로1길 16 (사간동)~~
1-1	1번소유권경정	2019년5월31일 제5305호	2019년5월11일 확정판결	공유자 지분 2분의 1 이대한 701115-1201257 서울특별시 서초구 강남대로 21 (서초동) 지분 2분의 1 최민국 680703-1562316 서울특별시 마포구 마포대로 25 (공덕동)

(주) 1. 소유권보존등기의 지분 말소판결 [적어도 판결이유에 최민국의 공유지분(1/2)임을 확정하는 내용이 포함된 것일 것] 에 기하여 공유자 1인의 지분 전부를 말소하고 소유권을 경정하는 경우이다.

2. 283항 (주)3 참조.

제4절 소유권에 관한 등기의 말소등기

1. 소유권보존등기의 말소

가. 신청에 의한 중복등기말소 287

【표 제 부】	(토지의 표시)				
표시번호	접 수	소 재 지 번	지 목	면 적	등기원인 및 기타사항
~~1~~	~~1988년3월5일~~	~~서울특별시 마포구 망원동 7~~	~~대~~	~~300㎡~~	
2					갑구 2번 등기하였으므로 1번 등기말소 2019년2월5일 등기
					2번 등기하였으므로 본 등기기록 폐쇄 2019년2월5일

(주) 건물의 경우에도 이에 준한다.

【갑 구】	(소유권에 관한 사항)			
순위번호	등기목적	접 수	등기원인	권리자 및 기타사항
~~1~~	~~소유권보존~~	~~1988년3월5일~~ ~~제3005호~~		~~소유자 김우리 600104-1056429~~ ~~서울시 용산구 갈월동 4~~
2	1번소유권보존 등기말소	2019년2월5일 제278호	중복	

(주) 신청착오에 의한 경우에는 원인을 '신청착오'로 기록한다.

나. 중복등기의 직권말소 288

【갑 구】	(소유권에 관한 사항)			
순위번호	등기목적	접 수	등기원인	권리자 및 기타사항
~~1~~	~~소유권보존~~	~~2011년11월5일~~ ~~제3005호~~		~~소유자 김우리 600104-1056429~~ ~~서울특별시 서초구 서초대로46길 60, 101동 201호(서초동, 서초아파트)~~
2	1번소유권보존 등기말소		중복발견	2019년2월5일 등기

(주) 표제부 등기는 신청에 의한 경우와 동일하다.

【 을 구 】	(소유권 이외의 권리에 관한 사항)			
순위번호	등 기 목 적	접 수	등 기 원 인	권 리 자 및 기 타 사 항
2	1번근저당권설정 등기말소			갑구 1번 소유권보존등기말소로 인하여 2019년2월5일 등기

(주) 소유권의 등기를 말소한 때에는 그 소유권을 목적으로 한 저당권의 등기를 직권으로 말소한다(단, 저당권자의 승낙을 증명하는 정보 또는 이에 대항할 수 있는 재판이 있음을 증명하는 정보가 첨부되어야 한다).

2. 중복등기기록의 최종소유권의 등기명의인이 다른 경우로서 1등기기록에만 원시취득 또는 분배농지의 상환완료를 등기원인으로 한 소유권이전등기가 있는 경우의 중복등기말소

가. 위의 소유권이전등기가 없는 등기기록 289

【표 제 부】	(토지의 표시)				
표시번호	접 수	소 재 지 번	지 목	면 적	등 기 원 인 및 기 타 사 항
~~1~~	~~1988년3월5일~~	~~서울특별시 중구 명동 10~~	~~대~~	~~100㎡~~	
2					부동산등기규칙 제36조제1항의 규정에 의한 중복등기의 정리를 위하여 본 등기기록 폐쇄 2018년6월10일

◎ 폐쇄된 등기기록의 부활 - 부활되는 등기기록

【표 제 부】	(토지의 표시)				
표시번호	접 수	소 재 지 번	지 목	면 적	등 기 원 인 및 기 타 사 항
~~1~~	~~1988년3월5일~~	~~서울특별시 중구 명동 10~~	~~대~~	~~100㎡~~	
~~2~~					~~부동산등기규칙 제36조제1항의 규정에 의한 중복등기의 정리를 위하여 본 등기기록 폐쇄~~ ~~2018년6월10일~~
3	2018년10월1일	서울특별시 중구 명동 10	대	100㎡	중복등기정리착오로 다른 중복등기기록 폐쇄하고 본 등기기록 부활

(주) 중복등기말소 착오로 인하여 폐쇄된 등기기록을 회복한다.

나. 분배농지의 상환완료를 원인으로 한 소유권이전등기가 있는 등기기록 290

【표 제 부】	(토지의 표시)				
표시번호	접 수	소 재 지 번	지 목	면 적	등기원인 및 기타사항
1	2001년3월3일	서울특별시 중구 명동 10	대	100㎡	
2					부동산등기규칙 제36조제1항의 규정에 의한 중복등기의 정리를 위하여 다른 중복등기기록 폐쇄 2018년6월10일

◎ 폐쇄된 등기기록의 부활-폐쇄되는 등기기록

【표 제 부】	(토지의 표시)				
표시번호	접 수	소 재 지 번	지 목	면 적	등 기 원 인 및 기 타 사 항
~~1~~	~~2003년3월3일~~	~~서울특별시 중구 명동~~ ~~10~~	~~대~~	~~100㎡~~	
~~2~~					~~부동산등기규칙 제36조제1항의 규정에 의한 중복등기의 정리를 위하여 다른 중복등기기록 폐쇄~~ ~~2018년6월10일~~
3					부동산등기규칙 제41조제2항의 규정에 의하여 다른 등기기록 부활로 본 등기기록 폐쇄 2018년10월1일

(주) 중복등기말소 착오로 인하여 폐쇄된 등기기록을 회복하고 존치하던 등기기록을 폐쇄하는 경우이다.

3. 소유권이전등기의 말소 291

【 갑 구 】 (소유권에 관한 사항)				
순위번호	등 기 목 적	접 수	등 기 원 인	권 리 자 및 기 타 사 항
~~2~~	~~소유권이전~~	~~2012년3월5일~~ ~~제3005호~~	~~2012년3월1일~~ ~~매매~~	~~소유자 김우리 600104-1056429~~ ~~서울특별시 서초구 서초대로46길 60, 101동 201호(서초동, 서초아파트)~~ ~~거래가액 금120,000,000원~~
3	2번소유권이전 등기말소	2018년9월5일 제6278호	2018년8월9일 합의해제(또는 해제)	

(주) 소유권의 등기를 말소할 때에는 이해관계인의 승낙을 증명하는 정보 또는 이에 대항할 수 있는 재판이 있음을 증명하는 정보가 첨부되어야 한다.

4. 현존등기의 말소로 인한 전순위 등기의 재이기 292

【 갑 구 】	(소유권에 관한 사항)			
순위번호	등 기 목 적	접 수	등 기 원 인	권 리 자 및 기 타 사 항
~~1~~ ~~(전5)~~	~~소유권이전~~	~~1967년5월6일~~ ~~제5850호~~	~~1967년5월4일~~ ~~매매~~	~~소유자 김갑동~~ ~~서울시 종로구 원서동 2~~ ~~분할로 인하여 순위 제1번 등기를 서울특별시 종로구 청운동 2에서 이기~~ ~~접수 1987년7월8일~~ ~~제7008호~~
~~2~~	~~1번소유권말소 예고등기~~	~~1988년3월9일~~ ~~제1121호~~	~~1988년3월9일~~ ~~서울지방법원에 소(88가합1007) 제기~~	
3	1번소유권이전 등기말소	1989년3월10일 제1251호	1989년2월9일 확정판결	
4	2번예고등기말소			1번 소유권이전등기말소로 인하여 1989년3월10일 등기
5 (전4)	소유권이전	1965년5월6일 제5850호	1964년3월9일 매매	소유자 이을병 서울시 종로구 청운동 2 1번 소유권이전등기말소로 인하여 서울특별시 종로구 청운동 2에서 순위 제5번 등기를 이기 1989년3월10일 등기

5. 환매특약의 부기등기가 있는 소유권이전등기말소 293

【 갑 구 】	(소유권에 관한 사항)			
순위번호	등 기 목 적	접 수	등 기 원 인	권 리 자 및 기 타 사 항
~~3~~	~~소유권이전~~	~~(생략)~~	~~(생략)~~	~~(생략)~~
~~3-1~~	~~환매특약~~	~~(생략)~~	~~(생략)~~	~~(생략)~~
4	3-1번환매권 말소	2019년3월10일 제1251호	2018년2월3일 신청착오	
5	3번소유권이전 등기말소	2019년3월10일 제1252호	2018년2월3일 신청착오	

6. 현존등기의 권리변동(일부 지분 말소)으로 인한 전순위 등기의 재이기 294

【 갑 구 】 (소유권에 관한 사항)				
순위번호	등 기 목 적	접 수	등 기 원 인	권 리 자 및 기 타 사 항
1 (전4)	~~소유권이전~~	1967년5월6일 제5850호	1967년5월4일 매매	~~소유자 홍길동~~ ~~서울시 종로구 원서동 2~~ 부동산등기법 제177조의6 제1항의 규정에 의하여 2001년7월12일 전산이기
1-1	1번소유권경정	2003년3월10일 제1251호	2003년2월9일 확정판결	목적 소유권일부이전 공유자 지분 3분의 2 홍길동 600104-1056429 서울시 종로구 원서동 2
~~2~~	~~1번소유권일부(3분의1)말소예고등기~~	~~2002년3월9일~~ ~~제1121호~~	~~2002년3월9일~~ ~~서울지방법원에소(2002가합1007)제기~~	
3 (전3)	소유권이전	1965년5월6일 제5850호	1965년3월9일 매매	소유자 이갑돌 서울시 종로구 청운동 2 1번 소유권경정등기를 위하여 서울특별시 종로구 청운동 2에서 순위 제3번 등기를 이기 2003년3월10일 등기
4	2번예고등기말소			1번 소유권경정등기로 인하여 2003년3월10일 등기

(주) 소유자 홍길동 단독소유토지(1번)에 대하여 직전 소유자 이갑돌(폐쇄등기기록 있음)의 원인무효로 인한 소유권이전등기 일부(1/3)말소등기청구소송의 승소확정판결에 의하여 1번 소유권이전등기를 권리경정하고 구등기기록에서 소유자 이갑돌 소유명의를 이기한 것이다.

제5절 특약사항 및 금지사항의 등기

1. 환매특약의 등기 등

가. 환매특약의 등기 295

【 갑 구 】	(소유권에 관한 사항)			
순위번호	등 기 목 적	접 수	등 기 원 인	권 리 자 및 기 타 사 항
1	소유권보존	2011년12월5일 제5789호		소유자 정다운 721205-1352121 서울특별시 종로구 인사동길 8 (인사동)
2	소유권이전	2018년6월10일 제37890호	2018년6월8일 환매특약부 매매	소유자 강미래 790513-1052134 서울특별시 용산구 원효로 10 (원효로1가) 거래가액 금190,000,000원
2-1	환매특약	2018년6월10일 제37890호	2018년6월8일 특약	매수인이 지급한 대금 금200,000,000원 매매비용 금3,000,000원 환매기간 2021년7월25일까지 환매권자 정다운 721205-1352121 서울특별시 종로구 인사동길 8 (인사동)

(주) 환매특약의 등기는 별개의 독립된 신청서에 의하여 신청하여야 하나, 동일접수번호로 접수한다.

나. 환매권이전 296

【 갑 구 】	(소유권에 관한 사항)			
순위번호	등 기 목 적	접 수	등 기 원 인	권 리 자 및 기 타 사 항
2-1	환매특약	2018년1월10일 제3790호	2018년1월8일 특약	매수인이 지급한 대금 금20,000,000원 매매비용 금3,000,000원 환매기간 2021년7월25일까지 ~~환매권자 정다운 721205-1352121~~ ~~서울특별시 종로구 인사동길 8~~ ~~(인사동)~~
2-1-1	2-1번환매권 이전	2018년7월25일 제9789호	2018년7월25일 매매	환매권자 이겨레 750614-1035852 서울특별시 종로구 창덕궁길 105 (원서동)

다. 환매권변경

1) 환매대금의 변경 297

【 갑 구 】 (소유권에 관한 사항)				
순위번호	등 기 목 적	접 수	등 기 원 인	권 리 자 및 기 타 사 항
2-1	환매특약	2018년1월10일 제3790호	2018년1월8일 특약	~~매수인이 지급한 대금~~ ~~금200,000,000원~~ 매매비용 금3,000,000원 환매기간 2021년7월25일까지 환매권자 정다운 721205-1352121 서울특별시 종로구 인사동길 8 (인사동)
2-1-1	2-1번환매권 변경	2018년7월25일 제9789호	2018년7월25일 변경계약	매수인이 지급한 대금 금300,000,000원

(주) 1. 등기상의 이해관계인이 있는 경우에는 그의 승낙을 증명하는 정보 또는 이에 대항할 수 있는 재판이 있음을 증명하는 정보를 제공한 때에 한하여 부기등기로 한다.
2. 변경 전의 환매대금의 기록을 말소하는 표시를 한다.

2) 환매기간의 경정 298

【 갑 구 】 (소유권에 관한 사항)				
순위번호	등 기 목 적	접 수	등 기 원 인	권 리 자 및 기 타 사 항
2-1-1	2-1번환매권 경정	2018년7월25일 제9795호	2018년1월10일 신청착오	환매기간 2022년7월24일까지

(주) 1. 등기상의 이해관계인이 있는 경우에는 그의 승낙을 증명하는 정보 또는 이에 대항할 수 있는 재판이 있음을 증명하는 정보를 제공한 때에 한하여 부기등기로 한다.
2. 경정 전의 환매기간의 기록을 말소하는 표시를 한다.

라. 환매권말소

1) 환매권을 행사한 경우 299

【 갑 구 】	(소유권에 관한 사항)			
순위번호	등 기 목 적	접 수	등 기 원 인	권 리 자 및 기 타 사 항
~~2-1~~	~~환매특약~~	~~2018년1월10일~~ ~~제3790호~~	~~2018년1월8일~~ ~~특약~~	~~매수인이 지급한 대금~~ ~~금20,000,000원~~ ~~매매비용 금3,000,000원~~ ~~환매기간 2021년7월25일까지~~ ~~환매권자 정다운 721205-1352121~~ ~~서울특별시 종로구 인사동길 8~~ ~~(인사동)~~
~~2-1-1~~	~~2-1번환매권~~ ~~이전~~	~~2018년7월25일~~ ~~제9789호~~	~~2018년7월25일~~ ~~매매~~	~~환매권자 이거래 750614-1035852~~ ~~서울특별시 종로구 창덕궁길 105~~ ~~(원서동)~~
3	소유권이전	2018년12월30일 제9895호	2018년12월24일 환매	소유자 이거레 750614-1035852 서울특별시 종로구 창덕궁길 105 (원서동) 거래가액 금70,000,000원
4	2-1번환매권 말소			3번 소유권이전등기로 인하여 2018년12월30일 등기

(주) 환매권을 행사한 경우 환매권말소의 등기는 직권으로 하되 주등기에 의하고, 환매특약의 등기를 말소하는 표시를 한다.

2) 환매특약의 등기 이후에 마쳐진 소유권 외의 권리에 관한 등기의 말소 300

【 을 구 】	(소유권 이외의 권리에 관한 사항)			
순위번호	등 기 목 적	접 수	등 기 원 인	권 리 자 및 기 타 사 항
~~1~~	~~근저당권설정~~	~~2018년3월4일~~ ~~제9005호~~	~~2018년3월4일~~ ~~설정계약~~	~~채권최고액 금10,000,000원~~ ~~채무자 정다운~~ ~~서울특별시 종로구 인사동길 8 (인사동)~~ ~~근저당권자 이가을 750101-1035852~~ ~~서울특별시 종로구 창덕궁길 1 (원서동)~~
2	1번근저당권 설정등기말소	2018년12월30일 제9896호	2018년12월24일 환매권행사로 인한 실효	

(주) 환매특약의 등기 이후 환매권 행사 전에 마친 제3자 명의의 소유권 이외의 권리에 관한 등기의 말소등기는 일반원칙에 따라 공동신청에 의하고, 그 말소등기의 원인은 '환매권행사로 인한 실효'로 기록한다(등기예규 제1359호 참조).

3) 환매권 이전에 대한 말소 301

【 갑 구 】	(소유권에 관한 사항)			
순위번호	등 기 목 적	접 수	등 기 원 인	권 리 자 및 기 타 사 항
2-1	환매특약	2018년1월10일 제3790호	2018년1월8일 특약	매수인이 지급한 대금 금20,000,000원 매매비용 금3,000,000원 환매기간 2021년7월25일까지 ~~환매권자 정다운 721205-1352121~~ ~~서울특별시 종로구 인사동길 8 (인사동)~~
~~2-1-1~~	~~2-1번환매권 이전~~	~~2018년7월25일~~ ~~제9789호~~	~~2018년7월25일~~ ~~매매~~	~~환매권자 이겨레 750614-1035852~~ ~~서울특별시 종로구 창덕궁길 105(원서동)~~
2-1-2				환매권자 정다운 721205-1352121 서울특별시 종로구 인사동길 8 (인사동) 3번등기로 인하여 2-1번 등기명의인 회복 2018년7월30일 등기
3	2-1-1번환매권 이전등기말소	2018년7월30일 제12051호	2018년7월29일 해제	

(주) 환매권이전등기를 말소하는 경우에는 말소하는 표시가 된 권리자를 회복한다.

4) 환매기간만료 또는 혼동의 경우 302

【 갑 구 】	(소유권에 관한 사항)			
순위번호	등 기 목 적	접 수	등 기 원 인	권 리 자 및 기 타 사 항
~~2-1~~	~~환매특약~~	~~2017년10월10일~~ ~~제3790호~~	~~2017년10월8일~~ ~~특약~~	~~매수인이 지급한 대금~~ ~~금20,000,000원~~ ~~매매비용 금3,000,000원~~ ~~환매기간 2018년12월30일까지~~ ~~환매권자 정다운 721205-1352121~~ ~~서울특별시 종로구 인사동길 8~~ ~~(인사동)~~
3	2-1번환매권 말소	2018년12월31일 제14000호	2018년12월30일 환매기간만료 (또는 혼동)	

(주) 환매권의 포기로 인한 환매권말소도 원인만 다를 뿐 동일하다.

2. 권리소멸약정 등의 등기

가. 소유권이전 실효의 약정 303

【 갑 구 】	(소유권에 관한 사항)			
순위번호	등 기 목 적	접 수	등 기 원 인	권 리 자 및 기 타 사 항
3	소유권이전	2018년7월2일 제7577호	2018년7월1일 매매	소유자 이대한 701115-1201257 서울특별시 서초구 강남대로 21 (서초동) 거래가액 금140,000,000원
3-1	3번소유권이전 실효 약정			매수인 이대한이 사망한 경우에는 소유권이전 실효함 2018년7월2일 부기

(주) 권리소멸약정의 등기는 권리취득등기에 이를 부기하며, 이 부기등기는 그 권리취득등기를 말소할 때에 이를 말소한다.

나. 공유물분할금지약정 304

【 갑 구 】 (소유권에 관한 사항)				
순위번호	등 기 목 적	접 수	등 기 원 인	권 리 자 및 기 타 사 항
3	소유권일부이전	2018년7월2일 제7577호	2018년7월1일 매매	공유자 지분 2분의 1 이대한 701115-1201257 서울특별시 서초구 강남대로 21 (서초동) 거래가액 금140,000,000원
3-1	공유물분할금지 약정			분할금지기간 5년 2018년7월2일 부기

3. 특별법에 따른 특약사항 등의 등기

가. 국유재산법시행령 제53조제3항의 특약 305

【 갑 구 】 (소유권에 관한 사항)				
순위번호	등 기 목 적	접 수	등 기 원 인	권 리 자 및 기 타 사 항
1	소유권보존	2002년5월6일 제3400호		소유자 국 관리청 건설교통부
2	소유권이전	2018년7월20일 제3650호	2018년7월14일 매매	소유자 김우리 600104-1056429 서울특별시 서초구 서초대로46길 60 (서초동) 거래가액 금150,000,000원
2-1	해제특약			국유재산법 제52조제3호의 사유가 발생한 때에는 계약을 해제한다. 2018년7월20일 부기

나. 국유재산법시행령 제59조의 특약 306

【 갑 구 】 (소유권에 관한 사항)				
순위번호	등 기 목 적	접 수	등 기 원 인	권 리 자 및 기 타 사 항
1	소유권보존	2002년3월4일 제3400호		소유자 국 관리청 건설교통부
2	소유권이전	2019년3월15일 제3850호	2019년2월14일 양여	소유자 충청북도 433
2-1	해제특약			국유재산법 제55조제2항의 사유가 발생한 때에는 계약을 해제한다. 2019년3월15일 부기

다. 공유수면 관리 및 매립에 관한 법률 제46조제2항 및 제35조제5항의 소유권행사 제한사항 307

【 갑 구 】 (소유권에 관한 사항)				
순위번호	등 기 목 적	접 수	등 기 원 인	권 리 자 및 기 타 사 항
1	소유권보존	2018년10월25일 제23456호		소유자 국 관리청 국토교통부
1-1	금지사항등기			이 매립지는 공유수면 관리 및 매립에 관한 법률 제49조에 따라 매립면허관청의 승인을 받아 매립목적을 변경하거나 같은 법 제48조제1항 단서에 따라 매립목적을 변경하는 경우 외에는 0000년 0월0일(준공검사일)부터 10년 이내에는 매립목적(준공검사 시의 매립목적 또는 매립목적변경승인 시의 변경된 매립목적)을 변경하여 사용할 수 없다. 2018년10월25일 부기

(주) 공유수면 관리 및 매립에 관한 법률 제46조제2항 및 제35조제5항의 규정에 따른 소유권보존등기 시 등기관은 직권으로 금지사항등기를 부기하여야 한다.

라. 주택법 제61조제3항의 금지사항

1) 주택건설대지에 대한 금지사항 부기등기 308

【 갑 구 】	(소유권에 관한 사항)			
순위번호	등 기 목 적	접 수	등 기 원 인	권 리 자 및 기 타 사 항
3	소유권이전	2019년2월5일 제1005호	2019년1월4일 매매	소유자 대한건설주식회사 110111-0123458 서울특별시 강남구 테헤란로 430 (대치동) 거래가액 금110,000,000원
3-1	금지사항등기	2019년4월5일 제4005호	2019년3월4일 입주자모집공고 승인신청	이 토지는 주택법에 따라 입주자를 모집한 토지(주택조합의 경우에는 주택건설사업계획승인이 신청된 토지를 말한다)로서 입주예정자의 동의 없이는 양도하거나 제한물권을 설정하거나 압류, 가압류, 가처분 등 소유권에 제한을 가하는 일체의 행위를 할 수 없음

(주) 1. 주택에 대한 금지사항의 등기는 "이 주택은 부동산등기법에 따라 소유권보존등기를 마친 주택으로서 입주예정자의 동의 없이는 양도하거나 제한물권을 설정하거나 압류, 가압류, 가처분 등 소유권에 제한을 가하는 일체의 행위를 할 수 없음"이라는 내용을 기록한다(주택법시행령 제72조제1항 참조).

2. 임대주택법이 민간임대주택에 관한 특별법으로 변경되면서 임대주택법 제18조제2항에 의한 금지사항의 부기등기에 관한 규정이 삭제되었다. 다만, 민간임대주택에 관한 특별법의 부칙에 따라 종전의 임대주택법 제18조제2항에 따른 임대주택에 대한 금지사항의 부기등기는 종전의 예규에 따라 기록할 수 있다.

2) 주택건설대지에 대한 금지사항 부기등기의 말소 309

【 갑 구 】 (소유권에 관한 사항)					
순위번호	등 기 목 적	접 수	등 기 원 인	권 리 자 및 기 타 사 항	
3	소유권이전	2018년2월5일 제1005호	2018년1월4일 매매	소유자 대한건설주식회사 110111-0123458 서울특별시 강남구 테헤란로 430 (대치동) 거래가액 금150,000,000원	
~~3-1~~	~~금지사항등기~~	~~2018년3월5일~~ ~~제4005호~~	~~2018년3월4일~~ ~~입주자모집공고~~ ~~승인신청~~	~~이 토지는 주택법에 따라 입주자를 모집한 토지(주택조합의 경우 주택건설사업계획승인이 신청된 토지를 말한다)로서 입주예정자의 동의 없이는 양도하거나 제한물권을 설정하거나 압류, 가압류, 가처분 등 소유권에 제한을 가하는 일체의 행위를 할 수 없음~~	
4	3-1번금지사항 등기말소	2018년12월5일 제13005호	2018년12월4일 사업계획승인취소		

(주) 사업계획승인이 취소된 경우 사업주체는 그 취소를 증명하는 정보를 첨부정보로서 제공하여 금지사항 부기등기의 말소를 신청하여야 한다.

3) 입주예정자 앞으로 소유권이전등기 후 주택에 대한 금지사항 부기등기의 직권말소 310

【 갑 구 】 (소유권에 관한 사항)				
순위번호	등기목적	접수	등기원인	권리자 및 기타사항
1	소유권보존	2018년2월5일 제2005호		소유자 대한건설주식회사 110111-0123458 서울특별시 강남구 테헤란로 430 (대치동)
~~1-1~~	~~금지사항등기~~			~~이 주택은 부동산등기법에 따라 소유권보존등기를 마친 주택으로서 입주예정자의 동의 없이는 양도하거나 제한물권을 설정하거나 압류·가압류·가처분 등 소유권에 제한을 가하는 일체의 행위를 할 수 없음~~ ~~2018년2월5일 부기~~
2	소유권이전	2019년4월5일 제3005호	2019년3월5일 매매	소유자 김갑동 420125-1045215 서울특별시 서초구 강남대로37길 21(서초동) 거래가액 금350,000,000원
3	1-1번금지사항 등기말소			2번 소유권이전등기로 인하여 2019년4월5일 등기

(주) 주택건설사업이 완성되어 건설된 주택에 대하여 사업주체가 주택법상 입주예정자 앞으로 소유권이전등기를 신청한 경우, 등기관은 그 소유권이전등기를 실행한 후 직권으로 주택에 대한 금지사항 부기등기를 말소한다.

4) 건설된 주택에 대한 소유권이전등기로 인한 주택건설대지에 대한 금지사항 등기의 변경 311

【 갑 구 】	(소유권에 관한 사항)			
순위번호	등기목적	접수	등기원인	권리자 및 기타사항
3	소유권이전	2019년1월5일 제2005호	2019년1월4일 매매	소유자 대한건설주식회사 110111-0123458 서울특별시 강남구 테헤란로 430 (대치동)
3-1	~~금지사항등기~~	2019년2월5일 제3005호	2019년2월4일 입주자모집공고 승인신청	이 토지는 주택법에 따라 입주자를 모집한 토지(주택조합의 경우 주택건설사업계획승인이 신청된 토지를 말한다)로서 입주예정자의 동의 없이는 양도하거나 제한물권을 설정하거나 압류, 가압류, 가처분 등 소유권에 제한을 가하는 일체의 행위를 할 수 없음
3-1-1	3-1번금지사항 등기변경			목적 1000분의 960 입주예정자 소유권이전(101동 101호, 101동 102호) 2019년4월5일 부기
4	소유권대지권			건물의 표시 서울특별시 강남구 서초동 21 지상 서초아파트 2019년3월5일 등기

(주) 1. 주택건설사업이 완성되어 건설된 주택에 대하여 사업주체가 주택법상 입주예정자 앞으로 소유권이전등기를 신청한 경우, 등기관은 그 소유권이전등기를 실행한 후 직권으로 주택에 대한 금지사항 부기등기를 말소한다. 그 주택의 대지권의 표시란에 주택건설대지에 대한 금지사항 부기등기로 인하여 별도의 등기가 있다는 뜻의 기록이 있는 경우에는 대지권의 목적인 토지의 금지사항 부기등기를 당해 주택의 대지권비율만큼 직권으로 말소(일부 말소 의미의 변경등기)한다.

2. 최후의 입주예정자에게 소유권이전등기가 마쳐졌을 경우에는 금지사항 부기등기를 말소하는 표시를 한다.

5) 대지권의 목적인 토지에 금지사항 부기등기가 있는 경우, 건설된 주택에 대한 그 뜻의 기록 및 주택건설대지에 대한 금지사항 변경등기로 인한 별도등기 말소 312

【표 제 부】	(전유부분의 건물의 표시)		
표시번호	건 물 번 호	건 물 내 역	등기원인 및 기타사항
1	(생략)	(생략)	
(대지권의 표시)			
표시번호	대지권종류	대지권비율	등기원인 및 기타사항
1	1 소유권대지권	1000분의 40	2019년3월5일 대지권 2019년3월5일
~~2~~			~~별도등기 있음~~ ~~1토지(갑구3-1번 금지사항 부기등기)~~ ~~2019년3월5일~~
3			2번 별도등기 말소 2019년4월5일

6) 소유권보존등기 후 입주자모집공고승인신청을 하는 주택에 관한 금지사항 부기등기 및 말소 313

【 갑 구 】	(소유권에 관한 사항)			
순위번호	등기목적	접수	등기원인	권리자 및 기타사항
1	소유권보존	2019년2월5일 제2005호		소유자 대한건설주식회사 110111-0123458 서울특별시 강남구 테헤란로 430 (대치동)
~~1-1~~	~~금지사항등기~~	~~2019년3월5일~~ ~~제2605호~~	~~2019년3월4일~~ ~~입주자모집공고~~ ~~승인신청~~	~~이 주택은 부동산등기법에 따라 소유권보존등기를 마친 주택으로서 입주예정자의 동의 없이는 양도하거나 제한 물권을 설정하거나 압류, 가압류, 가처분 등 소유권에 제한을 가하는 일체의 행위를 할 수 없음~~
2	소유권이전	2019년4월5일 제3005호	2019년4월4일 매매	소유자 김갑동 420125-1045215 서울특별시 서초구 강남대로37길 21(서초동)
3	1-1번금지사항 등기말소			2번 소유권이전등기로 인하여 2019년4월5일 등기

7) 건설된 주택의 미분양으로 인한 주택건설대지에 대한 금지사항 등기의 변경 314

【 갑 구 】		(소유권에 관한 사항)		
순위번호	등기목적	접수	등기원인	권리자 및 기타사항
3	소유권이전	2019년1월5일 제2005호	2019년1월4일 매매	소유자 대한건설주식회사 110111-0123458 서울특별시 강남구 테헤란로 430 (대치동)
3-1	~~금지사항등기~~	2019년2월5일 제3005호	2019년2월4일 입주자모집공고 승인신청	이 토지는 주택법에 따라 입주자를 모집한 토지(주택조합의 경우 주택건설사업계획승인이 신청된 토지를 말한다)로서 입주예정자의 동의 없이는 양도하거나 제한물권을 설정하거나 압류, 가압류, 가처분 등 소유권에 제한을 가하는 일체의 행위를 할 수 없음
3-1-1	3-1번금지사항 등기변경			목적 1000분의 960 미분양(101동 101호, 101동 102호) 2019년4월5일 부기
4	소유권대지권			건물의 표시 서울특별시 강남구 서초동 21 지상 서초아파트 2019년3월5일 등기

마. 한국주택금융공사법 제43조의7제2항의 금지사항 315

【 갑 구 】	(소유권에 관한 사항)			
순위번호	등 기 목 적	접 수	등 기 원 인	권 리 자 및 기 타 사 항
3	소유권이전	2012년3월5일 제3005호	2012년2월29일 매매	소유자 정다운 571017-1231258 서울특별시 종로구 인사동길 8 (인사동) 거래가액 금80,000,000원
3-1	금지사항등기	2019년3월6일 제3001호	2019년3월5일 주택담보 노후연금보증	이 주택은 한국주택금융공사법에 따른 한국주택금융공사의 동의를 받지 아니하고는 제한물권을 설정하거나 압류, 가압류, 가처분 및 임대차 등 소유권을 제한하는 어떤 행위도 할 수 없음

【 을 구 】	(소유권 이외의 권리에 관한 사항)			
순위번호	등 기 목 적	접 수	등 기 원 인	권 리 자 및 기 타 사 항
1	근저당권설정	2019년3월6일 제3000호	2019년3월5일 설정계약	채권최고액 금100,000,000원 채무자 정다운 서울특별시 종로구 인사동길 8 (인사동) 근저당권자 한국주택금융공사 110171-0029402 부산광역시 남구 문현금융로 40 (문현동, 부산국제금융센터)

바. 주차장법 제19조의24의 금지사항

1) 부설주차장의 용도변경이 금지되는 뜻의 부기등기(부설주차장) 316

【 갑 구 】	(소유권에 관한 사항)			
순위번호	등 기 목 적	접 수	등 기 원 인	권 리 자 및 기 타 사 항
3	소유권이전	2019년3월6일 제3000호	2019년3월5일 매매	소유자 정다운 571017-1231258 서울특별시 종로구 인사동길 8 (인사동) 거래가액 금80,000,000원
3-1	용도변경금지등 기	2019년3월6일 제3001호	2019년3월5일 부설주차장 설치	이 토지(또는 건물)는 주차장법에 따라 시설물의 부지 인근에 설치된 부설주차장으로서 주차장법 시행령 제12조제1항 각 호의 어느 하나에 해당하여 용도변경이 인정되기 전에는 주차장 외의 용도로 사용할 수 없음 시설물 소재지 서울특별시 강남구 역삼동 34

2) 부설주차장이 시설물의 부지 인근에 설치된 뜻의 부기등기(시설물) 317

【 갑 구 】	(소유권에 관한 사항)			
순위번호	등 기 목 적	접 수	등 기 원 인	권 리 자 및 기 타 사 항
3	소유권이전	2019년3월6일 제3000호	2019년3월5일 매매	소유자 정다운 571017-1231258 서울특별시 종로구 인사동길 8(인사동) 거래가액 금80,000,000원
3-1	부설주차장등기	2019년3월6일 제3002호	2019년3월5일 부설주차장 설치	주차장법에 따른 부설주차장이 시설물의 부지 인근에 별도로 설치되어 있음 부설주차장 소재지 서울특별시 강남구 역삼동 35

3) 부설주차장 이전으로 인한 시설물 부기등기의 변경등기(시설물) 318

【 갑 구 】	(소유권에 관한 사항)			
순위번호	등 기 목 적	접 수	등 기 원 인	권 리 자 및 기 타 사 항
3	소유권이전	2019년3월6일 제3000호	2019년3월5일 매매	소유자 정다운 571017-1231258 서울특별시 종로구 인사동길 8(인사동) 거래가액 금80,000,000원
3-1	부설주차장등기	2019년3월6일 제3002호	2019년3월5일 부설주차장 설치	~~주차장법에 따른 부설주차장이 시설물의 부지 인근에 별도로 설치되어 있음 부설주차장 소재지 서울특별시 강남구 역삼동 35~~
3-1-1	3-1번부설주차장등기변경	2019년4월3일 제4001호	2019년4월2일 부설주차장 이전	주차장법에 따른 부설주차장이 시설물의 부지 인근에 별도로 설치되어 있음 부설주차장 소재지 서울특별시 강남구 역삼동 37

4) 용도변경으로 인한 금지사항 부기등기 말소(부설주차장) 319

【 갑 구 】	(소유권에 관한 사항)			
순위번호	등 기 목 적	접 수	등 기 원 인	권 리 자 및 기 타 사 항
3	소유권이전	2018년3월6일 제3000호	2018년3월5일 매매	소유자 정다운 571017-1231258 서울특별시 종로구 인사동길 8(인사동) 거래가액 금80,000,000원
~~3-1~~	~~용도변경금지등기~~	~~2018년3월6일 제3001호~~	~~2018년3월5일 부설주차장 설치~~	~~이 토지(또는 건물)는 주차장법에 따라 시설물의 부지 인근에 설치된 부설주차장으로서 주차장법 시행령 제12조제1항 각 호의 어느 하나에 해당하여 용도변경이 인정되기 전에는 주차장 외의 용도로 사용할 수 없음 시설물 소재지 서울특별시 강남구 역삼동 35~~
4	3-1번용도변경금지등기말소	2019년4월3일 제4001호	2019년4월2일 용도변경	

5) 용도변경으로 인한 금지사항 부기등기 말소(시설물) 320

【 갑 구 】		(소유권에 관한 사항)		
순위번호	등 기 목 적	접 수	등 기 원 인	권 리 자 및 기 타 사 항
3	소유권이전	2018년3월6일 제3000호	2018년3월5일 매매	소유자 정다운 571017-1231258 서울특별시 종로구 인사동길 8 (인사동) 거래가액 금80,000,000원
~~3-1~~	~~부설주차장등기~~	~~2018년3월6일~~ ~~제3002호~~	~~2018년3월5일~~ ~~부설주차장 설치~~	~~주차장법에 따른 부설주차장이 시설물의 부지 인근에 별도로 설치되어 있음~~ ~~부설주차장 소재지 서울특별시 강남구 역삼동 35~~
4	3-1번부설주차장 등기말소	2019년4월3일 제4001호	2019년4월2일 용도변경	

사. 구 국가유공자등예우및지원에관한법률 제58조의 금지사항의 말소 321

【 갑 구 】		(소유권에 관한 사항)		
순위번호	등 기 목 적	접 수	등 기 원 인	권 리 자 및 기 타 사 항
3	소유권이전	2008년3월5일 제3005호	2008년2월29일 매매	소유자 박기희 571017-1231258 서울특별시 종로구 인사동 8 거래가액 금80,000,000원
~~3-1~~	~~금지사항등기~~			~~이 재산은 국가유공자등예우및지원에관한법률에 의한 대부재산이며 동법에서 규정한 경우를 제외하고는 양도 또는 담보로 제공하거나 이를 압류할 수 없다.~~ ~~2008년3월5일 부기~~
4	3-1번금지사항 등기말소			2018년11월5일 을구 제1번 저당권말소로 인하여 2018년11월5일 등기

(주) 국가유공자 등 예우 및 지원에 관한 법률 제58조가 삭제됨에 따라 이 규정에 따른 금지사항 부기등기는 할 수 없으나, 이미 등기된 부기등기의 말소는 기존절차에 따른다.

제3장

용익권에 관한 등기

제3장 용익권에 관한 등기

제1절 지상권에 관한 등기

1. 지상권설정

가. 지상권설정 322

【 을 구 】	(소유권 이외의 권리에 관한 사항)			
순위번호	등 기 목 적	접 수	등 기 원 인	권 리 자 및 기 타 사 항
1	지상권설정	2019년3월14일 제31150호	2019년3월14일 설정계약	목 적 철근콘크리트조 건물의 소유 범 위 토지 전부 존속기간 2019년3월14일부터 30년 지 료 월 금200,000원 지급시기 매월 말일 지상권자 김한울 650422-1045115 서울특별시 종로구 율곡로 16 (원서동)

(주) 1. 범위는 필수적 등기사항이므로 범위가 『부동산 전부』일 경우에도 범위를 반드시 기록한다.
2. 존속기간, 지료 및 지급시기는 약정이 있는 경우에만 이를 기록한다.
3. 지료를 ㎡당 얼마로 약정한 경우에는 『몇 ㎡당 금000원』으로 기록한다.

나. 토지의 일부에 대한 지상권설정 323

【 을 구 】	(소유권 이외의 권리에 관한 사항)			
순위번호	등 기 목 적	접 수	등 기 원 인	권 리 자 및 기 타 사 항
1	지상권설정	2018년8월3일 제6001호	2018년8월3일 설정계약	목 적 철근콘크리트조 건물의 소유 범 위 동남쪽 300㎡ 존속기간 2018년8월3일부터 30년 지 료 월 금300,000원 지급시기 매월 말일 지상권자 김한울 650422-1045115 서울특별시 종로구 율곡로 16 (원서동) 도면 제2018-12호

(주) 지상권설정의 범위가 토지의 일부인 경우에는 그 부분을 표시한 도면의 번호를 기록한다.

다. 지상권의 소멸에 관한 약정이 있는 경우의 지상권설정 324

【 을 구 】	(소유권 이외의 권리에 관한 사항)			
순위번호	등 기 목 적	접 수	등 기 원 인	권 리 자 및 기 타 사 항
1	지상권설정	2018년8월3일 제6001호	2018년8월3일 설정계약	목 적 철근콘크리트조 건물의 소유 범 위 토지의 전부 존속기간 2018년8월3일부터 30년 지 료 월 금300,000원 지급시기 매월 말일 지상권자 김한울 650422-1045115 서울특별시 종로구 율곡로 16 (원서동)
1-1	1번지상권소멸 약정			소멸사유 지상권자의 사망 2018년8월3일 부기

2. 구분지상권설정

가. 지하의 경우 325

【 을 구 】		(소유권 이외의 권리에 관한 사항)		
순위번호	등 기 목 적	접 수	등 기 원 인	권 리 자 및 기 타 사 항
1	구분지상권설정	2018년8월13일 제6001호	2018년8월13일 설정계약	목 적 지하철도 소유 범 위 토지의 남쪽 끝지점을 포함한 수평면을 기준으로 하여 지하 15m로부터 35m 사이 존속기간 50년 지상권자 서울특별시 411

(주) 지하 또는 공간의 상하 범위는 평균해면 또는 지상권을 설정하는 토지의 특정 지점을 포함한 수평면을 기준으로 하여 이를 명백히 하여야 한다(등기예규 제1040호).

나. 공간의 경우 326

【 을 구 】		(소유권 이외의 권리에 관한 사항)		
순위번호	등 기 목 적	접 수	등 기 원 인	권 리 자 및 기 타 사 항
1	구분지상권설정	2018년8월16일 제19819호	2018년8월13일 토지사용	목 적 고가철도의 소유 범 위 토지의 서북간 ○○지점을 포함한 수평면을 기준으로 하여 지상 15m로부터 지상 35m 사이 존속기간 고가철도 존속기간으로 한다 지상권자 서울특별시 411

3. 지상권이전

가. 지상권 전부이전 327

【 을 구 】	(소유권 이외의 권리에 관한 사항)			
순위번호	등 기 목 적	접 수	등 기 원 인	권 리 자 및 기 타 사 항
1-1	1번지상권이전	2019년3월5일 제3005호	2019년3월4일 매매	지상권자 김한울 650422-1045115 서울특별시 종로구 율곡로 16 (원서동)

(주) 1번 지상권자의 표시를 말소하는 표시를 한다.

나. 지상권 일부이전 328

【 을 구 】	(소유권 이외의 권리에 관한 사항)			
순위번호	등 기 목 적	접 수	등 기 원 인	권 리 자 및 기 타 사 항
1-1	1번지상권일부 (2분의1)이전	2019년3월5일 제3005호	2019년3월4일 매매	지상권자 지분 2분의 1 김한울 650422-1045115 서울특별시 종로구 율곡로 16 (원서동)

다. 공유지상권의 지분이전 329

【 을 구 】	(소유권 이외의 권리에 관한 사항)			
순위번호	등 기 목 적	접 수	등 기 원 인	권 리 자 및 기 타 사 항
1-1	1번지상권김한울 지분전부이전	2019년3월5일 제3005호	2019년3월4일 매매	지상권자 지분 3분의 1 이겨레 750614-1035852 서울특별시 종로구 창덕궁길 100 (계동)

라. 지상권 일부이전에 의하여 취득한 공유지상권지분의 일부이전 330

【 을 구 】	(소유권 이외의 권리에 관한 사항)			
순위번호	등 기 목 적	접 수	등 기 원 인	권 리 자 및 기 타 사 항
1	지상권설정	(생략)	(생략)	지상권자 정다운 721205-1352121 서울특별시 종로구 인사동6길 5 (인사동)
1-1	1번지상권일부 (2분의1)이전	2018년3월5일 제3005호	2018년3월4일 매매	지상권자 지분 4분의 1 김한울 650422-1045115 서울특별시 종로구 율곡로 16 (원서동) 지분 4분의 1 이겨레 750614-1035852 서울특별시 종로구 창덕궁길 100 (계동)
1-2	1번지상권김한울지분 중 일부(8분의1)이전	2018년8월5일 제15035호	2018년8월4일 매매	지상권자 지분 8분의 1 강미래 790513-1052134 서울특별시 용산구 원효로 10 (원효로1가)

4. 지상권변경 등

가. 지상권의 목적 및 존속기간의 변경 331

【 을 구 】	(소유권 이외의 권리에 관한 사항)			
순위번호	등 기 목 적	접 수	등 기 원 인	권 리 자 및 기 타 사 항
1	지상권설정	2018년5월9일 제5009호	2018년5월8일 설정계약	~~목 적 목조건물의 소유~~ 범 위 토지의 전부 ~~존속기간 15년~~ 지상권자 최민국 680703-1562316 서울특별시 마포구 마포대로11가길 25(염리동)
1-1	1번지상권변경	2018년9월5일 제8305호	2018년9월4일 변경계약	목 적 석조건물의 소유 존속기간 30년

(주) 1. 변경 전의 목적, 존속기간을 말소하는 표시를 한다.
2. 존속기간의 변경으로 인하여 등기상 이해관계인이 있는 경우에는 그의 승낙을 증명하는 정보 또는 이에 대항할 수 있는 재판이 있음을 증명하는 정보를 제공한 때에 한하여 부기등기로 한다.

나. 통상의 지상권 등기를 구분지상권등기로 변경하는 부기등기 332

【 을 구 】	(소유권 이외의 권리에 관한 사항)			
순위번호	등 기 목 적	접 수	등 기 원 인	권 리 자 및 기 타 사 항
1	지상권설정	(생략)	(생략)	(생략)
1-1	1번지상권을 구분지상권으로 변경	2018년8월20일 제3005호	2018년8월14일 변경계약	범 위 평균해면 위 100m로부터 150m 사이

(주) 1. 1번 등기사항 중 범위에 관한 기록을 말소하는 표시를 한다.
2. 등기상의 이해관계인이 없거나 이해관계인이 있더라도 그의 승낙을 증명하는 정보 또는 이에 대항할 수 있는 재판이 있음을 증명하는 정보를 제공한 때에 한하여 부기등기로 한다.

다. 구분지상권등기를 통상의 지상권등기로 변경하는 부기등기 333

【 을 구 】	(소유권 이외의 권리에 관한 사항)			
순위번호	등 기 목 적	접 수	등 기 원 인	권 리 자 및 기 타 사 항
1	구분지상권설정	(생략)	(생략)	(구분지상권의 등기사항)
1-1	1번구분지상권을 지상권으로 변경	2018년8월23일 제19827호	2018년8월22일 변경계약	범 위 토지의 전부

(주) 332항 (주) 참조.

라. 지료 및 지급시기의 변경 334

【 을 구 】		(소유권 이외의 권리에 관한 사항)		
순위번호	등 기 목 적	접 수	등 기 원 인	권 리 자 및 기 타 사 항
1-1	1번지상권변경	2019년3월5일 제3005호	2019년3월4일 변경계약	지 료 1㎡당 월 금300원 지급시기 매월 말일

(주) 1. 등기상 이해관계인이 있는 경우에는 그의 승낙을 증명하는 정보 또는 이에 대항할 수 있는 재판이 있음을 증명하는 정보를 제공한 때에 한하여 부기등기로 한다.
2. 변경 전의 지료와 지급시기를 말소하는 표시를 한다.

5. 지상권말소

가. 존속기간 만료로 인한 지상권설정등기말소 335

【 을 구 】		(소유권 이외의 권리에 관한 사항)		
순위번호	등 기 목 적	접 수	등 기 원 인	권 리 자 및 기 타 사 항
3	1번지상권설정 등기말소	2019년3월5일 제3005호	2019년3월4일 존속기간 만료	

(주) 1번 지상권등기를 말소하는 표시를 한다.

나. 계약해제 또는 포기로 인한 지상권설정등기 말소 336

【 을 구 】		(소유권 이외의 권리에 관한 사항)		
순위번호	등 기 목 적	접 수	등 기 원 인	권 리 자 및 기 타 사 항
2	1번지상권설정 등기말소	2019년3월5일 제3005호	2019년3월4일 해제(또는 포기)	

(주) 1번 지상권등기를 말소하는 표시를 한다.

다. 근저당권의 목적인 지상권설정등기의 말소 337

【 을 구 】		(소유권 이외의 권리에 관한 사항)		
순위번호	등 기 목 적	접 수	등 기 원 인	권 리 자 및 기 타 사 항
2	1-1번근저당권 설정등기말소			1번 지상권의 말소로 인하여 2019년3월5일 등기
3	1번지상권설정 등기말소	2019년3월5일 제3005호	2019년3월4일 포기	

(주) 1번 지상권 및 1-1번의 근저당권등기를 말소하는 표시를 한다. 이 경우 지상권말소등기신청서에는 근저당권자의 승낙을 증명하는 정보 또는 이 대항할 수 있는 재판이 있음을 증명하는 정보를 제공하여야 한다.

라. 이전된 지상권설정등기의 말소 338

【 을 구 】	(소유권 이외의 권리에 관한 사항)			
순위번호	등 기 목 적	접 수	등 기 원 인	권 리 자 및 기 타 사 항
~~1~~	~~지상권설정~~	~~(생략)~~	~~(생략)~~	~~(생략)~~
~~1-1~~	~~1번지상권이전~~	~~(생략)~~	~~(생략)~~	~~(생략)~~
2	1번지상권설정 등기말소	2019년3월5일 제3005호	2019년3월4일 해제(또는 포기)	

(주) 1번 지상권등기 및 1-1번의 지상권이전등기를 말소하는 표시를 한다.

마. 이전된 지상권설정등기의 이전원인을 해제한 경우 339

【 을 구 】	(소유권 이외의 권리에 관한 사항)			
순위번호	등 기 목 적	접 수	등 기 원 인	권 리 자 및 기 타 사 항
1	지상권설정	(생략)	(생략)	(생략)
~~1-1~~	~~1번지상권이전~~	~~(생략)~~	~~(생략)~~	~~(생략)~~
1-2	2번등기로 인하여 1번 등기명의인 회복			지상권자 김한울 650422-1045115 서울특별시 종로구 율곡로 16 (원서동) 2018년8월10일 부기
2	1-1번지상권이전 등기말소	2018년8월10일 제20500호	2018년8월5일 해제	

(주) 1-1번의 지상권이전등기를 말소하는 표시를 하고 종전 지상권자를 회복한다.

바. 지상권설정등기의 소멸에 관한 사항의 약정이 있는 경우의 소멸 340

【 을 구 】	(소유권 이외의 권리에 관한 사항)			
순위번호	등 기 목 적	접 수	등 기 원 인	권 리 자 및 기 타 사 항
~~1~~	~~지상권설정~~	~~(생략)~~	~~(생략)~~	~~(생략)~~
~~1-1~~	~~1번지상권소멸 약정~~	~~(생략)~~		~~소멸사유 지상권자의 사망 2011년3월4일 부기~~
2	1번지상권설정 등기말소	2019년3월3일 제20500호	2019년2월2일 지상권자 사망	

(주) 1번의 지상권의 등기 및 1-1번의 지상권소멸의 약정에 관한 등기를 말소하는 표시를 한다.

제2절 지역권에 관한 등기

1. 지역권설정

가. 통행지역권설정

1) 승역지 341

【 을 구 】	(소유권 이외의 권리에 관한 사항)			
순위번호	등 기 목 적	접 수	등 기 원 인	권 리 자 및 기 타 사 항
1	지역권설정	2019년3월5일 제3005호	2019년3월4일 설정계약	목 적 통행 범 위 동측 50㎡ 요역지 경기도 고양시 덕양구 신원동 5 도면 제2019-5호

(주) 1. 1필지의 승역지 일부에 지역권설정등기를 신청하는 경우에는 그 부분을 표시한 도면의 번호를 기록한다.
2. 지역권자는 등기사항이 아니다.

2) 요역지(동일 등기소 관내일 때) 342

【 을 구 】	(소유권 이외의 권리에 관한 사항)			
순위번호	등 기 목 적	접 수	등 기 원 인	권 리 자 및 기 타 사 항
1	요역지지역권			승역지 경기도 고양시 덕양구 신원동 6 목 적 통행 범 위 동측 50㎡ 2019년3월5일 등기

(주) 1. 동일 관내에서 하는 요역지의 지역권 등기는 직권으로 하는 것이므로 접수번호가 기재되지 않는다.
2. 요역지 지역권 등기의 등기사항인 범위는 승역지에서의 범위를 기록한다.

3) 요역지(다른 등기소 관내일 때) 343

【 을 구 】	(소유권 이외의 권리에 관한 사항)			
순위번호	등 기 목 적	접 수	등 기 원 인	권 리 자 및 기 타 사 항
1	요역지지역권	2019년3월5일 제3005호		승역지 서울특별시 영등포구 문래동 10-2 목 적 통행 범 위 동측 100㎡

(주) 다른 관내에서 하는 요역지의 지역권 등기는 통지에 의해 하는 것이므로 접수번호를 기재한다.

나. 특약부 통행지역권설정(민법 제292조제1항 단서의 약정이 있는 경우) 344

승역지

【 을 구 】	(소유권 이외의 권리에 관한 사항)			
순위번호	등 기 목 적	접 수	등 기 원 인	권 리 자 및 기 타 사 항
1	지역권설정	2019년3월5일 제3005호	2019년3월4일 설정계약	목 적 통행 범 위 전부 특약 지역권은 요역지 소유권과 함께 이전하지 않고 요역지상의 소유권 이외의 권리의 목적으로 되지 아니함 요역지 서울특별시 관악구 봉천동 5

(주) 요역지에 관하여는 특약사항을 기록하지 아니한다.

다. 용수지역권설정

1) 승역지 345

【 을 구 】	(소유권 이외의 권리에 관한 사항)			
순위번호	등 기 목 적	접 수	등 기 원 인	권 리 자 및 기 타 사 항
1	지역권설정	2019년3월5일 제3005호	2019년3월4일 설정계약	목 적 용수사용 범 위 동측 40㎡ 특약 1. 용수는 요역지를 위하여 먼저 사용함 2. 승역지 소유자는 인수 시설을 수리함 요역지 서울특별시 마포구 망원동 15-1 도면 제2019-5호

2) 요역지 346

【 을 구 】	(소유권 이외의 권리에 관한 사항)			
순위번호	등 기 목 적	접 수	등 기 원 인	권 리 자 및 기 타 사 항
1	요역지지역권			승역지 서울특별시 마포구 망원동 10 목 적 용수사용 범 위 동측 40㎡ 2019년3월5일 등기

(주) 요역지가 승역지와 동일한 등기소의 관할에 속하는 경우이다.

라. 요역지가 지상권인 경우(등기예규 제205호)

1) 승역지 347

【 을 구 】	(소유권 이외의 권리에 관한 사항)			
순위번호	등 기 목 적	접 수	등 기 원 인	권 리 자 및 기 타 사 항
1	지역권설정	2019년3월5일 제3005호	2019년3월4일 설정계약	목 적 통행 범 위 동측 100㎡ 요역지 서울특별시 종로구 원서동 1 을구제1번의 지상권 도면 제2019-5호

2) 요역지 348

【 을 구 】	(소유권 이외의 권리에 관한 사항)			
순위번호	등 기 목 적	접 수	등 기 원 인	권 리 자 및 기 타 사 항
1-1	1번지상권요역지 지역권			승역지 서울특별시 종로구 원서동 2 목 적 통행 범 위 동측 100㎡ 2019년3월5일 등기

(주) 요역지가 승역지와 동일한 등기소의 관할에 속하는 경우이다.

마. 지상권을 목적으로 하는 지역권설정

1) 승역지 349

【 을 구 】	(소유권 이외의 권리에 관한 사항)			
순위번호	등 기 목 적	접 수	등 기 원 인	권 리 자 및 기 타 사 항
1-1	1번지상권지역권 설정	2019년3월5일 제3005호	2019년3월4일 설정계약	목 적 전선로에 장애가 되는 공작물을 설치하지 아니한다. 범 위 동측 60㎡ 요역지 서울특별시 중구 신당동 250 도면 제2019-5호

2) 요역지 350

【 을 구 】	(소유권 이외의 권리에 관한 사항)			
순위번호	등 기 목 적	접 수	등 기 원 인	권 리 자 및 기 타 사 항
1	요역지지역권			승역지 서울특별시 중구 신당동 251 을구제1번의 지상권 목 적 전선로에 장애가 되는 공작물을 설치하지 아니한다. 범 위 동측 60㎡ 2019년3월5일 등기

(주) 요역지가 승역지와 동일한 등기소의 관할에 속하는 경우이다.

2. 지역권변경

가. 지역권변경(민법 제298조의 특약추가) 351

승역지

【 을 구 】	(소유권 이외의 권리에 관한 사항)			
순위번호	등 기 목 적	접 수	등 기 원 인	권 리 자 및 기 타 사 항
1-1	1번지역권변경	2019년3월5일 제3005호	2019년3월4일 변경계약	특약 승역지의 소유자는 지역권 행사를 위하여 공작물의 설치 또는 수선을 할 의무를 부담함

(주) 요역지에 대하여는 특약추가에 대한 사항을 기록하지 아니한다.

나. 지역권의 범위 변경

1) 승역지 352

【 을 구 】	(소유권 이외의 권리에 관한 사항)			
순위번호	등 기 목 적	접 수	등 기 원 인	권 리 자 및 기 타 사 항
3-1	3번지역권변경	2019년3월5일 제3005호	2019년3월4일 변경계약	범 위 동측 60㎡ 도면 제2019-5호

(주) 1. 변경 전의 범위를 말소하는 표시를 한다.
2. 등기상의 이해관계인이 있는 경우에는 그의 승낙을 증명하는 정보 또는 이에 대항할 수 있는 재판이 있음을 증명하는 정보를 제공한 때에 한하여 부기등기로 한다.

2) 요역지 353

【 을 구 】	(소유권 이외의 권리에 관한 사항)			
순위번호	등 기 목 적	접 수	등 기 원 인	권 리 자 및 기 타 사 항
3-1	3번요역지지역권 변경		2019년3월4일 변경계약	범 위 동측 60㎡ 2019년3월5일 부기

(주) 변경 전의 범위를 말소하는 표시를 한다.

3. 지역권말소

가. 승역지 354

【 을 구 】	(소유권 이외의 권리에 관한 사항)			
순위번호	등 기 목 적	접 수	등 기 원 인	권 리 자 및 기 타 사 항
3	2번지역권설정 등기말소	2019년3월5일 제3005호	2019년3월4일 포기	

나. 요역지(동일 등기소 관내) 355

【 을 구 】	(소유권 이외의 권리에 관한 사항)			
순위번호	등 기 목 적	접 수	등 기 원 인	권 리 자 및 기 타 사 항
4	3번요역지지역권 설정등기말소			승역지 지역권 말소등기로 인하여 2019년3월5일 등기

다. 요역지(다른 등기소 관내) 356

【 을 구 】	(소유권 이외의 권리에 관한 사항)			
순위번호	등 기 목 적	접 수	등 기 원 인	권 리 자 및 기 타 사 항
2	1번요역지지역권 설정등기말소	2019년5월2일 제5062호		승역지 지역권 말소등기로 인하여

라. 지역권이 요역지 소유권과 함께 이전하지 않는다는 특약이 있는 경우의 소유권이전에 따른 지역권 말소 357

승역지

【 을 구 】	(소유권 이외의 권리에 관한 사항)			
순위번호	등 기 목 적	접 수	등 기 원 인	권 리 자 및 기 타 사 항
2	1번지역권설정 등기말소	2019년3월5일 제3005호	2019년3월4일 요역지의 소유권 이전	

(주) 요역지의 지역권 말소의 기록방법에 관하여는 포기를 원인으로 한 말소의 경우와 동일함.

제3절 전세권에 관한 등기

1. 전세권설정

가. 전세권설정 358

【 을 구 】	(소유권 이외의 권리에 관한 사항)			
순위번호	등 기 목 적	접 수	등 기 원 인	권 리 자 및 기 타 사 항
1	전세권설정	2019년3월5일 제3005호	2019년3월5일 설정계약	전세금 금50,000,000원 범 위 건물 전부 존속기간 2019년3월5일부터 2020년3월4일까지 전세권자 최민국 680703-1562316 서울특별시 마포구 마포대로11가길 25(염리동)

(주) 1. 존속기간은 약정이 있는 경우에 등기한다.
2. 존속기간은
가. 연월일부터 연월일까지
나. 연월일부터 몇 년간
다. 연월일까지를 각 기록할 수 있다.

나. 일부 전세권 설정 359

【 을 구 】	(소유권 이외의 권리에 관한 사항)			
순위번호	등 기 목 적	접 수	등 기 원 인	권 리 자 및 기 타 사 항
1	전세권설정	2019년3월5일 제3005호	2019년3월5일 설정계약	전세금 금30,000,000원 범 위 건물 2층 전부 존속기간 2019년3월5일부터 2020년3월4일까지 전세권자 최민국 680703-1562316 서울특별시 마포구 마포대로11가길 25(염리동)

(주) 1. 토지나 건물의 특정부분이 아닌 공유지분에 대하여는 전세권을 설정할 수 없다.
2. 전세권설정이나 전전세의 범위가 부동산의 일부인 경우에는 그 부분을 표시한 도면의 번호를 기록한다.
3. 전세권의 범위가 특정 층의 전부인 경우에는 도면을 첨부할 필요가 없다.

다. 전세권의 처분제한에 관한 특약이 있는 경우(민법 제306조 단서) 360

【 을 구 】	(소유권 이외의 권리에 관한 사항)			
순위번호	등 기 목 적	접 수	등 기 원 인	권 리 자 및 기 타 사 항
1	전세권설정	2019년3월5일 제3005호	2019년3월5일 설정계약	전세금 금100,000,000원 범 위 건물 전부 존속기간 2019년3월5일부터 2020년3월4일까지 특약 전세권자는 전세권설정자의 승낙없이 전세권을 타인에게 양도, 담보제공, 전전세 또는 임대하지 못한다. 전세권자 최민국 680703-1562316 서울특별시 마포구 마포대로11가길 25(염리동)

2. 전전세 361

【 을 구 】	(소유권 이외의 권리에 관한 사항)			
순위번호	등 기 목 적	접 수	등 기 원 인	권 리 자 및 기 타 사 항
1	전세권설정	2018년3월9일 제1103호	2018년3월9일 설정계약	전세금 금50,000,000원 범 위 건물 전부 존속기간 2018년3월9일부터 2021년3월8일까지 전세권자 정다운 721205-1352121 서울특별시 종로구 인사동6길 5 (인사동)
1-1	1번전세권전전세권설정	2018년9월4일 제8217호	2018년9월4일 전전세권설정계약	전전세금 금50,000,000원 범 위 건물 전부 존속기간 2018년9월4일부터 2019년9월3일까지 전전세권자 김한울 650422-1045115 서울특별시 종로구 율곡로 16 (원서동)

3. 전세권이전

가. 전부이전 362

【 을 구 】 (소유권 이외의 권리에 관한 사항)				
순위번호	등 기 목 적	접 수	등 기 원 인	권 리 자 및 기 타 사 항
1	전세권설정	2018년3월4일 제1009호	2018년3월4일 설정계약	전세금 금50,000,000원 범 위 건물 전부 ~~전세권자 정다운 721205-1352121~~ ~~서울특별시 종로구 인사동6길 5(인사동)~~
1-1	1번전세권이전	2018년9월3일 제9098호	2018년9월2일 매매	전세권자 김한울 650422-1045115 서울특별시 종로구 율곡로 16 (원서동)

(주) 1번 전세권자를 말소하는 표시를 한다.

나. 전세금반환채권의 일부양도에 따른 전세권 일부이전 363

【 을 구 】 (소유권 이외의 권리에 관한 사항)				
순위번호	등 기 목 적	접 수	등 기 원 인	권 리 자 및 기 타 사 항
1	전세권설정	2019년3월4일 제1009호	2019년3월4일 설정계약	전세금 금50,000,000원 범 위 건물 전부 전세권자 정다운 721205-1352121 서울특별시 종로구 인사동6길 5 (인사동)
1-1	1번전세권일부 이전	2019년9월3일 제9098호	2019년9월2일 전세금반환채권 일부양도	양도액 금30,000,000원 전세권자 김한울 650422-1045115 서울특별시 종로구 율곡로 16 (원서동)

(주) 1. 전세금반환채권의 일부양도에 따른 전세권 일부이전등기에 관한 기록례이다(법 제73조).
2. 위 등기신청은 전세권의 존속기간이 만료된 후 또는 존속기간의 만료 전이라도 해당 전세권이 소멸하였음을 증명하여 신청하는 경우에만 가능하다.

4. 전세권변경

가. 존속기간 등의 변경(경정) 364

【 을 구 】 (소유권 이외의 권리에 관한 사항)

순위번호	등 기 목 적	접 수	등 기 원 인	권 리 자 및 기 타 사 항
1	전세권설정	(생략)	(생략)	(생략)
1-1	1번전세권변경 (또는 경정)	2019년3월5일 제3005호	2019년3월4일 변경계약(또는 신청착오)	존속기간 2019년3월5일부터 2020년3월4일까지

(주) 1. 변경 전의 존속기간을 말소하는 표시를 한다.
2. 등기상 이해관계 있는 제3자의 승낙을 증명하는 정보 또는 이에 대항할 수 있는 재판이 있음을 증명하는 정보를 제공한 경우에 한하여 부기등기로 한다.

나. 법정갱신 365

【 을 구 】 (소유권 이외의 권리에 관한 사항)

순위번호	등 기 목 적	접 수	등 기 원 인	권 리 자 및 기 타 사 항
1	전세권설정	2016년3월9일 제1103호	2016년3월9일 설정계약	전세금 금50,000,000원 범 위 건물 전부 ~~존속기간 2016년3월9일부터~~ ~~2018년3월8일까지~~ 전세권자 정다운 721205-1352121 서울특별시 종로구 인사동6길 5 (인사동)
1-1	1번전세권변경	2018년5월2일 제2101호	2018년3월9일 법정갱신	

(주) 1. 전세권이 법정갱신되면 그 존속기간은 정함이 없는 것이므로, 등기관이 법정갱신을 원인으로 전세권변경등기를 할 때에는 존속기간을 기록하지 않고 종전의 존속기간을 말소하는 표시만을 하게 된다. 따라서 전세권변경등기를 신청할 때에 신청정보 중 변경할 사항으로는 변경하고자 하는 전세권을 특정하여 그 등기사항 중 존속기간을 말소한다는 뜻을 제공하고(예: 2016년 3월 9일 접수 제1103호로 마친 전세권 등기사항 중 존속기간을 말소함), 등기원인은 '법정갱신'으로, 그 연월일은 '등기된 존속기간 만료일의 다음날'로 제공하여야 한다.
2. 등기상 이해관계 있는 제3자가 있으나 그의 승낙이 없어 변경등기를 주등기로 하는 경우에는 등기관이 종전의 존속기간을 말소하는 표시를 하지 않으므로, 변경할 사항이 없다는 뜻을 신청정보의 내용으로 등기소에 제공하여야 한다.
3. 법정갱신을 원인으로 전세권변경등기를 신청할 때에는 일반적인 첨부정보 외에 등기원인을 증명하는 정보로서 건물의 전세권설정자가 갱신거절의 통지 등을 하지 않아 법정갱신되었음을 소명하는 정보(예: 전세권설정자가 작성한 확인서)를 제공하여야 한다(2018. 5. 18. 부동산등기과 – 1158 질의회답 참조).

다. 전세금의 변경

1) 전세권을 목적으로 하는 권리에 관한 등기 또는 전세권에 대한 처분제한의 등기가 없는 경우

가) 전세금 증액의 변경등기 366

【 을 구 】	(소유권 이외의 권리에 관한 사항)			
순위번호	등 기 목 적	접 수	등 기 원 인	권 리 자 및 기 타 사 항
1	전세권설정	2018년2월2일 제100호	2018년2월1일 설정계약	전세금 금100,000,000원 범 위 건물의 전부 존속기간 2018년2월2일부터 2020년2월1일까지 전세권자 배현정 890703-2567891 서울특별시 서초구 명달로 17-3
2	근저당권설정	(생략)	(생략)	(생략)
3	1번전세권변경	2018년4월2일 제300호	2018년4월1일 변경계약	~~전세금 금200,000,000원~~
3-1	3번전세권변경	2019년2월8일 제120호	2019년2월7일 변경계약	전세금 금300,000,000원

(주) 1. 순위번호 2번 근저당권자의 승낙이 없어 순위번호 3번 주등기로 전세금을 증액하는 변경등기를 마친 후, 다시 그 전세금을 증액하는 변경등기를 할 때의 기록례이다.
2. 등기상 이해관계 있는 제3자가 없으므로 변경등기는 순위번호 3번의 주등기에 부기로 한다.

【 을 구 】		(소유권 이외의 권리에 관한 사항)		
순위번호	등 기 목 적	접 수	등 기 원 인	권 리 자 및 기 타 사 항
1	전세권설정	2018년2월2일 제100호	2018년2월1일 설정계약	전세금 금100,000,000원 범 위 건물의 전부 존속기간 2018년2월2일부터 2020년2월1일까지 전세권자 배현정 890703-2567891 서울특별시 서초구 명달로 17-3
2	근저당권설정	(생략)	(생략)	(생략)
3	1번전세권변경	2018년4월2일 제300호	2018년4월1일 변경계약	~~전세금 금200,000,000원~~
3-1	3번전세권변경	2019년2월8일 제120호	2019년2월7일 변경계약	전세금 금300,000,000원
4	근저당권설정	(생략)	(생략)	(생략)

(주) 1. 순위번호 2번 근저당권자의 승낙이 없어 순위번호 3번 주등기로 전세금을 증액하는 변경등기를 마친 후, 다시 그 전세금을 증액하는 변경등기를 할 때의 기록례이다.
2. 등기상 이해관계 있는 제3자(순위번호 4번 근저당권자)의 승낙이 있는 때에는 변경등기를 순위번호 3번의 주등기에 부기로 한다.

【 을 구 】		(소유권 이외의 권리에 관한 사항)		
순위번호	등 기 목 적	접 수	등 기 원 인	권 리 자 및 기 타 사 항
1	전세권설정	2018년2월2일 제100호	2018년2월1일 설정계약	전세금 금100,000,000원 범 위 건물의 전부 존속기간 2018년2월2일부터 2020년2월1일까지 전세권자 배현정 890703-2567891 서울특별시 서초구 명달로 17-3
2	근저당권설정	(생략)	(생략)	(생략)
3	1번전세권변경	2018년4월2일 제300호	2018년4월1일 변경계약	전세금 금200,000,000원
4	근저당권설정	(생략)	(생략)	(생략)
5	1번전세권변경	2019년2월8일 제120호	2019년2월7일 변경계약	전세금 금300,000,000원

(주) 1. 순위번호 2번 근저당권자의 승낙이 없어 순위번호 3번 주등기로 전세금을 증액하는 변경등기를 마친 후, 다시 그 전세금을 증액하는 변경등기를 할 때의 기록례이다.
2. 등기상 이해관계 있는 제3자(순위번호 4번 근저당권자)의 승낙이 없는 때에는 변경등기를 주등기로 한다.

나) 전세금 감액의 변경등기

(1) 원래의 전세금보다 많은 금액으로 전세금을 감액하는 경우 367

【 을 구 】		(소유권 이외의 권리에 관한 사항)		
순위번호	등 기 목 적	접 수	등 기 원 인	권 리 자 및 기 타 사 항
1	전세권설정	2018년2월2일 제100호	2018년2월1일 설정계약	전세금 금100,000,000원 범 위 건물의 전부 존속기간 2018년2월2일부터 2020년2월1일까지 전세권자 배현정 890703-2567891 서울특별시 서초구 명달로 17-3
2	근저당권설정	(생략)	(생략)	(생략)
3	1번전세권변경	2018년4월2일 제300호	2018년4월1일 변경계약	~~전세금 금200,000,000원~~
3-1	3번전세권변경	2019년2월8일 제120호	2019년2월7일 변경계약	전세금 금150,000,000원

(주) 1. 순위번호 2번 근저당권자의 승낙이 없어 순위번호 3번 주등기로 전세금을 증액하는 변경등기를 마친 이후, 그 전세금을 원래의 전세금보다 많은 금액으로 감액하는 변경등기를 할 때의 기록례이다.
2. 변경등기는 순위번호 3번의 주등기에 부기로 한다.

(2) 원래의 전세금보다 적거나 같은 금액으로 전세금을 감액하는 경우 368

【 을 구 】		(소유권 이외의 권리에 관한 사항)		
순위번호	등 기 목 적	접 수	등 기 원 인	권 리 자 및 기 타 사 항
1	전세권설정	2018년2월2일 제100호	2018년2월1일 설정계약	~~전세금 금100,000,000원~~ 범 위 건물의 전부 존속기간 2018년2월2일부터 2020년2월1일까지 전세권자 배현정 890703-2567891 서울특별시 서초구 명달로 17-3
1-1	1번전세권변경	2019년2월8일 제120호	2019년2월7일 변경계약	전세금 금50,000,000원
2	근저당권설정	(생략)	(생략)	(생략)
~~3~~	~~1번전세권변경~~	~~2018년4월2일~~ ~~제300호~~	~~2018년4월1일~~ ~~변경계약~~	~~전세금 금200,000,000원~~
4	3번전세권변경 등기말소			1-1번 전세권변경등기로 인하여 2019년2월8일 등기

(주) 1. 순위번호 2번 근저당권자의 승낙이 없어 순위번호 3번 주등기로 전세금을 증액하는 변경등기를 마친 이후, 그 전세금을 원래의 전세금보다 적은 금액으로 감액하는 변경등기를 할 때의 기록례이다.
2. 변경등기는 순위번호 1번의 주등기에 부기로 하고, 순위번호 3번의 변경등기를 직권으로 말소한다.

2) 전세권을 목적으로 하는 권리에 관한 등기 또는 전세권에 대한 처분제한의 등기가 있는 경우

가) 전세금 증액의 변경등기 369

【 을 구 】	(소유권 이외의 권리에 관한 사항)			
순위번호	등 기 목 적	접 수	등 기 원 인	권 리 자 및 기 타 사 항
1	전세권설정	2018년2월2일 제100호	2018년2월1일 설정계약	~~전세금 금100,000,000원~~ 범 위 건물의 전부 존속기간 2018년2월2일부터 2020년2월1일까지 전세권자 배현정 890703-2567891 서울특별시 서초구 명달로 17-3
1-1	1번전세권 근저당권설정	2018년4월2일 제300호	2018년4월1일 설정계약	채권최고액 금 50,000,000원 채무자 배현정 서울특별시 서초구 명달로 17-3 근저당권자 강탁 841102-1234567 서울특별시 강남구 강남대로5 9-1
1-2	1번전세권변경	2019년2월8일 제120호	2019년2월7일 변경계약	전세금 금200,000,000원

나) 전세금 감액의 변경등기 370

【 을 구 】	(소유권 이외의 권리에 관한 사항)			
순위번호	등 기 목 적	접 수	등 기 원 인	권 리 자 및 기 타 사 항
1	전세권설정	2018년2월2일 제100호	2018년2월1일 설정계약	~~전세금 금100,000,000원~~ 범 위 건물의 전부 존속기간 2018년2월2일부터 2020년2월1일까지 전세권자 배현정 890703-2567891 서울특별시 서초구 명달로 17-3
1-1	1번전세권 근저당권설정	2018년4월2일 제300호	2018년4월1일 설정계약	채권최고액 금 50,000,000원 채무자 배현정 서울특별시 서초구 명달로 17-3 근저당권자 강탁 841102-1234567 서울특별시 강남구 강남대로5 9-1
1-2	1번전세권변경	2019년2월8일 제120호	2019년2월7일 변경계약	전세금 금50,000,000원

(주) 전세권설정등기 후 그 전세권을 목적으로 하는 근저당권설정등기 또는 그 전세권에 대한 가압류등기 등이 있는 상태에서 전세금을 감액하는 변경등기를 하는 때에 그 근저당권자 또는 가압류권자 등은 등기상 이해관계 있는 제3자에 해당하므로 그의 승낙이 있으면 그 변경등기를 전세권설정등기에 부기로 하고, 그의 승낙이 없으면 그 변경등기를 할 수 없다.

라. 특약사항 등을 폐기하는 경우 371

【 을 구 】	(소유권 이외의 권리에 관한 사항)			
순위번호	등 기 목 적	접 수	등 기 원 인	권 리 자 및 기 타 사 항
1	전세권설정	(생략)	(생략)	(생략)
1-1	1번전세권변경	2019년3월5일 제3005호	2019년3월4일 변경계약	특약사항 폐기

5. 전세권말소

가. 해지 372

【 을 구 】	(소유권 이외의 권리에 관한 사항)			
순위번호	등 기 목 적	접 수	등 기 원 인	권 리 자 및 기 타 사 항
~~1~~	~~전세권설정~~	~~(생략)~~	~~(생략)~~	~~(생략)~~
2	1번전세권설정등기말소	2019년3월5일 제3005호	2019년3월4일 해지	

나. 소멸청구 373

【 을 구 】	(소유권 이외의 권리에 관한 사항)			
순위번호	등 기 목 적	접 수	등 기 원 인	권 리 자 및 기 타 사 항
2	1번전세권설정 등기말소	2019년3월5일 제3005호	2019년3월4일 소멸	

(주) 소멸통고의 경우에도 같은 양식으로 기록한다.

다. 전전세권등기말소

1) 해지 374

【 을 구 】	(소유권 이외의 권리에 관한 사항)			
순위번호	등 기 목 적	접 수	등 기 원 인	권 리 자 및 기 타 사 항
1	전세권설정	(생략)	(생략)	(생략)
~~1-1~~	~~1번전세권~~ ~~전전세권설정~~	~~2017년10월5일~~ ~~제5500호~~	~~2017년10월4일~~ ~~전전세권설정~~ ~~계약~~	~~전전세금 금30,000,000원~~ ~~범 위 건물 전부~~ ~~존속기간 2018년10월3일까지~~ ~~전전세권자 김한울 650422-1045115~~ ~~서울특별시 종로구 율곡로 16~~ ~~(원서동)~~
2	1-1번전세권 전전세권설정 등기말소	2018년10월3일 제4300호	2018년10월2일 해지	

2) 전세권설정등기의 말소로 인한 경우 375

【 을 구 】	(소유권 이외의 권리에 관한 사항)			
순위번호	등 기 목 적	접 수	등 기 원 인	권 리 자 및 기 타 사 항
~~1~~	~~전세권설정~~	~~(생략)~~	~~(생략)~~	~~(생략)~~
~~1-1~~	~~1번전세권 전전세권설정~~	~~(생략)~~	~~(생략)~~	~~(생략)~~
2	1-1번전세권 전전세권설정 등기말소			1번 전세권설정등기의 말소로 인하여 2019년3월27일 등기
3	1번전세권설정 등기말소	2019년3월27일 제391호	2019년3월26일 해지	

(주) 전전세권자의 승낙을 증명하는 정보 또는 이에 대항할 수 있는 재판이 있음을 증명하는 정보를 제공하여야 한다.

라. 전세권이전의 부기등기가 되어 있는 전세권등기의 말소 376

【 을 구 】	(소유권 이외의 권리에 관한 사항)			
순위번호	등 기 목 적	접 수	등 기 원 인	권 리 자 및 기 타 사 항
~~1~~	~~전세권설정~~	~~2018년10월2일 제5062호~~	~~2018년10월1일 설정계약~~	~~전세금 금50,000,000원~~ ~~범 위 건물 전부~~ ~~존속기간 설정계약일로부터 2년간~~ ~~전세권자 김한울 650422-1045115 서울특별시 종로구 율곡로 10 (원서동)~~
~~1-1~~	~~1번전세권이전~~	~~2018년12월8일 제9082호~~	~~2018년12월7일 매매~~	~~전세권자 이거래 750614-1035852 서울특별시 종로구 창덕궁길 100 (계동)~~
2	1번전세권설정 등기말소	2019년5월2일 제3068호	2019년4월30일 해지	

(주) 1. 1번 전세권 등기와 1-1번 전세권 이전등기를 말소하는 표시를 한다.
2. 이전된 전세권의 이전원인을 해제하고 종전 전세권자를 회복하는 경우의 기록례는 339항에 준한다.

제4절 임차권에 관한 등기

1. 임차권설정

가. 임차권설정 377

【 을 구 】	(소유권 이외의 권리에 관한 사항)			
순위번호	등 기 목 적	접 수	등 기 원 인	권 리 자 및 기 타 사 항
2	임차권설정	2019년3월5일 제3005호	2019년3월4일 설정계약	임차보증금 금20,000,000원 차 임 월 금500,000원 차임지급시기 매월 말일 존속기간 2019년3월5일부터 2020년3월4일까지 임차권자 김한울 650422-1045115 서울특별시 종로구 율곡로 16 (원서동)

(주) 1. 임차보증금, 차임지급시기 및 존속기간 등은 이에 관한 약정이 있는 경우에만 등기한다.
2. 임차권의 양도 또는 임차물의 전대에 대한 임대인의 동의가 있을 때에는 이를 기록하여야 한다(법 제74조).
3. 부동산의 일부가 임대차의 목적인 경우에는 그 부분을 표시한 지적도나 건물의 도면을 첨부정보로 제공하여야 하나, 임대차의 목적 범위가 건물 특정 층의 전부인 경우에는 그렇지 않다.

나. 처분능력(또는 권한)없는 자의 임차권설정 378

【 을 구 】	(소유권 이외의 권리에 관한 사항)			
순위번호	등 기 목 적	접 수	등 기 원 인	권 리 자 및 기 타 사 항
2	임차권설정	2019년3월5일 제3005호	2019년3월4일 설정계약	임차보증금 금20,000,000원 차 임 월 금100,000원 차임지급시기 매월 말일 존속기간 [(처분능력 (또는 권한) 없는 자에 의한 단기 임대차)] 2019년3월5일부터 2021년3월4일까지 임차권자 김한울 650422-1045115 서울특별시 종로구 율곡로 16 (원서동)

(주) 처분능력(또는 권한) 없는 자에 의한 임차권 설정등기의 경우에는 존속기간 다음에 ( )안에 "처분능력(또는 권한) 없는 자에 의한 단기 임대차"라고 기록한다.

다. 신청에 따른 주택(상가건물) 임차권설정

1) 주택의 전부 379

【 을 구 】	(소유권 이외의 권리에 관한 사항)			
순위번호	등 기 목 적	접 수	등 기 원 인	권 리 자 및 기 타 사 항
2	주택임차권설정	2019년3월12일 제100호	2019년3월2일 설정계약	임차보증금 금30,000,000원 차 임 월 금100,000원 차임지급시기 매월 말일 범 위 주택 전부 존속기간 2019년3월5일부터 2021년3월4일까지 주민등록일자 2019년3월5일 점유개시일자 2019년3월5일 확정일자 2019년3월5일 임차권자 김한울 650422-1045115 서울특별시 종로구 율곡로 16 (원서동)

(주) 주택임대차보호법 제3조의4 제2항의 규정에 의하여 임차인이 대항력 또는 우선변제권을 갖추고 임대인과 공동으로 임차권설정등기를 신청하는 경우이다.

2) 주택의 일부 380

【 을 구 】	(소유권 이외의 권리에 관한 사항)			
순위번호	등 기 목 적	접 수	등 기 원 인	권 리 자 및 기 타 사 항
2	주택임차권설정	2019년3월12일 제100호	2019년3월2일 설정계약	임차보증금 금30,000,000원 차 임 월 금100,000원 차임지급시기 매월 말일 범 위 주택 2층 전부 존속기간 2019년3월5일부터 2021년3월4일까지 주민등록일자 2019년3월5일 점유개시일자 2019년3월5일 확정일자 2019년3월5일 임차권자 김한울 650422-1045115 서울특별시 종로구 율곡로 16 (원서동)

3) 상가건물의 전부 381

【 을 구 】	(소유권 이외의 권리에 관한 사항)			
순위번호	등 기 목 적	접 수	등 기 원 인	권 리 자 및 기 타 사 항
2	상가건물임차권 설정	2018년11월10일 제51000호	2018년11월5일 설정계약	임차보증금 금30,000,000원 차 임 월 금100,000원 차임지급시기 매월 말일 범 위 상가건물 전부 존속기간 2018년11월7일부터 2020년11월6일까지 사업자등록신청일자 2018년11월7일 점유개시일자 2018년11월7일 확정일자 2018년11월7일 임차권자 김한울 650422-1045115 서울특별시 종로구 율곡로 16 (원서동)

4) 상가건물의 일부 382

【 을 구 】	(소유권 이외의 권리에 관한 사항)			
순위번호	등 기 목 적	접 수	등 기 원 인	권 리 자 및 기 타 사 항
2	상가건물임차권 설정	2018년11월10일 제51000호	2018년11월5일 설정계약	임차보증금 금30,000,000원 차 임 월 금100,000원 차임지급시기 매월 말일 범 위 상가건물 2층 전부 존속기간 2018년11월7일부터 2020년11월6일까지 사업자등록신청일자 2018년11월7일 점유개시일자 2018년11월7일 확정일자 2018년11월7일 임차권자 김갑돌 551004-1035789 서울특별시 서초구 서초로 123

라. 임차권등기명령에 따른 주택(상가건물) 임차권등기

1) 주택의 전부 383

【 을 구 】	(소유권 이외의 권리에 관한 사항)			
순위번호	등 기 목 적	접 수	등 기 원 인	권 리 자 및 기 타 사 항
2	주택임차권	2019년3월12일 제100호	2019년3월8일 서울중앙지방법원의 임차권등기명령(2019카기123)	임차보증금 금30,000,000원 차 임 월 금100,000원 범 위 주택 전부 임대차계약일자 2017년3월2일 주민등록일자 2017년3월5일 점유개시일자 2017년3월6일 확정일자 2017년3월5일 임차권자 김한울 650422-1045115 서울특별시 종로구 율곡로 16 (원서동)

(주) 1. 차임이 없는 경우에는 기록하지 아니한다.
2. 전세권자와 임차권자가 같을 때에도 임차권등기명령에 의한 등기가 가능하다.

2) 주택의 일부 384

【 을 구 】	(소유권 이외의 권리에 관한 사항)			
순위번호	등 기 목 적	접 수	등 기 원 인	권 리 자 및 기 타 사 항
2	주택임차권	2019년3월12일 제100호	2019년3월8일 서울중앙지방법원의 임차권등기명령(2019카기123)	임차보증금 금30,000,000원 차 임 월 금100,000원 범 위 주택 2층 전부 임대차계약일자 2017년3월2일 주민등록일자 2017년3월5일 점유개시일자 2017년3월6일 확정일자 2017년3월5일 임차권자 김한울 650422-1045115 서울특별시 종로구 율곡로 16 (원서동)

3) 상가건물의 전부 385

【 을 구 】		(소유권 이외의 권리에 관한 사항)		
순위번호	등 기 목 적	접 수	등 기 원 인	권 리 자 및 기 타 사 항
2	상가건물임차권	2018년11월10일 제51000호	2018년11월5일 서울중앙지방법원의 임차권등기명령(2018카기932)	임차보증금 금30,000,000원 차 임 월 금100,000원 범 위 상가건물 전부 임대차계약일자 2016년11월10일 사업자등록신청일자 2016년11월7일 점유개시일자 2016년11월11일 확정일자 2016년11월11일 임차권자 김한울 650422-1045115 서울특별시 종로구 율곡로 16 (원서동)

4) 상가건물의 일부 386

【 을 구 】		(소유권 이외의 권리에 관한 사항)		
순위번호	등 기 목 적	접 수	등 기 원 인	권 리 자 및 기 타 사 항
2	상가건물임차권	2018년11월10일 제51000호	2018년11월5일 서울중앙지방법원의 임차권등기명령(2018카기932)	임차보증금 금30,000,000원 차 임 월 금100,000원 범 위 상가건물 2층 전부 임대차계약일자 2016년11월10일 사업자등록신청일자 2016년11월7일 점유개시일자 2016년11월11일 확정일자 2016년11월11일 임차권자 김한울 650422-1045115 서울특별시 종로구 율곡로 16 (원서동)

5) 미등기 주택(상가건물)에 대한 등기명령에 의한 경우 387

【 갑 구 】	(소유권에 관한 사항)			
순위번호	등 기 목 적	접 수	등 기 원 인	권 리 자 및 기 타 사 항
1	소유권보존			소유자 정다운 721205-1352121 서울특별시 종로구 인사동6길 5 (인사동) 임차권등기의 촉탁으로 인하여 2019년3월12일 등기

【 을 구 】	(소유권 이외의 권리에 관한 사항)			
순위번호	등 기 목 적	접 수	등 기 원 인	권 리 자 및 기 타 사 항
1	주택(상가건물) 임차권	2019년3월12일 제100호	2019년3월8일 서울중앙지방법원 의 임차권등기 명령(2019카기 123)	임차보증금 금30,000,000원 차 임 월 금100,000원 범 위 주택(상가건물) 전부 임대차계약일자 2018년3월2일 주민등록일자(사업자등록신청일자) 2018년3월5일 점유개시일자 2018년3월6일 확정일자 2018년3월5일 임차권자 김한울 650422-1045115 서울특별시 종로구 율곡로 16 (원서동)

6) 채권자대위 신청에 따른 임차권등기명령에 의한 경우 388

【 을 구 】		(소유권 이외의 권리에 관한 사항)		
순위번호	등 기 목 적	접 수	등 기 원 인	권 리 자 및 기 타 사 항
2	주택임차권	2019년3월12일 제100호	2019년3월8일 서울중앙지방법원의 임차권등기명령(2019카기123)	임차보증금 금30,000,000원 차 임 월 금100,000원 범 위 주택 전부 임대차계약일자 2017년3월2일 주민등록일자 2017년3월5일 점유개시일자 2017년3월6일 확정일자 2017년3월5일 임차권자 김한울 650422-1045115 서울특별시 종로구 율곡로 16 (원서동)
				대위자 주식회사 대한은행 서울특별시 중구 남대문로 88 (을지로2가) 대위원인 2018년 12월 18일 보증금반환채권의 양수

(주) 채권자가 임차권자인 채무자를 대위하여 임차권등기명령을 신청하고, 그에 따른 임차권등기명령 촉탁이 있을 경우의 기록례이다.

7) 주택(상가건물) 임차권등기 전에 임차보증금이 변경된 경우 389

【 을 구 】	(소유권 이외의 권리에 관한 사항)			
순위번호	등 기 목 적	접 수	등 기 원 인	권 리 자 및 기 타 사 항
2	주택임차권	2019년3월12일 제100호	2019년3월8일 서울중앙지방법원 의 임차권등기 명령(2019카기 123)	임차보증금 (1) 금30,000,000원 (2) 금35,000,000원 차 임 월 금100,000원 범 위 주택 전부 임대차계약일자 (1) 2015년3월2일 (2) 변경 2017년3월1일 주민등록일자 2015년3월5일 점유개시일자 2015년3월6일 확정일자 (1) 2015년3월5일 (2) 변경 2017년3월2일 임차권자 김한울 650422-1045115 서울특별시 종로구 율곡로 16 (원서동)

(주) 임차보증금이 변경된 경우에는 변경 전후의 임차보증금, 계약일자 및 확정일자를 각각 기록하되, 수차 변경된 경우에는 변경된 횟수만큼 순차번호[(1), (2), (3), ・・・]를 부여하여 이를 기록한다.

마. 지상권을 목적으로 하는 임차권 설정 390

【 을 구 】	(소유권 이외의 권리에 관한 사항)			
순위번호	등 기 목 적	접 수	등 기 원 인	권 리 자 및 기 타 사 항
1	지상권설정	(생략)	(생략)	(생략)
1-1	1번지상권임차권 설정	2019년5월3일 제5030호	2019년5월2일 설정계약	임차보증금 금20,000,000원 차 임 월 금500,000원 차임지급시기 매월 말일 존속기간 2019년5월2일부터 2020년5월1일까지 임차권자 김한울 650422-1045115 서울특별시 종로구 율곡로 16 (원서동)

(주) 지상권을 목적으로 하는 임차권 설정등기는 부기등기로 한다.

2. 임차권전대 391

【 을 구 】	(소유권 이외의 권리에 관한 사항)			
순위번호	등 기 목 적	접 수	등 기 원 인	권 리 자 및 기 타 사 항
1	임차권설정	(생략)	(생략)	(생략)
1-1	1번임차권전대	2019년3월5일 제3005호	2019년3월4일 전대계약	임차보증금 금20,000,000원 차 임 월 금500,000원 차임지급시기 매월 말일 존속기간 2019년3월4일부터 2020년3월3일까지 전차권자 김한울 650422-1045115 서울특별시 종로구 율곡로 16 (원서동)

3. 임차권이전

가. 매매로 인한 이전 392

【 을 구 】	(소유권 이외의 권리에 관한 사항)			
순위번호	등 기 목 적	접 수	등 기 원 인	권 리 자 및 기 타 사 항
1	임차권설정	(생략)	(생략)	(생략)
1-1	1번임차권이전	2019년3월5일 제3005호	2019년3월4일 매매	임차권자 김한울 650422-1045115 서울특별시 종로구 율곡로 16 (원서동)

(주) 양도한 임차권자의 표시를 말소하는 표시를 하여야 한다.

나. 상속으로 인한 이전 393

【 을 구 】	(소유권 이외의 권리에 관한 사항)			
순위번호	등 기 목 적	접 수	등 기 원 인	권 리 자 및 기 타 사 항
1-1	1번임차권이전	2019년5월3일 제5030호	2019년5월2일 상속	임차권자 지분 2분의 1 김한울 650422-1045115 서울특별시 종로구 율곡로 16 (원서동) 지분 2분의 1 정다운 721205-1352121 서울특별시 종로구 인사동6길 5 (인사동)

4. 임차권변경

가. 존속기간의 변경 394

【 을 구 】	(소유권 이외의 권리에 관한 사항)			
순위번호	등 기 목 적	접 수	등 기 원 인	권 리 자 및 기 타 사 항
1-1	1번임차권변경	2019년3월5일 제3005호	2019년3월2일 변경계약	존속기간 2018년3월4일부터 2020년3월3일까지

(주) 1. 변경 전의 존속기간을 말소하는 표시를 한다.
2. 등기상 이해관계인이 있는 경우에는 그의 승낙을 증명하는 정보 또는 이에 대항할 수 있는 재판이 있음을 증명하는 정보를 제공한 때에 한하여 부기등기로 한다.

나. 임차보증금의 변경 395

【 을 구 】	(소유권 이외의 권리에 관한 사항)			
순위번호	등 기 목 적	접 수	등 기 원 인	권 리 자 및 기 타 사 항
1-1	1번임차권변경	2019년3월5일 제3010호	2019년3월2일 변경계약	임차보증금 금200,000,000원

(주) 394항(주) 참조.

다. 차임변경(경정)

1) 임차권의 차임변경 396

【 을 구 】		(소유권 이외의 권리에 관한 사항)		
순위번호	등 기 목 적	접 수	등 기 원 인	권 리 자 및 기 타 사 항
1-1	1번임차권변경	2019년3월5일 제3005호	2019년3월4일 변경계약	차 임 월 금500,000원

(주) 1. 변경 전의 차임을 말소하는 표시를 한다.
2. 등기상 이해관계인이 있는 경우에는 그의 승낙을 증명하는 정보 또는 그에 대항할 수 있는 재판이 있음을 증명하는 정보를 제공한 때에 한하여 부기등기로 한다.

2) 이전한 임차권의 차임 변경 397

【 을 구 】		(소유권 이외의 권리에 관한 사항)		
순위번호	등 기 목 적	접 수	등 기 원 인	권 리 자 및 기 타 사 항
1	임차권설정	(생략)	(생략)	(생략)
1-1	1번임차권이전	(생략)	(생략)	(생략)
1-2	1번임차권변경	2019년3월5일 제3005호	2019년3월4일 변경계약	차 임 월 금500,000원

(주) 396항의 (주)참조.

3) 차임경정 398

【 을 구 】		(소유권 이외의 권리에 관한 사항)		
순위번호	등 기 목 적	접 수	등 기 원 인	권 리 자 및 기 타 사 항
1-1	1번임차권경정	2019년3월5일 제5055호	2019년2월3일 신청착오	차 임 월 금100,000원

(주) 396항의 (주)참조.

라. 전차권변경(경정)

1) 특약사항 추가 399

【 을 구 】		(소유권 이외의 권리에 관한 사항)		
순위번호	등 기 목 적	접 수	등 기 원 인	권 리 자 및 기 타 사 항
1-1-1	1-1번전차권변경	2019년3월5일 제3005호	2019년3월4일 변경계약	특약 양도, 전대할 수 있다

2) 특약사항의 유루에 의한 경정 400

【 을 구 】		(소유권 이외의 권리에 관한 사항)		
순위번호	등 기 목 적	접 수	등 기 원 인	권 리 자 및 기 타 사 항
1-1-1	1-1번전차권경정	2019년3월5일 제3005호	유루	특약 양도, 전대할 수 있다

5. 임차권말소

가. 임차권설정등기 말소 401

【 을 구 】		(소유권 이외의 권리에 관한 사항)		
순위번호	등 기 목 적	접 수	등 기 원 인	권 리 자 및 기 타 사 항
~~1~~	~~임차권설정~~	~~(생략)~~	~~(생략)~~	~~(생략)~~
2	1번임차권설정 등기말소	2019년3월5일 제3005호	2019년3월4일 해지(또는 포기)	

(주) 존속기간의 만료로 인한 경우에는 그 원인을 존속기간 만료로 한다.

나. 전차권설정등기 말소 402

【 을 구 】		(소유권 이외의 권리에 관한 사항)		
순위번호	등 기 목 적	접 수	등 기 원 인	권 리 자 및 기 타 사 항
1	임차권설정	(생략)	(생략)	(생략)
~~1-1~~	~~1번임차권전대~~	~~(생략)~~	~~(생략)~~	~~(생략)~~
2	1-1번전차권설정 등기말소	2019년3월5일 제3005호	2019년3월4일 해지(또는 포기, 존속기간 만료)	

(주) 전차권등기의 말소도 주등기로 한다.

다. 전차권의 등기가 되어 있는 임차권설정등기 말소 403

【 을 구 】	(소유권 이외의 권리에 관한 사항)			
순위번호	등 기 목 적	접 수	등 기 원 인	권 리 자 및 기 타 사 항
2	1-1번전차권설정 등기말소			1번 임차권설정등기말소로 인하여 2019년3월5일 등기
3	1번임차권설정 등기말소	2019년3월5일 제3005호	2019년3월4일 해지(또는 포기, 존속기간 만료)	

(주) 말소에 대하여 등기상 이해관계 있는 제3자가 존재하는 경우에는 그의 승낙을 증명하는 정보 또는 이에 대항할 수 있는 재판이 있음을 증명하는 정보를 제공하여야 한다. 그 경우 임차권을 목적으로 하는 제3자의 권리에 관한 등기도 말소한다.

제4장

담보권에 관한 등기

제4장 담보권에 관한 등기

제1절 근저당권에 관한 등기

1. 근저당권설정

가. 통상의 근저당권설정 404

【 을 구 】	(소유권 이외의 권리에 관한 사항)			
순위번호	등 기 목 적	접 수	등 기 원 인	권 리 자 및 기 타 사 항
1	근저당권설정	2019년3월15일 제3691호	2019년3월14일 설정계약	채권최고액 금60,000,000원 채무자 김한울 서울특별시 종로구 율곡로 16 (원서동) 근저당권자 이겨레 750614-1035852 서울특별시 종로구 창덕궁길 100 (계동)

(주) 1. 채권최고액은 반드시 단일하게 기록되어야 하고, 채권자 또는 채무자가 수인일지라도 각 채권자 또는 채무자별로 채권최고액을 구분하여 기록할 수 없다(등기예규 제1656호).

2. 법인 아닌 사단이나 재단이 (근)저당권설정등기신청서에 채무자로 기재되어 있는 경우, 등기부에 그 사단 또는 재단의 부동산등기용등록번호나 대표자에 관한 사항은 기록할 필요가 없다(등기예규 제1621호).

나. 공유지분에 대한 근저당권설정

1) 별도 순위로 취득등기를 한 지분 중 특정 순위로 취득한 지분 전부에 대하여 근저당권을 설정하는 경우 405

【 을 구 】	(소유권 이외의 권리에 관한 사항)			
순위번호	등 기 목 적	접 수	등 기 원 인	권 리 자 및 기 타 사 항
3	갑구20번이도령 지분전부근저당 권설정	2019년3월5일 제3500호	2019년3월4일 설정계약	채권최고액 금10,000,000원 채무자 김한울 서울특별시 종로구 율곡로 16 (원서동) 근저당권자 이겨레 750614-1035852 서울특별시 종로구 창덕궁길 100 (계동)

(주) 별도 순위로 취득등기를 한 지분 중 특정 순위로 취득한 지분 전부에 대하여 근저당권설정등기를 하는 경우에는『아무개 지분 얼마 중 일부(갑구 몇 번 지분) 근저당권설정』또는『갑구 몇 번 아무개 지분 전부 근저당권설정』으로 기록한다.

2) 지분 일부에 대하여 근저당권이 설정되어 있는 때에 특정 순위로 취득등기를 한 지분 일부에 대하여 근저당권을 설정하는 경우

가) 근저당권이 설정된 부분인 경우 406

【 을 구 】	(소유권 이외의 권리에 관한 사항)			
순위번호	등 기 목 적	접 수	등 기 원 인	권 리 자 및 기 타 사 항
3	갑구20번이도령 지분 10분의3 중 일부(10분의1)(2번근저당권등기된 지분)근저당 권설정	2019년3월5일 제3500호	2019년3월4일 설정계약	채권최고액 금10,000,000원 채무자 김한울 서울특별시 종로구 율곡로 16 (원서동) 근저당권자 이겨레 750614-1035852 서울특별시 종로구 창덕궁길 100 (계동)

나) 근저당권이 설정되지 아니한 부분인 경우 407

【 을 구 】	(소유권 이외의 권리에 관한 사항)			
순위번호	등 기 목 적	접 수	등 기 원 인	권 리 자 및 기 타 사 항
3	갑구20번이도령 지분 10분의3 중 일부(10분의1)(2번근저당권등기되지 아니한 지분)근저당권 설정	2019년3월5일 제3500호	2019년3월4일 설정계약	채권최고액 금10,000,000원 채무자 김한울 서울특별시 종로구 율곡로 16 (원서동) 근저당권자 이겨레 750614-1035852 서울특별시 종로구 창덕궁길 100 (계동)

다) 근저당권이 설정된 부분과 설정되지 아니한 부분이 경합된 경우 408

【 을 구 】	(소유권 이외의 권리에 관한 사항)			
순위번호	등 기 목 적	접 수	등 기 원 인	권 리 자 및 기 타 사 항
3	갑구20번이도령 지분 10분의3 중 일부(10분의1)(2번근저당권등기된 지분 20분의1과 2번근저당권등기되지 아니한 지분 20분의1) 근저당권설정	2019년3월9일 제3500호	2019년3월4일 설정계약	채권최고액 금10,000,000원 채무자 김한울 서울특별시 종로구 율곡로 16 (원서동) 근저당권자 이겨레 750614-1035852 서울특별시 종로구 창덕궁길 100 (계동)

다. 외화표시의 채권을 담보하는 근저당권 409

【 을	구 】	(소유권 이외의 권리에 관한 사항)		
순위번호	등 기 목 적	접 수	등 기 원 인	권 리 자 및 기 타 사 항
3	근저당권설정	2019년3월5일 제3005호	2019년3월4일 설정계약	채권최고액 미화 금10,000달러 채무자 김한울 서울특별시 종로구 율곡로 16 (원서동) 근저당권자 이겨레 750614-1035852 서울특별시 종로구 창덕궁길 100 (계동)

(주) 1. 외화표시채권과 한화표시채권을 담보하는 경우에는 외화표시금액과 환화표시금액을 표시한다(예 : 미화 금○○달러 및 금○○백만원).
2. 외화표시금액 기록례 : 유로화 금OO유로, 일화 금OO엔, 중국화 금OO위안
3. 근저당권의 채권액의 표시로서 외화표시채권액 외에 '외환율이 변경될 때에는 그 변경된 환율에 의한 원화환산액으로 한다'는 특약사항의 등기는 할 수 없다.
4. 등록면허세 과세표준액은 등기신청 당시의 공정환율로 환산된 금액이다.

라. 근저당권의 소멸에 관한 약정이 있는 경우 410

【 을	구 】	(소유권 이외의 권리에 관한 사항)		
순위번호	등 기 목 적	접 수	등 기 원 인	권 리 자 및 기 타 사 항
1	근저당권설정	2019년3월5일 제3005호	2019년3월4일 설정계약	채권최고액 금10,000,000원 채무자 김한울 서울특별시 종로구 율곡로 16 (원서동) 근저당권자 이겨레 750614-1035852 서울특별시 종로구 창덕궁길 100 (계동)
1-1	1번근저당권소멸 약정			근저당권자가 사망할 때에는 근저당권은 소멸한다. 2019년3월5일 부기

마. 동순위의 2개 이상의 근저당권 411

【 을 구 】		(소유권 이외의 권리에 관한 사항)		
순위번호	등 기 목 적	접 수	등 기 원 인	권 리 자 및 기 타 사 항
1	(1)근저당권설정	2019년1월10일 제100호	2019년1월9일 설정계약	채권최고액 금100,000,000원 채무자 김한울 서울특별시 종로구 율곡로 16 (원서동) 근저당권자 이겨레 750614-1035852 서울특별시 종로구 창덕궁길 100 (계동)
1	(2)근저당권설정	2019년1월10일 제100호	2019년1월9일 설정계약	채권최고액 금50,000,000원 채무자 김한울 서울특별시 종로구 율곡로 16 (원서동) 근저당권자 서하늘 630419-1034125 서울특별시 용산구 효창원로 30 (산천동)

바. 민법 제358조 단서의 특약이 있는 경우 412

【 을 구 】	(소유권 이외의 권리에 관한 사항)			
순위번호	등 기 목 적	접 수	등 기 원 인	권 리 자 및 기 타 사 항
1	근저당권설정	2019년3월8일 제5015호	2019년3월7일 설정계약	채권최고액 금50,000,000원 특약 입목에는 근저당권의 효력이 미치지 아니한다. 채무자 김한울 서울특별시 종로구 율곡로 16 (원서동) 근저당권자 이겨레 750614-1035852 서울특별시 종로구 창덕궁길 100 (계동)

사. 채무자가 수인인 근저당권 413

【 을 구 】	(소유권 이외의 권리에 관한 사항)			
순위번호	등 기 목 적	접 수	등 기 원 인	권 리 자 및 기 타 사 항
1	근저당권설정	2019년3월5일 제3005호	2019년3월4일 설정계약	채권최고액 금10,000,000원 채무자 정다운 서울특별시 종로구 인사동6길 5 (인사동) 김한울 서울특별시 종로구 율곡로 16 (원서동) 근저당권자 이겨레 750614-1035852 서울특별시 종로구 창덕궁길 100 (계동)

(주) 채무자가 수인인 경우 그 수인의 채무자가 연대채무자라 하더라도 단순히 '채무자'로 기록하여야 한다.

아. 지상권을 목적으로 하는 근저당권 414

【 을 구 】	(소유권 이외의 권리에 관한 사항)			
순위번호	등 기 목 적	접 수	등 기 원 인	권 리 자 및 기 타 사 항
1	지상권설정	(생략)	(생략)	(생략)
1-1	1번지상권 근저당권설정	2019년3월5일 제300호	2019년3월4일 설정계약	채권최고액 금100,000,000원 채무자 김한울 서울특별시 종로구 율곡로 16 (원서동) 근저당권자 이겨레 750614-1035852 서울특별시 종로구 창덕궁길 100 (계동)

자. 전세권을 목적으로 하는 근저당권 415

【 을 구 】	(소유권 이외의 권리에 관한 사항)			
순위번호	등 기 목 적	접 수	등 기 원 인	권 리 자 및 기 타 사 항
1	전세권설정	(생략)	(생략)	(생략)
1-1	1번전세권 근저당권설정	2019년3월5일 제3005호	2019년3월4일 설정계약	채권최고액 금100,000,000원 채무자 김한울 서울특별시 종로구 율곡로 16 (원서동) 근저당권자 이겨레 750614-1035852 서울특별시 종로구 창덕궁길 100 (계동)

차. 납세담보의 근저당권 416

【 을 구 】	(소유권 이외의 권리에 관한 사항)			
순위번호	등 기 목 적	접 수	등 기 원 인	권 리 자 및 기 타 사 항
1	근저당권설정	2019년3월5일 제3500호	2019년3월4일 납세담보제공 계약	채권최고액 금50,000,000원 채무자 김한울 서울특별시 종로구 율곡로 16 (원서동) 근저당권자 서울특별시 411

(주) 1. 국세기본법 제29조 및 지방세기본법 제65조 이하 참조.
2. 납세담보로 제공된 부동산의 공매공고등기는 갑구에 기록한다(647항 참조).

2. 공동근저당권설정

가. 공동근저당 417

【 을 구 】	(소유권 이외의 권리에 관한 사항)			
순위번호	등 기 목 적	접 수	등 기 원 인	권 리 자 및 기 타 사 항
1	근저당권설정	2019년3월15일 제3691호	2019년3월14일 설정계약	채권최고액 금60,000,000원 채무자 김한울 서울특별시 종로구 율곡로 16 (원서동) 근저당권자 이겨레 750614-1035852 서울특별시 종로구 창덕궁길 100 (계동) 공동담보 토지 서울특별시 성동구 행당동 223 토지 서울특별시 성동구 행당동 224

나. 담보목록이 작성된 공동근저당 418

【 을 구 】	(소유권 이외의 권리에 관한 사항)			
순위번호	등 기 목 적	접 수	등 기 원 인	권 리 자 및 기 타 사 항
1	근저당권설정	2019년3월15일 제3691호	2019년3월14일 설정계약	채권최고액 금60,000,000원 채무자 김한울 서울특별시 종로구 율곡로 16 (원서동) 근저당권자 이겨레 750614-1035852 서울특별시 종로구 창덕궁길 100 (계동) 공동담보목록 제2019-10호

다. 공동담보목록 419

【 공동담보목록 】					
목록번호	2019-10				
일련번호	부동산에 관한 권리의 표시	관할등기소명	순위번호	기 타 사 항	
				생성원인	변경/소멸
1	[토지] 서울특별시 중구 충무로1가 5-3	서울중앙지방법원 중부등기소	1	2019년3월15일 제3691호 설정계약으로 인하여	
2	[토지] 서울특별시 양천구 목동 2-1	서울남부지방법원 등기국		2019년3월15일 제3691호 설정계약으로 인하여	
3	[토지] 서울특별시 양천구 목동 2-2	서울남부지방법원 등기국		2019년3월15일 제3691호 설정계약으로 인하여	
4	[토지] 서울특별시 관악구 봉천동 9	서울중앙지방법원 등기국		2019년3월15일 제3691호 설정계약으로 인하여	
5	[토지] 서울특별시 관악구 신림동 8	서울중앙지방법원 등기국		2019년3월15일 제3691호 설정계약으로 인하여	

(주) 1. 추가설정 시 전에 등기한 부동산에 관한 권리의 순위번호도 기록한다.
2. 공동담보목록의 변경·소멸의 등기는 목적부동산을 표시한 뒤 변경 또는 소멸되는 사항을 기록하고 그 변경 또는 소멸한 사항을 말소하는 표시를 한다.

라. 새로운 담보물의 추가

1) 동일한 관할 일 때

가) 추가 설정으로 공동담보목록이 생성되지 않는 경우

(전에 등기한 부동산) 420

【 을 구 】	(소유권 이외의 권리에 관한 사항)			
순위번호	등 기 목 적	접 수	등 기 원 인	권 리 자 및 기 타 사 항
1	근저당권설정	(생략)	(생략)	(생략)
1-1	1번근저당권 담보추가			공동담보 토지 서울특별시 양천구 목동 1 2019년3월15일 부기

(추가되는 부동산) 421

【 을 구 】	(소유권 이외의 권리에 관한 사항)			
순위번호	등 기 목 적	접 수	등 기 원 인	권 리 자 및 기 타 사 항
1	근저당권설정	2019년3월15일 제3691호	2019년3월14일 추가설정계약	채권최고액 금60,000,000원 채무자 김한울 서울특별시 종로구 율곡로 16 (원서동) 근저당권자 이겨레 750614-1035852 서울특별시 종로구 창덕궁길 100 (계동) 공동담보 토지 서울특별시 관악구 봉천동 9의 담보물에 추가

(주) 등기신청서에는 종전의 등기를 표시하는 사항으로서 그 부동산의 표시 외에 종전등기의 순위번호와 접수연월일 및 접수번호를 기록하여야 한다.

나) 추가 설정으로 공동담보목록이 생성되는 경우

(전에 등기한 부동산) 422

【 을 구 】	(소유권 이외의 권리에 관한 사항)			
순위번호	등 기 목 적	접 수	등 기 원 인	권 리 자 및 기 타 사 항
1	근저당권설정	2019년3월15일 제3691호	2019년3월14일 설정계약	채권최고액 금60,000,000원 채무자 김한울 서울특별시 종로구 율곡로 16 (원서동) 근저당권자 이겨레 750614-1035852 서울특별시 종로구 창덕궁길 100 (계동)
1-1	1번근저당권 담보추가			공동담보목록 제2019-50호 2019년3월25일 부기

(추가되는 부동산) 423

【 을 구 】	(소유권 이외의 권리에 관한 사항)			
순위번호	등 기 목 적	접 수	등 기 원 인	권 리 자 및 기 타 사 항
1	근저당권설정	2019년3월25일 제3980호	2019년3월24일 추가설정계약	채권최고액 금60,000,000원 채무자 김한울 서울특별시 종로구 율곡로 16 (원서동) 근저당권자 이겨레 750614-1035852 서울특별시 종로구 창덕궁길 100 (계동) 공동담보목록 제2019-50호

(공동담보목록) 424

【공동담보목록 】					
목록번호	2019-50				
일련번호	부동산에 관한 권리의 표시	관할등기소명	순위번호	기 타 사 항	
				생성원인	변경/소멸
1	[토지] 서울특별시 중구 충무로1가 1-5	서울중앙지방법원 중부등기소	1	2019년3월25일 제3980호 담보추가로 인하여	
2	[토지] 서울특별시 중구 충무로1가 1-1	서울중앙지방법원 중부등기소	1	2019년3월25일 제3980호 담보추가로 인하여	
3	[토지] 서울특별시 중구 충무로1가 1-2	서울중앙지방법원 중부등기소	1	2019년3월25일 제3980호 담보추가로 인하여	
4	[토지] 서울특별시 중구 충무로1가 9-3	서울중앙지방법원 중부등기소	1	2019년3월25일 제3980호 담보추가로 인하여	
5	[토지] 서울특별시 중구 충무로1가 10-2	서울중앙시방법원 중부등기소	1	2019년3월25일 제3980호 담보추가로 인하여	

(주) 추가하는 부동산과 전에 등기한 부동산이 합하여 5개 이상이 될 때에는 공동담보목록을 작성한다.

2) 관할이 다를 때

가) 추가 설정으로 공동담보목록이 생성되지 않는 경우

(전에 등기한 부동산) - 다른 등기소로부터 담보 추가의 통지가 있는 경우 425

【 을 구 】	(소유권 이외의 권리에 관한 사항)			
순위번호	등 기 목 적	접 수	등 기 원 인	권 리 자 및 기 타 사 항
1	근저당권설정	(생략)	(생략)	(생략)
1-1	1번근저당권 담보추가	2019년3월17일 제3691호		공동담보 토지 서울특별시 양천구 목동 1

(추가되는 부동산) - 등기소관할을 달리하는 경우의 담보물추가 426

【 을 구 】	(소유권 이외의 권리에 관한 사항)			
순위번호	등 기 목 적	접 수	등 기 원 인	권 리 자 및 기 타 사 항
1	근저당권설정	2019년3월15일 제3005호	2019년3월14일 추가설정계약	채권최고액 금60,000,000원 채무자 김한울 서울특별시 종로구 율곡로 16 (원서동) 근저당권자 이겨레 750614-1035852 서울특별시 종로구 창덕궁길 100 (계동) 공동담보 토지 부산광역시 서구 대신동 2 건물 부산광역시 서구 대신동 2 토지 부산광역시 서구 괴정동 산3의 담보물에 추가

나) 추가 설정으로 공동담보목록이 생성되는 경우

(전에 등기한 부동산) 427

【 을 구 】	(소유권 이외의 권리에 관한 사항)			
순위번호	등 기 목 적	접 수	등 기 원 인	권 리 자 및 기 타 사 항
1	근저당권설정	2019년1월15일 제1310호	2019년1월14일 설정계약	채권최고액 금60,000,000원 채무자 김한울 서울특별시 종로구 율곡로 16 (원서동) 근저당권자 이겨레 750614-1035852 서울특별시 종로구 창덕궁길 100 (계동) ~~공동담보 토지 서울특별시 성동구~~ ~~행당동 223~~ ~~토지 서울특별시 성동구~~ ~~행당동 224~~ ~~토지 서울특별시 성동구~~ ~~행당동 225~~
1-1	1번근저당권 담보추가	2019년3월13일 제5231호		공동담보목록 제 2019-20호

(주) 기존에 등기된 공동담보(공동담보 부동산이 5개 미만인 경우)는 말소하는 표시를 기록한다.

(공동담보목록) 428

【공동담보목록 】

목록번호	2019-20				
일련번호	부동산에 관한 권리의 표시	관할등기소명	순위번호	기 타 사 항	
				생성원인	변경/소멸
1	[토지] 서울특별시 성동구 행당동 222	서울동부지방법원 등기국	1	2019년3월13일 제5231호 담보추가로 인하여	
2	[토지] 서울특별시 성동구 행당동 223	서울동부지방법원 등기국	1	2019년3월13일 제5231호 담보추가로 인하여	
3	[토지] 서울특별시 성동구 행당동 224	서울동부지방법원 등기국	1	2019년3월13일 제5231호 담보추가로 인하여	
4	[토지] 서울특별시 성동구 행당동 225	서울동부지방법원 등기국	1	2019년3월13일 제5231호 담보추가로 인하여	
5	[토지] 서울특별시 관악구 신림동 8	서울중앙지방법원 등기국		2019년3월13일 제5231호 담보추가로 인하여	
6	[토지] 서울특별시 관악구 신림동 9	서울중앙지방법원 등기국		2019년3월13일 제5231호 담보추가로 인하여	
7	[토지] 서울특별시 관악구 신림동 10	서울중앙지방법원 등기국		2019년3월13일 제5231호 담보추가로 인하여	

(추가되는 부동산) 429

【 을 구 】	(소유권 이외의 권리에 관한 사항)			
순위번호	등 기 목 적	접 수	등 기 원 인	권 리 자 및 기 타 사 항
1	근저당권설정	2019년3월12일 제4210호	2019년3월11일 추가설정계약	채권최고액 60,000,000원 채무자 김한울 서울특별시 종로구 율곡로 16 (원서동) 근저당권자 이겨레 750614-1035852 서울특별시 종로구 창덕궁길 100 (계동) 공동담보목록 제2019-15호

(공동담보목록) 430

【공동담보목록 】

목록번호	2019-15				
일련번호	부동산에 관한 권리의 표시	관할등기소명	순위번호	기 타 사 항	
				생성원인	변경/소멸
1	[토지] 서울특별시 관악구 신림동 8	서울중앙지방법원 등기국	1	2019년3월12일 제4210호 담보추가로 인하여	
2	[토지] 서울특별시 관악구 신림동 9	서울중앙지방법원 등기국	1	2019년3월12일 제4210호 담보추가로 인하여	
3	[토지] 서울특별시 관악구 신림동 10	서울중앙지방법원 등기국	1	2019년3월12일 제4210호 담보추가로 인하여	
4	[토지] 서울특별시 성동구 행당동 222	서울동부지방법원 등기국		2019년3월12일 제4210호 담보추가로 인하여	
5	[토지] 서울특별시 성동구 행당동 223	서울동부지방법원 등기국		2019년3월12일 제4210호 담보추가로 인하여	
6	[토지] 서울특별시 성동구 행당동 224	서울동부지방법원 등기국		2019년3월12일 제4210호 담보추가로 인하여	
7	[토지] 서울특별시 성동구 행당동 225	서울동부지방법원 등기국		2019년3월12일 제4210호 담보추가로 인하여	

마. 공동담보목록에 새로운 담보물을 추가하는 경우 431

(전에 등기한 부동산)

【 을 구 】	(소유권 이외의 권리에 관한 사항)			
순위번호	등 기 목 적	접 수	등 기 원 인	권 리 자 및 기 타 사 항
1	근저당권설정	2018년6월8일 제6891호	2018년6월7일 설정계약	채권최고액 금60,000,000원 채무자 김한울 서울특별시 종로구 율곡로 16 (원서동) 근저당권자 이겨레 750614-1035852 서울특별시 종로구 창덕궁길 100 (계동) 공동담보목록 제2018-20호

(주) 전산으로 공동담보목록이 관리되는 근저당권의 등기에는 담보추가의 부기등기를 하지 않는다.

(추가되는 부동산)

【 을 구 】	(소유권 이외의 권리에 관한 사항)			
순위번호	등 기 목 적	접 수	등 기 원 인	권 리 자 및 기 타 사 항
1	근저당권설정	2018년9월15일 제7056호	2018년9월14일 추가설정계약	채권최고액 금60,000,000원 채무자 김한울 서울특별시 종로구 율곡로 16 (원서동) 근저당권자 이겨레 750614-1035852 서울특별시 종로구 창덕궁길 100 (계동) 공동담보목록 제2018-20호

3. 근저당권이전

가. 근저당권의 피담보채권이 확정되기 전에 기본계약상의 채권자 지위가 양도된 경우

1) 기본계약상 채권자 지위의 전부 양도 432

【 을 구 】		(소유권 이외의 권리에 관한 사항)		
순위번호	등 기 목 적	접 수	등 기 원 인	권 리 자 및 기 타 사 항
6-1	6번근저당권이전	2019년3월5일 제3005호	2019년3월4일 계약양도	근저당권자 강미래 790513-1052134 서울특별시 용산구 원효로 10 (원효로1가)

(주) 6번 근저당권자를 말소하는 표시를 한다.

2) 수개의 기본계약 중 그 일부의 양도 433

【 을 구 】		(소유권 이외의 권리에 관한 사항)		
순위번호	등 기 목 적	접 수	등 기 원 인	권 리 자 및 기 타 사 항
6-1	6번근저당권일부 이전	2018년11월5일 제8000호	2018년9월1일 계약일부양도	근저당권자 강미래 790513-1052134 서울특별시 용산구 원효로 10 (원효로1가)

3) 기본계약에 가입한 경우 434

【 을 구 】		(소유권 이외의 권리에 관한 사항)		
순위번호	등 기 목 적	접 수	등 기 원 인	권 리 자 및 기 타 사 항
6-1	6번근저당권일부 이전	2018년11월5일 제8000호	2018년9월1일 계약가입	근저당권자 강미래 790513-1052134 서울특별시 용산구 원효로 10 (원효로1가)

4) 기본계약상 일부 채권자 지위의 전부 양도 435

【 을 구 】	(소유권 이외의 권리에 관한 사항)			
순위번호	등 기 목 적	접 수	등 기 원 인	권 리 자 및 기 타 사 항
1	근저당권설정	2018년3월11일 제174호	2018년3월10일 설정계약	채권최고액 금300,000,000원 채무자 김한울 서울특별시 종로구 율곡로 16 (원서동) 근저당권자 이겨레 750614-1035852 서울특별시 종로구 창덕궁길 100 (계동) ~~강미래 790513-1052134~~ ~~서울특별시 용산구 원효로 10~~ ~~(원효로1가)~~
1-1	1번근저당권 강미래지분 전부이전	2018년11월5일 제8000호	2018년11월4일 계약양도	근저당권자 서하늘 630419-1034125 서울특별시 용산구 효창원로 30 (공덕동)

(주) 근저당권자 중 1인(강미래)의 채권자 지위 전부를 양도하는 경우의 기록례이다.

5) 기본계약에서 탈퇴한 경우 436

【 을 구 】	(소유권 이외의 권리에 관한 사항)			
순위번호	등 기 목 적	접 수	등 기 원 인	권 리 자 및 기 타 사 항
1	근저당권설정	2018년3월11일 제174호	2018년3월10일 설정계약	채권최고액 금300,000,000원 채무자 김한울 서울특별시 종로구 율곡로 16 (원서동) 근저당권자 ~~이겨레 750614-1035852~~ ~~서울특별시 종로구 창덕궁길 100~~ ~~(계동)~~ 강미래 790513-1052134 서울특별시 용산구 원효로 10 (원효로1가)
1-1	1번근저당권 이겨레지분 전부이전	2018년11월5일 제8000호	2018년11월4일 계약탈퇴	근저당권자 강미래 790513-1052134 서울특별시 용산구 원효로 10 (원효로1가)

(주) 근저당권자 중 1인(이겨레)이 기본계약에서 탈퇴하는 경우의 기록례이다.

나. 근저당권의 피담보채권이 확정된 후에 피담보채권이 양도된 경우

1) 전부양도 437

【 을 구 】		(소유권 이외의 권리에 관한 사항)		
순위번호	등 기 목 적	접 수	등 기 원 인	권 리 자 및 기 타 사 항
6-1	6번근저당권이전	2018년11월5일 제8000호	2018년9월1일 확정채권양도	근저당권자 강미래 790513-1052134 서울특별시 용산구 원효로 10 (원효로1가)

(주) 6번 근저당권자를 말소하는 표시를 한다.

2) 일부양도 438

【 을 구 】		(소유권 이외의 권리에 관한 사항)		
순위번호	등 기 목 적	접 수	등 기 원 인	권 리 자 및 기 타 사 항
6-1	6번근저당권일부 이전	2018년11월5일 제8000호	2018년9월1일 확정채권일부 양도	양도액 금20,000,000원 근저당권자 강미래 790513-1052134 서울특별시 용산구 원효로 10 (원효로1가)

3) 채권의 전부를 양도받은 자가 그 채권을 다시 양도 439

【 을 구 】		(소유권 이외의 권리에 관한 사항)		
순위번호	등 기 목 적	접 수	등 기 원 인	권 리 자 및 기 타 사 항
1-1	1번근저당권이전	2018년3월5일 제3005호	2018년3월4일 확정채권양도	~~근저당권자 강미래 790513-1052134~~ ~~서울특별시 용산구 원효로 10~~ ~~(원효로1가)~~
1-2	1번근저당권이전	2018년10월6일 제5006호	2018년10월6일 확정채권양도	근저당권자 서하늘 630419-1034125 서울특별시 용산구 효창원로 30 (산천동)

(주) 채권양도한 근저당권자를 말소하는 표시를 한다.

4) 채권의 일부를 양도받은 자가 그 채권을 다시 양도 440

【 을 구 】	(소유권 이외의 권리에 관한 사항)			
순위번호	등 기 목 적	접 수	등 기 원 인	권 리 자 및 기 타 사 항
1-1	1번근저당권일부 이전	2019년3월5일 제3005호	2019년3월4일 확정채권일부 양도	양도액 금20,000,000원 ~~근저당권자 강미래 790513-1052134~~ ~~서울특별시 용산구 원효로 10~~ ~~(원효로1가)~~
1-1-1	1번근저당권 강미래지분 전부이전	2019년5월6일 제5006호	2019년5월6일 확정채권양도	근저당권자 서하늘 630419-1034125 서울특별시 용산구 효창원로 30 (산천동)

(주) 전항 (주) 참조.

다. 근저당권의 피담보채권이 확정된 후에 피담보채권이 대위변제된 경우

1) 전부 대위변제 441

【 을 구 】	(소유권 이외의 권리에 관한 사항)			
순위번호	등 기 목 적	접 수	등 기 원 인	권 리 자 및 기 타 사 항
1-1	1번근저당권이전	2018년10월5일 제8000호	2018년9월1일 확정채권대위 변제	근저당권자 강미래 790513-1052134 서울특별시 용산구 원효로 10 (원효로1가)

(주) 1번 근저당권자를 말소하는 표시를 한다.

2) 일부 대위변제 442

【 을 구 】	(소유권 이외의 권리에 관한 사항)			
순위번호	등 기 목 적	접 수	등 기 원 인	권 리 자 및 기 타 사 항
1-1	1번근저당권일부 이전	2018년10월5일 제8000호	2018년9월1일 확정채권일부 대위변제	변제액 금20,000,000원 근저당권자 강미래 790513-1052134 서울특별시 용산구 원효로 10 (원효로1가)

라. 채권 전부명령 443

【 을 구 】		(소유권 이외의 권리에 관한 사항)		
순위번호	등 기 목 적	접 수	등 기 원 인	권 리 자 및 기 타 사 항
1-1	1번근저당권이전	2019년3월5일 제3005호	2019년3월4일 채권전부명령	근저당권자 강미래 790513-1052134 서울특별시 용산구 원효로 10 (원효로1가)

(주) 1. 1번 근저당권자를 말소하는 표시를 한다.
2. 압류등기 이후 채권전부명령이 있는 경우 기재례 633항 참조

마. 회사합병 444

【 을 구 】		(소유권 이외의 권리에 관한 사항)		
순위번호	등 기 목 적	접 수	등 기 원 인	권 리 자 및 기 타 사 항
1-1	1번근저당권이전	2019년3월5일 제3005호	2019년3월4일 회사합병	근저당권자 주식회사대한은행 110100-4803112 서울특별시 강남구 강남대로 430 (양재동) (강남지점)

(주) 1. 전항 (주)참조.
2. 회사의 합병에 의하여 서로 내용이 다른 수 개의 근저당권을 이전하는 경우에는 '1-1번, 2-1번, 3-1번 근저당권이전'이라 하여 한 건의 신청사건으로 처리할 수 있다.

바. 금융산업의 구조개선에 관한 법률에 의한 금융감독위원회의 계약이전결정에 따른 근저당권 이전등기 445

【 을 구 】		(소유권 이외의 권리에 관한 사항)		
순위번호	등 기 목 적	접 수	등 기 원 인	권 리 자 및 기 타 사 항
1-1	1번근저당권이전	2019년3월5일 제3005호	2019년3월4일 계약이전결정	근저당권자 주식회사대한은행 110100-4803112 서울특별시 강남구 강남대로 430 (양재동) (강남지점)

(주) 등기원인일자는 "공고된 날(다만, 1998. 9. 14. 개정전의 법률에 의한 경우에는 계약이전결정일)"을 기재한다.

사. 공동저당의 대위 446

【 을 구 】	(소유권 이외의 권리에 관한 사항)			
순위번호	등 기 목 적	접 수	등 기 원 인	권 리 자 및 기 타 사 항
1	근저당권설정	2018년3월11일 제174호	2018년3월10일 설정계약	채권최고액 금300,000,000원 채무자 김한울 서울특별시 종로구 율곡로 16 (원서동) 근저당권자 이겨레 750614-1035852 서울특별시 종로구 창덕궁길 100 (계동) 공동담보 토지 서울특별시 서초구 서초동 123
1-1	1번근저당권 대위	2018년9월2일 제3500호	2018년9월1일 민법 제368조 제2항에 의한 대위	매각부동산 토지 서울특별시 서초구 서초동 123 매각대금 금700,000,000원 변제액 금250,000,000원 채권최고액 금200,000,000원 채무자 김한울 서울특별시 종로구 율곡로 16 (원서동) 대위자 강미래 790513-1052134 서울특별시 용산구 원효로 10 (원효로1가)

(주) 1. 공동저당의 대위등기에 따른 기록례이다(법 제80조).
2. 공동저당의 대위등기를 신청하는 경우에는 집행법원에서 작성한 배당표 정보를 첨부정보로서 제공하여야 한다(규칙 제138조).

4. 근저당권변경

가. 채무자 변경으로 인한 근저당권변경등기

1) 근저당권의 피담보채권이 확정되기 전에 기본계약상 채무자 지위가 인수된 경우

가) 기본계약상의 채무자 지위 전부 인수 447

【 을 구 】		(소유권 이외의 권리에 관한 사항)		
순위번호	등 기 목 적	접 수	등 기 원 인	권 리 자 및 기 타 사 항
6-1	6번근저당권변경	2018년10월5일 제8000호	2018년9월1일 계약인수	채무자 김한울 서울특별시 종로구 율곡로 16 (원서동)

(주) 변경전의 채무자를 말소하는 표시를 한다.

나) 수개의 기본계약 중 그 일부의 인수 448

【 을 구 】		(소유권 이외의 권리에 관한 사항)		
순위번호	등 기 목 적	접 수	등 기 원 인	권 리 자 및 기 타 사 항
6-1	6번근저당권변경	2018년10월5일 제8000호	2018년9월1일 계약일부인수	채무자 김한울 서울특별시 종로구 율곡로 16 (원서동)

다) 인수인이 기본계약에 가입한 경우 449

【 을 구 】		(소유권 이외의 권리에 관한 사항)		
순위번호	등 기 목 적	접 수	등 기 원 인	권 리 자 및 기 타 사 항
6-1	6번근저당권변경	2018년10월5일 제8000호	2018년9월1일 중첩적 계약인수	채무자 김한울 서울특별시 종로구 율곡로 16 (원서동)

2) 근저당권의 피담보채권이 확정된 후에 피담보채무가 인수된 경우

가) 면책적 채무인수 450

【 을 구 】		(소유권 이외의 권리에 관한 사항)		
순위번호	등 기 목 적	접 수	등 기 원 인	권 리 자 및 기 타 사 항
6-1	6번근저당권변경	2018년10월5일 제8000호	2018년9월1일 확정채무의 면책적 인수	채무자 김한울 서울특별시 종로구 율곡로 16 (원서동)

(주) 변경 전의 채무자를 말소하는 표시를 한다.

나) 중첩적 채무인수 451

【 을 구 】	(소유권 이외의 권리에 관한 사항)			
순위번호	등 기 목 적	접 수	등 기 원 인	권 리 자 및 기 타 사 항
6-1	6번근저당권변경	2018년10월5일 제8000호	2018년9월1일 확정채무의 중첩적 인수	채무자 김한울 서울특별시 종로구 율곡로 16 (원서동)

나. 회사합병으로 인한 채무자 변경 452

【 을 구 】	(소유권 이외의 권리에 관한 사항)			
순위번호	등 기 목 적	접 수	등 기 원 인	권 리 자 및 기 타 사 항
1	근저당권설정	2019년2월5일 제3005호	2019년2월4일 설정계약	채권최고액 금100,000,000원 ~~채무자 주식회사서울상사~~ ~~서울특별시 중구 정동길 3~~ ~~(정동)~~ ~~주식회사삼화무역~~ ~~서울특별시 중구 정동길 5~~ ~~(정동)~~ 근저당권자 주식회사대한은행 110100-4803112 서울특별시 강남구 강남대로 430 (양재동) (강남지점)
1-1	1번근저당권변경	2019년3월5일 제4019호	2019년3월4일 회사합병	채무자 주식회사삼화무역 서울특별시 중구 정동길 5(정동)

다. 변경계약으로 인한 채권최고액 변경(경정) 453

【 을 구 】	(소유권 이외의 권리에 관한 사항)			
순위번호	등 기 목 적	접 수	등 기 원 인	권 리 자 및 기 타 사 항
6-1	6번근저당권변경 (또는 경정)	2019년3월5일 제3005호	2019년3월4일 변경계약(또는 신청착오)	채권최고액 금20,000,000원

(주) 1. 변경(경정) 전의 채권최고액을 말소하는 표시를 한다.
2. 채권최고액이 증가하는 경우 등기상의 이해관계인이 있는 때에는 그의 승낙을 증명하는 정보 또는 이에 대항할 수 있는 재판이 있음을 증명하는 정보를 제공한 경우에 한하여 부기등기로 한다.

라. 근저당권의 일부 이전등기 후 잔존채권의 변제로 인한 변경 454

【 을 구 】	(소유권 이외의 권리에 관한 사항)			
순위번호	등 기 목 적	접 수	등 기 원 인	권 리 자 및 기 타 사 항
1	근저당권설정	2018년3월5일 제3005호	2018년3월4일 설정계약	~~채권최고액 금60,000,000원~~ 채무자 김한울 서울특별시 종로구 율곡로 16 (원서동) ~~근저당권자 이겨레 750614-1035852~~ ~~서울특별시 종로구 창덕궁길 100~~ ~~(계동)~~
1-1	1번근저당권일부 이전	2018년9월15일 제5115호	2018년9월14일 확정채권일부 양도	양도액 금20,000,000원 근저당권자 강미래 790513-1052134 서울특별시 용산구 원효로 10 (원효로1가)
1-2	1번근저당권변경	2018년10월5일 제6005호	2018년10월4일 이겨레채권의 변제	채권최고액 금20,000,000원

(주) 1번 근저당권의 채권액 및 근저당권자를 말소하는 표시를 한다.

마. 일부 이전등기된 근저당권의 소멸로 인한 변경 455

【 을 구 】	(소유권 이외의 권리에 관한 사항)			
순위번호	등 기 목 적	접 수	등 기 원 인	권 리 자 및 기 타 사 항
1	근저당권설정	2018년2월20일 제1009호	2018년2월19일 설정계약	~~채권최고액 금60,000,000원~~ 채무자 김한울 서울특별시 종로구 율곡로 16 (원서동) 근저당권자 이겨레 750614-1035852 서울특별시 종로구 창덕궁길 100 (계동)
~~1-1~~	~~1번근저당권일부이전~~	~~2018년8월5일 제8005호~~	~~2018년8월4일 확정채권일부양도~~	~~양도액 금40,000,000원~~ ~~근저당권자 강미래 790513-1052134~~ ~~서울특별시 용산구 원효로 10~~ ~~(원효로1가)~~
1-2	1번근저당권변경	2018년10월5일 제13005호	2018년10월4일 강미래채권의 변제	채권최고액 금20,000,000원

(주) 1번 근저당권의 채권최고액 및 1-1번의 등기를 말소하는 표시를 한다.

바. 경개의 경우

1) 채무자의 교체 456

【 을 구 】	(소유권 이외의 권리에 관한 사항)			
순위번호	등 기 목 적	접 수	등 기 원 인	권 리 자 및 기 타 사 항
1	근저당권설정	2019년2월5일 제2960호	2019년2월4일 설정계약	채권최고액 금100,000,000원 ~~채무자 김한울~~ ~~서울특별시 종로구 율곡로 16~~ ~~(원서동)~~ 근저당권자 이겨레 750614-1035852 서울특별시 종로구 창덕궁길 100 (계동)
1-1	1번근저당권변경	2019년5월5일 제4019호	2019년5월4일 채무자경개에 의한 신채무담보	채무자 강미래 서울특별시 용산구 원효로 10 (원효로1가)

2) 채권자의 교체 457

【 을 구 】		(소유권 이외의 권리에 관한 사항)		
순위번호	등 기 목 적	접 수	등 기 원 인	권 리 자 및 기 타 사 항
1	근저당권설정	2019년2월5일 제3005호	2019년2월4일 설정계약	채권최고액 금10,000,000원 채무자 김한울 서울특별시 종로구 율곡로 16 (원서동) ~~근저당권자 이겨레 750614-1035852~~ ~~서울특별시 종로구 창덕궁길 100~~ ~~(계동)~~
1-1	1번근저당권이전	2019년5월5일 제4019호	2019년5월4일 채권자경개에 의한 신채무담보	근저당권자 한일주식회사 110111-0111145 서울특별시 중구 정동길 12(정동)

사. 공유지분상의 근저당권효력을 소유권 전부에 미치게 하는 변경 458

【 을 구 】		(소유권 이외의 권리에 관한 사항)		
순위번호	등 기 목 적	접 수	등 기 원 인	권 리 자 및 기 타 사 항
1	~~갑구5번김한울지분전부근저당권설정~~	2018년5월9일 제1009호	2018년5월8일 설정계약	채권최고액 금60,000,000원 채무자 김한울 서울특별시 종로구 율곡로 16 (원서동) 근저당권자 이겨레 750614-1035852 서울특별시 종로구 창덕궁길 100 (계동)
1-1	1번근저당권변경	2018년8월10일 제6510호	2018년8월9일 변경계약	목적 소유권전부근저당권설정

(주) 등기상의 이해관계인이 존재하는 경우에는 그의 승낙을 증명하는 정보 또는 이에 대항할 수 있는 재판이 있음을 증명하는 정보를 제공한 때에 한하여 부기등기로 한다.

아. 근저당권이 공유자 1인의 지분에 대하여 소멸한 경우 459

【 을 구 】		(소유권 이외의 권리에 관한 사항)		
순위번호	등 기 목 적	접 수	등 기 원 인	권 리 자 및 기 타 사 항
1-1	1번근저당권변경	2018년7월3일 제1801호	2018년7월2일 지분포기	목적 갑구1번김갑남지분전부근저당권설정 포기한지분 갑구2번박을남지분2분의1

(주) 공유 부동산 전부 또는 2인 이상의 지분에 대하여 근저당권설정등기가 된 후, 일부 지분에 대하여 저당권을 포기하는 경우이다(등기예규 1580호).

자. 공동담보 중 일부가 변경된 경우 460

(등기소가 같은 경우)

【 을 구 】	(소유권 이외의 권리에 관한 사항)			
순위번호	등 기 목 적	접 수	등 기 원 인	권 리 자 및 기 타 사 항
1	근저당권설정	2019년2월5일 제1402호	2019년2월4일 설정계약	채권최고액 금60,000,000원 채무자 김한울 서울특별시 종로구 율곡로 16 (원서동) 근저당권자 이겨레 750614-1035852 서울특별시 종로구 창덕궁길 100 (계동) ~~공동담보 토지 서울특별시 강남구~~ ~~역삼동 35~~
1-1	1번근저당권 공동담보변경			공동담보 토지 서울특별시 강남구 역삼동 35 토지 서울특별시 강남구 역삼동 36 토지분필로 인하여 2019년4월5일 부기

(등기소가 다른 경우)

【 을 구 】	(소유권 이외의 권리에 관한 사항)			
순위번호	등 기 목 적	접 수	등 기 원 인	권 리 자 및 기 타 사 항
1	근저당권설정	2019년2월5일 제1402호	2019년2월4일 설정계약	채권최고액 금60,000,000원 채무자 김한울 서울특별시 종로구 율곡로 16 (원서동) 근저당권자 이겨레 750614-1035852 서울특별시 종로구 창덕궁길 100 (계동) ~~공동담보 토지 서울특별시 도봉구~~ ~~수유동 35~~
1-1	1번근저당권 공동담보변경	2019년5월7일 제3007호	2019년5월6일 토지분필	공동담보 토지 서울특별시 도봉구 수유동 35 토지 서울특별시 도봉구 수유동 36

차. 공유자 1인의 지분을 목적으로 설정된 근저당권의 효력을 공유물분할 후 그의 소유권 전부에 미치게 하는 변경 461

【 을 구 】	(소유권 이외의 권리에 관한 사항)			
순위번호	등 기 목 적	접 수	등 기 원 인	권 리 자 및 기 타 사 항
1	~~갑구5번이거래지분전부근저당권설정~~	2019년2월5일 제1402호	2019년2월4일 설정계약	채권최고액 금50,000,000원 채무자 이겨레 서울특별시 종로구 창덕궁길 100 (계동) 근저당권자 강미래 790513-1052134 서울특별시 용산구 원효로 10 (원효로1가)
1-1	1번근저당권변경	2019년4월2일 제3002호	2019년4월1일 변경계약	목적 소유권전부근저당권설정

(주) 근저당권의 효력을 소유권 전부에 미치게 하는 변경등기는 등기상 이해관계 있는 제3자의 승낙을 증명하는 정보나 이에 대항할 수 있는 재판이 있음을 증명하는 정보를 제공한 때에 한하여 부기등기로 한다.

카. 존속기간의 변경(경정) 462

【 을 구 】	(소유권 이외의 권리에 관한 사항)			
순위번호	등 기 목 적	접 수	등 기 원 인	권 리 자 및 기 타 사 항
1-1	1번근저당권변경 (또는 경정)	2019년3월5일 제3005호	2019년3월4일 변경계약(또는 신청착오)	존속기간 2021년3월3일

(주) 1. 변경 전의 존속기간을 말소하는 표시를 한다.
2. 존속기간의 연장의 경우 등기상 이해관계 있는 제3자의 승낙을 증명하는 정보나 이에 대항할 수 있는 재판이 있음을 증명하는 정보를 제공한 때에 한하여 부기등기로 한다.

타. 그 밖의 변경(경정)

1) 채무자 표시의 변경(경정) 463

【 을 구 】 (소유권 이외의 권리에 관한 사항)				
순위번호	등 기 목 적	접 수	등 기 원 인	권 리 자 및 기 타 사 항
1	근저당권설정	2018년5월4일 제4005호	2018년5월3일 설정계약	채권최고액 금50,000,000원 채무자 김한울 ~~서울특별시 종로구 율곡로 16~~ ~~(원서동)~~ 근저당권자 강미래 790513-1052134 서울특별시 용산구 원효로 10 (원효로1가)
1-1	1번근저당권변경 (또는 경정)	2018년8월10일 제7112호	2018년8월9일 주소변경(또는 신청착오)	김한울의 주소 서울특별시 마포구 마포대로11가길 25(염리동)

(주) 변경 또는 경정 전의 채무자의 주소를 말소하는 표시를 한다.

2) 취급지점을 변경 또는 추가하는 경우 464

【 을 구 】 (소유권 이외의 권리에 관한 사항)				
순위번호	등 기 목 적	접 수	등 기 원 인	권 리 자 및 기 타 사 항
1-1	1번등기명의인 표시변경	2019년3월5일 제1010호	2019년3월4일 취급지점변경	농협은행주식회사의 취급지점 야탑역지점

(주) 1. 변경 전 취급지점의 표시를 말소하는 표시를 한다.
2. 기존의 근저당권의 등기에 『취급지점』의 표시가 없는 경우에는 그 표시의 추가등기를 할 수 있다.

5. 근저당권말소

가. 해지 465

【 을 구 】		(소유권 이외의 권리에 관한 사항)		
순위번호	등 기 목 적	접 수	등 기 원 인	권 리 자 및 기 타 사 항
6	5번근저당권설정 등기말소	2019년3월5일 제3005호	2019년3월4일 해지	

나. 혼동 466

【 을 구 】		(소유권 이외의 권리에 관한 사항)		
순위번호	등 기 목 적	접 수	등 기 원 인	권 리 자 및 기 타 사 항
2	1번근저당권설정 등기말소	2019년3월5일 제5050호	2019년3월4일 혼동	

다. 공동담보 전부소멸 경우의 공동담보목록 467

【공 동 담 보 목 록 】					
목록번호	2018-10				
일련번호	부동산에 관한 권리의 표시	관할등기소명	순위번호	기 타 사 항	
				생성원인	변경/소멸
~~1~~	~~[토지] 서울특별시 강남구 신사동 152~~	~~서울중앙지방법원 등기국~~	~~1~~	~~2018년1월3일 제31호 설정계약으로 인하여~~	2018년8월27일 제8461호 해지
~~2~~	~~[토지] 서울특별시 강남구 신사동 153~~	~~서울중앙지방법원 등기국~~	~~1~~	~~2018년1월3일 제31호 설정계약으로 인하여~~	2018년8월27일 제8461호 해지
~~3~~	~~[토지] 서울특별시 강남구 신사동 10~~	~~서울중앙지방법원 등기국~~	~~1~~	~~2018년1월3일 제31호 설정계약으로 인하여~~	2018년8월27일 제8461호 해지
~~4~~	~~[토지] 서울특별시 강남구 신사동 11~~	~~서울중앙지방법원 등기국~~	~~1~~	~~2018년1월3일 제31호 설정계약으로 인하여~~	2018년8월27일 제8461호 해지
~~5~~	~~[토지] 서울특별시 강남구 신사동 12~~	~~서울중앙지방법원 등기국~~	~~1~~	~~2018년1월3일 제31호 설정계약으로 인하여~~	2018년8월27일 제8461호 해지

(주) 공동담보목록이 있는 저당권이 전부 말소된 경우의 기록례이다.

라. 근저당권 일부포기 468

【 을 구 】	(소유권 이외의 권리에 관한 사항)			
순위번호	등 기 목 적	접 수	등 기 원 인	권 리 자 및 기 타 사 항
~~1~~	~~근저당권설정~~	~~2018년3월5일~~ ~~제3005호~~	~~2018년3월4일~~ ~~설정계약~~	~~채권최고액 금100,000,000원~~ ~~채무자 김한울~~ ~~서울특별시 종로구 율곡로 16~~ ~~(원서동)~~ ~~근저당권자 이겨레 750614-1035852~~ ~~서울특별시 종로구 창덕궁길 100~~ ~~(계동)~~ ~~공동담보 토지 서울특별시 중구 정동~~ ~~31~~ ~~건물 서울특별시 중구 정동~~ ~~31~~
2	1번근저당권 설정등기말소	2018년10월25일 제8250호	2018년10월24일 일부포기 (또는 일부해지)	

(주) 1. 공동담보 부동산 중의 일부 부동산에 대한 근저당권을 포기하는 경우이다.
2. 존속하는 공동담보 부동산에 대하여는 469항의 방법으로 공동담보를 말소한다는 뜻을 기록한다.

마. 공동담보 소멸 469

【 을 구 】	(소유권 이외의 권리에 관한 사항)			
순위번호	등 기 목 적	접 수	등 기 원 인	권 리 자 및 기 타 사 항
1	근저당권설정	2018년3월5일 제3005호	2018년3월4일 설정계약	채권최고액 금100,000,000원 채무자 김한울 서울특별시 종로구 율곡로 16 (원서동) 근저당권자 이겨레 750614-1035852 서울특별시 종로구 창덕궁길 100 (계동) 공동담보 ~~토지 서울특별시 중구 정동~~ ~~31~~ 건물 서울특별시 중구 정동 31
1-1	1번근저당권공동 담보일부소멸			토지 서울특별시 중구 정동 31에 대한 근저당권말소등기로 인하여 2018년10월25일 부기

바. 근저당권이전의 부기등기가 되어있는 근저당권의 말소 470

【 을 구 】		(소유권 이외의 권리에 관한 사항)		
순위번호	등 기 목 적	접 수	등 기 원 인	권 리 자 및 기 타 사 항
~~1~~	~~근저당권설정~~	~~2018년1월5일~~ ~~제105호~~	~~2018년1월4일~~ ~~설정계약~~	~~채권최고액 금60,000,000원~~ ~~채무자 김한울~~ ~~서울특별시 종로구 율곡로 16~~ ~~(원서동)~~ ~~근저당권자 이겨레 750614-1035852~~ ~~서울특별시 종로구 창덕궁길 100~~ ~~(계동)~~
~~1-1~~	~~1번근저당권~~ ~~이전~~	~~2018년5월15일~~ ~~제4015호~~	~~2018년5월14일~~ ~~확정채권양도~~	~~근저당권자 강미래 790513-1052134~~ ~~서울특별시 용산구 원효로 10~~ ~~(원효로1가)~~
2	1번근저당권 설정등기말소	2018년10월25일 제13025호	2018년10월24일 해지	

(주) 1. 근저당권 이전의 부기등기도 말소하는 표시를 한다.
2. 이전된 근저당권의 이전원인을 해지하고 종전 근저당권자를 회복하는 경우의 기록례는 339항에 준한다.

사. 공동담보 중 일부가 멸실된 경우 471

(등기소가 같은 경우)

【 을 구 】	(소유권 이외의 권리에 관한 사항)			
순위번호	등 기 목 적	접 수	등 기 원 인	권 리 자 및 기 타 사 항
1	근저당권설정	2018년1월4일 제70호	2018년1월3일 설정계약	채권최고액 금60,000,000원 채무자 김한울 서울특별시 종로구 율곡로 16 (원서동) 근저당권자 이겨레 750614-1035852 서울특별시 종로구 창덕궁길 100(계동) ~~공동담보 건물 서울특별시 도봉구 수유동 3~~
1-1	1번근저당권공동 담보소멸			건물 서울특별시 도봉구 수유동 3 멸실로 인하여 2018년10월10일 부기

(등기소가 다른 경우)

【 을 구 】	(소유권 이외의 권리에 관한 사항)			
순위번호	등 기 목 적	접 수	등 기 원 인	권 리 자 및 기 타 사 항
1	근저당권설정	2018년1월4일 제70호	2018년1월3일 설정계약	채권최고액 금60,000,000원 채무자 김한울 서울특별시 종로구 율곡로 16 (원서동) 근저당권자 이겨레 750614-1035852 서울특별시 종로구 창덕궁길 100 (계동) ~~공동담보 건물 서울특별시 도봉구 수유동 5~~
1-1	1번근저당권공동 담보소멸	2018년9월8일 제13008호		건물 서울특별시 도봉구 수유동 5 멸실로 인하여

아. 공동담보 일부소멸 경우의 공동담보목록 472

【공동담보목록 】					
목록번호	2018-12				
일련번호	부동산에 관한 권리의 표시	관할등기소명	순위번호	기타사항	
				생성원인	변경/소멸
~~1~~	~~[토지] 서울특별시 강남구 신사동 152~~	~~서울중앙지방법원 등기국~~	~~1~~	~~2018년5월27일 제2000호 설정계약으로 인하여~~	2018년9월27일 제9031호 일부포기
2	[토지] 서울특별시 강남구 신사동 153	서울중앙지방법원 등기국	1	2018년5월27일 제2000호 설정계약으로 인하여	
3	[토지] 서울특별시 강남구 삼성동 10	서울중앙지방법원 등기국	1	2018년5월27일 제2000호 설정계약으로 인하여	
4	[토지] 서울특별시 강남구 삼성동 11	서울중앙지방법원 등기국	1	2018년5월27일 제2000호 설정계약으로 인하여	
5	[토지] 서울특별시 강남구 삼성동 12	서울중앙지방법원 등기국	1	2018년5월27일 제2000호 설정계약으로 인하여	

자. 구 부동산등기법 부칙 제2조(또는 제4조)의 규정에 의한 말소 473

【 을 구 】	(소유권 이외의 권리에 관한 사항)			
순위번호	등 기 목 적	접 수	등 기 원 인	권 리 자 및 기 타 사 항
~~1~~	~~근저당권설정~~	~~(생략)~~	~~(생략)~~	~~(생략)~~
2	1번근저당권설정 등기말소			구 부동산등기법 부칙 제2조(또는 제4조)의 규정에 의하여 2019년5월2일 등기

(주) 부동산등기법(법률 제4422호. 1991. 12. 14.)부칙 제4조와 부동산등기법(법률 제7954호. 2006. 05. 10.) 부칙 제2조에 의하여 근저당권을 말소하는 경우의 기록례이다(등기예규 제1592호 참조).

6. 공장 및 광업재단 저당법에 의한 근저당권 등기

가. 공장 및 광업재단 저당법 제6조 목록제출의 근저당권 474

【 을 구 】	(소유권 이외의 권리에 관한 사항)			
순위번호	등 기 목 적	접 수	등 기 원 인	권 리 자 및 기 타 사 항
1	근저당권설정	2019년3월5일 제3005호	2019년3월4일 설정계약	채권최고액 금10,000,000원 채무자 김한울 서울특별시 종로구 율곡로 16 (원서동) 근저당권자 이겨레 750614-1035852 서울특별시 종로구 창덕궁길 100 (계동) 공동담보 토지 서울특별시 용산구 이태원동 10 공장 및 광업재단 저당법 제6조 목록 제2019-20호

나. 공장 및 광업재단 저당법 제6조에 의한 추가근저당권설정 475

(전에 등기한 부동산 : 이태원동 30-1)

【 을 구 】	(소유권 이외의 권리에 관한 사항)			
순위번호	등 기 목 적	접 수	등 기 원 인	권 리 자 및 기 타 사 항
1	근저당권설정	2019년3월5일 제3005호	2019년3월4일 설정계약	채권최고액 금10,000,000원 채무자 김한울 서울특별시 종로구 율곡로 16 (원서동) 근저당권자 이겨레 750614-1035852 서울특별시 종로구 창덕궁길 100 (계동)
1-1	1번근저당권담보 추가			공동담보 토지 서울특별시 용산구 이태원동 40-1 2019년4월15일 부기

(추가할 부동산 : 이태원동 40-1)

【 을 구 】	(소유권 이외의 권리에 관한 사항)			
순위번호	등 기 목 적	접 수	등 기 원 인	권 리 자 및 기 타 사 항
1	근저당권설정	2019년4월15일 제4015호	2019년4월14일 추가설정계약	채권최고액 금10,000,000원 채무자 김한울 서울특별시 종로구 율곡로 16 (원서동) 근저당권자 이겨레 750614-1035852 서울특별시 종로구 창덕궁길 100 (계동) 공동담보 토지 서울특별시 용산구 이태원동 30-1의 담보물에 추가 공장 및 광업재단 저당법 제6조 목록 제2019-20호

다. 다른 등기소로부터 공장 및 광업재단 저당법 제6조에 의한 담보추가의 통지가 있는 경우

476

【 을 구 】	(소유권 이외의 권리에 관한 사항)			
순위번호	등 기 목 적	접 수	등 기 원 인	권 리 자 및 기 타 사 항
1	근저당권설정	2019년3월5일 제3005호	2019년3월4일 설정계약	채권최고액 금10,000,000원 채무자 김한울 서울특별시 종로구 율곡로 16 (원서동) 근저당권자 이겨레 750614-1035852 서울특별시 종로구 창덕궁길 100 (계동)
1-1	1번근저당권담보 추가	2019년4월15일 제4015호		공동담보 토지 서울특별시 관악구 신림동 10-1

라. 공장 및 광업재단 저당법 제6조에 의한 목록 477

공장 및 광업재단 저당법 제6조 목록(표지)

근저당권자겸 채 권 자	이 겨 레
근저당권설정 자겸 채무자	김 한 울
신청 대리인 법 무 사	김 갑 동 (인)

(목록)

공장 및 광업재단 저당법 제6조에 의한 기계기구목록					
기호 및 번호	종 류	구 조(특 질)	개수 또는 연 장	제작자의 성명또는 명 칭	제 조 연 월 일
1	환편기	∅19 마무리용 85G Beet	1	국 산	1994. 7. 1.

마. 공장 및 광업재단 저당법 제6조 목록제출로 인한 근저당권변경 478

【 을 구 】	(소유권 이외의 권리에 관한 사항)			
순위번호	등 기 목 적	접 수	등 기 원 인	권 리 자 및 기 타 사 항
1	근저당권설정	(생략)	(생략)	(생략)
1-1	1번근저당권변경	2019년3월5일 제3005호	2019년3월4일 변경계약	공장 및 광업재단 저당법 제6조 목록 제2019-20호

(주) 일반 근저당권을 공장 및 광업재단 저당법에 의한 근저당권으로 변경하는 경우이다.

바. 공장 및 광업재단 저당법 제6조 목록폐지로 인한 근저당권변경 479

【 을 구 】	(소유권 이외의 권리에 관한 사항)			
순위번호	등 기 목 적	접 수	등 기 원 인	권 리 자 및 기 타 사 항
1	근저당권설정	2019년3월5일 제3005호	2019년3월4일 설정계약	채권최고액 금60,000,000원 채무자 김한울 서울특별시 종로구 율곡로 16 (원서동) 근저당권자 이겨레 750614-1035852 서울특별시 종로구 창덕궁길 100 (계동) 공동담보 토지 서울특별시 동대문구 제기동 30 ~~공장 및 광업재단 저당법 제6조 목록~~ ~~제2019-20호~~
1-1	1번근저당권변경	2019년5월8일 제5008호	2019년5월7일 변경계약	공장 및 광업재단 저당법 제6조 목록 제2019-20호 폐지

(주) 1. 공장 및 광업재단 저당법 제6조에 의한 근저당권을 일반 근저당권으로 변경하는 경우이다.
2. 변경 전의 공장 및 광업재단 저당법 제6조 제출의 목록기록을 말소하는 표시를 하고 동 목록을 폐쇄한다.

사. 공장 및 광업재단 저당법 제6조에 의한 목록기록(분리 · 추가)

1) 기계 · 기구를 공장에서 분리하는(또는 멸실된) 경우 480

공장저당목록 제2018-10호에서 분리(또는 멸실)된 목록(표지)

근저당권자겸
채 권 자 이 겨 레

근저당권설정
자겸 채무자 김 한 울

신청 대리인
법 무 사 김 갑 동 (인)

(변경내역표)

일련번호	접수일자	접수번호	변경내역
1	2018년7월9일	1036	공장 및 광업재단 저당법 제6조 목록 제2018-10호
2	2018년8월7일	2002	공장 및 광업재단 저당법 제6조 목록 제2018-10호에 별지와 같이 추가
3	2018년9월13일	3367	공장 및 광업재단 저당법 제6조 목록 제2018-10호에 별지와 같이 공장저당목록 분리
4	2018년10월13일	5500	공장 및 광업재단 저당법 제6조 목록 제2018-10호 폐지

(주) 공장저당목록에 목록의 분리, 멸실(또는 추가)로 인해 변경사항이 발생한 경우에는 그 사항을 변경내역표에 기록하여야 한다(등기예규 제1467호 참조).

2) 기계 · 기구를 공장에 추가로 설치하는 경우 481

(추가목록)

공장저당목록 제2018-10호의 추가 목록(표지)

근저당권자겸 채 권 자	이 겨 레
근저당권설정 자겸 채무자	김 한 울
신청 대리인 법 무 사	김 갑 동 (인)

(주) 1. 새로이 기계 · 기구를 추가한 경우에는 추가되는 물건의 목록을 별도로 제공한다(등기예규 제1467호 참조).

2. 480항 (주) 참조.

제2절 저당권에 관한 등기

1. 저당권설정

가. 통상의 저당권설정 482

【 을 구 】 (소유권 이외의 권리에 관한 사항)				
순위번호	등 기 목 적	접 수	등 기 원 인	권 리 자 및 기 타 사 항
1	저당권설정	2019년3월5일 제3005호	2019년3월4일 설정계약	채권액 금100,000,000원 변제기 2020년3월3일 이 자 연 6푼 원본 및 이자의 지급장소 서울특별시 종로구 원서동 6 김한솔의 주소지 채무자 김한울 서울특별시 종로구 율곡로 16 (원서동) 저당권자 이겨레 750614-1035852 서울특별시 종로구 창덕궁길 100 (계동)

나. 저당권자가 수인인 저당권 483

【 을 구 】		(소유권 이외의 권리에 관한 사항)		
순위번호	등 기 목 적	접 수	등 기 원 인	권 리 자 및 기 타 사 항
1	저당권설정	2019년3월5일 제3005호	2019년3월4일 설정계약	채권액 금100,000,000원 이 자 연 5푼 채무자 김한울 서울특별시 종로구 율곡로 16 (원서동) 저당권자 지분 5분의 3 이겨레 750614-1035852 서울특별시 종로구 창덕궁길 100 (계동) 지분 5분의 2 강미래 790513-1052134 서울특별시 용산구 원효로 10 (원효로1가)

다. 채무자가 다른 각별의 채무를 담보하는 경우 484

【 을 구 】		(소유권 이외의 권리에 관한 사항)		
순위번호	등 기 목 적	접 수	등 기 원 인	권 리 자 및 기 타 사 항
1	저당권설정	2019년3월5일 제3005호	2019년3월4일 설정계약	채권액 금100,000,000원 이 자 연 5푼 채무자 금60,000,000원 정다운 서울특별시 종로구 인사동6길 5 (인사동) 금40,000,000원 김한울 서울특별시 종로구 율곡로 16 (원서동) 저당권자 이겨레 750614-1035852 서울특별시 종로구 창덕궁길 100 (계동)

(주) 근저당권의 경우에는 채무자별로 채무액을 기록할 수 없다.

라. 금전 이외의 채권을 담보하는 저당권 485

【 을 구 】	(소유권 이외의 권리에 관한 사항)			
순위번호	등 기 목 적	접 수	등 기 원 인	권 리 자 및 기 타 사 항
1	저당권설정	2019년3월5일 제3500호	2019년3월4일 설정계약	채권액 백미500가마(가마당 50킬로그램) 채권가액 금30,000,000원 변제기 2020년1월31일 이 자 연 1할 5푼 채무자 김한울 서울특별시 종로구 율곡로 16 (원서동) 저당권자 이겨레 750614-1035852 서울특별시 종로구 창덕궁길 100 (계동)

2. 저당권이전

가. 채권양도 486

【 을 구 】		(소유권 이외의 권리에 관한 사항)		
순위번호	등 기 목 적	접 수	등 기 원 인	권 리 자 및 기 타 사 항
1	저당권설정	2018년2월10일 제6100호	2018년2월9일 설정계약	채권액 금50,000,000원 이 자 연 6푼 채무자 김한울 서울특별시 종로구 율곡로 16 (원서동) ~~저당권자 이겨레 750614-1035852~~ ~~서울특별시 종로구 창덕궁길 100~~ ~~(계동)~~
1-1	1번저당권이전	2018년10월5일 제43005호	2018년10월4일 채권양도	저당권자 강미래 790513-1052134 서울특별시 용산구 원효로 10 (원효로1가)

(주) 1번 저당권자를 말소하는 표시를 한다.

나. 채권일부양도 487

【 을 구 】		(소유권 이외의 권리에 관한 사항)		
순위번호	등 기 목 적	접 수	등 기 원 인	권 리 자 및 기 타 사 항
1	저당권설정	2018년5월20일 제6100호	2018년5월19일 설정계약	채권액 금50,000,000원 이 자 연 6푼 채무자 김한울 서울특별시 종로구 율곡로 16 (원서동) 저당권자 이겨레 750614-1035852 서울특별시 종로구 창덕궁길 100 (계동)
1-1	1번저당권일부 이전	2018년7월10일 제8005호	2018년7월9일 채권일부양도	양도액 금20,000,000원 저당권자 강미래 790513-1052134 서울특별시 용산구 원효로 10 (원효로1가)

다. 전부대위변제 488

【 을 구 】 (소유권 이외의 권리에 관한 사항)				
순위번호	등 기 목 적	접 수	등 기 원 인	권 리 자 및 기 타 사 항
1	저당권설정	2018년3월10일 제6100호	2018년3월9일 설정계약	채권액 금60,000,000원 이 자 연 6푼 채무자 김한울 서울특별시 종로구 율곡로 16 (원서동) ~~저당권자 이거래 750614-1035852~~ ~~서울특별시 종로구 창덕궁길 100~~ ~~(계동)~~
1-1	1번저당권이전	2018년10월5일 제53005호	2018년10월4일 대위변제	저당권자 강미래 790513-1052134 서울특별시 용산구 원효로 10 (원효로1가)

라. 일부대위변제 489

【 을 구 】 (소유권 이외의 권리에 관한 사항)				
순위번호	등 기 목 적	접 수	등 기 원 인	권 리 자 및 기 타 사 항
1	저당권설정	(생략)	(생략)	(생략)
1-1	1번저당권일부 이전	2019년3월5일 제3005호	2019년3월4일 일부대위변제	변제액 금20,000,000원 저당권자 강미래 790513-1052134 서울특별시 용산구 원효로 10 (원효로1가)

마. 상속 490

【 을 구 】		(소유권 이외의 권리에 관한 사항)		
순위번호	등 기 목 적	접 수	등 기 원 인	권 리 자 및 기 타 사 항
1-1	1번저당권이전	2019년3월5일 제3005호	2019년2월4일 상속	저당권자 지분 2분의 1 이겨레 750614-1035852 서울특별시 종로구 창덕궁길 100 (계동) 지분 2분의 1 강미래 790513-1052134 서울특별시 용산구 원효로 10 (원효로1가)

(주) 233항 및 444항의 (주) 참조.

바. 공유저당권 지분이전의 경우 491

【 을 구 】		(소유권 이외의 권리에 관한 사항)		
순위번호	등 기 목 적	접 수	등 기 원 인	권 리 자 및 기 타 사 항
1-1	1번저당권김을동 지분전부이전	2019년3월5일 제3005호	2019년3월4일 채권지분양도 (또는 채권지분 포기)	저당권자 지분 3분의 1 이겨레 750614-1035852 서울특별시 종로구 창덕궁길 100 (계동)

3. 저당권변경

가. 일부변제로 인한 채권액 변경 492

【 을	구 】	(소유권 이외의 권리에 관한 사항)		
순위번호	등 기 목 적	접 수	등 기 원 인	권 리 자 및 기 타 사 항
6-1	6번저당권변경	2019년3월5일 제3005호	2019년3월4일 일부변제	채권액 금20,000,000원

(주) 변경 전의 채권액을 말소하는 표시를 한다.

나. 이자의 변경(경정) 493

【 을	구 】	(소유권 이외의 권리에 관한 사항)		
순위번호	등 기 목 적	접 수	등 기 원 인	권 리 자 및 기 타 사 항
1-1	1번저당권변경 (또는 경정)	2018년10월5일 제3005호	2018년10월4일 변경계약 (또는 신청착오)	이 자 연 6푼 3리

(주) 1. 등기상 이해관계 있는 제3자가 있는 경우에는 그의 승낙을 증명하는 정보 또는 이에 대항할 수 있는 재판이 있음을 증명하는 정보를 제공한 때에 한하여 부기등기로 한다.
2. 변경(경전) 전의 이자를 말소하는 표시를 한다.
3. 새로 이자의 약정을 하고 변경등기를 하는 경우에도 위와 같다.
4. 신청착오의 경우 등기원인일자를 기록하고, 착오발견의 경우 등기원인일자를 기록하지 아니한다.

다. 약정이자의 폐지 494

【 을	구 】	(소유권 이외의 권리에 관한 사항)		
순위번호	등 기 목 적	접 수	등 기 원 인	권 리 자 및 기 타 사 항
1-1	1번저당권변경	2019년3월5일 제3005호	2019년3월4일 변경계약	이 자 약정의 폐지

(주) 1. 등기상 이해관계 있는 제3자가 있는 경우에는 그의 승낙을 증명하는 정보 또는 이에 대항할 수 있는 재판이 있음을 증명하는 정보를 제공한 때에 한하여 부기등기로 한다.
2. 폐지된 이자를 말소하는 표시를 한다.

라. 채권액 및 이자의 변경 495

【 을 구 】		(소유권 이외의 권리에 관한 사항)		
순위번호	등 기 목 적	접 수	등 기 원 인	권 리 자 및 기 타 사 항
1-1	1번저당권변경	2018년10월5일 제3005호	2018년10월4일 변경계약	채권액 금100,000,000원 이 자 연 4푼

(주) 1. 등기상 이해관계 있는 제3자가 있는 경우에는 그의 승낙을 증명하는 정보 또는 이에 대항할 수 있는 재판이 있음을 증명하는 정보를 제공한 때에만 부기등기로 한다.
2. 변경 전의 채권액 및 이자를 말소하는 표시를 한다.

마. 채무인수로 인한 채무자변경

1) 면책적 채무인수 496

【 을 구 】		(소유권 이외의 권리에 관한 사항)		
순위번호	등 기 목 적	접 수	등 기 원 인	권 리 자 및 기 타 사 항
1	저당권설정	2018년4월9일 제8009호	2018년4월8일 설정계약	채권액 금100,000,000원 변제기 2019년3월31일 ~~채무자 김한울~~ ~~서울특별시 종로구 율곡로 16 (원서동)~~ 저당권자 이겨레 750614-1035852 서울특별시 종로구 창덕궁길 100 (계동)
1-1	1번저당권변경	2018년9월5일 제13005호	2018년9월4일 면책적 채무인수	채무자 정다운 서울특별시 종로구 인사동6길 5 (인사동)

(주) 변경 전의 채무자를 말소하는 표시를 한다.

2) 중첩적 채무인수 497

【 을 구 】		(소유권 이외의 권리에 관한 사항)		
순위번호	등 기 목 적	접 수	등 기 원 인	권 리 자 및 기 타 사 항
1	저당권설정	(생략)	(생략)	(생략)
1-1	1번저당권변경	2019년3월5일 제3005호	2019년3월4일 중첩적 채무인수	채무자 김한울 서울특별시 종로구 율곡로 16 (원서동)

(주) 변경 전의 채무자를 말소하는 표시를 하지 아니한다.

사. 조건부채권을 무조건으로 하는 경우 498

【 을 구 】 (소유권 이외의 권리에 관한 사항)				
순위번호	등 기 목 적	접 수	등 기 원 인	권 리 자 및 기 타 사 항
1-1	1번저당권변경	2019년3월5일 제1010호	2019년3월4일 변경계약	채권의 조건 폐지

(주) 1. 등기상의 이해관계인이 존재하는 경우에는 그의 승낙을 증명하는 정보 또는 이에 대항할 수 있는 재판이 있음을 증명하는 정보를 제공한 경우에 한하여 부기등기로 한다.
2. 변경 전의 채권의 조건을 말소하는 표시를 한다.

아. 저당권 준공유지분의 경정의 경우 499

【 을 구 】 (소유권 이외의 권리에 관한 사항)				
순위번호	등 기 목 적	접 수	등 기 원 인	권 리 자 및 기 타 사 항
1	저당권설정	2019년2월10일 제1001호	2019년2월9일 설정계약	채권액 금10,000,000원 이 자 연 6푼 채무자 김한울 서울특별시 종로구 율곡로 16 (원서동) 저당권자 ~~지분 5분의 2~~ 이겨레 750614-1035852 서울특별시 종로구 창덕궁길 100 (계동) ~~지분 5분의 3~~ 강미래 790513-1052134 서울특별시 용산구 원효로 10 (원효로1가)
1-1	1번저당권경정	2019년3월5일 제2004호	2019년2월10일 신청착오	이겨레의 지분 5분의 3 강미래의 지분 5분의 2

(주) 1. 경정 전의 지분을 말소하는 표시를 한다.
2. 등기상 이해관계 있는 제3자의 승낙을 증명하는 정보 또는 이에 대항할 수 있는 재판이 있음을 증명하는 정보를 제공하여야 한다.

4. 저당권말소

가. 변제 500

【 을 구 】	(소유권 이외의 권리에 관한 사항)			
순위번호	등 기 목 적	접 수	등 기 원 인	권 리 자 및 기 타 사 항
2	1번저당권설정 등기말소	2019년3월5일 제3005호	2019년3월4일 변제	

(주) 1번 저당권을 말소하는 표시를 한다.

나. 저당권 포기 또는 해제 501

【 을 구 】	(소유권 이외의 권리에 관한 사항)			
순위번호	등 기 목 적	접 수	등 기 원 인	권 리 자 및 기 타 사 항
2	1번저당권설정 등기말소	2019년3월5일 제3005호	2019년3월4일 포기 또는 해제(합의해제)	

(주) 1번 저당권을 말소하는 표시를 한다.

5. 물상담보부사채신탁계약에 의한 저당권등기

가. 사채의 전액발행의 경우(담보부사채신탁법 제101조제1항) 502

【 을 구 】	(소유권 이외의 권리에 관한 사항)			
순위번호	등 기 목 적	접 수	등 기 원 인	권 리 자 및 기 타 사 항
1	저당권설정	2019년3월5일 제3005호	2019년3월4일 물상담보부사채 신탁계약	사채총액 금100,000,000원 사채이율 연 1할 채무자 주식회사한국양행 서울특별시 종로구 사직로 15 (사직동) 저당권자 주식회사대한은행 110100-4803112 서울특별시 강남구 강남대로 430 (양재동) (강남지점)

나. 사채의 분할발행의 경우(담보부사채신탁법 제101조제2항) 503

【 을 구 】	(소유권 이외의 권리에 관한 사항)			
순위번호	등 기 목 적	접 수	등 기 원 인	권 리 자 및 기 타 사 항
1	저당권설정	2019년3월5일 제3005호	2019년3월4일 물상담보부사채 신탁계약	사채총액 금100,000,000원 사채이율 최고한도 연 1할 채무자 주식회사한국양행 서울특별시 종로구 사직로 15 (사직동) 저당권자 주식회사대한은행 110100-4803112 서울특별시 강남구 강남대로 430 (양재동) (강남지점) 본사채는 5회에 걸쳐 분할 발행함

제3절 저당권부채권에 대한 질권에 관한 등기

1. 근저당권부채권 질권설정 504

【 을 구 】		(소유권 이외의 권리에 관한 사항)		
순위번호	등 기 목 적	접 수	등 기 원 인	권 리 자 및 기 타 사 항
1	근저당권설정	2018년3월11일 제174호	2018년3월10일 설정계약	채권최고액 금30,000,000원 채무자 김한울 서울특별시 종로구 율곡로 16 (원서동) 근저당권자 이겨레 750614-1035852 서울특별시 종로구 창덕궁길 100 (계동) 공동담보 토지 서울특별시 종로구 혜화동 1
1-1	1번근저당권부 채권질권설정	2018년9월2일 제3500호	2018년9월1일 설정계약	채권액 금20,000,000원 변제기 2019년8월30일 이 자 월2푼 채무자 이겨레 서울특별시 종로구 창덕궁길 100 (계동) 채권자 강미래 790513-1052134 서울특별시 용산구 원효로 10 (원효로1가) 공동담보 토지 서울특별시 종로구 혜화동 1 을구 제1번의 근저당권

2. 근저당권부채권 근질권설정 505

【 을 구 】	(소유권 이외의 권리에 관한 사항)			
순위번호	등 기 목 적	접 수	등 기 원 인	권 리 자 및 기 타 사 항
1	근저당권설정	2017년3월11일 제174호	2017년3월10일 설정계약	채권최고액 금30,000,000원 채무자 김한울 서울특별시 종로구 율곡로 16 (원서동) 근저당권자 이겨레 750614-1035852 서울특별시 종로구 창덕궁길 100 (계동) 공동담보 토지 서울특별시 종로구 혜화동 1
1-1	1번근저당권부 채권근질권설정	2018년9월2일 제3500호	2018년9월1일 설정계약	채권최고액 금20,000,000원 채무자 이겨레 서울특별시 종로구 창덕궁길 100 (계동) 채권자 강미래 790513-1052134 서울특별시 용산구 원효로 10 (원효로1가) 공동담보 토지 서울특별시 종로구 혜화동 1 을구 제1번의 근저당권

3. 근저당권부채권 질권이전 506

【 을 구 】	(소유권 이외의 권리에 관한 사항)			
순위번호	등 기 목 적	접 수	등 기 원 인	권 리 자 및 기 타 사 항
1-1	1번근저당권부 채권질권설정	2018년5월2일 제11567호	2018년4월30일 설정계약	채권액 금20,000,000원 변제기 2019년4월30일 이 자 월2푼 채무자 이겨레 서울특별시 종로구 창덕궁길 100 (계동) ~~채권자 강미래 790513-1052134~~ ~~서울특별시 용산구 원효로 10~~ ~~(원효로1가)~~ 공동담보 토지 서울특별시 노원구 상계동 100-5 을구 제1번의 근저당권
1-1-1	1-1번근저당권부 채권질권이전	2018년7월10일 제13000호	2018년7월9일 채권양도	채권자 서하늘 630419-1034125 서울특별시 용산구 효창원로 30 (공덕동)

(주) 1. 1-1번의 권리자를 말소하는 표시를 한다.
2. 근질권이전과 관련해서는 근저당권이전을 준용한다.

제4절 채권담보권에 관한 등기

1. 근저당권부채권 담보권설정 507

【 을 구 】				(소유권 이외의 권리에 관한 사항)
순위번호	등 기 목 적	접 수	등 기 원 인	권 리 자 및 기 타 사 항
1	근저당권설정	2018년3월11일 제174호	2018년3월10일 설정계약	채권최고액 금300,000,000원 채무자 김한울 서울특별시 종로구 율곡로 16 (원서동) 근저당권자 이겨레 750614-1035852 서울특별시 종로구 창덕궁길 100 (계동) 공동담보 토지 서울특별시 종로구 혜화동 1
1-1	1번근저당권부 채권담보권설정	2018년9월2일 제3500호	2018년9월1일 설정계약	채권액 금200,000,000원 변제기 2013년8월30일 이 자 월2푼 채무자 이겨레 서울특별시 종로구 창덕궁길 100 (계동) 채권자 강미래 790513-1052134 서울특별시 용산구 원효로 10 (원효로1가) 공동담보 토지 서울특별시 종로구 혜화동 1 을구 제1번의 근저당권

(주) 저당권부채권에 대한 채권담보권의 등기에 관한 기록례이다(법 제76조제2항).

제5장

신탁에 관한 등기

제5장 신탁에 관한 등기

1. 신탁등기

가. 수탁자가 1인인 경우 508

【 갑 구 】	(소유권에 관한 사항)			
순위번호	등 기 목 적	접 수	등 기 원 인	권 리 자 및 기 타 사 항
5	소유권이전	2019년3월5일 제3005호	2019년3월4일 신탁	수탁자 김우리 600104-1056429 서울특별시 서초구 서초대로46길 60, 101동 201호(서초동, 서초아파트)
	신탁			신탁원부 제2019-5호

(주) 신탁을 원인으로 위탁자와 수탁자가 공동으로 소유권이전등기를 신청하는 때에는 등기명의인의 표시를 '수탁자 또는 수탁자(합유)'로 기록한다.

나. 수탁자가 2인 이상인 경우 509

【 갑 구 】	(소유권에 관한 사항)			
순위번호	등 기 목 적	접 수	등 기 원 인	권 리 자 및 기 타 사 항
5	소유권이전	2019년5월2일 제5002호	2019년5월1일 신탁	수탁자(합유) 김우리 600104-1056429 서울특별시 중구 세종대로 136 (태평로1가) 강미래 790513-1052134 서울특별시 마포구 성암로15길 12 (상암동)
	신탁			신탁원부 제2019-5호

다. 지상권의 신탁 510

【 을 구 】	(소유권 이외의 권리에 관한 사항)			
순위번호	등 기 목 적	접 수	등 기 원 인	권 리 자 및 기 타 사 항
1	지상권설정	(생략)	(생략)	(생략)
1-1	1번지상권이전	2019년5월3일 제5003호	2019년5월2일 신탁	수탁자 한일부동산주식회사 110111-1001111 서울특별시 도봉구 덕릉로60마길 5 (창동)
	신탁			신탁원부 제2019-5호

라. 담보권신탁등기 511

【 을 구 】	(소유권 이외의 권리에 관한 사항)			
순위번호	등 기 목 적	접 수	등 기 원 인	권 리 자 및 기 타 사 항
1	근저당권설정	2019년5월31일 제12345호	2019년5월30일 신탁	채권최고액 금250,000,000원 존속기간 1년 채무자 김우리 서울특별시 서초구 서초대로46길 60, 101동 201호(서초동, 서초아파트) 수탁자 대한부동산신탁주식회사 110111-2345671 서울특별시 강남구 테헤란로 15 (삼성동)
	신탁			신탁원부 제2019-38호

(주) 위탁자가 자기 또는 제3자 소유의 부동산에 채권자가 아닌 수탁자를 저당권자로 하여 설정한 저당권을 신탁재산으로 하고 채권자를 수익자로 지정한 담보권신탁등기에 관한 기록례이다.

마. 신탁재산처분(회복)에 의한 신탁

1) 신탁재산처분에 의한 신탁 512

【 갑 구 】	(소유권에 관한 사항)			
순위번호	등 기 목 적	접 수	등 기 원 인	권 리 자 및 기 타 사 항
2	소유권이전	2018년9월9일 제8009호	2018년9월8일 매매	소유자 김우리 600104-1056429 서울특별시 서초구 반포대로 60 (반포동) 거래가액 금50,000,000원
3	소유권이전	2019년3월5일 제3005호	2019년3월4일 매매	소유자 강미래 790513-1052134 서울특별시 용산구 원효로 10 (원효로1가) 거래가액 금50,000,000원
	신탁재산처분에 의한 신탁			신탁원부 제2019-5호

(주) 신탁재산의 처분 또는 신탁재산의 회복으로 인하여 신탁재산이 된 부동산에 대하여 수탁자가 제3자와 공동으로 매매를 원인으로 한 소유권이전등기를 신청함과 동시에 수탁자가 단독으로 신탁등기를 신청할 경우에는 등기명의인의 표시는 '소유자 또는 공유자'로 표시하고 공유자인 경우에는 그 지분도 기록한다.

2) 신탁재산회복에 의한 신탁 513

【 갑 구 】	(소유권에 관한 사항)			
순위번호	등 기 목 적	접 수	등 기 원 인	권 리 자 및 기 타 사 항
4	소유권이전	2019년3월5일 제3005호	2019년3월4일 매매	소유자 김우리 600104-1056429 서울특별시 서초구 반포대로 60 (반포동) 거래가액 금50,000,000원
	신탁재산회복 에 의한 신탁			신탁원부 제2019-5호

(주) 전항의 (주) 참조.

3) 집합건물의 소유권보존등기 시에 하는 신탁재산처분에 의한 신탁 514

(토지)

【 갑 구 】 (소유권에 관한 사항)				
순위번호	등기목적	접 수	등기원인	권리자 및 기타사항
2	소유권이전	2018년9월9일 제23456호	2018년8월8일 신탁	수탁자 대한부동산신탁주식회사 112601-8031111 서울특별시 강남구 테헤란로 15 (삼성동)
	신탁			신탁원부 제2018-15호
3	소유권대지권			건물의 표시 서울특별시 서초구 반포동 151 서초아파트 제101동 2019년3월5일 등기

(전유부분)

【표 제 부】 (전유부분의 건물의 표시)				
표시번호	접 수	건물번호	건물내역	등기원인 및 기타사항
1	(생략)	(생략)	(생략)	
(대지권의 표시)				
표시번호	대지권종류		대지권비율	등기원인 및 기타사항
1	1 소유권대지권		1000분의 10	2019년3월4일 대지권 2019년3월5일 등기
2				별도등기 있음 1토지(갑구 2번 신탁등기) 2019년3월5일 등기

【 갑 구 】 (소유권에 관한 사항)				
순위번호	등기목적	접 수	등기원인	권리자 및 기타사항
1	소유권보존	2019년3월5일 제3006호		소유자 대한부동산신탁주식회사 112601-8031111 서울특별시 강남구 테헤란로 15 (삼성동)
	신탁재산처분에 의한 신탁			신탁원부 제2019-10호
1-1				1번 신탁등기는 건물만에 관한 것임 2019년3월5일 부기

4) 수탁자 앞으로의 소유권이전등기 후에 하는 신탁재산처분(회복)에 의한 신탁 515

【 갑 구 】	(소유권에 관한 사항)			
순위번호	등 기 목 적	접 수	등 기 원 인	권 리 자 및 기 타 사 항
4	3번신탁재산 처분(회복)에 의한 신탁	2019년5월3일 제5003호		신탁원부 제2019-5호

(주) 신탁재산의 처분(회복)으로 인하여 신탁재산이 된 부동산에 대하여 제3자와 매수인인 수탁자가 소유권이전등기만을 신청하여 먼저 수탁자 앞으로의 소유권이전등기가 마쳐진 후 수탁자 단독으로 신탁등기만을 신청한 경우에는 주등기에 의하되 등기의 목적은 '○번 신탁재산처분(회복)에 의한 신탁'으로 기록한다.

바. 대위신청

1) 수익자가 수탁자를 대위하여 위탁자와 공동으로 소유권이전등기와 동시 신청하는 경우 516

【 갑 구 】	(소유권에 관한 사항)			
순위번호	등 기 목 적	접 수	등 기 원 인	권 리 자 및 기 타 사 항
4	소유권이전	2019년3월5일 제3005호	2019년3월4일 신탁	수탁자 김우리 600104-1056429 서울특별시 서초구 반포대로 60 (반포동)
	신탁			신탁원부 제2019-5호
				대위자 이대한 서울특별시 서초구 강남대로37길 21 (서초동) 대위원인 부동산등기법 제82조제2항

2) 신탁재산의 처분(회복)을 원인으로 수탁자가 취득한 부동산에 대하여 위탁자(또는 수익자)가 대위신청하는 경우 517

【 갑 구 】 (소유권에 관한 사항)				
순위번호	등기목적	접 수	등기원인	권리자 및 기타사항
4	3번신탁재산 처분(회복)에 의한 신탁	2019년5월3일 제5003호		신탁원부 제2019-5호
				대위자 이대한 서울특별시 서초구 강남대로37길 21 (서초동) 대위원인 부동산등기법 제82조제2항

(주) 신탁재산의 처분 또는 회복으로 인하여 신탁재산이 된 부동산에 대하여 제3자와 매수인인 수탁자가 매매 등을 원인으로 한 소유권이전등기를 마친 후 수탁자를 대위하여 위탁자 또는 수익자가 신탁등기만을 신청하는 경우에는 주등기에 의하되 그 등기의 목적을 '○번 신탁재산처분(회복)에 의한 신탁'으로 기록한다.

사. 위탁자의 신탁선언에 의한 신탁등기 518

【 갑 구 】 (소유권에 관한 사항)				
순위번호	등기목적	접 수	등기원인	권리자 및 기타사항
2	소유권이전	2019년1월9일 제670호	2019년1월8일 매매	소유자 김우리 600104-1056429 서울특별시 서초구 반포대로 60 (반포동) 거래가액 금200,000,000원
3	신탁재산으로 된 뜻의 등기	2019년3월5일 제3005호	2019년3월4일 신탁	수탁자 김우리 600104-1056429 서울특별시 서초구 반포대로 60 (반포동)
	신탁			신탁원부 제2019-25호

(주) 신탁법 제3조제1항제3호에 따라 자신을 수탁자로 정한 위탁자의 선언에 의한 신탁을 설정하는 경우에는 "신탁재산으로 된 뜻의 등기 및 신탁등기"를 신청할 수 있다.

2. 재신탁에 따른 등기

가. 재신탁에 따른 등기 519

【 갑 구 】	(소유권에 관한 사항)			
순위번호	등 기 목 적	접 수	등 기 원 인	권 리 자 및 기 타 사 항
2	소유권이전	2018년1월9일 제670호	2018년1월8일 매매	소유자 김우리 600104-1056429 서울특별시 서초구 반포대로 60 (반포동) 거래가액 금200,000,000원
3	소유권이전	2018년3월5일 제3005호	2018년3월4일 신탁	수탁자 대한부동산신탁주식회사 110111-2345671 서울특별시 강남구 테헤란로 15 (삼성동)
	신탁			신탁원부 제2018-25호
4	소유권이전	2018년7월9일 제12345호	2018년7월8일 재신탁	수탁자 한국부동산신탁주식회사 110111-8021111 서울특별시 강남구 테헤란로 35 (삼성동)
	신탁			신탁원부 제2018-47호

(주) 1. 수탁자가 신탁법 제3조제5항에 따라 타인에게 신탁을 설정하는 경우에는 "재신탁"을 등기원인으로 하고, 수익자의 동의가 있음을 증명하는 서면을 첨부정보로서 제공하여야 한다.
2. 재신탁등기를 하는 경우에는 원신탁의 신탁등기를 말소하지 아니한다.

나. 건물 소유권보존등기 시에 하는 재신탁에 따른 등기 520

【 갑 구 】	(소유권에 관한 사항)			
순위번호	등 기 목 적	접 수	등 기 원 인	권 리 자 및 기 타 사 항
1	소유권보존	2018년3월5일 제3005호		소유자 대한부동산신탁주식회사 112601-8031111 서울특별시 강남구 테헤란로 15 (삼성동)
	신탁재산 처분에 의한 신탁			신탁원부 제2018-25호

(주) 재신탁의 수탁자가 건물을 신축하여 소유권보존등기와 함께 신탁등기를 신청하는 경우의 기록례이다.

3. 신탁의 합병 · 분할에 따른 등기 521

1) 신탁의 합병

【 갑 구 】	(소유권에 관한 사항)			
순위번호	등 기 목 적	접 수	등 기 원 인	권 리 자 및 기 타 사 항
3	소유권이전	2018년3월5일 제3005호	2018년3월4일 신탁	수탁자 대한부동산신탁주식회사 110111-2345671 서울특별시 강남구 테헤란로 15 (삼성동)
	~~신탁~~			~~신탁원부 제2018-25호~~
4	신탁합병으로 인하여 다른 신탁의 목적으로 된 뜻의 등기	2019년5월9일 제12345호	2019년5월8일 신탁합병	
	3번신탁등기 말소			
	신탁			신탁원부 제2019-45호

(주) 신탁의 합병 또는 분할로 인하여 하나의 신탁재산에 속하는 부동산에 관한 권리가 다른 신탁의 신탁재산에 귀속되는 경우 신탁등기의 말소 및 새로운 신탁등기의 신청은 신탁의 합병 또는 분할로 인한 권리변경의 신청과 동시에 하여야 한다.

2) 신탁의 분할

【 갑 구 】	(소유권에 관한 사항)			
순위번호	등 기 목 적	접 수	등 기 원 인	권 리 자 및 기 타 사 항
3	소유권이전	2018년3월5일 제3005호	2018년3월4일 신탁	수탁자 대한부동산신탁주식회사 110111-2345671 서울특별시 강남구 테헤란로 15 (삼성동)
	~~신탁~~			~~신탁원부 제2018-25호~~
4	신탁분할로 인하여 다른 신탁의 목적으로 된 뜻의 등기	2019년5월9일 제12345호	2019년5월8일 신탁분할	
	3번신탁등기 말소			
	신탁			신탁원부 제2019-45호

4. 소유권일부이전등기와 신탁등기의 변경등기 522

【 갑 구 】	(소유권에 관한 사항)			
순위번호	등 기 목 적	접 수	등 기 원 인	권 리 자 및 기 타 사 항
5	소유권이전	2018년3월5일 제3005호	2018년3월1일 신탁	수탁자 대한부동산신탁주식회사 110111-2345671 서울특별시 강남구 테헤란로 15 (삼성동)
	신탁			신탁원부 제2018-5호
6	소유권일부이전	2019년5월7일 제6000호	2019년5월6일 매매	공유자 지분 3분의 1 김우리 600104-1562316 서울특별시 서초구 반포대로 60 (반포동) 거래가액 금20,000,000원
	5번신탁등기변경		신탁재산의 처분	신탁재산 대한부동산신탁주식회사지분 3분의2

5. 수탁자가 변경되거나 해임된 경우의 등기

가. 수탁자 경질에 의한 소유권이전의 경우 523

【 갑 구 】 (소유권에 관한 사항)				
순위번호	등 기 목 적	접 수	등 기 원 인	권 리 자 및 기 타 사 항
2	소유권이전	2018년9월8일 제9008호	2018년9월7일 신탁	수탁자 김우리 600104-1056429 서울특별시 서초구 서초대로46길 60 (서초동)
	신탁			신탁원부 제2018-5호
3	소유권이전	2019년3월5일 제3005호	2019년3월4일 수탁자경질	수탁자 최민국 680703-1562316 서울특별시 마포구 마포대로11가길 25(염리동)

(신탁원부 - 변경내역표)

일련번호	접수일자	접수번호	변 경 사 항
2			수탁자 경질 원인 2019년3월4일 경질 수탁자 최민국 서울특별시 마포구 마포대로11가길 25(염리동) 2019년3월5일 부기

(주) 수탁자의 경질로 인한 권리이전등기 또는 여러 명의 수탁자 중 1인의 임무종료로 인한 합유명의인변경등기를 한 경우에는 등기관은 직권으로 신탁원부 기록을 변경하여야 한다(등기예규 제1673호 4.다.).

나. 수인의 수탁자 중 1인의 임무종료로 인한 수탁자 변경 524

【 갑 구 】	(소유권에 관한 사항)			
순위번호	등 기 목 적	접 수	등 기 원 인	권 리 자 및 기 타 사 항
3-1	3번소유권변경	2019년3월5일 제3005호	2019년3월4일 수탁자 김가을 임무종료	수탁자(합유) 김우리 600104-1056429 서울특별시 서초구 반포대로 60 (반포동) 최민국 680703-1562316 서울특별시 마포구 마포대로 25 (염리동)

(주) 사망의 경우에는 "원인 ○년○월○일 수탁자 김가을 사망"으로 기록한다.

(신탁원부 - 변경내역표)

일련번호	접수일자	접수번호	변 경 사 항
2			수탁자 변경 원인 2019년3월4일 수탁자 김가을 임무종료 수탁자(합유) 김우리 서울특별시 서초구 반포대로 60 (반포동) 최민국 서울특별시 마포구 마포대로 25 (염리동) 2019년3월5일 부기

(주) 전항의 (주) 참조

다. 수인의 수탁자 중 1인만의 단독수탁자로 된 경우 525

【 갑 구 】 (소유권에 관한 사항)				
순위번호	등 기 목 적	접 수	등 기 원 인	권 리 자 및 기 타 사 항
3-1	3번소유권변경	2019년3월5일 제3005호	2019년3월4일 수탁자 김우리, 최민국 임무종료	수탁자 박나라 620201-2024425 서울특별시 서초구 서초대로62길 31, 102동 103호(서초동, 한양아파트)

(신탁원부 – 변경내역표)

일련번호	접수일자	접수번호	변 경 사 항
2			수탁자 변경 원인 2019년3월4일 수탁자 김우리, 최민국 임무종료 수탁자 박나라 서울특별시 서초구 서초대로62길 31, 102동 103호(서초동, 한양아파트) 2019년3월5일 부기

(주) 523항의 (주) 참조

라. 수탁자가 해임된 경우

1) 수탁자가 1인인 경우 526

【 갑 구 】	(소유권에 관한 사항)			
순위번호	등 기 목 적	접 수	등 기 원 인	권 리 자 및 기 타 사 항
3	소유권이전	2018년9월8일 제9008호	2018년9월7일 신탁	수탁자 이대한 701115-1201257 서울특별시 서초구 강남대로37길 21 (서초동)
3-1	3번수탁자해임			2019년3월4일 서울중앙지방법원(또는 법무부장관)의 해임으로 인하여 2019년3월5일 부기

(주) 1. 수탁자가 법원 또는 법무부장관에 의하여 해임된 경우에는 등기관은 법원 또는 법무부장관의 촉탁에 의하여 신탁원부 기록을 변경한 후 직권으로 등기기록에 해임의 뜻을 기록한다.
2. 수탁자가 1인인 경우에는 수탁자를 말소하는 표시를 하지 않는다.
3. 권리이전등기는 나중에 새로운 수탁자가 선임되면 그 수탁자가 단독으로 신청한다(등기예규 제1673호 3.가.(1)(나)③).

(신탁원부 - 변경내역표)

일련번호	접수일자	접수번호	변 경 사 항
2			수탁자 해임 원인 2019년3월4일 서울중앙지방법원(또는 법무부장관)의 해임 2019년3월5일 부기

(주) 1. 수탁자가 1인인 경우에 변경내역표에 『수탁자 해임』으로 기록하고, 해임된 수탁자를 말소하는 표시를 하지 않는다.
2. 수탁자가 2인 이상의 경우에 그 중 1인이 해임된 때에는 등기의 목적을 『수탁자 ○○○해임』으로 기록한다.

2) 수인의 수탁자 중 일부가 해임된 경우 527

【 갑 구 】	(소유권에 관한 사항)			
순위번호	등 기 목 적	접 수	등 기 원 인	권 리 자 및 기 타 사 항
3	소유권일부 이전	2018년5월8일 제9008호	2018년5월7일 신탁	~~수탁자(합유)~~ ~~목적지분 2분의 1~~ ~~정터운 721205-1352121~~ ~~서울특별시 종로구 인사동6길 7~~ ~~(인사동)~~ ~~김예린 790521-2035332~~ ~~서울특별시 서초구 서초대로46길 60,~~ ~~101동 201호(서초동, 서초아파트)~~ ~~이겨레 750614-1035852~~ ~~서울특별시 종로구 창덕궁길 105~~ ~~(원서동)~~
	신탁			신탁원부 제2018-5호
3-1	3번수탁자해임			수탁자(합유) 목적지분 2분의 1 김예린 790521-2035332 서울특별시 서초구 서초대로46길 60, 101동 201호(서초동, 서초아파트) 이겨레 750614-1035852 서울특별시 종로구 창덕궁길 105 (원서동) 2018년9월16일 서울중앙지방법원(또는 법무부장관)의 해임으로 인하여 2018년9월17일 부기

(주) 수인의 수탁자 중 일부가 해임된 경우에는 종전의 수탁자를 모두 말소하는 표시를 하고, 잔존 수탁자를 기록한다.

6. 신탁원부 기록의 변경

가. 계약에 의한 신탁조항 변경 528

(신탁원부 - 변경내역표)

일련번호	접수일자	접수번호	변 경 사 항
5	2019년5월3일	1001	신탁종료사유 변경

(신탁원부 - 변경목록)

변경목적	변경원인	변 경 사 항	
		변 경 전	변 경 후
신탁종료사유 변경	2019년5월2일 변경계약	신탁종료사유 위탁자 혼인	신탁종료사유 위탁자 사망

(주) 신청인이 신탁원부 기록사항의 변경등기를 신청하는 경우에는 변경목록을 작성하여 등기소에 제공하여야 한다. 다만, 법원 또는 주무관청이 촉탁하는 경우에는 그러하지 아니하다(등기예규 제1467호 3.나.).

나. 법원의 촉탁에 의한 신탁관리방법 변경 529

(신탁원부 - 변경내역표)

일련번호	접수일자	접수번호	변 경 사 항
5	2019년5월3일	1001	신탁재산관리방법 변경 원인 2019년5월2일 서울중앙지방법원의 변경 신탁재산관리방법 (생 략)

(주) 전항의 (주) 참조

다. 위탁자(또는 수익자)의 주소변경 530

(신탁원부 - 변경내역표)

일련번호	접수일자	접수번호	변 경 사 항
5	2019년5월3일	1001	위탁자(또는 수익자)의 주소변경

(주) 경정의 등기도 이에 준하여 한다.

(신탁원부 - 변경목록)

변경목적	변경원인	변 경 사 항	
		변 경 전	변 경 후
위탁자(또는 수익자) 주소 변경	2019년5월2일 주소변경	위탁자(또는 수익자) 김을동 서울특별시 중구 남대문로 113(다동)	위탁자(또는 수익자) 김을동 서울특별시 중구 남대문로 113(가동)

7. 신탁관리인 선임 등

가. 신탁관리인 선임 531

(신탁원부 - 변경내역표)

일련번호	접수일자	접수번호	변 경 사 항
4	2019년5월3일	1001	신탁관리인 선임 원인 2019년5월2일 서울중앙지방법원의 선임 신탁관리인 박혜지 서울특별시 서초구 강남대로37길 21(서초동)

나. 신탁관리인 해임 532

(신탁원부 - 변경내역표)

일련번호	접수일자	접수번호	변 경 사 항
4	2019년5월3일	1001	신탁관리인 해임 원인 2019년5월2일 서울중앙지방법원의 해임

다. 신탁관리인 표시변경

1) 주소를 변경하는 경우 533

(신탁원부 – 변경내역표)

일련번호	접수일자	접수번호	변 경 사 항
3	2019년5월3일	1001	신탁관리인 주소변경

(신탁원부 – 변경목록)

변경목적	변경원인	변 경 사 항	
		변 경 전	변 경 후
신탁관리인 주소변경	2019년5월2일 주소변경	신탁관리인 김갑동 서울특별시 중구 남대문로 113(다동)	신탁관리인 김갑동 서울특별시 중구 남대문로 113(가동)

2) 성명을 경정하는 경우 534

(신탁원부 – 변경내역표)

일련번호	접수일자	접수번호	변 경 사 항
3	2019년5월3일	1001	신탁관리인 성명경정

(신탁원부 – 변경목록)

변경목적	변경원인	변 경 사 항	
		변 경 전	변 경 후
신탁관리인 성명경정	2019년3월8일 신청착오	신탁관리인의 성명 김한올	신탁관리인의 성명 김한울

8. 신탁재산관리인 선임 등의 뜻의 등기(신탁법 제20조제1항) 535

【 갑 구 】	(소유권에 관한 사항)			
순위번호	등 기 목 적	접 수	등 기 원 인	권 리 자 및 기 타 사 항
3	소유권이전	2017년9월9일 제19100호	2017년9월8일 매매	수탁자 장동군 701023-1012345 서울특별시 강남구 도곡로79길 33 (대치동)
	신탁			신탁원부 제2017-15호
4	3번신탁재산관리인이 선임된 뜻의 등기			2019년2월1일 서울중앙지방법원의 선임으로 인하여 2019년2월9일 등기

(신탁원부 - 변경내역표)

일련번호	접수일자	접수번호	변 경 사 항
4	2019년2월9일	3480	신탁재산관리인 선임 원인 2019년2월1일 서울중앙지방법원의 선임 신탁재산관리인 박혜지 서울특별시 서초구 강남대로37길 21(서초동)

9. 신탁재산관리인 선임 등의 뜻의 등기의 말소(신탁법 제20조제2항) 536

【 갑 구 】 (소유권에 관한 사항)				
순위번호	등 기 목 적	접 수	등 기 원 인	권 리 자 및 기 타 사 항
3	소유권이전	2017년9월9일 제19100호	2017년9월8일 매매	수탁자 장동군 701023-1012345 서울특별시 강남구 도곡로79길 33 (대치동)
	신탁			신탁원부 제2017-15호
~~4~~	~~3번신탁재산관리인이 선임된 뜻의 등기~~			~~2019년2월1일 서울중앙지방법원의 선임으로 인하여~~ ~~2019년2월9일 등기~~
5	4번신탁재산관리인이 선임된 뜻의 등기말소			2019년5월2일 서울중앙지방법원의 사임결정으로 인하여 2019년5월3일 등기

(신탁원부 – 변경내역표)

일련번호	접수일자	접수번호	변 경 사 항
5	2019년5월3일	6001	신탁재산관리인 사임 원인 2019년5월2일 서울중앙지방법원의 사임결정

10. 신탁등기의 말소

가. 신탁재산처분으로 인한 말소 537

【 갑 구 】	(소유권에 관한 사항)			
순위번호	등 기 목 적	접 수	등 기 원 인	권 리 자 및 기 타 사 항
3	소유권이전	2018년9월9일 제9100호	2018년9월8일 매매	소유자 김우리 600104-1056429 서울특별시 서초구 반포대로 60 (반포동) 거래가액 금60,000,000원
	~~신탁재산회복에 의한 신탁~~			~~신탁원부 제2018-52호~~
4	소유권이전	2019년3월5일 제3005호	2019년3월4일 매매	소유자 이대한 701115-1201257 서울특별시 서초구 강남대로37길 21 (서초동) 거래가액 금60,000,000원
	3번신탁등기 말소		신탁재산의 처분	

나. 신탁종료로 인한 말소 538

【 갑 구 】	(소유권에 관한 사항)			
순위번호	등 기 목 적	접 수	등 기 원 인	권 리 자 및 기 타 사 항
3	소유권이전	2018년9월9일 제13009호	2018년9월8일 매매	소유자 김우리 600104-1056429 서울특별시 서초구 반포대로 60 (반포동) 거래가액 금50,000,000원
	~~신탁재산처분에 의한 신탁~~			~~신탁원부 제2018-52호~~
4	소유권이전	2019년3월5일 제3005호	2019년3월4일 신탁재산의 귀속	소유자 이대한 701115-1201257 서울특별시 서초구 강남대로37길 21 (서초동)
	3번신탁등기 말소		신탁재산의 귀속	

다. 신탁부동산의 수탁자 고유재산으로의 전환으로 인한 말소 539

【 갑 구 】	(소유권에 관한 사항)			
순위번호	등 기 목 적	접 수	등 기 원 인	권 리 자 및 기 타 사 항
2	소유권이전	2018년9월9일 제15009호	2018년9월8일 매매	소유자 김우리 600104-1056429 서울특별시 서초구 반포대로 60 (반포동) 거래가액 금50,000,000원
	~~신탁재산처분에 의한 신탁~~			~~신탁원부 제2018-52호~~
3	2번수탁자의 고유재산으로 된 뜻의 등기	2019년6월4일 제6000호	2019년6월3일 신탁재산의 고유재산 전환	
	2번신탁등기 말소		신탁재산의 고유재산 전환	

라. 재신탁종료로 인한 말소 540

【 갑 구 】 (소유권에 관한 사항)				
순위번호	등 기 목 적	접 수	등 기 원 인	권 리 자 및 기 타 사 항
2	소유권이전	2018년1월9일 제670호	2018년1월8일 매매	소유자 김우리 600104-1056429 서울특별시 서초구 반포대로 60 (반포동) 거래가액 금200,000,000원
3	소유권이전	2018년3월5일 제3005호	2018년3월4일 신탁	수탁자 대한부동산신탁주식회사 112611-8031111 서울특별시 강남구 테헤란로 15 (삼성동)
	신탁			신탁원부 제2018-25호
4	소유권이전	2018년7월30일 제12345호	2018년7월27일 재신탁	수탁자 한국부동산신탁주식회사 130111-8021111 서울특별시 강남구 테헤란로 35 (삼성동)
	~~신탁~~			~~신탁원부 제2018-47호~~
5	소유권이전	2018년8월7일 제23456호	2018년8월2일 신탁재산의 귀속	수탁자 대한부동산신탁주식회사 112611-8031111 서울특별시 강남구 테헤란로 15 (삼성동)
	4번신탁등기 말소		신탁재산의 귀속	

마. 재신탁종료 및 신탁종료로 인한 말소 541

【 갑 구 】 (소유권에 관한 사항)				
순위번호	등 기 목 적	접 수	등 기 원 인	권 리 자 및 기 타 사 항
2	소유권이전	2018년1월9일 제670호	2018년1월8일 매매	소유자 김우리 600104-1056429 서울특별시 서초구 반포대로 60 (반포동) 거래가액 금200,000,000원
3	소유권이전	2018년3월5일 제3005호	2018년3월4일 신탁	수탁자 대한부동산신탁주식회사 112611-8031111 서울특별시 강남구 테헤란로 15 (삼성동)
	~~신탁~~			~~신탁원부 제2018-25호~~
4	소유권이전	2018년7월7일 제12345호	2018년7월2일 재신탁	수탁자 한국부동산신탁주식회사 130111-8021111 서울특별시 강남구 테헤란로 35 (삼성동)
	~~신탁~~			~~신탁원부 제2018-47호~~
5	소유권이전	2018년8월9일 제23456호	2018년8월2일 신탁재산의 귀속	수탁자 대한부동산신탁주식회사 112611-8031111 서울특별시 강남구 테헤란로 15 (삼성동)
	4번신탁등기 말소		신탁재산의 귀속	
6	소유권이전	2018년8월9일 제23457호	2018년8월2일 신탁재산의 귀속	소유자 김우리 600104-1056429 서울특별시 서초구 반포대로 60 (반포동)
	3번신탁등기 말소		신탁재산의 귀속	

바. 재신탁 후 신탁재산처분으로 인한 말소 542

【 갑 구 】	(소유권에 관한 사항)			
순위번호	등 기 목 적	접 수	등 기 원 인	권 리 자 및 기 타 사 항
2	소유권이전	2018년1월9일 제670호	2018년1월8일 매매	소유자 김우리 600104-1056429 서울특별시 서초구 반포대로 60 (반포동) 거래가액 금200,000,000원
3	소유권이전	2018년3월5일 제3005호	2018년3월4일 신탁	수탁자 대한부동산신탁주식회사 112611-8031111 서울특별시 강남구 테헤란로 15 (삼성동)
	~~신탁~~			~~신탁원부 제2018-25호~~
4	소유권이전	2018년7월3일 제12345호	2018년7월2일 재신탁	수탁자 한국부동산신탁주식회사 130111-8021111 서울특별시 강남구 테헤란로 35 (삼성동)
	~~신탁~~			~~신탁원부 제2018-47호~~
5	소유권이전	2018년7월3일 제12345호	2018년7월2일 매매	소유자 이대한 701115-1201257 서울특별시 서초구 강남대로37길 21 (서초동)
	3번, 4번신탁 등기말소		신탁재산의 처분	

사. 수탁자경질 후 신탁재산처분으로 인한 말소 543

【 갑 구 】 (소유권에 관한 사항)				
순위번호	등 기 목 적	접 수	등 기 원 인	권 리 자 및 기 타 사 항
2	소유권이전	2018년9월8일 제9008호	2018년9월7일 신탁	수탁자 김우리 600104-1056429 서울특별시 서초구 서초대로46길 60 (서초동)
	~~신탁~~			~~신탁원부 제2018-5호~~
3	소유권이전	2018년3월5일 제3005호	2018년3월4일 수탁자경질	수탁자 최민국 680703-1562316 서울특별시 마포구 마포대로11가길 25(염리동)
4	소유권이전	2018년6월5일 제60005호	2018년6월4일 매매	소유자 이겨레 580508-1015555 서울특별시 서초구 반포대로 10 (반포동) 거래가액 금200,000,000원
	2번신탁등기 말소		신탁재산의 처분	

제6장

가등기

제6장 가등기

1. 소유권에 관한 가등기

가. 소유권이전청구권 가등기 544

【 갑 구 】	(소유권에 관한 사항)			
순위번호	등 기 목 적	접 수	등 기 원 인	권 리 자 및 기 타 사 항
3	소유권이전청구권 가등기	2019년3월10일 제3125호	2019년3월9일 매매예약(또는 매매)	가등기권자 이대한 701115-1201257 서울특별시 서초구 강남대로 21 (서초동)

(注) 가등기권자가 여러 사람인 경우 각자의 지분을 기록하여야 한다.

나. 가등기가처분에 의한 가등기(법 제89조) 545

【 갑 구 】	(소유권에 관한 사항)			
순위번호	등 기 목 적	접 수	등 기 원 인	권 리 자 및 기 타 사 항
3	소유권이전청구권 가등기	2019년3월9일 제3039호	2019년3월8일 서울중앙지방 법원의 가등기 가처분결정 (2019비단500)	가등기권자 이대한 701115-1201257 서울특별시 서초구 강남대로 21 (서초동)

다. 공유지분이전청구권의 가등기 546

【 갑 구 】	(소유권에 관한 사항)			
순위번호	등 기 목 적	접 수	등 기 원 인	권 리 자 및 기 타 사 항
1	소유권보존	2019년1월9일 제571호		공유자 지분 3분의 1 김한울 650422-1045115 서울특별시 종로구 율곡로1길 16 (사간동) 지분 3분의 2 이겨레 750614-1035852 서울특별시 종로구 창덕궁길 105 (원서동)
2	1번이겨레지분전부이전청구권가등기	2019년3월10일 제3099호	2019년3월9일 매매예약	가등기권자 강미래 790513-1052134 서울특별시 용산구 원효로 10 (원효로1가)

라. 소유권이전담보 가등기 547

【 갑 구 】 (소유권에 관한 사항)				
순위번호	등 기 목 적	접 수	등 기 원 인	권 리 자 및 기 타 사 항
2	소유권이전	2018년7월7일 제28415호	2018년7월6일 매매	소유자 이겨레 750614-1035852 서울특별시 종로구 창덕궁길 105 (원서동) 거래가액 금85,000,000원
3	소유권이전담보 가등기	2019년8월13일 제13972호	2019년8월7일 대물반환예약	가등기권자 강미래 790513-1052134 서울특별시 용산구 원효로 10 (원효로1가)

(주) 등기예규 제1632호 참조.

마. 시기부 소유권이전청구권의 가등기 548

【 갑 구 】 (소유권에 관한 사항)				
순위번호	등 기 목 적	접 수	등 기 원 인	권 리 자 및 기 타 사 항
3	시기부소유권이전 청구권가등기	2019년3월6일 제13320호	2019년3월4일 매매(시기 2019년 6월30일)	가등기권자 강미래 790513-1052134 서울특별시 용산구 원효로 10 (원효로1가)

바. 정지조건부 소유권이전청구권 가등기 549

【 갑 구 】 (소유권에 관한 사항)				
순위번호	등 기 목 적	접 수	등 기 원 인	권 리 자 및 기 타 사 항
3	조건부소유권이전 청구권가등기	2019년2월20일 제5765호	2019년2월15일 매매(조건 소방 도로개설)	가등기권자 강미래 790513-1052134 서울특별시 용산구 원효로 10 (원효로1가)

사. 가등기된 소유권이전청구권의 이전등기

1) 소유권이전청구권의 전부이전등기 550

【 갑 구 】	(소유권에 관한 사항)			
순위번호	등 기 목 적	접 수	등 기 원 인	권 리 자 및 기 타 사 항
3-1	3번소유권이전 청구권이전	2019년4월20일 제15320호	2019년4월15일 매매(또는 양도담보)	가등기권자 강미래 790513-1052134 서울특별시 용산구 원효로 10 (원효로1가)

(주) 1. 가등기상 권리를 제3자에게 양도(또는 양도담보)한 경우에 그 이전등기는 가등기에 대한 부기등기의 형식으로 한다.
2. 3번 가등기권자를 말소하는 표시를 한다.

2) 소유권이전청구권의 일부이전등기 551

【 갑 구 】	(소유권에 관한 사항)			
순위번호	등 기 목 적	접 수	등 기 원 인	권 리 자 및 기 타 사 항
3-1	3번소유권이전 청구권일부이전	2018년6월20일 제19000호	2018년6월15일 매매	가등기권자 지분 2분의 1 강미래 790513-1052134 서울특별시 용산구 원효로 10 (원효로1가)

3) 가등기권자의 지분이 기록되지 아니한 경우 가등기된 소유권이전청구권의 일부이전등기 (균등한 지분의 이전) 552

【 갑 구 】	(소유권에 관한 사항)			
순위번호	등 기 목 적	접 수	등 기 원 인	권 리 자 및 기 타 사 항
3	소유권이전청구권 가등기	2017년1월20일 제1500호	2017년1월18일 매매예약	가등기권자 ~~김한울 650422-1045115~~ ~~서울특별시 종로구 사간동 16~~ 이겨레 750614-1035852 서울특별시 종로구 원서동 105
3-1	3번소유권이전청 구권김한울지분 전부이전	2018년6월20일 제19000호	2018년6월15일 매매	가등기권자 지분 2분의 1 서하늘 630419-1034125 서울특별시 용산구 효창원로 71 (산천동)

(주) 가등기권리자가 여러 명 있으나 그들의 지분이 기록되어 있지 아니하여 균등한 것으로 추정되는 경우의 기록례이다.

4) 가등기권자의 지분이 기록되지 아니한 경우 가등기된 소유권이전청구권의 일부이전등기 (균등한 지분과 달리하는 이전) 553

【 갑 구 】 (소유권에 관한 사항)				
순위번호	등기목적	접 수	등기원인	권리자 및 기타사항
3	소유권이전청구권가등기	2017년1월20일 제1500호	2017년1월18일 매매예약	~~가등기권자~~ ~~김한울 650422-1045115~~ ~~서울특별시 종로구 사간동 16~~ ~~이겨레 750614-1035852~~ ~~서울특별시 종로구 원서동 105~~
3-1	3번가등기경정	2018년6월20일 제18999호	2010년1월20일 신청착오	가등기권자 ~~지분 3분의 2~~ ~~김한울 650422-1045115~~ ~~서울특별시 종로구 율곡로1길 16(사간동)~~ 지분 3분의 1 이겨레 750614-1035852 서울특별시 종로구 창덕궁길 105 (원서동)
3-2	3번소유권이전청구권김한울지분전부이전	2018년6월20일 제19000호	2018년6월15일 매매	가등기권자 지분 3분의 2 김우리 600104-1056429 서울특별시 서초구 서초대로46길 60, 101동 201호 (서초동, 서초아파트)

(주) 공동가등기권자의 지분이 기록되어 있지 아니한 경우에 있어서 일부의 가등기권자가 균등하게 산정한 지분과 다른 가등기지분을 주장할 때에는 먼저 그 지분을 경정등기한 후 가등기상 권리의 이전등기를 하여야 한다.

아. 가등기된 소유권이전청구권의 이전청구권의 가등기 554

【 갑 구 】 (소유권에 관한 사항)				
순위번호	등기목적	접 수	등기원인	권리자 및 기타사항
3-1	3번소유권이전청구권이전청구권가등기	2019년4월20일 제15320호	2019년4월18일 매매예약	가등기권자 이겨레 750614-1035852 서울특별시 종로구 창덕궁길 105 (원서동)

(주) 가등기된 소유권이전청구권을 다시 가등기한 경우로서 가등기에 대한 부기등기의 형식으로 한다.

2. 소유권 이외의 권리에 관한 가등기

가. 지상권에 관한 가등기

1) 지상권설정청구권의 가등기 555

【 을 구 】	(소유권 이외의 권리에 관한 사항)			
순위번호	등 기 목 적	접 수	등 기 원 인	권 리 자 및 기 타 사 항
1	지상권설정청구 권가등기	2019년3월20일 제3578호	2019년3월19일 설정예약(또는 설정계약)	목 적 목조건물의 소유 범 위 토지의 전부 존속기간 2019년3월19일부터 20년 지 료 월 금100,000원 지급시기 매월 말일 가등기권자 이겨레 750614-1035852 서울특별시 종로구 창덕궁길 105 (원서동)

(주) 존속기간, 지료 및 그 지급시기는 임의적 기록사항이므로 약정이 있는 경우에 한하여 기록한다.

2) 지상권이전청구권의 가등기 556

【 을 구 】	(소유권 이외의 권리에 관한 사항)			
순위번호	등 기 목 적	접 수	등 기 원 인	권 리 자 및 기 타 사 항
1	지상권설정	(생략)	(생략)	(생략)
1-1	1번지상권이전 청구권가등기	2019년3월25일 제3898호	2019년3월20일 매매예약	가등기권자 김한울 650422-1045115 서울특별시 종로구 율곡로1길 16 (사간동)

3) 지상권변경청구권의 가등기 557

【 을 구 】	(소유권 이외의 권리에 관한 사항)			
순위번호	등 기 목 적	접 수	등 기 원 인	권 리 자 및 기 타 사 항
1	지상권설정	(생략)	(생략)	(생략)
1-1	1번지상권변경 청구권가등기	2019년3월27일 제3897호	2019년3월26일 변경예약	존속기간 30년

(주) 1. 등기상 이해관계 있는 제3자가 있는 경우에는 그의 승낙을 증명하는 정보 또는 이에 대항할 수 있는 재판이 있음을 증명하는 정보를 제공한 경우에 한하여 부기등기로 한다.
2. 변경 전의 존속기간은 가등기를 한 때에는 말소하는 표시를 하지 아니한다.

나. 전세권에 관한 가등기

1) 전세권설정청구권의 가등기 558

【 을 구 】	(소유권 이외의 권리에 관한 사항)			
순위번호	등 기 목 적	접 수	등 기 원 인	권 리 자 및 기 타 사 항
3	전세권설정청구권가등기	2019년3월27일 제3998호	2019년3월27일 설정예약	전세금 금15,000,000원 범 위 건물 전부 존속기간 2019년3월27일부터 2021년3월27일까지 가등기권자 이겨레 750614-1035852 서울특별시 종로구 창덕궁길 105 (원서동)

(주) 시기부 또는 정지조건부 전세권설정청구권의 가등기도 가능하다(548항, 549항 참조).

2) 전세권이전청구권의 가등기 559

【 을 구 】	(소유권 이외의 권리에 관한 사항)			
순위번호	등 기 목 적	접 수	등 기 원 인	권 리 자 및 기 타 사 항
3	전세권설정	(생략)	(생략)	(생략)
3-1	3번전세권이전청구권가등기	2019년2월20일 제3550호	2019년2월15일 매매예약	가등기권자 이겨레 750614-1035852 서울특별시 종로구 창덕궁길 105 (원서동)

다. 임차권에 관한 가등기

1) 임차권설정청구권의 가등기 560

【 을 구 】	(소유권 이외의 권리에 관한 사항)			
순위번호	등 기 목 적	접 수	등 기 원 인	권 리 자 및 기 타 사 항
3	임차권설정청구권가등기	2019년3월20일 제3898호	2019년3월19일 설정예약	임차보증금 금15,000,000원 차 임 월 금50,000원 차임지급시기 매월말일 존속기간 2019년3월19일부터 2020년3월19일까지 가등기권자 이겨레 750614-1035852 서울특별시 종로구 창덕궁길 105 (원서동)

(주) 시기부 또는 정지조건부 임차권설정청구권의 가등기도 가능하다(548항, 549항 참조).

2) 임차권이전청구권의 가등기 561

【 을 구 】		(소유권 이외의 권리에 관한 사항)		
순위번호	등 기 목 적	접 수	등 기 원 인	권 리 자 및 기 타 사 항
2	임차권설정	(생략)	(생략)	(생략)
2-1	2번임차권이전 청구권가등기	2019년2월20일 제5230호	2019년1월15일 매매예약	가등기권자 이겨레 750614-1035852 서울특별시 종로구 창덕궁길 105 (원서동)

3) 전대청구권의 가등기 562

【 을 구 】		(소유권 이외의 권리에 관한 사항)		
순위번호	등 기 목 적	접 수	등 기 원 인	권 리 자 및 기 타 사 항
2-1	2번임차권전대 청구권가등기	2019년2월20일 제5550호	2019년2월15일 전대예약	임차보증금 금5,000,000원 차 임 월 금100,000원 차임지급시기 매월말일 존속기간 2021년2월15일까지 가등기권자 이겨레 750614-1035852 서울특별시 종로구 창덕궁길 105 (원서동)

라. 근저당권에 관한 가등기

1) 근저당권설정청구권의 가등기 563

【 을 구 】		(소유권 이외의 권리에 관한 사항)		
순위번호	등 기 목 적	접 수	등 기 원 인	권 리 자 및 기 타 사 항
2	근저당권설정 청구권가등기	2019년3월10일 제3537호	2019년3월9일 설정예약	채권최고액 금500,000,000원 채무자 이대한 서울특별시 서초구 강남대로37길 21 (서초동) 가등기권자 이겨레 750614-1035852 서울특별시 종로구 창덕궁길 105 (원서동)

(주) 시기부 또는 정지조건부 근저당권설정청구권의 가등기도 가능하다(548항, 549항 참조).

2) 근저당권이전청구권의 가등기 564

【 을 구 】	(소유권 이외의 권리에 관한 사항)			
순위번호	등기목적	접 수	등기원인	권리자 및 기타사항
1	근저당권설정	(생략)	(생략)	(생략)
1-1	1번근저당권이전청구권가등기	2019년3월10일 제3547호	2019년3월9일 확정채권양도예약	가등기권자 이겨레 750614-1035852 서울특별시 종로구 창덕궁길 105 (원서동)

3) 근저당권일부이전청구권의 가등기 565

【 을 구 】	(소유권 이외의 권리에 관한 사항)			
순위번호	등기목적	접 수	등기원인	권리자 및 기타사항
1	근저당권설정	(생략)	(생략)	(생략)
1-1	1번근저당권일부이전청구권가등기	2019년2월20일 제3570호	2019년1월15일 확정채권일부양도예약	양도액 금5,000,000원 가등기권자 이겨레 750614-1035852 서울특별시 종로구 창덕궁길 105 (원서동)

4) 채권최고액의 변경에 의한 근저당권변경청구권의 가등기 566

【 을 구 】	(소유권 이외의 권리에 관한 사항)			
순위번호	등기목적	접 수	등기원인	권리자 및 기타사항
2-1	2번근저당권변경청구권가등기	2019년2월20일 제7530호	2019년1월15일 변경예약	채권최고액 금30,000,000원

5) 가등기된 근저당권설정청구권의 이전등기 567

【 을 구 】	(소유권 이외의 권리에 관한 사항)			
순위번호	등기목적	접 수	등기원인	권리자 및 기타사항
4-1	4번근저당권설정청구권이전	2019년2월10일 제7530호	2019년2월9일 확정채권양도	가등기권자 이겨레 750614-1035852 서울특별시 종로구 창덕궁길 105 (원서동)

6) 가등기된 근저당권설정청구권의 이전청구권 가등기 568

【 을 구 】		(소유권 이외의 권리에 관한 사항)		
순위번호	등 기 목 적	접 수	등 기 원 인	권 리 자 및 기 타 사 항
2-1	2번근저당권설정청구권이전청구권가등기	2019년2월10일 제3330호	2019년2월9일 확정채권양도예약	가등기권자 이겨레 750614-1035852 서울특별시 종로구 창덕궁길 105 (원서동)

마. 신탁등기의 가등기 569

【 갑 구 】		(소유권에 관한 사항)		
순위번호	등 기 목 적	접 수	등 기 원 인	권 리 자 및 기 타 사 항
5	소유권이전청구권가등기	2019년5월30일 제10016호	2019년5월30일 신탁예약	수탁자 김우리 600104-1056429 서울특별시 서초구 반포대로 60 (반포동)
	신탁가등기			신탁원부 제2019-25호

3. 가등기에 의한 본등기

가. 소유권이전청구권보전의 가등기에 의한 본등기 570

【 갑 구 】	(소유권에 관한 사항)			
순위번호	등 기 목 적	접 수	등 기 원 인	권 리 자 및 기 타 사 항
3	소유권이전청구권 가등기	(생략)	(생략)	(생략)
	소유권이전	2019년3월20일 제3898호	2019년3월19일 매매	소유자 이겨레 750614-1035852 서울특별시 종로구 창덕궁길 105 (원서동) 거래가액 금85,000,000원

(주) 소유권이전담보가등기에 의한 본등기의 경우에는 원인을 '대물반환'으로 한다.

나. 근저당권설정청구권 가등기에 의한 본등기 571

【 을 구 】	(소유권 이외의 권리에 관한 사항)			
순위번호	등 기 목 적	접 수	등 기 원 인	권 리 자 및 기 타 사 항
2	근저당권설정 청구권가등기	(생략)	(생략)	(생략)
	근저당권설정	2019년3월21일 제3901호	2019년3월20일 설정계약	채권최고액 금100,000,000원 채무자 김한울 서울특별시 종로구 율곡로1길 16 (사간동) 근저당권자 강미래 790513-1052134 서울특별시 용산구 원효로 10 (원효로1가)

다. 근저당권변경의 가등기에 의한 본등기 572

【 을 구 】	(소유권 이외의 권리에 관한 사항)			
순위번호	등 기 목 적	접 수	등 기 원 인	권 리 자 및 기 타 사 항
2-1	2번근저당권변경 청구권가등기	(생략)	(생략)	(생략)
	2번근저당권변경	2019년3월20일 제3878호	2019년3월19일 변경계약	채권최고액 금200,000,000원

(주) 변경 전의 채권최고액을 말소하는 표시를 한다.

라. 소유권이전청구권 지분이전의 부기등기와 가등기에 의한 본등기 573

【 갑 구 】	(소유권에 관한 사항)			
순위번호	등 기 목 적	접 수	등 기 원 인	권 리 자 및 기 타 사 항
2	소유권이전청구권 가등기	2018년1월7일 제123호	2018년1월5일 매매예약	가등기권자 지분 2분의 1 김우리 600104-1056429 서울특별시 서초구 서초대로46길 60, 101동 201호 (서초동, 서초아파트) ~~지분 2분의 1~~ ~~이대한 701115-1201257~~ ~~서울특별시 서초구 강남대로37길~~ ~~21(서초동)~~
	소유권이전	2018년10월21일 제51234호	2018년10월5일 매매	소유자 김우리 600104-1056429 서울특별시 서초구 서초대로46길 60, 101동 201호 (서초동, 서초아파트) 거래가액 금150,000,000원
2-1	2번소유권이전청구권이대한지분전부이전	2018년9월4일 제51111호	2018년9월3일 매매	가등기권자 지분 2분의 1 김우리 600104-1056429 서울특별시 서초구 서초대로46길 60, 101동 201호 (서초동, 서초아파트)

(주) 등기예규 제1632호 참조.

마. 가등기된 권리 중 일부에 관한 본등기

1) 소유권 전체를 가등기한 경우 574

【 갑 구 】 (소유권에 관한 사항)				
순위번호	등 기 목 적	접 수	등 기 원 인	권 리 자 및 기 타 사 항
2	소유권이전	2017년11월5일 제1900호	2017년11월3일 매매	소유자 이시용 690123-1211207 서울특별시 서대문구 세무서2길 2 (홍제동) 거래가액 금350,000,000원
3	소유권이전 청구권가등기	2018년5월5일 제2000호	2018년5월3일 매매예약	가등기권자 이겨레 750614-1035852 서울특별시 종로구 창덕궁길 105 (원서동)
	(1)소유권일부 이전	2018년6월5일 제3500호	2018년6월4일 매매	공유자 지분 3분의 1 이겨레 750614-1035852 서울특별시 종로구 창덕궁길 105 (원서동) 거래가액 금130,000,000원
	(2)2번이시용 지분전부이전	2018년7월5일 제4500호	2018년7월4일 매매	공유자 지분 3분의 2 이겨레 750614-1035852 서울특별시 종로구 창덕궁길 105 (원서동) 거래가액 금270,000,000원

2) 공유자 지분을 여러 사람이 가등기한 후 일부 가등기권자의 가등기 지분 중 일부를 본등기 하는 경우 575

【 갑 구 】	(소유권에 관한 사항)			
순위번호	등 기 목 적	접 수	등 기 원 인	권 리 자 및 기 타 사 항
1	소유권보존	2018년4월5일 제1900호		공유자 지분 5분의 3 김우리 600104-1056429 서울특별시 중구 세종대로 136 (태평로1가) 지분 5분의 2 정다운 721205-1352121 서울특별시 종로구 인사동6길 7 (인사동)
2	1번김우리지분 전부이전청구권 가등기	2018년9월5일 제12000호	2018년9월3일 매매예약	가등기권자 지분 10분의 3 박나라 620201-2024425 서울특별시 강남구 테헤란로 430 (대치동) 지분 10분의 3 김한울 650422-1045115 서울특별시 종로구 율곡로1길 16 (사간동)
	(1)1번김우리 지분 5분의3 중 일부(10분의2) 이전	2018년10월5일 제3500호	2018년10월4일 매매	공유자 지분 10분의 2 박나라 620201-2024425 서울특별시 강남구 테헤란로 430 (대치동) 거래가액 금160,000,000원
	(2)1번김우리 지분 5분의3 중 일부(10분의1) 이전	2018년11월5일 제4500호	2018년11월4일 매매	공유자 지분 10분의 1 박나라 620201-2024425 서울특별시 강남구 테헤란로 430 (대치동) 거래가액 금85,000,000원

3) 균등한 지분으로 하는 본등기 576

【 갑 구 】 (소유권에 관한 사항)				
순위번호	등 기 목 적	접 수	등 기 원 인	권 리 자 및 기 타 사 항
1	소유권보존	2010년11월15일 제1900호		소유자 김우리 600104-1056429 서울특별시 중구 태평로1가 136
2	소유권이전 청구권가등기	2011년5월5일 제2000호	2011년5월3일 매매예약	가등기권자 박나라 620201-2024425 서울특별시 강남구 대치동 430 김한울 650422-1045115 서울특별시 종로구 사간동 16
	(1)소유권일부 이전	2018년6월5일 제3500호	2018년6월4일 매매	공유자 지분 2분의 1 박나라 620201-2024425 서울특별시 강남구 테헤란로 430 (대치동) 거래가액 금85,000,000원
	(2)1번김우리 지분전부이전	2018년7월5일 제4500호	2018년7월4일 매매	공유자 지분 2분의 1 김한울 650422-1045115 서울특별시 종로구 율곡로1길 16 (사간동) 거래가액 금85,000,000원

4) 균등한 지분과 달리하는 본등기 577

【 갑 구 】 (소유권에 관한 사항)				
순위번호	등 기 목 적	접 수	등 기 원 인	권 리 자 및 기 타 사 항
1	소유권보존	2010년11월5일 제1900호		소유자 김우리 600104-1056429 서울특별시 중구 태평로1가 136
2	소유권이전 청구권가등기	2011년5월5일 제2000호	2011년5월3일 매매예약	~~가등기권자~~ ~~박나라 620201-2024425~~ ~~서울특별시 강남구 대치동 430~~ ~~김한울 650422-1045115~~ ~~서울특별시 종로구 사간동 16~~
	(1)소유권일부 이전	2018년6월5일 제3500호	2018년6월4일 매매	공유자 지분 3분의 2 박나라 620201-2024425 서울특별시 강남구 테헤란로 430 (대치동) 거래가액 금170,000,000원
	(2)1번김우리 지분전부이전	2018년7월5일 제4500호	2018년7월4일 매매	공유자 지분 3분의 1 김한울 650422-1045115 서울특별시 종로구 율곡로1길 16 (사간동) 거래가액 금85,000,000원
2-1	2번가등기경정	2018년6월1일 제3000호	2011년5월5일 신청착오	가등기권자 지분 3분의 2 박나라 620201-2024425 서울특별시 강남구 테헤란로 430 (대치동) 지분 3분의 1 김한울 650422-1045115 서울특별시 종로구 율곡로1길 16 (사간동)

(주) 553항(주) 참조

바. 본등기를 한 경우 가등기 이후 등기의 직권말소

1) 일반적인 경우 578

【 갑 구 】	(소유권에 관한 사항)			
순위번호	등 기 목 적	접 수	등 기 원 인	권 리 자 및 기 타 사 항
3	소유권이전청구권 가등기	(생략)	(생략)	(생략)
	소유권이전	(생략)	(생략)	(생략)
~~4~~	~~소유권이전~~	~~2019년3월25일 제3987호~~	~~2019년3월24일 매매~~	~~소유자 이을남 560320-1124434 서울특별시 종로구 율곡로1길 16 (사간동)~~ ~~거래가액 금85,000,000원~~
5	4번소유권이전 등기말소			3번 가등기에 의한 본등기로 인하여 2019년5월10일 등기

(주) 등기관이 가등기에 의하여 소유권이전의 본등기를 한 경우에는 규칙 제147조제1항 각 호의 등기를 제외하고는 법 제92조제1항에 따라 가등기 후 본등기 전에 마쳐진 등기는 모두 직권으로 말소한다.

【 을 구 】	(소유권 이외의 권리에 관한 사항)			
순위번호	등 기 목 적	접 수	등 기 원 인	권 리 자 및 기 타 사 항
5	4번근저당권설정 등기말소			갑구 3번 가등기에 의한 본등기로 인하여 2019년5월10일 등기

2) 체납처분에 의한 압류등기의 경우

가) 직권말소대상통지에 대한 이의신청을 인용한 경우 579

【 갑 구 】	(소유권에 관한 사항)			
순위번호	등 기 목 적	접 수	등 기 원 인	권 리 자 및 기 타 사 항
2	소유권이전청구권 가등기	2018년3월10일 제3125호	2018년3월9일 매매예약	가등기권자 이도령 581010-1122336 서울특별시 용산구 원효로 10 (원효로1가)
	소유권이전	2018년5월25일 제5623호	2018년5월24일 매매	소유자 이도령 581010-1122336 서울특별시 용산구 원효로 10 (원효로1가)
3	압류	2018년4월30일 제4578호	2018년4월29일 압류(세일 1234)	권리자 서울특별시 411
~~3-1~~	~~3번압류직권말소 대상통지~~			~~2018년5월25일 부기~~
4	3-1번직권말소 대상통지말소			이의 인용결정으로 인하여 2018년6월20일 등기

(주) 가등기 후 본등기 전에 마쳐진 체납처분으로 인한 압류등기에 대하여는 직권말소대상통지를 한 후 그 뜻을 등기하고 이의 신청이 있으면 등기예규(제1632호)로 정하는 바에 따라 직권말소 여부를 결정한다.

나) 직권말소대상통지에 대한 이의신청이 없거나 각하한 경우 580

【 갑 구 】 (소유권에 관한 사항)				
순위번호	등 기 목 적	접 수	등 기 원 인	권 리 자 및 기 타 사 항
2	소유권이전청구권 가등기	2018년3월10일 제3125호	2018년3월9일 매매예약	가등기권자 이도령 581010-1122336 서울특별시 용산구 원효로 10 (원효로1가)
	소유권이전	2018년5월25일 제5623호	2018년5월24일 매매	소유자 이도령 581010-1122336 서울특별시 용산구 원효로 10 (원효로1가)
~~3~~	~~압류~~	~~2018년4월30일 제4578호~~	~~2018년4월29일 압류(세일 1234)~~	~~권리자 서울특별시 411~~
~~3-1~~	~~3번압류직권말소 대상통지~~			~~2018년5월25일 부가~~
4	3번압류등기말소			2번 가등기에 의한 본등기로 인하여 2018년6월20일 등기

(주) 이의신청기간이 도과하거나 이의신청이 있더라도 그 이의가 이유없어 이의신청을 각하한 후 직권말소할 등기를 말소할 때에는 직권말소대상통지등기도 같이 말소한다(등기예규 제1420호 참조).

사. 소유권 일부 본등기를 한 경우 가등기 이후 등기의 직권경정 581

【 갑 구 】 (소유권에 관한 사항)				
순위번호	등 기 목 적	접 수	등 기 원 인	권 리 자 및 기 타 사 항
1 (전2)	소유권이전	2011년4월30일 제400호	2011년4월28일 매매	소유자 김민국 700101-1234257 서울특별시 용산구 원효로1가 10
2	소유권일부이전 청구권가등기	2019년3월10일 제3125호	2019년3월9일 매매예약	가등기권자 지분 2분의 1 이도령 581010-1122336 서울특별시 용산구 효창원로 71 (공덕동)
	소유권일부이전	2019년5월25일 제5623호	2019년5월24일 매매	공유자 지분 2분의 1 이도령 581010-1122336 서울특별시 용산구 효창원로 71 (공덕동) 거래가액 금385,000,000원
3	~~소유권이전~~	2019년4월30일 제4578호	2019년4월28일 매매	~~소유자 이대한 701115-1201257~~ ~~서울특별시 용산구 원효로 10~~ ~~(원효로1가)~~ 거래가액 금400,000,000원
3-1	3번소유권경정			목적 1번김민국지분전부이전 공유자 지분 2분의 1 이대한 701115-1201257 서울특별시 용산구 원효로 10 (원효로1가) 2번 가등기에 의한 본등기로 인하여 2019년5월25일 부기

4. 가등기말소

가. 가등기의 말소등기 582

【 갑 구 】	(소유권에 관한 사항)			
순위번호	등 기 목 적	접 수	등 기 원 인	권 리 자 및 기 타 사 항
~~3~~	~~소유권이전청구권 가등기~~	~~2019년1월10일 제578호~~	~~2019년1월9일 매매예약~~	~~가등기권자 강미래 790513-1052134 서울특별시 용산구 원효로 10 (원효로1가)~~
4	3번가등기말소	2019년3월20일 제3887호	2019년3월19일 해제	

(주) 부동산등기법 제93조에 의하여 가등기말소를 단독으로 신청하는 경우에도 동일하다.

나. 가등기에 의한 본등기만의 말소등기 583

【 갑 구 】	(소유권에 관한 사항)			
순위번호	등 기 목 적	접 수	등 기 원 인	권 리 자 및 기 타 사 항
3	소유권이전청구권 가등기	2019년1월10일 제578호	2019년1월9일 매매예약	가등기권자 강미래 790513-1052134 서울특별시 용산구 원효로 10 (원효로1가)
	~~소유권이전~~	~~2019년3월5일 제3220호~~	~~2019년3월4일 매매~~	~~소유자 강미래 790513-1052134 서울특별시 용산구 원효로 10 (원효로1가)~~ ~~거래가액 금150,000,000원~~
4	3번소유권본등기 말소	2019년5월10일 제5363호	2019년3월5일 신청착오	

다. 가등기에 의한 본등기 및 가등기의 말소등기 584

【 갑 구 】	(소유권에 관한 사항)			
순위번호	등 기 목 적	접 수	등 기 원 인	권 리 자 및 기 타 사 항
~~3~~	~~소유권이전청구권 가등기~~	~~(생략)~~	~~(생략)~~	~~(생략)~~
	~~소유권이전~~	~~(생략)~~	~~(생략)~~	~~(생략)~~
4	3번소유권가등기 및본등기말소	2018년8월5일 제6798호	2018년7월1일 확정판결	

라. 가등기권자가 상속 등을 원인으로 소유권이전등기를 한 경우 가등기 말소 585

【 갑 구 】	(소유권에 관한 사항)			
순위번호	등 기 목 적	접 수	등 기 원 인	권 리 자 및 기 타 사 항
~~3~~	~~소유권이전청구권 가등기~~	~~2018년3월10일 제3125호~~	~~2018년3월9일 매매예약~~	~~가등기권자 이대한 701115-1201257 서울특별시 서초구 강남대로 21 (서초동)~~
4	소유권이전	2018년10월11일 제14678호	2018년10월9일 상속	소유자 이대한 701115-1201257 서울특별시 서초구 강남대로 21 (서초동)
5	3번가등기말소	2018년10월11일 제14679호	2018년10월9일 혼동	

마. 가등기권리자가 수인인 경우 가등기 지분말소 586

【 갑 구 】	(소유권에 관한 사항)			
순위번호	등 기 목 적	접 수	등 기 원 인	권 리 자 및 기 타 사 항
1	소유권보존	2003년11월28일 제43781호		소유자 김우리 600104-1056429 서울시 성북구 돈암동 1
2	~~소유권이전청구권 가등기~~	2009년9월13일 제29983호	2009년9월11일 매매예약	~~가등기권자~~ ~~지분 3분의 1~~ ~~강미래 790513-1052134~~ ~~서울특별시 성동구 중곡동 172~~ ~~지분 3분의 1~~ ~~박일남 501212-1357804~~ ~~서울특별시 용산구 후암동 409~~ ~~지분 3분의 1~~ ~~최길동 450229-1890765~~ ~~서울특별시 중구 필동 5~~
	소유권일부이전	2018년12월10일 제25750호	2018년12월5일 매매	공유자 지분 3분의 1 강미래 790513-1052134 서울특별시 용산구 원효로 10 (원효로1가) 거래가액 금150,000,000원
2-1	2번가등기변경	2018년12월8일 제25677호	2018년12월7일 일부해제	목적 소유권일부이전청구권가등기 가등기권자 지분 3분의 1 강미래 790513-1052134 서울특별시 용산구 원효로 10 (원효로1가)
~~3~~	~~강제경매개시결정~~	~~(생략)~~	~~(생략)~~	~~(생략)~~
4	~~소유권이전~~	2018년10월30일 제40970호	2018년10월9일 강제경매로 인한 매각	~~소유자 이겨레 750614-1035852~~ ~~서울특별시 종로구 창덕궁길 105~~ ~~(원서동)~~
4-1	4번 소유권경정			목적 1번김우리지분전부이전 공유자 지분 3분의 2 이겨레 750614-1035852 서울특별시 종로구 창덕궁길 105 (원서동) 2번 가등기에 의한 본등기로 인하여 2018년12월10일 부기
5	3번강제경매개시 결정등기말소	(생략)	(생략)	(생략)

제7장

처분제한 및 강제집행에 관한 등기

제7장 처분제한 및 강제집행에 관한 등기

제1절 가압류에 관한 등기

1. 소유권 가압류

가. 일반적인 경우 587

【 갑 구 】	(소유권에 관한 사항)			
순위번호	등 기 목 적	접 수	등 기 원 인	권 리 자 및 기 타 사 항
6	가압류	2019년3월5일 제3017호	2019년3월4일 서울중앙지방법원의 가압류결정 (2019카단1000)	청구금액 금10,000,000원 채권자 이겨레 750614-1035852 서울특별시 종로구 창덕궁길 105 (원서동)

(주) 1. 채권자가 다수인 경우에는 채권자 전부를 등기기록에 채권자로 기록하여야 하며, 채권자 ○○○ 외 ○인과 같이 채권자 일부만을 기록하여서는 아니된다(등기예규 제1358호).
2. 금융기관이 채권자인 경우에는 금융기관표시 다음에 줄을 바꾸어 괄호 안에 취급지점 등(예: ○○지점, ○○출장소, ××간이예금취급소 등)을 기록한다(소재지는 표시하지 아니함, 등기예규 제1188호).

나. 신용보증기금이 등기권리자인 경우 588

【 갑 구 】	(소유권에 관한 사항)			
순위번호	등 기 목 적	접 수	등 기 원 인	권 리 자 및 기 타 사 항
6	가압류	2019년3월5일 제3017호	2019년3월4일 서울중앙지방법원의 가압류결정 (2019카단1000)	청구금액 금5,000,000원 채권자 신용보증기금 114271-0001636 대구광역시 동구 첨단로 7(신서동) (○○은행○○지점)

(주) 신용보증기금법 제32조의 규정에 의하여 금융기관이 등기권리자인 신용보증기금의 업무수탁기관인 경우에는 신용보증기금 표시 다음에 줄을 바꾸어 수탁금융기관 및 그 취급지점(예 : ○○은행 ○○지점)을 기록한다(그 금융기관 및 취급지점의 소재지는 표시하지 아니한다. 등기예규 제994호 참조).

다. 가압류 청구금액 경정 589

【 갑 구 】	(소유권에 관한 사항)			
순위번호	등 기 목 적	접 수	등 기 원 인	권 리 자 및 기 타 사 항
3	가압류	2018년3월5일 제3017호	2018년3월4일 서울중앙지방법원의 가압류결정 (2018카단10)	~~청구금액 금5,000,000원~~ 채권자 신용보증기금 114271-0001636 대구광역시 동구 첨단로 7(신서동) (○○은행○○지점)
3-1	3번가압류경정	2018년8월5일 제7400호	2018년3월5일 촉탁착오	청구금액 금8,000,000원
4	소유권이전	2018년6월3일 제6500호	2018년5월3일 매매	소유자 김가을 751010-1235678 서울특별시 서초구 서초대로 60 (서초동) 거래가액 금200,000,000원

(주) 1. 가압류의 청구금액을 잘못 기록하여 이를 경정하는 경우 가압류 후 다른 등기권리자가 있더라도 승낙을 증명하는 정보 또는 이에 대항할 수 있는 재판이 있음을 증명하는 정보를 제공할 필요는 없으며, 위 등기의 경정은 언제나 부기등기의 방법에 의한다(등기예규 제1023호 참조).
2. 촉탁착오의 경우 등기원인일자를 기록하고, 착오발견의 경우 등기원인일자를 기록하지 아니한다.

2. 전세권 가압류 590

【 을 구 】	(소유권 이외의 권리에 관한 사항)			
순위번호	등 기 목 적	접 수	등 기 원 인	권 리 자 및 기 타 사 항
1	전세권설정	(생략)	(생략)	(생략)
1-1	1번전세권가압류	2019년3월7일 제3125호	2019년3월6일 서울중앙지방법원의 가압류결정 (2019카단100)	청구금액 금80,000,000원 채권자 이대한 701115-1201257 서울특별시 서초구 강남대로 21 (서초동)

3. 담보권부채권 가압류 591

【 을 구 】	(소유권 이외의 권리에 관한 사항)			
순위번호	등 기 목 적	접 수	등 기 원 인	권 리 자 및 기 타 사 항
1-1	1번저당권부채권가압류	2019년3월7일 제3125호	2019년3월6일 서울중앙지방법원의 가압류결정 (2019카단100)	청구금액 금40,000,000원 채권자 이대한 701115-1201257 서울특별시 서초구 강남대로 21 (서초동)

4. 등기된 임차권 가압류 592

【 을 구 】	(소유권 이외의 권리에 관한 사항)			
순위번호	등 기 목 적	접 수	등 기 원 인	권 리 자 및 기 타 사 항
1-1	1번임차권가압류	2019년3월7일 제3425호	2019년3월6일 서울중앙지방법원의 가압류결정 (2019카단150)	청구금액 금80,000,000원 채권자 이대한 701115-1201257 서울특별시 서초구 강남대로 21 (서초동)

5. 미등기 부동산에 대한 가압류 593

【 갑 구 】	(소유권에 관한 사항)			
순위번호	등 기 목 적	접 수	등 기 원 인	권 리 자 및 기 타 사 항
1	소유권보존			소유자 이대한 701115-1201257 서울특별시 서초구 강남대로 21 (서초동) 가압류등기의 촉탁으로 인하여 2019년3월9일 등기
2	가압류	2019년3월9일 제3878호	2019년3월8일 서울중앙지방법원의 가압류결정 (2019카단120)	청구금액 금80,000,000원 채권자 이겨레 750614-1035852 서울특별시 종로구 창덕궁길 105 (원서동)

(주) 1. 직권으로 소유권보존등기를 한 후에 가압류등기를 한다.
2. 미등기인 1동의 건물의 일부 구분건물에 대한 소유권의 처분제한의 등기촉탁서에는 1동의 건물에 속하는 구분건물의 전부에 대한 부동산의 표시를 증명하는 서면(건축물대장 등)을 첨부정보로 제공하여야 하며, 이 경우 등기관은 직권으로 처분제한등기의 목적물인 구분건물의 보존등기와 나머지 구분건물의 표시에 관한 등기를 하여야 한다(등기예규 제1469호 참조).
3. 미등기부동산에 대한 가처분의 경우에도 이에 준하여 한다.
4. 표제부는 일반보존등기 기록례와 같다.

6. 소유권이전청구권 가압류 594

【 갑 구 】 (소유권에 관한 사항)				
순위번호	등 기 목 적	접 수	등 기 원 인	권 리 자 및 기 타 사 항
2-1	2번가등기소유권이전청구권 가압류	2019년4월9일 제3550호	2019년4월5일 서울중앙지방법원의 가압류결정 (2019카단500)	청구금액 금80,000,000원 채권자 김한울 650422-1045115 서울특별시 종로구 율곡로1길 16 (사간동)

(주) 소유권 이외의 제한물권이전청구권 가압류의 경우에도 이에 준한다.

7. 가압류 말소 595

【 갑 구 】 (소유권에 관한 사항)				
순위번호	등 기 목 적	접 수	등 기 원 인	권 리 자 및 기 타 사 항
4	3번(○-○번) 가압류등기 말소	2019년3월3일 제3901호	2019년3월2일 취하(또는 가압류 취소결정)	

8. 가압류의 집행으로서 하는 강제관리개시결정에 관한 등기(민사집행법 제78조제4항, 제294조)

가. 소유권의 경우 596

【 갑 구 】	(소유권에 관한 사항)			
순위번호	등 기 목 적	접 수	등 기 원 인	권 리 자 및 기 타 사 항
4	강제관리신청	2019년2월9일 제5375호	2019년2월4일 서울중앙지방법원의 가압류집행으로서의 강제관리개시결정 (2019타기25)	채권자 강미래 790513-1052134 서울특별시 용산구 원효로 10 (원효로1가)

나. 지상권의 경우 597

【 을 구 】	(소유권 이외의 권리에 관한 사항)			
순위번호	등 기 목 적	접 수	등 기 원 인	권 리 자 및 기 타 사 항
2-1	2번지상권강제관리신청	2019년2월20일 제5200호	2019년2월15일 서울중앙지방법원의 가압류집행으로서의 강제관리개시결정 (2019타기50)	채권자 강미래 790513-1052134 서울특별시 용산구 원효로 10 (원효로1가)

9. 가압류의 집행으로서 한 강제관리개시결정등기의 말소 598

【 갑 구 】	(소유권에 관한 사항)			
순위번호	등 기 목 적	접 수	등 기 원 인	권 리 자 및 기 타 사 항
3	2번(○-○번) 강제관리신청 등기말소	2019년5월9일 제13200호	2019년5월7일 취하	

10. 일부 채권자의 해제신청에 의한 가압류변경등기 촉탁이 있는 경우 599

【 갑	구 】	(소유권에 관한 사항)		
순위번호	등 기 목 적	접 수	등 기 원 인	권 리 자 및 기 타 사 항
6	가압류	2018년6월9일 제12037호	2018년6월5일 서울중앙지방법원의 가압류결정 (2018카단100)	~~청구금액 금10,000,000원~~ ~~채권자~~ ~~최민국 680703-1562316~~ ~~서울특별시 마포구 마포대로 25 (공덕동)~~ ~~정다운 721205-1352121~~ ~~서울특별시 종로구 인사동길 8 (인사동)~~ ~~김한울 650422-1045115~~ ~~서울특별시 종로구 율곡로1길 6 (사간동)~~
6-1	6번가압류변경	2018년7월7일 제13005호	2018년7월6일 일부채권자 해제	청구금액 금4,000,000원 채권자 최민국 680703-1562316 서울특별시 마포구 마포대로 25 (공덕동)

(주) 촉탁서에 청구금액의 변경내용이 없는 경우에는 채권자에 대한 변경등기만 한다.

제2절 가처분에 관한 등기

1. 소유권 가처분 600

【 갑 구 】	(소유권에 관한 사항)			
순위번호	등 기 목 적	접 수	등 기 원 인	권 리 자 및 기 타 사 항
5	가처분	2019년3월6일 제3918호	2019년3월5일 서울중앙지방법원의 가처분결정 (2019카합100)	피보전권리 소유권이전등기청구권 채권자 이대한 701115-1201257 서울특별시 서초구 강남대로 21 (서초동) 금지사항 양도, 담보권설정 기타 일체의 처분행위의 금지

(주) 1. 가처분등기를 하는 경우 1997. 9. 11. 이후부터는 그 피보전권리를 등기기록에 기록하여야 한다(등기예규 제881호 참조).
2. 당해 가처분의 피보전권리가 이전등기청구권인 경우에는 '소유권이전등기청구권'으로, 말소등기청구권인 경우에는 '소유권말소등기청구권'으로 기록한다.

2. 소유권의 일부 가처분 601

【 갑 구 】	(소유권에 관한 사항)			
순위번호	등 기 목 적	접 수	등 기 원 인	권 리 자 및 기 타 사 항
6	소유권일부(3분의1)가처분	2019년4월8일 제5420호	2019년4월7일 서울중앙지방법원의 가처분결정 (2019카합500)	피보전권리 소유권이전등기청구권 채권자 이대한 701115-1201257 서울특별시 서초구 강남대로 21 (서초동) 금지사항 양도, 담보권설정 기타 일체의 처분행위의 금지

3. 공유지분 가처분 602

【 갑 구 】 (소유권에 관한 사항)				
순위번호	등 기 목 적	접 수	등 기 원 인	권 리 자 및 기 타 사 항
7	5번이갑돌지분 가처분	2019년3월7일 제3928호	2019년3월6일 서울중앙지방법원의 가처분결정 (2019카합127)	피보전권리 소유권이전등기청구권 채권자 이대한 701115-1201257 서울특별시 서초구 강남대로 21 (서초동) 금지사항 양도, 담보권설정 기타 일체의 처분행위의 금지

4. 근저당권(또는 지상권)가처분 603

【 을 구 】 (소유권 이외의 권리에 관한 사항)				
순위번호	등 기 목 적	접 수	등 기 원 인	권 리 자 및 기 타 사 항
4-1	4번근저당권 (지상권)가처분	2019년3월27일 제3927호	2019년3월27일 서울중앙지방법원의 가처분결정 (2019카합130)	피보전권리 근저당권말소등기청구권 채권자 이대한 701115-1201257 서울특별시 서초구 강남대로 21 (서초동) 금지사항 양도, 담보권설정 기타 일체의 처분행위의 금지

(주) 1. 당해 가처분의 피보전권리가 이전등기청구권인 경우에는 '근저당권(지상권)이전등기청구권'으로, 말소등기청구권인 경우에는 '근저당권(지상권)말소등기청구권'으로, 설정등기청구권인 경우에는 '근저당권(지상권)설정등기청구권'으로 각 기록한다.(600항 (주)1 참조)
2. 가처분의 피보전권리가 근저당권(지상권)설정등기청구권인 경우에는 그 가처분의 기입등기는 갑구에 한다.

5. 등기된 소유권이전청구권 가처분 604

【 갑	구 】	(소유권에 관한 사항)		
순위번호	등 기 목 적	접 수	등 기 원 인	권 리 자 및 기 타 사 항
2-1	2번가등기소유권이전청구권 가처분	2019년4월9일 제3550호	2019년4월5일 서울중앙지방법원의 가처분결정 (2019카합500)	피보전권리 가등기된소유권이전청구권의 이전청구권 채권자 이대한 701115-1201257 서울특별시 서초구 강남대로 21 (서초동) 금지사항 양도, 담보권설정 기타 일체의 처분행위의 금지

(주) 소유권 이외의 제한물권이전청구권 가처분의 경우에도 이에 준하여 한다.

6. 가처분말소

가. 가처분결정 취소 등이 있는 경우 605

【 갑	구 】	(소유권에 관한 사항)		
순위번호	등 기 목 적	접 수	등 기 원 인	권 리 자 및 기 타 사 항
5	3번(○-○번) 가처분등기 말소	2019년3월8일 제3938호	2019년3월7일 취하(또는 가처분취소)	

나. 가처분의 직권말소(법 제94조제2항) 606

【 갑	구 】	(소유권에 관한 사항)		
순위번호	등 기 목 적	접 수	등 기 원 인	권 리 자 및 기 타 사 항
5	3번(○-○번) 가처분등기 말소			가처분의 목적달성으로 인하여 2018년10월25일 등기

(주) 소유권 이외의 제한물권에 관한 가처분의 경우에도 이에 준하여 한다.

7. 가처분등기 후 등기한 당해 가처분과 저촉되는 소유권이전등기의 말소 607

【 갑 구 】	(소유권에 관한 사항)			
순위번호	등 기 목 적	접 수	등 기 원 인	권 리 자 및 기 타 사 항
3	가처분	(생략)	(생략)	(생략)
~~4~~	~~소유권이전~~	~~2019년1월9일~~ ~~제575호~~	~~2019년1월8일~~ ~~매매~~	~~소유자 이대한 701115-1201257~~ ~~서울특별시 서초구 강남대로 21~~ ~~(서초동)~~ ~~거래가액 금150,000,000원~~
5	4번소유권이전 등기말소	2019년3월7일 제3237호	가처분에 의한 실효	
6	소유권이전	2019년3월7일 제3238호	(생략)	(생략)

(주) 등기예규 제1412호 참조.

8. 처분금지가처분에 의한 소유권 이외의 권리의 설정등기 608

【 갑 구 】	(소유권에 관한 사항)			
순위번호	등 기 목 적	접 수	등 기 원 인	권 리 자 및 기 타 사 항
3	가처분	2018년3월5일 제99호	2018년3월4일 서울중앙지방법 원의 가처분결정 (2018카합125)	피보전권리 근저당권설정등기청구권 채권자 이대한 701115-1201257 서울특별시 서초구 강남대로 21 (서초동) 금지사항 양도, 담보권설정 기타 일체의 처분행위의 금지

【 을 구 】	(소유권 이외의 권리에 관한 사항)			
순위번호	등 기 목 적	접 수	등 기 원 인	권 리 자 및 기 타 사 항
4	근저당권설정 (2018년3월5일 접수 제99호 가처분에 기함)	2018년7월5일 제12333호	2018년2월15일 설정계약	채권최고액 금50,000,000원 채무자 최민국 서울특별시 마포구 마포대로 25 (공덕동) 근저당권자 서하늘 630419-1034125 서울특별시 용산구 효창원로 71 (공덕동)

(주) 위 기록례는 갑구 3번 가처분에 따라 을구 4번 근저당권설정등기를 하는 경우이다(등기예규 제1413호 참조).

9. 가처분에 의한 소유권 이외의 권리의 설정등기와 이에 저촉되는 제3자 명의의 등기의 말소 609

【 갑 구 】 (소유권에 관한 사항)				
순위번호	등 기 목 적	접 수	등 기 원 인	권 리 자 및 기 타 사 항
~~3~~	~~가처분~~	~~2018년1월8일~~ ~~제100호~~	~~2018년1월7일~~ ~~서울중앙지방법원의 가처분결정~~ ~~(2018카합50)~~	~~피보전권리 지상권설정등기청구권~~ ~~채권자 서하늘 630419-1034125~~ ~~서울특별시 용산구 효창원로 71~~ ~~(공덕동)~~ ~~금지사항 양도, 담보권설정 기타 일체의 처분행위의 금지~~
4	3번가처분등기 말소			가처분의 목적달성으로 인하여 2018년7월9일 등기

【 을 구 】	(소유권 이외의 권리에 관한 사항)			
순위번호	등 기 목 적	접 수	등 기 원 인	권 리 자 및 기 타 사 항
~~3~~	~~전세권설정~~	~~2018년3월10일~~ ~~제2000호~~	~~2018년3월5일~~ ~~설정계약~~	~~전세금 금5,000,000원~~ ~~범 위 건물전부~~ ~~존속기간 2018년3월5일부터 2020년 3월4일까지~~ ~~전세권자 김한울 650422-1045115~~ ~~서울특별시 종로구 율곡로1길 16~~ ~~(사간동)~~
4	근저당권설정	2018년5월9일 제2333호	2018년5월5일 설정계약	채권최고액 금50,000,000원 채무자 김우리 서울특별시 서초구 서초대로 60] (서초동) 근저당권자 서하늘 630419-1034125 서울특별시 용산구 효창원로 71 (공덕동)
5	3번전세권설정 등기말소	2018년7월9일 제2350호	가처분에 의한 실효	
6	지상권설정 (2018년1월8일 접수 제100호 가처분에 기함)	2018년7월9일 제2351호	2018년1월4일 설정계약	목 적 철근콘크리트조 건물의 소유 범 위 토지 전부 존속기간 2018년7월1일부터 30년 지 료 월금100,000원 지급시기 매월말일 지상권자 이대한 701115-1201257 서울특별시 서초구 강남대로 21 (서초동)

(주) 1. 위 기록례는 갑구 3번 가처분에 따라 을구 6번 지상권설정등기를 하는 경우이다.

2. 이 경우 가처분에 따른 지상권설정등기가 부동산의 사용·수익을 목적으로 하는 권리등기이므로, 가처분 이후 등기로서 사용·수익을 목적으로 하는 권리등기인 3번 전세권설정등기는 이를 말소한다(등기예규 제1413호 참조).

3. 그러나 가처분등기 이후에 마쳐진 부동산의 사용·수익을 목적으로 하는 소유권 이외의 권리가 아닌 제3자 명의의 등기(소유권이전등기, 저당권, 가등기, 가압류 등)는 이를 말소하지 않는다.

10. 일부 채권자의 해제신청에 의한 가처분변경등기 촉탁이 있는 경우 610

【 갑 구 】 (소유권에 관한 사항)				
순위번호	등 기 목 적	접 수	등 기 원 인	권 리 자 및 기 타 사 항
3	가처분	2018년6월9일 제3918호	2018년6월5일 서울중앙지방법원의 가처분결정 (2018카합125)	피보전권리 근저당권설정등기청구권 ~~채권자~~ ~~이대한 701115-1201257~~ ~~서울특별시 서초구 강남대로 21 (서초동)~~ ~~최민국 680703-1562316~~ ~~서울특별시 마포구 마포대로 25 (공덕동)~~ ~~정다운 721205-1352121~~ ~~서울특별시 종로구 인사동길 8 (인사동)~~ 금지사항 양도, 담보권설정 기타 일체의 처분행위의 금지
3-1	3번가처분변경	2018년7월9일 제6234호	2018년7월5일 일부채권자 해제	채권자 정다운 721205-1352121 서울특별시 종로구 인사동길 8 (인사동)

(주) 1. 촉탁서에 가처분할 지분의 변경내용이 없는 경우에는 채권자에 대한 변경등기만 한다.
2. 600항 (주) 참조.

제3절 강제관리에 관한 등기

1. 강제관리개시(민사집행법 제78조, 제163조 이하) 611

【 갑 구 】	(소유권에 관한 사항)			
순위번호	등 기 목 적	접 수	등 기 원 인	권 리 자 및 기 타 사 항
7	강제관리신청	2019년2월8일 제2708호	2019년2월7일 서울중앙지방법원의 강제관리 개시결정 (2019타기800)	채권자 김한울 650422-1045115 서울특별시 종로구 율곡로1길 16 (사간동)

(주) 미등기부동산에 대한 강제관리기입등기의 촉탁이 있는 경우의 기록례에 관하여는 470항에 준하여 기록한다.

2. 지상권의 준공유지분의 강제관리개시 612

【 을 구 】	(소유권 이외의 권리에 관한 사항)			
순위번호	등 기 목 적	접 수	등 기 원 인	권 리 자 및 기 타 사 항
2-1	2번지상권김우리지분강제관리신청	2019년2월20일 제1890호	2019년2월15일 서울중앙지방법원의 강제관리 개시결정 (2019타기200)	채권자 김한울 650422-1045115 서울특별시 종로구 율곡로1길 16 (사간동)

3. 강제관리신청등기 말소(민사집행법 제171조) 613

【 갑 구 】	(소유권에 관한 사항)			
순위번호	등 기 목 적	접 수	등 기 원 인	권 리 자 및 기 타 사 항
8	7번(또는 ○-○번)강제관리신청등기말소	2019년3월9일 제3778호	2019년3월8일 강제관리취소	

(주) 7번(○-○번)등기를 말소하는 표시를 한다.

제4절 경매에 관한 등기

1. 강제경매개시결정의 등기

가. 소유권의 경우

1) 일반적인 경우 614

【 갑 구 】 (소유권에 관한 사항)				
순위번호	등 기 목 적	접 수	등 기 원 인	권 리 자 및 기 타 사 항
7	강제경매개시 결정	2019년3월8일 제978호	2019년3월7일 서울중앙지방법 원의 강제경매 개시결정 (2019타경100)	채권자 이겨레 750614-1035852 서울특별시 종로구 창덕궁길 105 (원서동)

(주) 1. 채권자가 다수인 경우에는 채권자 전부를 등기기록에 기록하여야 하며, 채권자 ○○○ 외 ○인과 같이 채권자 일부만을 기록하여서는 아니된다(등기예규 제1358호).

2. 저당권 등 담보권실행을 위한 경매인 경우, "임의경매개시결정"과 "○○지방법원의 임의경매개시결정(○○○○타경○○○○)"으로 등기목적과 등기원인을 각각 기록한다.

2) 가압류채권자가 등기권리자가 되는 경우 615

【 갑 구 】 (소유권에 관한 사항)				
순위번호	등 기 목 적	접 수	등 기 원 인	권 리 자 및 기 타 사 항
3	소유권이전	2011년7월1일 제1234호	2011년6월1일 매매	소유자 김갑동 781203-1345667 서울특별시 강남구 청담동 12-1
4	가압류	2018년5월5일 제889호	2018년5월2일 서울중앙지방법원의 가압류결정 (2018카단234)	청구금액 금5,000,000원 채권자 이을동 430304-1345223 서울특별시 서초구 사평대로52길 11 (서초동)
5	소유권이전	2018년5월9일 제1345호	2018년4월7일 매매	소유자 박병동 710306-1435667 서울특별시 강남구 남부순환로36길 12 (도곡동) 거래가액 금300,000,000원
6	강제경매개시결정(4번가압류의본압류로의 이행)	2018년7월3일 제2456호	2018년7월1일 서울중앙지방법원의 강제경매개시결정 (2018타경455)	채권자 이을동 430304-1345223 서울특별시 서초구 사평대로52길 11 (서초동)

3) 가압류피보전채권의 승계인이 등기권리자가 되는 경우 616

【 갑 구 】	(소유권에 관한 사항)			
순위번호	등 기 목 적	접 수	등 기 원 인	권 리 자 및 기 타 사 항
3	소유권이전	2011년7월1일 제1234호	2011년6월1일 매매	소유자 김갑동 781203-1345667 서울특별시 강남구 청담동 12-1
4	가압류	2018년5월5일 제889호	2018년5월2일 서울중앙지방법원의 가압류결정 (2018카단234)	청구금액 금5,000,000원 채권자 이을동 430304-1345223 서울특별시 서초구 사평대로52길 11(서초동)
5	소유권이전	2018년5월9일 제1345호	2018년4월7일 매매	소유자 박병동 710306-1435667 서울특별시 강남구 남부순환로36길 12(도곡동)
6	강제경매개시결정(4번가압류채권의 승계)	2018년7월3일 제2456호	2018년7월1일 서울중앙지방법원의 강제경매개시결정 (2018타경455)	채권자 김갑순 650201-2456444 서울특별시 서초구 사평대로6길 17(방배동)

나. 공유지분의 경우 617

【 갑 구 】	(소유권에 관한 사항)			
순위번호	등 기 목 적	접 수	등 기 원 인	권 리 자 및 기 타 사 항
8	6번이영진지분 강제경매개시결정	2019년3월29일 제3989호	2019년3월28일 서울중앙지방법원의 강제경매개시결정 (2019타경360)	채권자 이겨레 750614-1035852 서울특별시 종로구 창덕궁길 105 (원서동)

다. 미등기 부동산의 경우 618

【 갑 구 】		(소유권에 관한 사항)		
순위번호	등 기 목 적	접 수	등 기 원 인	권 리 자 및 기 타 사 항
1	소유권보존			소유자 이겨레 750614-1035852 서울특별시 종로구 창덕궁길 105 (원서동) 강제경매개시결정등기의 촉탁으로 인하여 2019년3월9일 등기
2	강제경매개시 결정	2019년3월9일 제3998호	2019년3월8일 서울중앙지방법원 의 강제경매개시 결정 (2019타경130)	채권자 강미래 790513-1052134 서울특별시 용산구 원효로 10 (원효로1가)

(주) 직권으로 소유권보존등기를 한 후에 강제경매개시결정등기를 기록한다.

라. 지상권의 경우 619

【 을 구 】		(소유권 이외의 권리에 관한 사항)		
순위번호	등 기 목 적	접 수	등 기 원 인	권 리 자 및 기 타 사 항
3-1	3번지상권강제 경매개시결정	2019년3월30일 제3999호	2019년3월29일 서울중앙지방법원 의 강제경매개시 결정 (2019타경370)	채권자 강미래 790513-1052134 서울특별시 용산구 원효로 10 (원효로1가)

마. 소유권에 대하여 이중으로 경매개시결정이 있는 경우 620

【 갑 구 】 (소유권에 관한 사항)				
순위번호	등 기 목 적	접 수	등 기 원 인	권 리 자 및 기 타 사 항
3	강제경매개시결정	2018년8월5일 제5320호	2018년8월2일 서울중앙지방법원의 강제경매개시결정 (2018타경520)	채권자 김우리 600104-1056429 서울특별시 서초구 서초대로 60 (서초동)
4	강제경매개시결정	2018년9월2일 제13720호	2018년9월1일 서울중앙지방법원의 강제경매개시결정 (2018타경650)	채권자 강미래 790513-1052134 서울특별시 용산구 원효로 10 (원효로1가)

2. 매각으로 인한 등기

가. 소유권의 경우 621

【 갑 구 】 (소유권에 관한 사항)				
순위번호	등 기 목 적	접 수	등 기 원 인	권 리 자 및 기 타 사 항
7	소유권이전	2019년4월8일 제3989호	2019년3월7일 강제경매로 인한 매각	소유자 서하늘 630419-1034125 서울특별시 용산구 효창원로 71 (공덕동)
8	6번강제경매 개시결정등기 말소	2019년4월8일 제3989호	2019년3월7일 강제경매로 인한 매각	

(주) 등기원인은 "강제경매(임의경매)로 인한 매각"으로 기록하되, 등기원인일자는 매각대금을 모두 낸 날을 적어야 한다(재판예규 제1631호 참조).

【 을 구 】 (소유권 이외의 권리에 관한 사항)				
순위번호	등 기 목 적	접 수	등 기 원 인	권 리 자 및 기 타 사 항
9	2번근저당권, 3번근저당권, 4번지상권설정 등기 말소	2019년4월8일 제3989호	2019년3월7일 강제경매로 인한 매각	

(주) 촉탁에 의하여 말소하여야 할 권리의 등기가 수개인 경우에는 그 말소등기는 일괄하여 말소할 수 있다. 그 경우 등기의 목적을 『○번근저당권, ○번 근저당권, ○번 지상권말소』와 같이 기록한다.

나. 가압류등기가 되어 있는 공유지분의 경우 622

【 갑 구 】	(소유권에 관한 사항)			
순위번호	등 기 목 적	접 수	등 기 원 인	권 리 자 및 기 타 사 항
7	4번이갑돌지분 전부이전	2019년4월7일 제3903호	2019년3월6일 강제경매로 인한 매각	공유자 지분 3분의 1 박영호 561111-1245874 서울특별시 마포구 성암로15길 12 (상암동)
8	5번가압류등기 말소	2019년4월7일 제3903호	2019년3월6일 강제경매로 인한 매각	
9	6번강제경매 개시결정등기 말소	2019년4월7일 제3903호	2019년3월6일 강제경매로 인한 매각	

(주) 1. 수개의 등기를 동시에 말소할 경우에는 원칙적으로 각각 독립한 순위번호로써 말소하여야 할 것이나 편의상 1개의 순위번호로써 말소할 수 있다.

2. 강제경매개시결정기입등기 이후에 등기된 체납처분에 의한 압류등기나 참가압류등기는 이 예에 준하여 말소한다.

다. 지상권의 경우 623

【 을 구 】	(소유권 이외의 권리에 관한 사항)			
순위번호	등 기 목 적	접 수	등 기 원 인	권 리 자 및 기 타 사 항
1	지상권설정	(생략)	(생략)	(생략)
~~1-1~~	~~1번지상권강제 경매개시결정~~	~~(생략)~~	~~(생략)~~	~~(생략)~~
1-2	1번지상권이전	2019년4월28일 제3909호	2019년3월27일 강제경매로 인한 매각	지상권자 이정용 710517-1120212 서울특별시 은평구 불광로2길 2 (불광동)
2	1-1번강제경매 개시결정등기 말소	2019년4월28일 제3909호	2019년3월27일 강제경매로 인한 매각	

라. 지상권이 저당권 등의 목적인 경우 624

【 을 구 】 (소유권 이외의 권리에 관한 사항)				
순위번호	등 기 목 적	접 수	등 기 원 인	권 리 자 및 기 타 사 항
1-3	1번지상권이전	2019년4월28일 제3909호	2019년3월27일 강제경매로 인한 매각	지상권자 이정용 710517-1120212 서울특별시 은평구 불광로2길 2 (불광동)
2	1-1번저당권설정등기말소	2019년4월28일 제3909호	2019년3월27일 강제경매로 인한 매각	
3	1-2번강제경매개시결정등기말소	2019년4월28일 제3909호	2019년3월27일 강제경매로 인한 매각	

마. 공유자 중의 1인 지분 전부에 강제경매개시결정등기가 된 후 공유자 전원의 지분 전부가 제3자에게 이전된 경우 매각으로 인한 등기 625

【 갑 구 】 (소유권에 관한 사항)				
순위번호	등 기 목 적	접 수	등 기 원 인	권 리 자 및 기 타 사 항
1	소유권보존	2017년9월8일 제3989호		공유자 지분 3분의 1 김한울 650422-1045115 서울특별시 종로구 율곡로1길 16 (사간동) 지분 3분의 1 최민국 680703-1562316 서울특별시 마포구 마포대로 25 (염리동) 지분 3분의 1 박나라 620201-2024425 서울특별시 서초구 서초대로6길 31, 102동 103호(서초동, 한양아파트)
~~2~~	~~1번김한울지분강제경매개시결정~~	~~2018년3월30일~~ ~~제3998호~~	~~2018년3월28일~~ ~~서울중앙지방법원의 경매개시결정~~ ~~(2018타경20)~~	~~채권자 강미래 790513-1052134~~ ~~서울특별시 용산구 원효로 10~~ ~~(원효로1가)~~

3	~~공유자전원 지분전부이전~~	2018년7월4일 제10224호	2018년7월3일 매매	~~소유자 정다운 721205-1352121~~ ~~서울특별시 종로구 인사동길 8 (인사동)~~ 거래가액 금85,000,000원
3-1	3번소유권경정	2018년9월8일 제21002호	2018년9월4일 강제경매로 인한 매각	목적 1번최민국, 1번박나라지분 전부이전 공유자 지분 3분의 2 정다운 721205-1352121 서울특별시 종로구 인사동길 8 (인사동)
4	1번김한울지분 전부이전	2018년9월8일 제21002호	2018년9월4일 강제경매로 인한 매각	공유자 지분 3분의 1 김대한 690123-1211207 서울특별시 은평구 불광로2길 2 (불광동)
5	2번강제경매 개시결정등기 말소	2018년9월8일 제21002호	2018년9월4일 강제경매로 인한 매각	

바. 경매개시결정등기 이전에 소유권이전등기를 받은 제3취득자가 매수인이 된 경우 626

【 갑 구 】	(소유권에 관한 사항)			
순위번호	등 기 목 적	접 수	등 기 원 인	권 리 자 및 기 타 사 항
2	소유권이전	2018년1월7일 제389호	2018년1월4일 매매	소유자 최민국 680703-1562316 서울특별시 마포구 마포대로 25 (공덕동) 거래가액 금150,000,000원
~~3~~	~~임의경매개시 결정~~	~~2018년8월8일~~ ~~제8378호~~	~~2018년8월7일~~ ~~서울중앙지방법원의 임의경매개시 결정 (2012타경300)~~	~~채권자 이대한 701115-1201257~~ ~~서울특별시 서초구 강남대로 21 (서초동)~~
4	3번임의경매 개시결정등기 말소	2018년9월9일 제13137호	2018년9월2일 임의경매로 인한 매각	(매수인 2번소유자 최민국)

(주) 경매개시결정등기 이전에 소유권이전등기를 받은 제3취득자가 매수인이 된 경우, 권리자 및 기타사항란에 매수인 ○번소유자 ○○○와 같이 기록한다.

사. 공유부동산에 대하여 경매개시결정등기가 되고, 경매절차에서 일부 공유자가 매수인이 된 경우 627

【 갑 구 】	(소유권에 관한 사항)			
순위번호	등 기 목 적	접 수	등 기 원 인	권 리 자 및 기 타 사 항
2	소유권이전	2017년8월9일 제1241호	2017년8월5일 매매	공유자 지분 3분의 1 김우리 600104-1056429 서울특별시 서초구 반포대로 60 (반포동) 지분 3분의 1 이정용 710517-1120212 서울특별시 은평구 불광로2길 2 (불광동) 지분 3분의 1 최민국 680703-1562316 서울특별시 마포구 마포대로 25 (염리동) 거래가액 금200,000,000원
~~3~~	~~임의경매개시결정~~	~~2017년9월9일~~ ~~제8321호~~	~~2017년9월4일~~ ~~서울중앙지방법원의 임의경매개시결정~~ ~~(2017타경828)~~	~~채권자 박영호 480408-1017824~~ ~~서울특별시 중구 남대문로 113~~ ~~(다동)~~
4	2번김우리지분전부, 2번이정용지분전부이전	2018년7월5일 제25550호	2018년7월1일 임의경매로 인한 매각	공유자 지분 3분의 2 최민국 680703-1562316 서울특별시 마포구 마포대로 25 (염리동)
5	3번임의경매개시결정등기말소	2018년7월5일 제25550호	2018년7월1일 임의경매로 인한 매각	

(주) 등기예규 제1378호 참조

아. 경매개시결정등기 이후에 소유권이전등기를 받은 제3취득자가 매수인이 된 경우 628

【 갑 구 】	(소유권에 관한 사항)			
순위번호	등 기 목 적	접 수	등 기 원 인	권 리 자 및 기 타 사 항
~~2~~	~~강제경매개시 결정~~	~~2018년5월5일 제8321호~~	~~2018년5월4일 서울중앙지방법원의 강제경매개시결정 (2012타경828)~~	~~채권자 이대한 701115-1201257 서울특별시 서초구 강남대로37길 21(서초동)~~
~~3~~	~~소유권이전~~	~~2018년8월9일 제25530호~~	~~2018년8월5일 매매~~	~~소유자 김우리 600104-1056429 서울특별시 서초구 반포대로 6(반포동)~~ ~~거래가액 금85,000,000원~~
4	3번소유권이전 등기말소	2018년9월9일 제28320호	2018년9월1일 강제경매로 인한 매각	
5	소유권이전	2018년9월9일 제28320호	2018년9월1일 강제경매로 인한 매각	소유자 김우리 600104-1056429 서울특별시 서초구 반포대로 6(반포동)
6	2번강제경매 개시결정등기 말소	2018년9월9일 제28320호	2018년9월1일 강제경매로 인한 매각	

(주) 등기예규 제1378호 참조.

자. 가압류등기 후에 소유권이전등기를 받은 제3취득자가 경락인이 된 경우 629

【 갑 구 】	(소유권에 관한 사항)			
순위번호	등 기 목 적	접 수	등 기 원 인	권 리 자 및 기 타 사 항
2	소유권이전	2017년5월9일 제8901호	2017년5월2일 매매	소유자 김한울 650422-1045115 서울특별시 종로구 율곡로 16 (사간동) 거래가액 금150,000,000원
~~3~~	~~가압류~~	~~2017년6월9일~~ ~~제10000호~~	~~2017년6월2일~~ ~~서울중앙지방법원의 가압류결정~~ ~~(2011가단1000)~~	~~청구금액 금100,000,000원~~ ~~채권자 이대한 701115-1201257~~ ~~서울특별시 서초구 강남대로 21~~ ~~(서초동)~~
~~4~~	~~소유권이전~~	~~2018년3월9일~~ ~~제4541호~~	~~2018년3월1일~~ ~~매매~~	~~소유자 김우리 600104-1056429~~ ~~서울특별시 서초구 반포대로 60~~ ~~(반포동)~~ ~~거래가액 금165,000,000원~~
~~5~~	~~강제경매개시결정(3번가압류의본압류로의 이행)~~	~~2018년5월5일~~ ~~제8321호~~	~~2018년5월4일~~ ~~서울중앙지방법원의 강제경매개시결정~~ ~~(2012타경828)~~	~~채권자 이대한 701115-1201257~~ ~~서울특별시 서초구 강남대로 21~~ ~~(서초동)~~
6	3번가압류, 5번강제경매개시결정등기말소	2018년7월5일 제25550호	2018년7월1일 강제경매로 인한 매각	
7	4번소유권이전등기말소	2018년7월5일 제25550호	2018년7월1일 강제경매로 인한 매각	
8	소유권이전	2018년7월5일 제25550호	2018년7월1일 강제경매로 인한 매각	소유자 김우리 600104-1056429 서울특별시 서초구 반포대로 60 (반포동)

차. 지분저당권에 의한 담보권실행으로 인한 매각을 원인으로 한 지분소유권이전등기가 있는 경우에 공유지분 전부를 목적으로 한 저당권의 변경 630

【 을 구 】	(소유권 이외의 권리에 관한 사항)			
순위번호	등 기 목 적	접 수	등 기 원 인	권 리 자 및 기 타 사 항
~~1~~	~~갑구3번이거래 지분전부저당 권설정~~	~~2019년3월5일 제3500호~~	~~2019년3월4일 설정계약~~	~~채권액 금10,000,000원~~ ~~변제기 2013년3월3일~~ ~~이 자 연5푼~~ ~~채무자 이거래~~ ~~서울특별시 종로구 창덕궁길 105 (원서동)~~ ~~저당권자 서하늘 630419-1034125~~ ~~서울특별시 용산구 효창원로 71 (공덕동)~~
2	~~저당권설정~~	2019년3월25일 제4001호	2019년3월24일 설정계약	채권액 금20,000,000원 변제기 2013년3월23일 이 자 연5푼 채무자 강미래 서울특별시 용산구 원효로 10 (원효로1가) 저당권자 이대한 701115-1201257 서울특별시 서초구 강남대로 21 (서초동)
2-1	2번저당권경정	2019년4월6일 제4050호	2019년4월1일 임의경매로 인한 매각	목적 갑구3번강미래지분전부저당권설정
3	1번저당권설정 등기말소	2019년4월6일 제4050호	2019년4월1일 임의경매로 인한 매각	

(주) 갑구3번에 이거래와 강미래가 공유지분으로 소유하고 있는 경우의 기록례이다.

카. 매각 이외의 사유로 인한 경매신청등기 말소 631

【 갑 구 】	(소유권에 관한 사항)			
순위번호	등 기 목 적	접 수	등 기 원 인	권 리 자 및 기 타 사 항
4	3번강제경매 개시결정등기 말소	2019년3월9일 제3637호	2019년3월4일 취하(또는 경매 개시결정취소)	

제5절 담보권부 채권에 대한 강제집행에 관한 등기

1. 저당권부 채권압류(민사집행법 제228조) 632

【 을 구 】	(소유권 이외의 권리에 관한 사항)			
순위번호	등 기 목 적	접 수	등 기 원 인	권 리 자 및 기 타 사 항
1	저당권설정	(생략)	(생략)	(생략)
1-1	1번저당권부채권압류	2019년3월27일 제3878호	2019년3월27일 서울중앙지방법원의 압류결정 (2019타기130)	채권자 김한울 650422-1045115 서울특별시 종로구 율곡로1길 16 (사간동)

2. 전부명령 등에 의한 이전 등의 등기 633

【 을 구 】	(소유권 이외의 권리에 관한 사항)			
순위번호	등 기 목 적	접 수	등 기 원 인	권 리 자 및 기 타 사 항
2-2	2번근저당권 이전	2019년2월5일 제4000호	2019년2월4일 채권전부명령	근저당권자 이대한 701115-1201257 서울특별시 서초구 강남대로 21 (서초동)
3	2-1번압류등기 말소	2019년2월5일 제4000호	2019년2월4일 채권전부명령	

(주) 민사집행규칙 제167조.

3. 전부명령 등에 의한 이전 이외의 사유에 의한 압류등기의 말소등기 634

【 을 구 】	(소유권 이외의 권리에 관한 사항)			
순위번호	등 기 목 적	접 수	등 기 원 인	권 리 자 및 기 타 사 항
3	1-1번압류등기 말소	2019년4월10일 제5550호	2019년4월5일 변제(또는 공탁, 취하, 취소결정)	

(주) 등기의 말소에 대한 집행법원의 촉탁이 있어야 한다(민사집행규칙 제167조제4항).

제6절 그 밖의 재산권에 대한 강제집행에 관한 등기

1. 압류의 등기

가. 등기된 임차권의 경우 635

【 을 구 】	(소유권 이외의 권리에 관한 사항)			
순위번호	등 기 목 적	접 수	등 기 원 인	권 리 자 및 기 타 사 항
3-1	3번임차권압류	2019년2월20일 제720호	2019년2월10일 서울중앙지방법원의 압류명령 (2019타기100)	채권자 김우리 600104-1056429 서울특별시 서초구 서초대로 60 (서초동)

(주) 전세권의 압류등기도 위의 예에 의하여 한다.

나. 환매권의 경우 636

【 갑 구 】	(소유권에 관한 사항)			
순위번호	등 기 목 적	접 수	등 기 원 인	권 리 자 및 기 타 사 항
2-1-1	2-1번환매권 압류	2019년2월9일 제760호	2019년2월5일 서울중앙지방법원의 압류명령 (2019타기150)	채권자 김우리 600104-1056429 서울특별시 서초구 서초대로 60 (서초동)

다. 소유권이전청구권의 경우(민사집행법 제244조제2항) 637

【 갑 구 】	(소유권에 관한 사항)			
순위번호	등 기 목 적	접 수	등 기 원 인	권 리 자 및 기 타 사 항
2-1	2번가등기소유권이전청구권 압류	2019년2월9일 제5015호	2019년2월5일 서울중앙지방법원의 압류명령 (2019타기200)	채권자 김우리 600104-1056429 서울특별시 서초구 서초대로 60 (서초동)

2. 양도명령 등에 의한 이전 등의 등기

가. 등기된 임차권의 경우 638

【 을 구 】 (소유권 이외의 권리에 관한 사항)				
순위번호	등 기 목 적	접 수	등 기 원 인	권 리 자 및 기 타 사 항
3-2	3번임차권이전	2019년4월10일 제7520호	2019년4월5일 양도명령(또는 매각 명령에 의한 매각)	임차권자 정다운 721205-1352121 서울특별시 종로구 인사동6길 7 (인사동)
4	3-1번압류등기 말소	2019년4월10일 제7520호	2019년4월5일 양도명령(또는 매각 명령에 의한 매각)	

(주) 전세권의 경우에도 위의 예에 의하여 한다.

나. 환매권의 경우 639

【 갑 구 】 (소유권에 관한 사항)				
순위번호	등 기 목 적	접 수	등 기 원 인	권 리 자 및 기 타 사 항
2-1-2	2-1번환매권 이전	2019년4월9일 제3520호	2019년4월5일 양도명령(또는 매각명령에 의한 매각)	환매권자 김한울 650422-1045115 서울특별시 종로구 율곡로1길 16 (사간동)
3	2-1-1번압류 등기말소	2019년4월9일 제3520호	2019년4월5일 양도명령(또는 매각명령에 의한 매각)	

다. 소유권이전청구권의 경우 640

【 갑 구 】	(소유권에 관한 사항)			
순위번호	등 기 목 적	접 수	등 기 원 인	권 리 자 및 기 타 사 항
2-2	2번소유권이전 청구권의이전	2019년4월9일 제4200호	2019년4월5일 양도명령(또는 매각명령에 의한 매각)	가등기권자 서하늘 630419-1034125 서울특별시 용산구 효창원로 71 (공덕동)
3	2-1번압류 등기말소	2019년4월9일 제4200호	2019년4월5일 양도명령(또는 매각명령에 의한 매각)	

3. 양도명령 등에 의한 이전 이외의 사유에 의한 압류 등기의 말소 641

【 갑 구 】	(소유권에 관한 사항)			
순위번호	등 기 목 적	접 수	등 기 원 인	권 리 자 및 기 타 사 항
3	2번(○-○번) 압류등기말소	2019년4월9일 제5320호	2019년4월4일 취하(또는 취소 결정)	

제8장

체납처분에 관한 등기

제8장 체납처분에 관한 등기

1. 대위에 의한 소유권이전의 등기 642

【 갑 구 】	(소유권에 관한 사항)			
순위번호	등 기 목 적	접 수	등 기 원 인	권 리 자 및 기 타 사 항
2	소유권이전	2019년3월8일 제3937호	2018년3월7일 상속	소유자 김우리 600104-1056429 서울특별시 서초구 서초대로 60 (서초동)
				대위자 서울특별시 대위원인 2019년3월5일 체납처분에 의한 압류

2. 압류의 등기

가. 소유권 압류 643

【 갑 구 】	(소유권에 관한 사항)			
순위번호	등 기 목 적	접 수	등 기 원 인	권 리 자 및 기 타 사 항
5	압류	2019년3월8일 제3908호	2019년3월7일 압류(세일 123)	권리자 서울특별시 411

(주) 국세, 지방세 등의 체납처분에 의한 압류등기의 경우에는 압류부서와 문서번호를 기록한다(등기예규 제809호).

나. 지상권 압류 644

【 을 구 】	(소유권 이외의 권리에 관한 사항)			
순위번호	등 기 목 적	접 수	등 기 원 인	권 리 자 및 기 타 사 항
1	지상권설정	(생략)	(생략)	(생략)
1-1	1번지상권압류	2019년3월28일 제3937호	2019년3월27일 압류(소득 123)	권리자 국 처분청 성동세무서장

(주) 1. 임차권, 전세권의 압류등기도 이에 준하여 한다.
2. 국세, 지방세 등의 체납처분에 의한 압류등기의 경우에는 압류부서와 문서번호를 기록한다(등기예규 제809호).

다. 참가 압류 645

【 갑 구 】 (소유권에 관한 사항)				
순위번호	등 기 목 적	접 수	등 기 원 인	권 리 자 및 기 타 사 항
3	압류	2019년1월3일 제1017호	2019년1월2일 압류(세일 234)	권리자 서울특별시 411
4	참가압류	2019년3월5일 제3787호	2019년3월4일 참가압류(소득 1023)	권리자 국 처분청 마포세무서장

(주) 1. 임차권, 전세권의 압류등기도 이에 준하여 한다.
2. 국세, 지방세 등의 체납처분에 의한 압류등기의 경우에는 압류부서와 문서번호를 기록한다(등기예규 제809호).
3. 세무서장은 압류하고자 하는 재산이 다른 기관에서 압류하고 있는 부동산인 때에는 참가압류등기를 촉탁하여야 한다(국세징수법 제57조).

3. 공매에 관한 등기

가. 공매공고등기

1) 압류부동산인 경우 646

【 갑 구 】 (소유권에 관한 사항)				
순위번호	등 기 목 적	접 수	등 기 원 인	권 리 자 및 기 타 사 항
2	소유권이전	2018년9월9일 제55001호	2018년9월8일 매매	소유자 김갑동 600104-1056429 서울특별시 서초구 서초대로46길 60, 101동 201호(서초동, 서초아파트) 거래가액 금120,000,000원
3	압류	2019년1월10일 제1678호	2019년1월6일 압류(소득 1010)	권리자 국 처분청 서초세무서장
3-1	공매공고	2019년2월10일 제7600호	2019년2월7일 공매공고(소득 1234)	

(주) 등기원인란의 괄호 안은 공매공고 등기를 촉탁한 기관의 부서명과 문서번호를 기록한다.

2) 납세담보로 제공된 부동산인 경우 647

【 갑 구 】	(소유권에 관한 사항)			
순위번호	등 기 목 적	접 수	등 기 원 인	권 리 자 및 기 타 사 항
2	소유권이전	2017년9월9일 제55001호	2017년9월8일 매매	소유자 김갑동 600104-1056429 서울특별시 서초구 서초대로46길 60, 101동 201호(서초동, 서초아파트) 거래가액 금120,000,000원
3	공매공고	2019년3월5일 제3017호	2019년3월4일 납세담보물의 공매공고(소득 1324)	

나. 공매로 인한 소유권이전 648

【 갑 구 】	(소유권에 관한 사항)			
순위번호	등 기 목 적	접 수	등 기 원 인	권 리 자 및 기 타 사 항
~~4~~	~~압류~~	~~2018년1월7일~~ ~~제577호~~	~~2018년1월6일~~ ~~압류(소득 1234)~~	~~권리자 국~~ ~~처분청 마포세무서장~~
~~4-1~~	~~공매공고~~	~~2018년1월10일~~ ~~제600호~~	~~2018년1월10일~~ ~~공매공고(소득 1324)~~	
~~5~~	~~소유권이전 청구권가등기~~	~~2018년1월10일~~ ~~제687호~~	~~2018년1월9일~~ ~~매매예약~~	~~가등기권자 이대한 701115-1201257~~ ~~서울특별시 서초구 강남대로 21 (서초동)~~
6	소유권이전	2019년3월10일 제3538호	2019년3월9일 공매	소유자 강미래 790513-1052134 서울특별시 용산구 원효로 10 (원효로1가)
7	4번압류등기 말소	2019년3월10일 제3538호	2019년3월9일 공매	
8	5번가등기 말소	2019년3월10일 제3538호	2019년3월9일 공매	

【 을 구 】	(소유권 이외의 권리에 관한 사항)			
순위번호	등 기 목 적	접 수	등 기 원 인	권 리 자 및 기 타 사 항
~~3~~	~~근저당권설정~~	~~2018년4월7일~~ ~~제5850호~~	~~2018년4월6일~~ ~~설정계약~~	~~채권최고액 금300,000,000원~~ ~~채무자 이을남~~ ~~서울특별시 마포구 서교동 9~~ ~~근저당권자 서하늘 630419-1034125~~ ~~서울특별시 용산구 효창원로 71 (산천동)~~
4	3번근저당권 설정등기말소	2019년3월10일 제3538호	2019년3월9일 공매	

(주) 공매의 경우 촉탁에 의하여 말소하여야 할 권리의 등기가 수 개인 경우에는 그 말소의 등기는 일괄하여 말소등기를 할 수 있다. 다만, 이때에는 『○번, ○번 근저당권말소』와 같이 기록한다.

다. 공매로 인한 지상권이전 649

【 을 구 】	(소유권 이외의 권리에 관한 사항)			
순위번호	등 기 목 적	접 수	등 기 원 인	권 리 자 및 기 타 사 항
1	지상권설정	(생략)	(생략)	(생략)
~~1-1~~	~~1번지상권압류~~	~~(생략)~~	~~(생략)~~	~~(생략)~~
~~1-1-1~~	~~공매공고~~	~~(생략)~~	~~(생략)~~	
1-2	1번지상권이전	2019년3월7일 제3945호	2019년3월6일 공매	지상권자 강미래 790513-1052134 서울특별시 용산구 원효로 10 (원효로1가)
2	1-1번압류등기 말소	2019년3월7일 제3945호	2019년3월6일 공매	

라. 공매공고등기의 말소등기

1) 압류부동산인 경우 650

【 갑 구 】	(소유권에 관한 사항)			
순위번호	등 기 목 적	접 수	등 기 원 인	권 리 자 및 기 타 사 항
2	소유권이전	2018년9월9일 제55001호	2018년9월8일 매매	소유자 김갑동 600104-1056429 서울특별시 서초구 서초대로46길 60, 101동 201호(서초동, 서초아파트) 거래가액 금120,000,000원
3	압류	2019년1월9일 제5678호	2019년1월6일 압류(소득 101)	권리자 국 처분청 서초세무서장
~~3-1~~	~~공매공고~~	~~2019년2월9일~~ ~~제2051호~~	~~2019년2월7일~~ ~~공매공고(소득~~ ~~1234)~~	
4	3-1번공매 공고등기말소	2019년4월5일 제80901호	2019년4월4일 공매취소공고	

(주) 등기원인은 등기예규 제1500호 제3조제2항 각 호 중에서 등기소에 제공된 촉탁정보를 기록한다.

2) 납세담보로 제공된 부동산인 경우 651

【 갑	구 】	(소유권에 관한 사항)		
순위번호	등 기 목 적	접 수	등 기 원 인	권 리 자 및 기 타 사 항
2	소유권이전	2017년11월30일 제55001호	2017년11월28일 매매	소유자 김갑동 600104-1056429 서울특별시 서초구 서초대로46길 60, 101동 201호(서초동, 서초아파트) 거래가액 금120,000,000원
~~3~~	~~공매공고~~	~~2018년3월5일~~ ~~제2051호~~	~~2018년3월4일~~ ~~납세담보물의 공매공고(소득 1234)~~	
4	3번 공매공고 등기말소	2018년6월5일 제70901호	2018년6월4일 공매취소공고	

(주) 등기원인은 등기예규 제1500호 제3조제2항 각 호 중에서 등기소에 제공된 촉탁정보를 기록한다.

4. 공매 이외의 사유로 인한 압류등기 말소 652

【 갑	구 】	(소유권에 관한 사항)		
순위번호	등 기 목 적	접 수	등 기 원 인	권 리 자 및 기 타 사 항
~~4~~	~~압류~~	~~2018년4월7일~~ ~~제4347호~~	~~2018년4월7일~~ ~~압류(소득 123)~~	~~권리자 국~~ ~~처분청 마포세무서장~~
5	4번압류등기 말소	2018년8월5일 제8895호	2018년8월4일 해제	

제9장

법원의 명령에 따른 등기

제9장 법원의 명령에 따른 등기

1. 법원의 기록명령에 의한 경우 653

【 갑 구 】 (소유권에 관한 사항)				
순위번호	등 기 목 적	접 수	등 기 원 인	권 리 자 및 기 타 사 항
4	소유권이전	2019년4월5일 제3878호	2019년1월2일 매매	소유자 최민국 680703-1562316 서울특별시 마포구 마포대로11가길 25(염리동) 거래가액 금70,000,000원
				2019년4월3일 서울중앙지방법원의 명령에 의하여 2019년4월5일 등기

2. 법원의 가등기명령에 의한 경우 654

【 갑 구 】 (소유권에 관한 사항)				
순위번호	등 기 목 적	접 수	등 기 원 인	권 리 자 및 기 타 사 항
5	소유권이전 청구권가등기	2019년4월5일 제3575호	2019년1월2일 매매	가등기권자 최민국 680703-1562316 서울특별시 마포구 마포대로11가길 25(염리동)
				2019년4월3일 서울중앙지방법원의 명령에 의하여 2019년4월5일 가등기

3. 등기관의 처분에 대한 이의의 부기와 그 부기의 말소 655

가. 등기관의 처분에 대한 이의의 부기등기

【 갑 구 】 (소유권에 관한 사항)				
순위번호	등 기 목 적	접 수	등 기 원 인	권 리 자 및 기 타 사 항
3	소유권이전청구권가등기	(생략)	(생략)	(생략)
	소유권이전	(생략)	(생략)	(생략)
~~4~~	~~소유권이전~~	~~2017년5월6일 제2030호~~	~~2017년5월2일 매매~~	~~소유자 김한울 650422-1045115 서울특별시 종로구 율곡로1길 16 (사간동)~~ ~~거래가액 금155,000,000원~~
5	4번소유권이전등기말소			3번 가등기에 의한 본등기로 인하여 2018년4월2일 등기
5-1	4번소유권이전등기말소이의	2018년4월9일 제7859호	2018년4월8일 서울중앙지방법원의 명령	이의신청자 김예슬 서울특별시 용산구 효창원로 71 (산천동)

(주) 등기관의 처분에 대한 이의신청 결정 전에 관할지방법원의 부기등기 기록명령에 의한 기록례이다(등기예규 제1411호 참조).

나. 이의신청이 기각된 경우의 부기등기의 말소에 관한 등기

【 갑 구 】 (소유권에 관한 사항)				
순위번호	등 기 목 적	접 수	등 기 원 인	권 리 자 및 기 타 사 항
3	소유권이전 청구권가등기	(생략)	(생략)	(생략)
	소유권이전	(생략)	(생략)	(생략)
~~4~~	~~소유권이전~~	~~2017년5월6일~~ ~~제2030호~~	~~2017년5월2일~~ ~~매매~~	~~소유자 김한울 650422-1045115~~ ~~서울특별시 종로구 율곡로1길 16 (사간동)~~ ~~거래가액 금155,000,000원~~
5	4번소유권이전 등기말소			3번 가등기에 의한 본등기로 인하여 2018년4월2일 등기
~~5-1~~	~~4번소유권이전~~ ~~등기말소이의~~	~~2018년4월9일~~ ~~제7859호~~	~~2018년4월8일~~ ~~서울중앙지방~~ ~~법원의 명령~~	~~이의신청자 김예슬~~ ~~서울특별시 용산구 효창원로 71 (공덕동)~~
6	5-1번말소	2018년7월7일 제13389호	2018년7월4일 서울중앙지방법 원의 이의기각 결정	

(주) 이의신청이 기각된 경우의 부기등기의 말소에 관한 기록례이다(등기예규 제1411호 참조).

제 10 장

환지와 도시 및 주거환경정비 등에 관한 등기

제10장 환지와 도시 및 주거환경정비 등에 관한 등기

제1절 농업생산기반정비등기

1. 대위등기

가. 대위에 의한 등기명의인표시경정등기[농업생산기반정비등기규칙(이하 '규칙'이라 함) 제2조 제2호] 656

【 갑 구 】 (소유권에 관한 사항)				
순위번호	등 기 목 적	접 수	등 기 원 인	권 리 자 및 기 타 사 항
2	소유권이전	2018년6월8일 제3000호	2018년1월1일 상속	소유자 김우리 600104-1056429 ~~서울특별시 서초구 서초대로46길 6(서초동)~~
2-1	2번등기명의인 표시경정	2018년9월8일 제8000호	2018년6월8일 신청착오	김우리의 주소 서울특별시 서초구 서초대로46길 60(서초동)
				대위자 한국농어촌공사 전라남도 나주시 그린로 20 (빛가람동) 대위원인 농업생산기반정비등기규칙 제2조

나. 대위에 의한 상속등기(규칙 제2조제3호) 657

【 갑 구 】 (소유권에 관한 사항)				
순위번호	등 기 목 적	접 수	등 기 원 인	권 리 자 및 기 타 사 항
2	소유권이전	2018년6월8일 제3000호	2018년1월1일 상속	소유자 김우리 600104-1056429 서울특별시 서초구 서초대로46길 60(서초동)
				대위자 한국농어촌공사 전라남도 나주시 그린로 20 (빛가람동) 대위원인 농업생산기반정비등기규칙 제2조

2. 종전의 토지 1개에 대하여 1개의 환지를 교부한 경우

가. 표제부의 환지등기(규칙 제11조제1항) 658

【표 제 부】 (토지의 표시)					
표시번호	접 수	소 재 지 번	지 목	면 적	등기원인 및 기타사항
~~1~~	~~2017년5월2일~~	~~경기도 고양시 덕양구 화전동 5~~	~~답~~	~~500㎡~~	
2	2018년8월9일	경기도 고양시 덕양구 화전동 8	답	480㎡	농업생산기반정비사업에 따른 환지

나. 환지의 특정부분을 종전 토지 일부에 대한 소유권 이외의 권리의 목적으로 지정한 경우 (규칙 제11조제2항) 659

【을 구】 (소유권 이외의 권리에 관한 사항)				
순위번호	등 기 목 적	접 수	등 기 원 인	권 리 자 및 기 타 사 항
1	지역권설정	2017년8월5일 제3000호	2017년8월1일 설정계약	목 적 통행 ~~범 위 동측 60㎡~~ 요역지 경기도 고양시 덕양구 화전동 22 도면 제2017-10호
1-1	1번지역권변경			범 위 환지내 동측 50㎡ 도면 제2018-15호 농업생산기반정비사업으로 인하여 2018년8월9일 부기

다. 환지에 있는 요역지 지역권등기를 종전 토지의 등기기록에 이기하는 경우(규칙 제11조 제3항) 660

【 을 구 】	(소유권 이외의 권리에 관한 사항)			
순위번호	등 기 목 적	접 수	등 기 원 인	권 리 자 및 기 타 사 항
1 (전1)	환지로 인한 이기 요역지지역권			~~승역지 경기도 고양시 덕양구 화전동 2~~ 목 적 통행 2018년2월1일 등기 농업생산기반정비사업으로 인하여 순위 제1번 등기를 경기도 고양시 덕양구 화전동 3에서 이기 접수 2018년8월9일 제4000호
1-1	1번요역지지역권 변경			승역지 경기도 고양시 덕양구 화전동 5 농업생산기반정비사업으로 인하여 2018년8월9일 부기

라. 환지에 있는 승역지 지역권등기를 종전 토지의 등기기록에 이기하는 경우(규칙 제11조 제3항) 661

【 을 구 】	(소유권 이외의 권리에 관한 사항)			
순위번호	등 기 목 적	접 수	등 기 원 인	권 리 자 및 기 타 사 항
1 (전1)	환지로 인한 이기 지역권설정	2017년2월5일 제2062호	2017년2월1일 설정계약	목 적 통행 ~~범 위 동측길이 26m, 폭 5m~~ ~~요역지 경기도 고양시 덕양구 화전동 1~~ 도면 제2017-131호 농업생산기반정비사업으로 인하여 순위 제1번 등기를 경기도 고양시 덕양구 화전동 10에서 이기 접수 2018년8월9일 제4000호
1-1	1번지역권변경			범 위 남측길이 10m, 폭 5m 요역지 경기도 고양시 덕양구 화전동 3 농업생산기반정비사업으로 인하여 2018년8월9일 부기

마. 지역권의 등기를 이기한 후 종전의 지역권 등기를 말소하는 경우(규칙 제11조제4항) 662

【 을 구 】	(소유권 이외의 권리에 관한 사항)			
순위번호	등 기 목 적	접 수	등 기 원 인	권 리 자 및 기 타 사 항
~~1~~	~~지역권설정~~	~~2017년1월4일~~ ~~제6000호~~	~~2017년1월3일~~ ~~설정계약~~	~~목 적 통행~~ ~~범 위 동측 80㎡~~ ~~요역지 경기도 고양시 덕양구 화전동 16~~ ~~도면 제2017-116호~~
2	1번지역권설정 등기말소			농업생산기반정비사업으로 인하여 경기도 고양시 덕양구 화전동 5에 이기 2018년8월9일 등기

3. 종전의 토지 여러 개에 대하여 1개의 환지를 교부한 경우

가. 표제부의 환지등기(규칙 제12조제1항) 663

【표 제 부】	(토지의 표시)				
표시번호	접 수	소 재 지 번	지 목	면 적	등기원인 및 기타사항
~~1~~	~~2018년1월3일~~	~~경기도 고양시 덕양구~~ ~~화전동 2~~	~~답~~	~~600㎡~~	
2	2018년8월9일	경기도 고양시 덕양구 화전동 5	대	1200㎡	종전토지(본호) 경기도 고양시 덕양구 화전동 2 답 600㎡ 종전토지 경기도 고양시 덕양구 화전동 1 답 700㎡ 경기도 고양시 덕양구 화전동 7 답 100㎡ 농업생산기반정비사업에 따른 환지

나. 환지의 표시를 한 등기기록 이외의 종전의 토지의 등기기록을 폐쇄하는 경우(규칙 제12조 제2항) 664

【표 제 부】 (토지의 표시)

표시번호	접 수	소 재 지 번	지 목	면 적	등기원인 및 기타사항
~~1~~	~~2018년2월3일~~	~~경기도 고양시 덕양구 화전동 1~~	~~답~~	~~700㎡~~	
2	2018년8월9일				농업생산기반정비사업으로 인하여 경기도 고양시 덕양구 화전동 5에 이기
					2번 등기하였으므로 본 등기기록 폐쇄 2018년8월9일 등기

다. 환지의 등기기록에 다른 종전의 토지의 등기기록으로부터 소유권등기를 이기하는 경우 (규칙 제12조제3항) 665

【 갑 구 】 (소유권에 관한 사항)

순위번호	등 기 목 적	접 수	등 기 원 인	권 리 자 및 기 타 사 항
1	소유권보존	2018년1월3일 제105호		소유자 김우리 600104-1056429 서울특별시 서초구 서초대로46길 60(서초동)
2 (전3)	종전토지 답 700㎡에 대한 이기 소유권이전	2018년5월2일 제2031호	2018년4월2일 매매	소유자 김우리 600104-1056429 서울특별시 서초구 서초대로46길 60(서초동)
				농업생산기반정비사업으로 인하여 순위 제2번 등기를 경기도 고양시 덕양구 화전동 1에서 이기 접수 2018년8월9일 제8092호

라. 환지의 등기기록에 등기사항이 동일한 다른 종전의 토지의 등기기록으로부터 소유권등기를 이기하는 경우(규칙 제12조제3항, 제12조제8항) 666

【 갑 구 】	(소유권에 관한 사항)			
순위번호	등기목적	접 수	등기원인	권리자 및 기타사항
1	소유권보존	2018년1월3일 제105호		소유자 김우리 600104-1056429 서울특별시 서초구 서초대로46길 60(서초동)
2 (전1)				종전토지 경기도 고양시 덕양구 화전동 7 답 100㎡에 대하여도 1번 등기와 동일사항의 등기임 접수 2018년8월9일 제8092호

마. 이기할 종전의 토지 여러 개의 등기사항이 동일한 경우(규칙 제12조제3항, 제12조제8항) 667

【 갑 구 】	(소유권에 관한 사항)			
순위번호	등기목적	접 수	등기원인	권리자 및 기타사항
1	소유권보존	2018년1월3일 제105호		소유자 김우리 600104-1056429 서울특별시 서초구 서초대로46길 60(서초동)
2 (전3)	종전토지 답 600㎡에 대한 이기 소유권이전	2018년2월3일 제408호	2012년2월2일 매매	소유자 김우리 600104-1056429 서울특별시 서초구 서초대로46길 60(서초동)
				농업생산기반정비사업으로 인하여 순위 제2번 등기를 경기도 고양시 덕양구 화전동 1에서 이기 접수 2018년8월9일 제8092호
3 (전3)				종전토지 경기도 고양시 덕양구 화전동 7 답 100㎡에 대하여도 2번 등기와 동일사항의 등기임 접수 2018년8월9일 제8092호

바. 종전의 여러 개의 토지 중에 미등기 토지에 대하여 보존등기를 하는 경우(규칙 제12조제4항) 668

【 갑 구 】	(소유권에 관한 사항)			
순위번호	등 기 목 적	접 수	등 기 원 인	권 리 자 및 기 타 사 항
2	소유권이전	(생략)	(생략)	(생략)
3	종전토지 답 200㎡에 대한 소유권보존			소유자 김우리 600104-1056429 서울특별시 서초구 서초대로46길 60(서초동) 농업생산기반정비사업으로 인하여 2018년8월9일 등기

(주) 환지의 표시를 한 등기기록 중 갑구에 기록한다.

사. 환지의 표시를 한 등기기록에 저당권 아닌 소유권 이외의 권리의 목적을 환지의 특정부분으로 지정한 경우(규칙 제12조제6항) 669

【 을 구 】	(소유권 이외의 권리에 관한 사항)			
순위번호	등 기 목 적	접 수	등 기 원 인	권 리 자 및 기 타 사 항
1	지상권설정	(생략)	(생략)	(생략)
1-1	1번지상권변경			범 위 환지내 50㎡ 도면 제2018-35호 농업생산기반정비사업으로 인하여 2018년8월9일 부기

(주) 변경 전의 표시를 말소하는 표시를 기록한다.

아. 환지의 표시를 한 등기기록에 저당권의 목적을 환지의 지분으로 지정한 경우(규칙 제12조 제6항) 670

【 을 구 】	(소유권 이외의 권리에 관한 사항)			
순위번호	등 기 목 적	접 수	등 기 원 인	권 리 자 및 기 타 사 항
1	~~저당권설정~~	(생략)	(생략)	(일부생략) 채무자 김우리 서울특별시 서초구 서초대로46길 60(서초동) 저당권자 이대한 701115-1201257 서울특별시 서초구 강남대로37길 21(서초동)
1-1	1번저당권변경			목적 갑구1번김을동지분1분의1 중 일부(2분의1)저당권설정 농업생산기반정비사업으로 인하여 2018년8월9일 부기

(주) 종전의 토지가 단독소유인 경우의 기록례이다.

자. 환지의 표시를 한 등기기록상의 저당권의 목적을 환지의 지분으로 지정한 경우(규칙 제12조 제6항) 671

【 을 구 】	(소유권 이외의 권리에 관한 사항)			
순위번호	등 기 목 적	접 수	등 기 원 인	권 리 자 및 기 타 사 항
1	~~저당권설정~~	(생략)	(생략)	(일부생략) 채무자 김우리 서울특별시 서초구 서초대로46길 60(서초동) 저당권자 이대한 701115-1201257 서울특별시 서초구 강남대로37길 21(서초동)
1-1	1번저당권변경			목적 갑구2번정다운지분2분의1 중 일부(4분의1) 및 갑구2번김한울 지분2분의1 중 일부(4분의1) 저당권설정 농업생산기반정비사업으로 인하여 2018년8월9일 부기

(주) 종전의 토지가 공동소유인 경우의 기록례이다.

차. 환지의 표시를 한 등기기록 이외의 다른 종전의 토지의 등기기록에 있는 소유권 이외의 권리의 목적을 환지의 특정부분으로 지정한 경우(규칙 제12조제7항) 672

【 을 구 】	(소유권 이외의 권리에 관한 사항)			
순위번호	등 기 목 적	접 수	등 기 원 인	권 리 자 및 기 타 사 항
1 (전1)	종전토지 대 600㎡에 대한 이기 지상권설정	(생략)	(생략)	(생략) 농업생산기반정비사업으로 인하여 순위 제1번 등기를 경기도 고양시 덕양구 화전동 607에서 이기 접수 2018년8월9일 제8092호
1-1	1번지상권변경			범 위 환지내 600㎡ 도면 제2018-35호 농업생산기반정비사업으로 인하여 2018년8월9일 부기

(주) 변경 전의 범위 표시를 말소하는 표시를 한다.

4. 환지로 인하여 공동담보 부동산의 전부 또는 일부에 변경이 있는 경우(부동산등기규칙 제136조제1항, 제2항) 673

【 을 구 】	(소유권 이외의 권리에 관한 사항)			
순위번호	등 기 목 적	접 수	등 기 원 인	권 리 자 및 기 타 사 항
1	저당권설정	(생략)	(생략)	(생략)
1-1	1번저당권변경			공동담보 토지 경기도 고양시 덕양구 화전동 906 농업생산기반정비사업으로 인하여 2018년8월9일 부기

(주) 변경 전의 공동담보 표시를 말소하는 표시를 한다.

5. 환지로 인하여 공동담보목록이 작성된 부동산의 전부 또는 일부에 변경이 있는 경우(부동산등기규칙 제136조) 674

【공동담보목록 】					
목록번호	2018-15				
일련번호	부동산에 관한 권리의 표시	관할등기소명	순위번호	기 타 사 항	
				생성원인	변경/소멸
~~1~~	~~[토지] 고양시 덕양구 화전동 5~~	~~의정부지방법원 고양지원 고양등기소~~	1	~~2018년6월1일 제6070호 설정계약으로 인하여~~	2018년8월9일 제8092호 농업생산기반 정비사업으로 인하여
~~2~~	~~[토지] 고양시 덕양구 화전동 6~~	~~의정부지방법원 고양지원 고양등기소~~	1	~~2018년6월1일 제6070호 설정계약으로 인하여~~	2018년8월9일 제8092호 농업생산기반 정비사업으로 인하여
3	[토지] 고양시 덕양구 화전동 2	의정부지방법원 고양지원 고양등기소	1	2018년6월1일 제6070호 설정계약으로 인하여	
4	[토지] 고양시 덕양구 화전동 8	의정부지방법원 고양지원 고양등기소	1	2018년6월1일 제6070호 설정계약으로 인하여	
5	[토지] 고양시 덕양구 화전동 3	의정부지방법원 고양지원 고양등기소	1	2018년6월1일 제6070호 설정계약으로 인하여	
6	[토지] 고양시 덕양구 화전동 9	의정부지방법원 고양지원 고양등기소	1	2018년8월9일 제8092호 농업생산기반 정비사업으로 인하여	

6. 종전의 토지 1개에 대하여 여러 개의 환지를 교부한 경우(규칙 제13조제1항)

가. 종전의 토지의 등기기록에 환지의 등기를 하는 경우(규칙 제13조제1항) 675

【표 제 부】 (토지의 표시)					
표시번호	접 수	소 재 지 번	지 목	면 적	등기원인 및 기타사항
~~1~~	~~2018년2월1일~~	~~경기도 고양시 덕양구 화전동 5~~	~~답~~	~~1000㎡~~	
2	2018년8월9일	경기도 고양시 덕양구 화전동 7	답	600㎡	종전토지(본호) 경기도 고양시 덕양구 화전동 5 답 1000㎡ 다른환지 경기도 고양시 덕양구 화전동 809 답 700㎡ 경기도 고양시 덕양구 화전동 810 답 500㎡ 농업생산기반정비사업에 따른 환지

나. 종전의 토지의 등기기록에 소유권 이외의 권리가 있을 경우(규칙 제13조제2항) 676

【을 구】 (소유권 이외의 권리에 관한 사항)				
순위번호	등 기 목 적	접 수	등 기 원 인	권 리 자 및 기 타 사 항
1	근저당권설정	2018년3월15일 제369호	2018년3월14일 설정계약	채권최고액 금6,000,000원 채무자 김우리 서울특별시 서초구 서초대로46길 60(서초동) 근저당권자 이대한 701115-1201257 서울특별시 서초구 강남대로37길 21(서초동)
1-1	1번근저당권변경			공동담보 토지 경기도 고양시 덕양구 화전동 809 토지 경기도 고양시 덕양구 화전동 810 농업생산기반정비사업으로 인하여 2018년8월9일 부기

다. 1개의 종전 토지에 대하여 교부한 여러 개의 환지 중 종전의 토지의 등기기록에 등기한 환지 이외의 환지를 신등기기록에 등기하는 경우(규칙 제13조제3항) 677

【표 제 부】 (토지의 표시)					
표시번호	접 수	소 재 지 번	지 목	면 적	등기원인 및 기타사항
1	2018년8월9일	경기도 고양시 덕양구 화전동 2	답	600㎡	다른환지 경기도 고양시 덕양구 화전동 7 대 700㎡ 경기도 고양시 덕양구 화전동 809 대 800㎡ 농업생산기반정비사업에 따른 환지

라. 1개의 종전의 토지에 대하여 교부한 여러 개의 환지 중 신등기기록에 등기한 환지의 등기기록의 갑구에 종전의 토지의 등기기록으로부터 소유권등기를 전사하는 경우(규칙 제13조제4항) 678

【갑 구】 (소유권에 관한 사항)				
순위번호	등 기 목 적	접 수	등 기 원 인	권 리 자 및 기 타 사 항
1 (전1)	환지로 인한 전사 소유권보존	2018년2월1일 제206호		소유자 김우리 600104-1056429 서울특별시 서초구 서초대로46길 60(서초동)
				농업생산기반정비사업으로 인하여 순위 제1번 등기를 경기도 고양시 덕양구 화전동 2에서 전사 접수 2018년8월9일 제8092호

마. 1개의 종전의 토지에 대하여 교부한 여러 개의 환지 중 신등기기록에 등기한 환지의 등기기록의 을구에 종전의 토지의 등기기록으로부터 소유권 이외의 권리에 대한 등기를 전사하는 경우(규칙 제13조제5항) 679

【 을 구 】	(소유권 이외의 권리에 관한 사항)			
순위번호	등 기 목 적	접 수	등 기 원 인	권 리 자 및 기 타 사 항
1 (전1)	환지로 인한 전사 근저당권설정	2018년5월1일 제605호	2018년4월28일 설정계약	채권최고액 금5,000,000원 채무자 김우리 서울특별시 서초구 서초대로46길 60(서초동) 근저당권자 이대한 701115-1201257 서울특별시 서초구 강남대로37길 21(서초동)
				공동담보 토지 경기도 고양시 덕양구 화전동 7 토지 경기도 고양시 덕양구 화전동 809 농업생산기반정비사업으로 인하여 순위 제1번 등기를 경기도 고양시 덕양구 화전동 2에서 전사 접수 2018년8월9일 제8092호

7. 미등기인 종전의 토지에 대한 환지에 지역권의 등기가 있어 환지등기를 하는 경우

가. 표제부의 환지등기(규칙 제15조제1항) 680

【표 제 부】	(토지의 표시)				
표시번호	접 수	소 재 지 번	지 목	면 적	등기원인 및 기타사항
1	2018년8월9일	경기도 고양시 덕양구 화전동 9	답	200㎡	농업생산기반정비사업에 따른 환지

나. 갑구의 보존등기(규칙 제15조제1항) 681

【 갑 구 】	(소유권에 관한 사항)			
순위번호	등 기 목 적	접 수	등 기 원 인	권 리 자 및 기 타 사 항
1	소유권보존			소유자 김우리 600104-1056429 서울특별시 서초구 서초대로46길 60(서초동) 농업생산기반정비사업으로 인하여 2018년8월9일 등기

다. 미등기인 종전토지에 대한 환지에 있는 지역권의 이기(규칙 제15조제2항) 682

【 을 구 】	(소유권 이외의 권리에 관한 사항)			
순위번호	등 기 목 적	접 수	등 기 원 인	권 리 자 및 기 타 사 항
1 (전1)	환지로 인한 이기 지역권설정	2018년2월5일 제215호	2018년2월3일 설정계약	목 적 통행 범 위 토지전부 요역지 경기도 고양시 덕양구 화전동 1
				농업생산기반정비사업으로 인하여 순위 제1번 등기를 경기도 고양시 덕양구 화전동 10에서 이기 접수 2018년8월9일 제3000호

(주) 환지로 인하여 지역권의 범위 또는 요역지의 표시 등이 변경된 경우에는 부기에 의하여 이를 표시한다.

8. 종전의 토지에 대하여 금전으로 청산하고 환지를 교부하지 않는 경우

가. 종전토지의 등기기록을 폐쇄(규칙 제16조제1항) 683

【 표 제 부 】	(토지의 표시)				
표시번호	접 수	소 재 지 번	지 목	면 적	등기원인 및 기타사항
~~1~~	~~2018년2월3일~~	~~경기도 고양시 덕양구 화전동 51~~	~~전~~	~~200㎡~~	
2	2018년8월9일				농업생산기반정비사업으로 인하여 금전으로 청산하고 환지교부하지 않음
					2번 등기하였으므로 본 등기기록 폐쇄 2018년8월9일

나. 금전으로 청산하고 환지를 교부하지 아니한 종전의 토지와 공동담보의 목적인 다른 토지의 경우(규칙 제16조제2항) 684

【 을 구 】	(소유권 이외의 권리에 관한 사항)			
순위번호	등 기 목 적	접 수	등 기 원 인	권 리 자 및 기 타 사 항
1	근저당권설정	2018년3월15일 제3691호	2018년3월14일 설정계약	채권최고액 금6,000,000원 채무자 김우리 서울특별시 서초구 서초대로46길 60(서초동) 근저당권자 이대한 701115-1201257 서울특별시 서초구 강남대로37길 21(서초동) ~~공동담보 토지 경기도 고양시 덕양구 화전동 10~~
1-1	1번근저당권변경			공동담보인 경기도 고양시 덕양구 화전동 10의 부동산에 대하여 금전으로 청산하고 환지를 교부하지 않음 농업생산기반정비사업으로 인하여 2018년8월9일 부기

(주) 종전 공동담보의 표시를 말소하는 표시를 한다.

다. 다른 등기소 관할의 공동담보 목적인 종전의 토지에 대하여 금전으로 청산하고 환지를 교부하지 아니한 경우(규칙 제16조제4항) 685

【 을 구 】	(소유권 이외의 권리에 관한 사항)			
순위번호	등 기 목 적	접 수	등 기 원 인	권 리 자 및 기 타 사 항
1	근저당권설정	2018년3월15일 제3691호	2018년3월14일 설정계약	채권최고액 금6,000,000원 채무자 김우리 서울특별시 서초구 서초대로46길 60(서초동) 근저당권자 이대한 701115-1201257 서울특별시 서초구 강남대로37길 21(서초동) ~~공동담보 토지 경기도 고양시 덕양구 화전동 15~~
1-1	1번근저당권공동담보소멸	2018년8월10일 제8001호		농업생산기반정비사업으로 인하여 공동담보인 경기도 고양시 덕양구 화전동 15에 대하여 금전으로 청산하고 환지를 교부하지 않음

(주) 종전 공동담보의 표시를 말소하는 표시를 한다.

9. 농어촌정비법 제34조제1항의 규정에 의한 창설환지를 교부한 경우(규칙 제17조)

가. 표제부의 환지 등기(규칙 제17조) 686

【 표 제 부 】	(토지의 표시)				
표시번호	접 수	소 재 지 번	지 목	면 적	등기원인 및 기타사항
1	2018년8월9일	경기도 고양시 덕양구 화전동 9	답	200㎡	농업생산기반정비사업에 따른 창설환지

나. 갑구의 보존등기(규칙 제17조) 687

【 갑 구 】	(소유권에 관한 사항)			
순위번호	등 기 목 적	접 수	등 기 원 인	권 리 자 및 기 타 사 항
1	소유권보존			소유자 김우리 600104-1056429 서울특별시 서초구 서초대로46길 60(서초동) 농업생산기반정비사업으로 인하여 2018년8월9일 등기

10. 농어촌정비법 제34조제6항의 규정에 의하여 종전의 토지에 대하여 토지 및 건물을 환지로 정한 경우(입체환지)

가. 환지로 정하여진 토지에 관하여 표제부에 환지의 등기를 하는 경우(규칙 제20조제1항) 688

【표 제 부】 (토지의 표시)					
표시번호	접 수	소 재 지 번	지 목	면 적	등기원인 및 기타사항
1	2018년6월8일	경기도 고양시 덕양구 화전동 9	대	200㎡	종전토지 경기도 고양시 덕양구 화전동 2 대 300㎡ 농업생산기반정비사업에 따른 입체환지 다른 환지는 건물 경기도 고양시 덕양구 중앙로 93에 등기

나. 환지로 정하여진 미등기의 건물에 관하여 표제부에 환지의 등기를 하는 경우(규칙 제20조 제1항) 689

【표 제 부】 (건물의 표시)				
표시번호	접 수	소재지번 및 건물번호	건 물 내 역	등기원인 및 기타사항
1	2018년6월8일	경기도 고양시 덕양구 화전동 9 [도로명주소] 경기도 고양시 덕양구 중앙로 93	시멘트블럭조 시멘트기와지붕 단층주택 90㎡	종전토지 경기도 고양시 덕양구 화전동 2 대 300㎡ 농업생산기반정비사업에 따른 입체환지 다른 환지는 토지 경기도 고양시 덕양구 화전동 9에 등기

다. 환지로 정하여진 기등기의 건물에 관하여 표제부에 환지의 등기를 하는 경우(규칙 제20조 제1항) 690

【표 제 부】	(건물의 표시)			
표시번호	접 수	소재지번 및 건물번호	건 물 내 역	등기원인 및 기타사항
~~1~~	~~2018년8월1일~~	~~경기도 고양시 덕양구 화전동 10~~ ~~[도로명주소]~~ ~~경기도 고양시 덕양구 중앙로 102~~	~~시멘트블럭조~~ ~~시멘트기와지붕~~ ~~단층주택~~ ~~90㎡~~	
2	2018년11월8일	경기도 고양시 덕양구 화전동 9 [도로명주소] 경기도 고양시 덕양구 중앙로 93	시멘트블럭조 시멘트기와지붕 단층주택 90㎡	종전토지 경기도 고양시 덕양구 화전동 2 대 300㎡ 농업생산기반정비사업에 따른 입체환지 다른 환지는 토지 경기도 고양시 덕양구 화전동 9에 등기

라. 환지로 정하여진 토지 또는 미등기의 건물에 관하여 갑구에 보존등기를 하는 경우(규칙 제20조제1항) 691

【갑 구】	(소유권에 관한 사항)			
순위번호	등 기 목 적	접 수	등 기 원 인	권 리 자 및 기 타 사 항
1	소유권보존			소유자 김우리 600104-1056429 서울특별시 서초구 서초대로46길 60(서초동) 농업생산기반정비사업으로 인하여 2018년11월8일 등기

마. 환지로 정하여진 기등기의 건물에 관하여 갑구에 소유권이전등기를 하는 경우(규칙 제20조 제1항) 692

【 갑 구 】 (소유권에 관한 사항)				
순위번호	등 기 목 적	접 수	등 기 원 인	권 리 자 및 기 타 사 항
1	소유권보존	2012년8월1일 제3105호		소유자 이대한 701115-1201257 서울특별시 서초구 강남대로37길 21(서초동)
2	소유권이전			소유자 김우리 600104-1056429 서울특별시 서초구 서초대로46길 60(서초동) 농업생산기반정비사업으로 인하여 2018년11월8일 등기

바. 종전의 토지의 등기기록에 있는 소유권 이외의 권리를 환지 등기기록에 이기하는 경우 (규칙 제20조제2항) 693

【 을 구 】 (소유권 이외의 권리에 관한 사항)				
순위번호	등 기 목 적	접 수	등 기 원 인	권 리 자 및 기 타 사 항
1 (전3)	환지로 인한 이기 근저당권설정	2018년9월5일 제3595호	2018년9월1일 설정계약	채권최고액 금60,000,000원 채무자 김우리 서울특별시 서초구 서초대로46길 60(서초동) 근저당권자 이대한 701115-1201257 서울특별시 서초구 강남대로37길 21(서초동)
				농업생산기반정비사업으로 인하여 순위 제1번 등기를 경기도 고양시 덕양구 화전동 2에서 이기 공동담보 건물 경기도 고양시 덕양구 화전동 9 접수 2018년11월8일 제6000호

사. 종전 토지의 등기기록에 환지를 교부받은 자보다 선순위의 가처분등기가 있는 때에 환지로 정하여진 토지 또는 미등기의 건물에 대한 신등기기록의 갑구에 환지등기를 하는 경우 (규칙 제20조제3항) 694

【 갑 구 】	(소유권에 관한 사항)			
순위번호	등 기 목 적	접 수	등 기 원 인	권 리 자 및 기 타 사 항
1	소유권보존			소유자 정다운 721205-1352121 서울특별시 종로구 인사동6길 8(인사동) 농업생산기반정비사업으로 인하여 2018년11월8일 등기
2 (전4)	환지로 인한 이기 가처분	2018년8월26일 제3355호	2018년8월25일 서울중앙지방법원의 가처분 결정 (2018카합1250)	피보전권리 소유권이전등기청구권 채권자 이대한 701115-1201257 서울특별시 서초구 강남대로37길 21(서초동) 금지사항 양도, 담보권 설정 기타 일체의 처분행위의 금지
				농업생산기반정비사업으로 인하여 순위 제2번 등기를 경기도 고양시 덕양구 화전동 2에서 이기 접수 2018년11월8일 제6000호
3	소유권이전			소유자 김우리 600104-1056429 서울특별시 서초구 서초대로46길 60(서초동) 농업생산기반정비사업으로 인하여 2018년11월8일 등기

(주) 환지를 교부받은 자는 3번 등기명의인이고, 1번 등기명의인은 환지를 교부받은 자보다 선순위의 가처분의 목적이 된 소유권명의자이다.

아. 종전의 토지의 등기기록에 환지를 교부받은 자보다 선순위의 가처분등기가 있는 때에 환지로 정하여진 기등기의 건물의 등기기록 갑구에 환지등기를 하는 경우(규칙 제20조제3항) 695

【 갑 구 】 (소유권에 관한 사항)				
순위번호	등 기 목 적	접 수	등 기 원 인	권 리 자 및 기 타 사 항
1	소유권보존	2012년1월5일 제105호		소유자 이겨례 750614-1052134 서울특별시 종로구 창덕궁길 100 (계동)
2	소유권이전			소유자 정다운 721205-1352121 서울특별시 종로구 인사동6길 8(인사동) 농업생산기반정비사업으로 인하여 2018년11월8일 등기
3 (전4)	환지로 인한 이기 가처분	2018년3월26일 제3055호	2018년3월25일 서울중앙지방법원의 가처분결정 (2018카합1250)	피보전권리 소유권이전등기청구권 채권자 김우리 600104-1056429 서울특별시 서초구 서초대로46길 60(서초동) 금지사항 양도, 담보권 설정 기타 일체의 처분행위의 금지 농업생산기반정비사업으로 인하여 순위제3번 등기를 경기도 고양시 덕양구 화전동 2에서 이기 접수 2018년11월8일 제6000호
4	소유권이전			소유자 이대한 701115-1201257 서울특별시 서초구 강남대로37길 21(서초동) 농업생산기반정비사업으로 인하여 2018년11월8일 등기

(주) 환지를 교부받은 자는 4번 등기명의인이고, 2번 등기명의인은 환지를 교부받은 자 보다 선순위의 가처분의 목적이 된 소유권명의자이다.

11. 농어촌정비법 제112조제1항에 의하여 국공유지를 농업생산기반정비사업시행자에게 양여하고 용도를 폐지한 경우(규칙 제22조) 696

【표 제 부】 (토지의 표시)					
표시번호	접 수	소 재 지 번	지 목	면 적	등기원인 및 기타사항
~~1~~	~~2018년2월1일~~	~~경기도 고양시 덕양구 화전동 19~~	~~답~~	~~700㎡~~	
2	2018년8월5일				농업생산기반정비사업 시행자에게 양도
					2번 등기하였으므로 본 등기기록 폐쇄 2018년8월5일

12. 농어촌정비법 제112조 제2항에 의하여 국공유 양여지에 갈음하여 국가 또는 지방자치단체에 증여된 토지를 보존등기하는 경우(규칙 제23조) 697

【표 제 부】 (토지의 표시)					
표시번호	접 수	소 재 지 번	지 목	면 적	등기원인 및 기타사항
1	2018년6월8일	경기도 고양시 덕양구 화전동 9	답	200㎡	농업생산기반정비등기규칙 제23조에 의함

【갑 구】 (소유권에 관한 사항)				
순위번호	등 기 목 적	접 수	등 기 원 인	권 리 자 및 기 타 사 항
1	소유권보존	2018년6월8일 제288호		소유자 국 관리청 농림축산식품부 농업생산기반정비사업으로 인하여

13. 갑등기소 관할에 속하는 종전의 토지에 대하여 을등기소 관할에 속하는 토지를 환지로 교부하여 종전의 토지의 등기기록을 폐쇄하는 경우(규칙 제24조제2항) 698

【표 제 부】 (토지의 표시)					
표시번호	접 수	소 재 지 번	지 목	면 적	등기원인 및 기타사항
~~1~~	~~2018년1월7일~~	~~경기도 고양시 덕양구~~ ~~화전동 51~~	~~답~~	~~200㎡~~	
2	2018년6월8일				농업생산기반정비사업으로 인하여 서울특별시 은평구 진관외동 30 전 180㎡에 이기
					2번 등기하였으므로 본 등기기록 폐쇄 2018년6월8일

14. 갑등기소 관할에 속하는 종전의 토지 1개에 대하여 을등기소 관할에 속하는 1개의 환지를 교부한 경우

가. 표제부의 환지등기(규칙 제25조제1항) 699

【표 제 부】 (토지의 표시)					
표시번호	접 수	소 재 지 번	지 목	면 적	등기원인 및 기타사항
1	2018년6월8일	서울특별시 은평구 진관외동 30	전	180㎡	종전 토지 경기도 고양시 덕양구 화전동 2 답 200㎡ 농업생산기반정비사업에따른 환지

나. 을등기소에 이송한 종전의 토지의 등기기록에 의하여 환지의 등기기록에 소유권에 관한 등기를 이기하는 경우(규칙 제25조제2항) 700

【 갑 구 】	(소유권에 관한 사항)			
순위번호	등 기 목 적	접 수	등 기 원 인	권 리 자 및 기 타 사 항
1 (전1)	환지로 인한 이기 소유권보존	2018년5월7일 제1000호		소유자 김우리 600104-1056429 서울특별시 서초구 서초대로46길 60(서초동) 농업생산기반정비사업으로 인하여 경기도 고양시 덕양구 화전동 2에서 이기 접수 2018년6월8일 제2000호

15. 갑등기소 관할에 속하는 종전의 토지 여러 개에 대하여 을등기소 관할에 속하는 1개의 환지를 교부한 경우

가. 표제부의 환지등기(규칙 제26조제1항) 701

【표 제 부】	(토지의 표시)				
표시번호	접 수	소 재 지 번	지 목	면 적	등기원인 및 기타사항
1	2018년8월9일	서울특별시 은평구 진관외동 63	전	500㎡	종전토지 경기도 고양시 덕양구 화전동 2 대 200㎡ 경기도 고양시 덕양구 화전동 9 대 700㎡ 농업생산기반정비사업에 따른 환지

나. 을등기소에 이송된 여러 개의 종전의 토지의 등기기록에 의하여 환지 등기기록에 소유권에 관한 등기를 이기하는 경우(규칙 제26조제2항) 702

【 갑 구 】 (소유권에 관한 사항)				
순위번호	등 기 목 적	접 수	등 기 원 인	권 리 자 및 기 타 사 항
1 (전1)	종전토지 답 200㎡에 대한 이기 소유권이전	(생략)	(생략)	(생략) 농업생산기반정비사업으로 인하여 순위 제1번 등기를 경기도 고양시 덕양구 화전동 2에서 이기 접수 2018년8월9일 제8067호
2 (전3)	종전토지 답 700㎡에 대한 이기 소유권이전	(생략)	(생략)	(생략) 농업생산기반정비사업으로 인하여 순위 제2번 등기를 경기도 고양시 덕양구 화전동 9에서 이기 접수 2018년8월9일 제8067호

다. 갑등기소 관할에 속하는 종전의 토지 여러 개 중 1개만이 소유권 이외의 권리의 목적인 때 이송한 등기기록에 의하여 환지의 등기기록에 이기하는 경우(규칙 제26조제2항) 703

【 을 구 】	(소유권 이외의 권리에 관한 사항)			
순위번호	등 기 목 적	접 수	등 기 원 인	권 리 자 및 기 타 사 항
1 (전1)	종전토지 대 700㎡에 대한 이기 지상권설정	2018년3월15일 제310호	2018년3월14일 설정계약	목 적 철근콘크리트조 건물의 소유 ~~범 위 토지 전부~~ 존속기간 2018년3월14일부터 30년 지 료 월 금500,000원 지급시기 매월 말일 지상권자 정다운 721205-1352121 서울특별시 종로구 인사동6길 8 (인사동)
				농업생산기반정비사업으로 인하여 순위 제1번 등기를 경기도 고양시 덕양구 화전동 9에서 이기 접수 2018년8월9일 제8067호
1-1	1번지상권 변경			범 위 환지내 50㎡ 도면 제2018-21호 농업생산기반정비사업으로 인하여 2018년8월9일 부기

(주) 변경 전의 범위의 표시를 말소하는 표시를 한다.

16. 갑등기소 관할에 속하는 종전의 토지 1개에 대하여 을등기소 관할에 속하는 여러 개의 환지를 교부한 경우

가. 표제부의 환지등기(규칙 제27조제1항) 704

【표 제 부】	(토지의 표시)				
표시번호	접 수	소 재 지 번	지 목	면 적	등기원인 및 기타사항
1	2018년8월9일	서울특별시 은평구 진관외동 3	전	600㎡	종전토지 경기도 고양시 덕양구 화전동 11 답 500㎡ 다른환지 서울특별시 은평구 진관외동 8 농업생산기반정비사업에따른 환지

나. 을등기소에 이송한 종전의 토지의 등기기록에 의하여 환지의 등기기록에 소유권 이외의 권리를 이기하는 경우(규칙 제27조제2항) 705

【 을 구 】	(소유권 이외의 권리에 관한 사항)			
순위번호	등 기 목 적	접 수	등 기 원 인	권 리 자 및 기 타 사 항
1 (전1)	근저당권설정	(생략)	(생략)	채권최고액 금6,000,000원 채무자 김우리 서울특별시 서초구 서초대로46길 60(서초동) 근저당권자 이대한 701115-1201257 서울특별시 서초구 강남대로37길 21(서초동)
				농업생산기반정비사업으로 인하여 경기도 고양시 덕양구 화전동 11에서 이기 접수 2018년8월9일 제8067호
1-1	1번근저당권변경			공동담보 토지 서울특별시 은평구 진관외동 8 농업생산기반정비사업으로 인하여 2018년8월9일 부기

17. 갑 · 을 양등기소 관할에 속하는 종전의 토지 여러 개에 대하여 을등기소 관할에 속하는 1개의 환지를 교부하여 환지에 대한 등기를 하는 경우(규칙 제28조) 706

【표 제 부】 (토지의 표시)					
표시번호	접 수	소 재 지 번	지 목	면 적	등기원인 및 기타사항
~~1~~	~~2018년2월1일~~	~~서울특별시 은평구 진관외동 2~~	~~전~~	~~500㎡~~	
2	2018년8월9일	서울특별시 은평구 진관외동 2	전	900㎡	종전토지 서울특별시 은평구 진관외동 2 전 500㎡(본호) 경기도 고양시 덕양구 화전동 2 전 560㎡ 농업생산기반정비사업에따른 환지

18. 갑등기소 관할에 속하는 종전의 토지 1개에 대하여 갑 · 을 양 등기소 관할에 속하는 여러 개의 환지를 교부하는 경우

가. 을등기소 관할에 속하는 환지에 대하여 표제부에 환지의 등기를 하는 경우(규칙 제29조) 707

【표 제 부】 (토지의 표시)					
표시번호	접 수	소 재 지 번	지 목	면 적	등기원인 및 기타사항
1	2018년8월9일	서울특별시 은평구 진관외동 2	전	500㎡	종전토지 경기도 고양시 덕양구 화전동 5 전 590㎡ 다른환지 경기도 고양시 덕양구 화전동 6 전 600㎡ 농업생산기반정비사업에따른 환지

나. 을등기소 관할에 속하는 환지의 등기기록에 소유권등기를 이기하는 경우(규칙 제29조) 708

【 갑 구 】 (소유권에 관한 사항)				
순위번호	등기목적	접 수	등기원인	권리자 및 기타사항
1 (전1)	환지로 인한 전사 소유권보존	2018년2월1일 제201호		소유자 김우리 600104-1056429 서울특별시 서초구 서초대로46길 60(서초동) 농업생산기반정비사업으로 인하여 순위 제1번 등기를 경기도 고양시 덕양구 화전동 5에서 전사 접수 2018년8월9일 제4067호

(주) 이송받은 등기기록에 소유권 이외의 권리 또는 처분의 제한에 관한 등기의 기록이 있는 때에는 환지의 등기기록 중 해당구 사항란에 이송받은 등기기록에 의하여 그 권리와 처분의 제한에 관한 종전의 등기를 이기하고 농업생산기반정비사업으로 인하여 등기를 하는 뜻과 그 연월일을 기록한다(규칙 제25조제3항 참조).

19. 농업생산기반정비사업에 의하여 지목을 변경한 경우(규칙 제5조제3항) 709

【표 제 부】 (토지의 표시)					
표시번호	접 수	소 재 지 번	지목	면적	등기원인 및 기타사항
~~1~~	~~2018년2월1일~~	~~경기도 고양시 덕양구 화전동 2~~	~~전~~	~~600㎡~~	
2	2018년8월9일	경기도 고양시 덕양구 화전동 2	답	600㎡	농업생산기반정비사업에따른 지목변경

20. 농업생산기반정비사업에 의하여 갑지를 분할하여 그 일부를 을지로 한 경우(규칙 제5조제3항) 710

【표 제 부】 (토지의 표시)					
표시번호	접 수	소 재 지 번	지목	면적	등기원인 및 기타사항
~~1~~	~~2018년2월1일~~	~~경기도 고양시 덕양구 화전동 2~~	~~전~~	~~600㎡~~	
2	2018년8월9일	경기도 고양시 덕양구 화전동 2	전	300㎡	농업생산기반정비사업에 따른 분할로 인하여 전 300㎡를 경기도 고양시 덕양구 화전동 2-2에 이기

21. 농업생산기반정비사업에 의하여 분할한 을지의 등기기록에 갑지의 등기기록으로부터 소유권등기를 전사하는 경우(규칙 제5조제3항, 부동산등기규칙 제76조제1항) 711

【 갑 구 】	(소유권에 관한 사항)			
순위번호	등 기 목 적	접 수	등 기 원 인	권 리 자 및 기 타 사 항
1 (전2)	소유권이전	2018년2월1일 제2013호	2018년1월25일 매매	소유자 김우리 600104-1056429 서울특별시 서초구 서초대로46길 60(서초동)
				농업생산기반정비사업에 따른 분할로 인하여 경기도 고양시 덕양구 화전동 206에서 전사 접수 2018년8월9일 제8091호

22. 농업생산기반정비사업에 의하여 합병된 갑지의 등기기록으로부터 등기사항이 동일한 소유권등기를 을지의 등기기록에 이기하는 경우(규칙 제30조제3항) 712

【 갑 구 】	(소유권에 관한 사항)			
순위번호	등 기 목 적	접 수	등 기 원 인	권 리 자 및 기 타 사 항
1	소유권보존	2018년2월1일 제2061호		소유자 김우리 600104-1056429 서울특별시 서초구 서초대로46길 60(서초동)
2 (전1)				합병한 토지 경기도 고양시 덕양구 화전동 100 답 500㎡에 대하여도 1번 등기와 동일사항의 등기임 접수 2018년8월9일 제8091호

23. 농업기반정비확정도의 일련번호의 말소 및 부호표시의 경정(부칙 제3조)

가. 표제부의 농업기반정비확정도의 일련번호의 말소방법 713

【표 제 부】 (토지의 표시)					
표시번호	접 수	소 재 지 번	지 목	면 적	등기원인 및 기타사항
~~1~~	~~1988년2월3일~~	~~경기도 고양군 신도읍 삼송리 1~~	~~답~~	~~300㎡~~	
~~2~~	~~2002년8월9일~~	~~경기도 고양군 신도읍 삼송리 3~~	~~답~~	~~700㎡~~	~~종전토지~~ ~~경기도 고양군 신도읍 삼송리 1~~ ~~답 300㎡(본호)~~ ~~경기도 고양군 신도읍 삼송리 2~~ ~~답 600㎡~~ ~~농업기반등정비사업에 따른 환지~~ ~~농업기반정비확정도 제21호~~
3		경기도 고양군 신도읍 삼송리 3	답	700㎡	농업생산기반정비등기규칙 부칙 제3조에 의하여 2019년2월3일 등기

나. 을구의 농업기반등정비확정도의 부호표시를 도면표시로 경정 714

【 을 구 】	(소유권 이외의 권리에 관한 사항)			
순위번호	등 기 목 적	접 수	등 기 원 인	권 리 자 및 기 타 사 항
1	지역권설정	1994년3월5일 제3000호	1994년3월1일 설정계약	목 적 통행 ~~범 위 동측 60㎡~~ 요역지 경기도 고양군 신도읍 삼송리 22 도면편철장 제6책 제8면
1-1	1번지역권변경			~~범 위 환지내 동측 50㎡(부호 라)~~ 농업기반등정비사업으로 인하여 2002년8월9일 부기
1-2	1번지역권경정			범 위 환지내 동측 50㎡ 도면 제2019-45호 농업생산기반정비등기규칙 부칙 제3조에 의하여 2019년2월3일 등기

(주) 부호표시를 경정하는 경우 부호표시 부분을 전자적 이미지정보로 변환한 후 도면번호를 부여하고 그 번호를 기록한다.

제2절 합동환지의 등기

1. 소유자가 각각 다른 수필의 종전 토지에 대하여 1필의 환지를 교부함으로 인하여 환지에 대하여 종전 토지 소유자들의 공유관계가 성립한 경우(등기예규 제1588호)

가. 환지의 등기기록 이외의 종전 토지의 등기기록 715

【표 제 부】	(토지의 표시)				
표시번호	접 수	소 재 지 번	지 목	면 적	등 기 원 인 및 기 타 사 항
~~1~~	~~2018년1월3일~~	~~서울특별시 서대문구 연희동 270~~	~~대~~	~~100㎡~~	
2	2018년11월5일				도시개발법에 따른 환지처분으로 인하여 서울특별시 서대문구 연희동 268에 이기
					2번 등기하였으므로 본 등기기록 폐쇄

【 갑 구 】	(소유권에 관한 사항)			
순위번호	등 기 목 적	접 수	등 기 원 인	권 리 자 및 기 타 사 항
1	소유권보존	2018년1월3일 제31호		소유자 이대한 701115-1201257 서울특별시 서초구 강남대로37길 21(서초동)

【 을 구 】	(소유권 이외의 권리에 관한 사항)			
순위번호	등 기 목 적	접 수	등 기 원 인	권 리 자 및 기 타 사 항
1	근저당권설정	2018년9월2일 제8794호	2018년8월31일 설정계약	채권최고액 금100,000,000원 채무자 이대한 서울특별시 서초구 강남대로37길 21(서초동) 근저당권자 정다운 721205-1352121 서울특별시 종로구 인사동6길 8 (인사동)

나. 환지의 등기기록에 환지등기를 하는 경우 716

【표 제 부】 (토지의 표시)					
표시번호	접 수	소 재 지 번	지 목	면 적	등기원인 및 기타사항
~~1~~	~~2018년4월3일~~	~~서울특별시 서대문구 연희동 269~~	~~대~~	~~80㎡~~	
2	2018년11월5일	서울특별시 서대문구 연희동 268	대	180㎡	종전토지(본호) 서울특별시 서대문구 연희동 269 대 80㎡ 종전토지 서울특별시 서대문구 연희동 270 대 100㎡ 도시개발사업에 따른 환지

【 갑 구 】 (소유권에 관한 사항)				
순위번호	등 기 목 적	접 수	등 기 원 인	권 리 자 및 기 타 사 항
1	소유권보존	2018년4월3일 제4031호		~~소유자 김우리 600104-1056429~~ ~~서울특별시 서초구 서초대로46길 60(서초동)~~
1-1	1번소유권변경	2018년11월5일 제8051호		공유자 지분 3분의 1 김우리 600104-1056429 서울특별시 서초구 서초대로46길 60(서초동) 도시개발법에 따른 환지처분으로 인하여
2 (전1)	종전토지 대 100㎡에 대한 이기 소유권보존	2018년5월3일 제5031호		~~소유자 이대한 701115-1201257~~ ~~서울특별시 서초구 강남대로37길 21(서초동)~~ 도시개발사업으로 인하여 순위 제2번 등기를 서울특별시 서대문구 연희동 270에서 이기 접수 2018년11월5일 제8051호
2-1	2번소유권변경	2018년11월5일 제8051호		공유자 지분 3분의 2 이대한 701115-1201257 서울특별시 서초구 강남대로37길 21(서초동) 도시개발법에 따른 환지처분으로 인하여

【 을 구 】	(소유권 이외의 권리에 관한 사항)			
순위번호	등 기 목 적	접 수	등 기 원 인	권 리 자 및 기 타 사 항
1	~~종전토지 대 100㎡에 대한 이가 근저당권설정~~	2018년9월2일 제7021호	2018년8월31일 설정계약	채권최고액 금100,000,000원 채무자 이대한 서울특별시 서초구 강남대로37길 21 (서초동) 근저당권자 정다운 721205-1352121 서울특별시 종로구 인사동6길 8 (인사동)
				도시개발법에 의한 환지처분으로 인하여 순위 제1번 등기를 서울특별시 서대문구 연희동 270에서 이기 접수 2018년11월5일 제8051호
1-1	1번근저당권변경			목적 갑구2번이대한지분 전부근저당권설정 도시개발사업으로 인하여 2018년11월5일 부기

2. 소유자가 각기 다른 수필의 종전토지에 대하여 수필의 환지를 교부하여 각 환지마다 종전 토지 소유자들의 공유관계가 성립한 경우

가. 종전 토지의 등기기록에 환지등기를 하는 경우 717

【표 제 부】 (토지의 표시)					
표시번호	접 수	소 재 지 번	지 목	면 적	등기원인 및 기타사항
~~1~~	~~2012년1월20일~~	~~서울특별시 종로구 청운동 1~~	~~대~~	~~101㎡~~	
2	2018년12월20일	서울특별시 종로구 청운동 10	대	55㎡	종전토지(본호) 서울특별시 종로구 청운동 1 대 101㎡ 종전토지 서울특별시 종로구 청운동 1-1 대 50㎡ 다른환지 서울특별시 종로구 청운동 10-1 대 20㎡ 서울특별시 종로구 청운동 10-2 대 31㎡ 도시개발사업에 따른 환지

【 갑 구 】	(소유권에 관한 사항)			
순위번호	등 기 목 적	접 수	등 기 원 인	권 리 자 및 기 타 사 항
1	소유권보존	2012년1월20일 제72호		~~소유자 김우리 600104-1056429 서울특별시 서초구 서초대로46길 60(서초동)~~
1-1	1번소유권변경	2018년12월20일 제9804호		공유자 지분 151분의 101 김우리 600104-1056429 서울특별시 서초구 서초대로46길 60(서초동) 도시개발법에 따른 환지처분으로 인하여
2 (전1)	종전토지 대 50㎡에 대한 이기 소유권보존	2012년3월10일 제302호		~~소유자 이대한 701115-1201257 서울특별시 서초구 강남대로37길 21(서초동)~~ 도시개발사업으로 인하여 순위 제2번 등기를 서울특별시 종로구 청운동 1-1에서 이기 접수 2018년12월20일 제9804호
2-1	2번소유권변경	2018년12월20일 제9804호		공유자 지분 151분의 50 이대한 701115-1201257 서울특별시 서초구 강남대로37길 21(서초동) 도시개발법에 따른 환지처분으로 인하여

나. 종전토지의 등기기록에 등기한 환지 이외의 환지를 신등기기록에 등기하는 경우 718

【표 제 부】 (토지의 표시)					
표시번호	접 수	소 재 지 번	지 목	면 적	등기원인 및 기타사항
1	2018년12월20일	서울특별시 종로구 청운동 10-2	대	31㎡	다른환지 서울특별시 종로구 청운동 10 대 55㎡ 서울특별시 종로구 청운동 10-1 대 20㎡ 종전토지 서울특별시 종로구 청운동 1 대 101㎡ 서울특별시 종로구 청운동 1-1 대 50㎡ 도시개발사업에 따른 환지

【 갑 구 】 (소유권에 관한 사항)				
순위번호	등 기 목 적	접 수	등 기 원 인	권 리 자 및 기 타 사 항
1 (전1)	종전토지 대 101㎡에 대한 이기 소유권보존	2012년1월20일 제72호		~~소유자 김우리 600104-1056429~~ ~~서울특별시 서초구 서초대로46길 60(서초동)~~ 도시개발사업으로 인하여 순위 제1번 등기를 서울특별시 종로구 청운동 1에서 이기 접수 2018년12월20일 제9804호
1-1	1번소유권변경	2018년12월20일 제9804호		공유자 지분 151분의 101 김우리 600104-1056429 서울특별시 서초구 서초대로46길 60(서초동) 도시개발법에 따른 환지처분으로 인하여
2 (전2)	종전토지 대 50㎡에 대한 이기 소유권보존	2012년3월10일 제302호	2012년3월9일 매매	~~소유자 이대한 701115-1201257~~ ~~서울특별시 서초구 강남대로37길 21(서초동)~~ 도시개발사업으로 인하여 순위 제2번 등기를 서울특별시 종로구 청운동 1-1에서 이기 접수 2018년12월20일 제9804호
2-1	2번소유권변경	2018년12월20일 제9804호		공유자 지분 151분의 50 이대한 701115-1201257 서울특별시 서초구 강남대로37길 21(서초동) 도시개발법에 따른 환지처분으로 인하여

제3절 농지의 교환 · 분할 · 합병등기

1. 교환 · 분할 · 합병계획에 의한 소유권이전등기를 교환 · 분할 · 합병 결정 토지에 등기하는 경우 719

【 갑 구 】	(소유권에 관한 사항)			
순위번호	등 기 목 적	접 수	등 기 원 인	권 리 자 및 기 타 사 항
2	소유권이전	2007년10월15일 제25467호	2007년9월2일 매매	소유자 박갑식 550515-1357246 경기도 평택시 현덕면 도대리 356
3	소유권이전	2018년10월15일 제1475호	2018년7월25일 교환분할합병	소유자 김우리 600104-1056429 서울특별시 서초구 서초대로46길 60(서초동)

2. 교환 · 분할 · 합병계획에 의한 근저당권설정등기를 교환 · 분할 · 합병 결정 토지에 등기하고 교환 · 분할 · 합병대상 종전토지상의 근저당권설정등기를 말소하는 경우(농어촌정비법 제45조)

가. 근저당권설정등기를 말소하는 경우 720

【 을 구 】	(소유권 이외의 권리에 관한 사항)			
순위번호	등 기 목 적	접 수	등 기 원 인	권 리 자 및 기 타 사 항
~~1~~	~~근저당권설정~~	~~2012년3월15일~~ ~~제3691호~~	~~2012년3월5일~~ ~~설정계약~~	~~채권최고액 금10,000,000원~~ ~~채무자 김우리~~ ~~서울특별시 서초구 서초대로46길 60(서초동)~~ ~~근저당권자 이대한 701115-1201257~~ ~~서울특별시 서초구 강남대로37길 21(서초동)~~
2	1번근저당권설정 등기말소	2018년10월15일 제8745호		교환분할합병계획에 의하여 서울특별시 종로구 청운동 1에 등기하였으므로 말소

나. 교환 · 분할 · 합병결정 토지등기기록에 근저당권설정등기를 하는 경우 721

【 을 구 】	(소유권 이외의 권리에 관한 사항)			
순위번호	등 기 목 적	접 수	등 기 원 인	권 리 자 및 기 타 사 항
1	근저당권설정	2018년10월15일 제8745호	2018년7월25일 교환분할합병	채권최고액 금10,000,000원 채무자 김우리 서울특별시 서초구 서초대로46길 60(서초동) 근저당권자 이대한 701115-1201257 서울특별시 서초구 강남대로37길 21(서초동)

제4절 도시 및 주거환경정비등기

1. 종전토지에 관한 등기의 말소등기 722

【표 제 부】 (토지의 표시)					
표시번호	접 수	소 재 지 번	지 목	면 적	등기원인 및 기타사항
~~1~~	~~2012년3월5일~~	~~서울특별시 종로구 당주동 101~~	~~대~~	~~250㎡~~	
2	2018년9월2일				도시및주거환경정비사업시행으로 인하여 말소
					2번 등기하였으므로 본 등기기록 폐쇄 2018년9월2일

(주) 도시 및 주거환경정비 등기규칙 제9조 참조.

2. 종전건물에 관한 등기의 말소등기 723

【표 제 부】 (건물의 표시)				
표시번호	접 수	소재지번 및 건물번호	건 물 내 역	등기원인 및 기타사항
~~1~~	~~2012년1월8일~~	~~서울특별시 서초구 서초동 151~~ ~~[도로명주소]~~ ~~서울특별시 서초구 명달로22길 23~~	~~목조 기와지붕 단층 주택 120㎡~~	
2	2018년9월2일			도시및주거환경정비사업시행으로 인하여 말소
				2번 등기하였으므로 본 등기기록 폐쇄 2018년9월2일

(주) 도시 및 주거환경정비 등기규칙 제7조 참조.

3. 건축시설에 관한 소유권보존등기(구분건물의 경우) 724

【표 제 부】	(1동의 건물의 표시)			
표시번호	접 수	소재지번, 건물명칭 및 번호	건 물 내 역	등기원인 및 기타사항
1	2018년9월2일	서울특별시 서초구 반포동 151-1 서초아파트 제101동 [도로명주소] 서울특별시 서초구 동광로27길 61	철근콘크리트조 슬래브지붕 5층 아파트 지하층 300㎡ 1층 1,000㎡ 2층 1,000㎡ 3층 1,000㎡ 4층 1,000㎡ 5층 1,000㎡ 옥탑층 100㎡	도시및주거환경정비사업시행으로 인하여 등기
(대지권의 목적인 토지의 표시)				
표시번호	소 재 지 번	지 목	면 적	등기원인 및 기타사항
1	1. 서울특별시 서초구 반포동 151-1	대	1,500㎡	2018년9월2일

【표 제 부】	(전유부분의 건물의 표시)			
표시번호	접 수	건 물 번 호	건 물 내 역	등기원인 및 기타사항
1	2018년9월2일	제1층 제101호	철근콘크리트조 50㎡	
(대지권의 표시)				
표시번호	대지권종류		대지권비율	등기원인 및 기타사항
1	1 소유권대지권		1500분의 50	2018년8월1일 대지권 2018년9월2일

(주) 대지권의 원인일자는 이전고시 다음날로 한다.

【 갑 구 】	(소유권에 관한 사항)			
순위번호	등 기 목 적	접 수	등 기 원 인	권 리 자 및 기 타 사 항
1	소유권보존	2018년9월2일 제11238호		소유자 김우리 600104-1056429 서울특별시 서초구 서초대로46길 60 (서초동)

(주) 도시 및 주거환경정비 등기규칙 제11조 참조.

【 을 구 】		(소유권 이외의 권리에 관한 사항)		
순위번호	등 기 목 적	접 수	등 기 원 인	권 리 자 및 기 타 사 항
1	근저당권설정	2018년9월2일 제11239호	2011년5월1일 설정계약 및 2012년9월10일 도시및주거환경 정비사업으로 인한 이전고시	채권최고액 금2,000,000원 채무자 정다운 서울특별시 종로구 인사동6길 8 (인사동) 근저당권자 이대한 701115-1201257 서울특별시 서초구 강남대로37길 21 (서초동)

(주) 도시 및 주거환경정비 등기규칙 제16조 참조.

4. 대지에 관한 소유권보존등기 725

【표 제 부】		(토지의 표시)			
표시번호	접 수	소 재 지 번	지 목	면 적	등기원인 및 기타사항
1	2018년9월2일	서울특별시 서초구 반포동 151-1	대	1500㎡	도시및주거환경정비사업 시행으로 인하여 등기

(주) 도시 및 주거환경정비 등기규칙 제13조 참조.

【 갑 구 】		(소유권에 관한 사항)		
순위번호	등 기 목 적	접 수	등 기 원 인	권 리 자 및 기 타 사 항
1	소유권보존	2018년9월2일 제11237호		공유자 지분 1500분의 50 김우리 600104-1056429 서울특별시 서초구 서초대로46길 60(서초동) 지분 1500분의 50 김한울 650422-1045115 서울특별시 종로구 율곡로1길 16(사간동) 지분 1500분의 50 서하늘 630419-1034125 서울특별시 용산구 효창원로 71(산천동) (이하생략)

(주) 도시 및 주거환경정비 등기규칙 제12조 참조.

제 11 장

채무자 회생 및 파산에 관한 법률에 따른 등기

제11장 채무자 회생 및 파산에 관한 법률에 따른 등기

1. 채무자재산 등의 보전처분에 관한 등기

가. 보전처분 726

【 갑 구 】	(소유권에 관한 사항)			
순위번호	등 기 목 적	접 수	등 기 원 인	권 리 자 및 기 타 사 항
5	보전처분	2018년4월13일 제3789호	2018년4월11일 서울회생법원의 재산보전처분 (2018회단20)	금지사항 양도, 저당권 또는 임차권의 설정 기타 일체의 처분행위의 금지

(주) 소유권 이외의 권리의 등기에 대한 보전처분의 경우는 권리의 등기에 부기등기로 한다.

나. 보전처분 변경 727

【 갑 구 】	(소유권에 관한 사항)			
순위번호	등 기 목 적	접 수	등 기 원 인	권 리 자 및 기 타 사 항
6	5번보전처분변경	2018년4월25일 제3977호	2018년4월23일 서울회생법원의 변경처분	금지사항 양도, 저당권의 설정행위의 금지

(주) 보전처분 변경의 등기는 주등기에 의한다. 다만 을구에 기록한 보전처분변경등기는 부기등기로 한다.

다. 효력의 상실로 인한 보전처분말소 728

【 갑 구 】	(소유권에 관한 사항)			
순위번호	등 기 목 적	접 수	등 기 원 인	권 리 자 및 기 타 사 항
~~5~~	~~보전처분~~	~~2018년4월13일~~ ~~제3789호~~	~~2018년4월11일~~ ~~서울회생법원의~~ ~~재산보전처분~~ ~~(2018회단20)~~	~~금지사항 양도, 저당권 또는 임차권의 설정 기타 일체의 처분행위의 금지~~
6	5번보전처분등기말소	2018년5월4일 제4307호	2018년5월2일 취소	

(주) 회생절차개시신청, 파산신청 또는 개인회생절차개시신청이 기각, 취하, 취소 기타 사유로 보전처분이 그 효력을 상실한 경우 법원사무관 등의 촉탁으로 보전처분등기를 말소한다.

2. 회생절차에 관한 등기

가. 회생절차개시결정의 기입등기 729

【 갑 구 】 (소유권에 관한 사항)				
순위번호	등 기 목 적	접 수	등 기 원 인	권 리 자 및 기 타 사 항
5	보전처분	2018년4월13일 제3789호	2018년4월11일 서울회생법원의 재산보전처분 (2018회단20)	금지사항 양도, 저당권 또는 임차권의 설정 기타 일체의 처분행위의 금지
6	회생절차개시	2018년5월4일 제3987호	2018년5월2일 서울회생법원의 회생절차개시결정(2018회단25)	

나. 회생절차개시의 취소 및 회생절차개시등기의 말소 730

【 갑 구 】 (소유권에 관한 사항)				
순위번호	등 기 목 적	접 수	등 기 원 인	권 리 자 및 기 타 사 항
~~5~~	~~보전처분~~	~~2018년4월13일~~ ~~제3789호~~	~~2018년4월11일~~ ~~서울회생법원의~~ ~~재산보전처분~~ ~~(2018회단20)~~	~~금지사항 양도, 저당권 또는 임차권의 설정 기타 일체의 처분행위의 금지~~
~~6~~	~~회생절차개시~~	~~2018년5월4일~~ ~~제3987호~~	~~2018년5월2일~~ ~~서울회생법원의~~ ~~회생절차개시결정(2018회단25)~~	
7	회생절차개시취소	2018년7월4일 제4087호	2018년6월18일 회생절차개시 결정취소	
8	5번보전처분, 6번회생절차 개시등기말소	2018년7월4일 제4087호	2018년6월18일 회생절차개시 결정취소	

(주) 회생절차개시취소의 등기촉탁과 동시에 보전처분등기 및 회생절차개시등기의 말소등기의 촉탁이 있는 경우 등기관은 회생절차개시취소의 등기를 실행하면서 보전처분등기 및 회생절차개시등기를 말소하여야 한다.

다. 회생계획인가 731

【 갑 구 】	(소유권에 관한 사항)			
순위번호	등 기 목 적	접 수	등 기 원 인	권 리 자 및 기 타 사 항
8	회생계획인가	2018년6월14일 제4689호	2018년6월12일 회생계획인가	

라. 회생계획인가등기 후 파산등기말소 732

【 갑 구 】	(소유권에 관한 사항)			
순위번호	등 기 목 적	접 수	등 기 원 인	권 리 자 및 기 타 사 항
~~5~~	~~파산선고~~	~~2018년4월13일~~ ~~제3790호~~	~~2018년4월12일~~ ~~서울회생법원의~~ ~~파산선고결정~~ ~~(2018하단35)~~	
6	회생절차개시	2018년5월4일 제3987호	2018년5월2일 서울회생법원의 회생절차개시결 정(2018회단20)	
7	회생계획인가	2018년11월7일 제9987호	2018년11월5일 회생계획인가	
8	5번파산선고 등기말소			7번회생계획인가등기로 인하여 2018년11월7일 등기

(주) 회생계획인가등기 전에 같은 부동산에 파산등기가 되어 있는 경우 등기관은 회생계획인가등기를 한 후 파산등기를 직권으로 말소하여야 한다.

마. 회생계획인가등기로 파산등기가 말소된 후 그 인가취소의 등기 733

【 갑 구 】	(소유권에 관한 사항)			
순위번호	등 기 목 적	접 수	등 기 원 인	권 리 자 및 기 타 사 항
~~5~~	~~파산선고~~	~~2018년4월13일~~ ~~제3790호~~	~~2018년4월12일~~ ~~서울회생법원의~~ ~~파산선고결정~~ ~~(2018하단35)~~	
~~6~~	~~회생절차개시~~	~~2018년5월4일~~ ~~제3987호~~	~~2018년5월2일~~ ~~서울회생법원의~~ ~~회생절차개시결~~ ~~정(2018회단20)~~	
~~7~~	~~회생계획인가~~	~~2018년11월7일~~ ~~제9087호~~	~~2018년11월5일~~ ~~회생계획인가~~	
8	5번파산선고등기 말소			7번회생계획인가등기로 인하여 2018년11월7일 등기
9	회생계획인가취소	2019년3월28일 제2987호	2019년3월12일 회생계획인가 취소	
10	5번파산선고등기 회복			9번회생계획인가취소등기로 인하여 2019년3월28일 등기
5	파산선고	2018년4월13일 제3790호	2018년4월12일 서울회생법원의 파산선고결정 (2018하단35)	
11	6번회생절차개시, 7번회생계획인가 등기말소	2019년3월28일 제2897호	2019년3월12일 회생계획인가 취소	

(주) 1. 회생계획인가에 대하여 인가취소의 등기를 하는 경우 직권으로 말소한 파산등기를 회복하여야 한다.
2. 회생계획인가취소의 등기촉탁과 동시에 회생절차개시등기 및 회생계획인가등기의 말소등기의 촉탁이 있는 경우 등기관은 회생계획인가취소의 등기를 실행하면서 회생절차개시등기 및 회생계획인가등기를 말소하여야 한다.

바. 회생절차폐지 734

【 갑 구 】	(소유권에 관한 사항)			
순위번호	등 기 목 적	접 수	등 기 원 인	권 리 자 및 기 타 사 항
8	회생절차폐지	2018년4월26일 제3789호	2018년4월10일 회생절차폐지	

(주) 회생절차폐지의 등기촉탁과 동시에 회생절차개시등기의 말소등기의 촉탁도 있는 경우 등기관은 회생절차폐지의 등기를 실행하면서 회생절차개시등기를 말소하여야 한다.

사. 회생계획불인가 735

【 갑 구 】	(소유권에 관한 사항)			
순위번호	등 기 목 적	접 수	등 기 원 인	권 리 자 및 기 타 사 항
8	회생계획불인가	2018년4월26일 제3789호	2018년4월10일 회생계획불인가	

(주) 회생계획불인가의 등기촉탁과 동시에 회생절차개시등기의 말소등기의 촉탁도 있는 경우 등기관은 회생계획불인가의 등기를 실행하면서 회생절차개시등기를 말소하여야 한다.

아. 회생계획불인가와 파산등기를 함께 촉탁한 경우 736

【 갑 구 】 (소유권에 관한 사항)				
순위번호	등 기 목 적	접 수	등 기 원 인	권 리 자 및 기 타 사 항
4	소유권이전	2017년2월3일 제2087호	2017년1월5일 매매	소유자 김갑동 420125-1045215 서울특별시 강서구 양천로6길 22 (방화동) 거래가액 금165,000,000원
~~5~~	~~보전처분~~	~~2018년4월13일 제3709호~~	~~2018년4월10일 서울회생법원의 재산보전처분 (2018회단20)~~	~~금지사항 양도, 저당권 또는 임차권의 설정 기타 일체의 처분행위의 금지~~
~~6~~	~~회생절차개시~~	~~2018년5월4일 제4800호~~	~~2018년5월2일 서울회생법원의 회생절차개시결 정(2018회단25)~~	
7	(1)회생계획 불인가	2018년5월20일 제5425호	2018년5월14일 회생계획불인가	
7	(2)파산선고	2018년5월30일 제5425호	2018년5월14일 서울회생법원의 파산선고결정 (2018하단26)	
8	5번보전처분, 6번회생절차 개시등기말소	2018년5월30일 제5425호	2018년5월14일 회생계획불인가	

(주) 1. 회생계획불인가 또는 회생절차폐지의 등기와 파산등기를 동일한 촉탁서에 의하여 촉탁한 경우 등기관은 동일한 순위번호로 등기를 하되, 회생계획불인가 등의 등기를 한 후 파산등기를 하여야 한다.

2. 회생계획불인가 등의 등기촉탁과 동시에 보전처분등기 및 회생절차개시등기의 말소등기의 촉탁이 있는 경우 등기관은 회생계획불인가 등의 등기를 실행하면서 보전처분등기 및 회생절차개시등기를 말소하여야 한다.

자. 회생절차종결 737

【 갑 구 】	(소유권에 관한 사항)			
순위번호	등 기 목 적	접 수	등 기 원 인	권 리 자 및 기 타 사 항
10	회생절차종결	2018년4월13일 제3789호	2018년4월10일 회생절차종결	

(주) 회생절차종결의 등기촉탁과 동시에 보전처분, 회생절차개시 및 회생계획인가등기의 말소등기의 촉탁이 있는 경우 등기관은 회생절차종결의 등기를 실행하면서 보전처분, 회생절차개시 및 회생계획인가등기를 말소하여야 한다.

차. 매각으로 인한 회생절차개시등기의 말소 738

【 갑 구 】	(소유권에 관한 사항)			
순위번호	등 기 목 적	접 수	등 기 원 인	권 리 자 및 기 타 사 항
~~5~~	~~보전처분~~	~~2018년4월13일~~ ~~제3709호~~	~~2018년4월10일~~ ~~서울회생법원의~~ ~~재산보전처분~~ ~~(2018회단20)~~	~~금지사항 양도, 저당권 또는 임차권의~~ ~~설정 기타 일체의 처분행위의~~ ~~금지~~
~~6~~	~~소유권이전~~	~~2018년4월25일~~ ~~제3876호~~	~~2018년4월20일~~ ~~매매~~	~~소유자 김우리 600104-1056429~~ ~~서울특별시 서초구 서초대로 60~~ ~~(서초동)~~ ~~거래가액 금100,000,000원~~
~~7~~	~~회생절차개시~~	~~2018년5월4일~~ ~~제3987호~~	~~2018년5월1일~~ ~~서울회생법원의~~ ~~회생절차개시결~~ ~~정(2018회단25)~~	
~~8~~	~~회생계획인가~~	~~2018년11월2일~~ ~~제5178호~~	~~2018년11월1일~~ ~~회생계획인가~~	
9	6번소유권이전 등기말소	2018년11월6일 제6087호	2018년11월5일 매각	
10	소유권이전	2018년11월6일 제6087호	2018년11월5일 매각	소유자 이겨레 750614-1035852 서울특별시 종로구 창덕궁길 105 (원서동)
11	5번보전처분, 7번회생절차 개시,8번회생 계획인가등기말소	2018년11월8일 제6487호	2018년11월5일 매각	

카. 회생절차종결로 인한 회생절차개시등기 등의 말소 739

【 갑 구 】	(소유권에 관한 사항)			
순위번호	등 기 목 적	접 수	등 기 원 인	권 리 자 및 기 타 사 항
~~5~~	~~보전처분~~	~~2018년4월13일 제3780호~~	~~2018년4월10일 서울회생법원의 재산보전처분 (2018회단20)~~	~~금지사항 양도, 저당권 또는 임차권의 설정 기타 일체의 처분행위의 금지~~
~~6~~	~~회생절차개시~~	~~2018년5월4일 제3987호~~	~~2018년5월1일 서울회생법원의 회생절차개시결 정(2018회단25)~~	
~~7~~	~~회생계획인가~~	~~2018년11월2일 제5170호~~	~~2018년11월1일 회생계획인가~~	
8	회생절차종결	2019년2월25일 제2200호	2019년2월20일 회생절차종결	
9	5번보전처분, 6번회생절차 개시, 7번회생 계획인가등기 말소	2019년2월25일 제2200호	2019년2월20일 회생절차종결	

(주) 1. 법원사무관 등이 회생절차종결을 원인으로 하여 보전처분, 회생절차개시, 회생계획인가 등기의 말소를 회생절차종결등기와 함께 촉탁한 경우의 기록례이다.

2. 위 기록례는 파산종결의 등기와 동시에 파산등기 등의 말소촉탁이 있는 경우에도 준용한다.

타. 회생절차종결등기 후 회생절차상의 등기에 대한 말소촉탁의 경우 740

【 갑 구 】	(소유권에 관한 사항)			
순위번호	등 기 목 적	접 수	등 기 원 인	권 리 자 및 기 타 사 항
~~5~~	~~보전처분~~	~~2018년4월13일~~ ~~제3789호~~	~~2018년4월10일~~ ~~서울회생법원의~~ ~~재산보전처분~~ ~~(2018회단20)~~	~~금지사항 양도, 저당권 또는 임차권의~~ ~~설정 기타 일체의 처분행위의~~ ~~금지~~
~~6~~	~~회생절차개시~~	~~2018년5월4일~~ ~~제3987호~~	~~2018년5월1일~~ ~~서울회생법원의~~ ~~회생절차개시결~~ ~~정(2018회단25)~~	
~~7~~	~~회생계획인가~~	~~2018년11월2일~~ ~~제5178호~~	~~2018년11월1일~~ ~~회생계획인가~~	
~~8~~	~~회생절차종결~~	~~2019년2월25일~~ ~~제2200호~~	~~2019년2월20일~~ ~~회생절차종결~~	
9	5번보전처분 등기말소	2019년2월25일 제2200호	2019년2월20일 회생절차종결	
10	6번회생절차 개시, 7번회생 계획인가, 8번 회생절차종결 등기말소	2019년3월17일 제3103호		

(주) 1. 회생절차종결등기가 된 후 법원사무관 등이 회생절차상의 회생절차개시, 회생계획인가, 회생절차종결 등기의 말소를 촉탁해 온 경우의 기록례이다. 파산종결등기가 된 후 파산등기 등의 말소촉탁이 있는 경우에도 준용한다.

2. 다른 등기가 모두 말소되어 회생절차종결등기(또는 파산종결등기)의 말소등기를 촉탁해 온 경우에는 등기의 목적을 '○번회생절차종결등기말소'(또는 '○번파산종결등기말소')라고 기록하고, 등기원인 및 그 원인일자는 기록하지 않는다.

3. 파산에 관한 등기

가. 파산선고결정의 기입등기 741

【 갑	구 】	(소유권에 관한 사항)		
순위번호	등 기 목 적	접 수	등 기 원 인	권 리 자 및 기 타 사 항
5	보전처분	2018년4월13일 제3789호	2018년4월10일 서울회생법원의 재산보전처분 (2018하단20)	금지사항 양도, 저당권 또는 임차권의 설정 기타 일체의 처분행위의 금지
6	파산선고	2018년5월4일 제3987호	2018년5월2일 서울회생법원의 파산선고결정 (2018하단25)	

나. 매각으로 인한 파산등기의 말소 742

【 갑	구 】	(소유권에 관한 사항)		
순위번호	등 기 목 적	접 수	등 기 원 인	권 리 자 및 기 타 사 항
~~5~~	~~보전처분~~	~~2018년4월13일~~ ~~제3789호~~	~~2018년4월10일~~ ~~서울회생법원의~~ ~~재산보전처분~~ ~~(2018하단20)~~	~~금지사항 양도, 저당권 또는 임차권의 설정 기타 일체의 처분행위의 금지~~
~~6~~	~~파산선고~~	~~2018년5월4일~~ ~~제3987호~~	~~2018년5월1일~~ ~~서울회생법원의~~ ~~파산선고결정~~ ~~(2018하단25)~~	
7	소유권이전	2018년6월5일 제6888호	2018년6월1일 매각	소유자 이겨레 750614-1035852 서울특별시 종로구 창덕궁길 105 (원서동)
8	5번보전처분, 6번파산선고 등기말소	2018년6월8일 제6988호	2018년6월1일 매각	

(주) 말소등기 원인일자는 파산관재인이 매매한 일자를 기록한다.

다. 일부지분의 매각으로 인한 파산등기의 변경 743

【 갑 구 】	(소유권에 관한 사항)			
순위번호	등 기 목 적	접 수	등 기 원 인	권 리 자 및 기 타 사 항
4	소유권이전	2017년2월3일 제2087호	2017년2월1일 매매	소유자 최정동 620125-1045615 서울특별시 동대문구 장안로 28 (장안동) 거래가액 금100,000,000원
5	~~보전처분~~	2018년4월13일 제3789호	2018년4월10일 서울회생법원의 재산보전처분 (2018하단20)	금지사항 양도, 저당권 또는 임차권의 설정 기타 일체의 처분행위의 금지
5-1	5번보전처분 변경			목적 4번최정동지분보전처분 7번소유권이전등기로 인하여 2018년6월5일 부기
6	~~파산선고~~	2018년5월4일 제3987호	2018년5월1일 서울회생법원의 파산선고결정 (2018하단25)	
6-1	6번파산선고 변경			목적 4번최정동지분파산선고 7번소유권이전등기로 인하여 2018년6월5일 부기
7	소유권일부 이전	2018년6월5일 제6888호	2018년6월1일 매각	공유자 지분 2분의 1 이겨레 750614-1035852 서울특별시 종로구 창덕궁길 105 (원서동)

(注) 파산선고등기가 되어 있는 부동산에 대하여 소유권의 일부가 임의매각된 경우에는 보전처분등기 및 파산선고등기가 나머지 지분에 관하여 존속하는 것으로 등기관이 직권으로 변경한다. 이때 보전처분등기 및 파산선고등기의 등기목적은 말소하는 표시를 한다.

라. 권리포기로 인한 파산등기의 말소 744

【 갑 구 】 (소유권에 관한 사항)				
순위번호	등 기 목 적	접 수	등 기 원 인	권 리 자 및 기 타 사 항
~~5~~	~~보전처분~~	~~2018년4월13일 제3789호~~	~~2018년4월10일 서울회생법원의 재산보전처분 (2018하단20)~~	~~금지사항 양도, 저당권 또는 임차권의 설정 기타 일체의 처분행위의 금지~~
~~6~~	~~파산선고~~	~~2018년5월4일 제3987호~~	~~2018년5월1일 서울회생법원의 파산선고결정 (2018하단20)~~	
7	5번보전처분, 6번파산선고 등기말소	2018년5월11일 제6120호	2018년5월10일 권리포기	

마. 파산취소 745

【 갑 구 】 (소유권에 관한 사항)				
순위번호	등 기 목 적	접 수	등 기 원 인	권 리 자 및 기 타 사 항
8	파산취소	2018년4월27일 제3789호	2018년4월11일 파산취소	

(주) 파산취소의 등기촉탁과 동시에 파산선고등기의 말소등기의 촉탁도 있은 경우 등기관은 파산취소의 등기를 실행하면서 파산선고등기를 말소하여야 한다.

바. 파산폐지 746

【 갑 구 】 (소유권에 관한 사항)				
순위번호	등 기 목 적	접 수	등 기 원 인	권 리 자 및 기 타 사 항
8	파산폐지	2018년4월27일 제3789호	2018년4월11일 파산폐지	

(주) 파산폐지의 등기촉탁과 동시에 파산선고등기의 말소등기의 촉탁도 있는 경우 등기관은 파산폐지의 등기를 실행하면서 파산선고등기를 말소하여야 한다.

사. 파산종결 747

【 갑 구 】	(소유권에 관한 사항)			
순위번호	등 기 목 적	접 수	등 기 원 인	권 리 자 및 기 타 사 항
8	파산종결	2018년4월11일 제3789호	2018년4월11일 파산종결	

(주) 파산종결의 등기촉탁과 동시에 파산선고등기의 말소등기의 촉탁도 있는 경우 등기관은 파산종결의 등기를 실행하면서 파산선고등기를 말소하여야 한다.

4. 부인등기

가. 등기원인행위의 부인의 경우 748

【 갑 구 】	(소유권에 관한 사항)			
순위번호	등 기 목 적	접 수	등 기 원 인	권 리 자 및 기 타 사 항
4	소유권이전	2018년2월8일 제2087호	2018년1월2일 매매	소유자 이겨레 750614-1035852 서울특별시 종로구 창덕궁길 105 (원서동) 거래가액 금165,000,000원
5	4번소유권이전 등기원인의 채 무자회생및파산 에관한법률에 의한 부인	2018년4월6일 제4638호	2018년4월1일 판결	

(주) 소유권 이외의 권리등기의 등기원인행위의 부인의 등기도 이 기록례에 준하여 한다.

나. 등기의 부인의 경우 749

【 을 구 】 (소유권 이외의 권리에 관한 사항)				
순위번호	등 기 목 적	접 수	등 기 원 인	권 리 자 및 기 타 사 항
3	임차권설정	2018년2월8일 제2087호	2018년2월1일 설정계약	임차보증금 금20,000,000원 차 임 월 금300,000원 차임지급지시 매월 말일 존속기간 2018년2월2일부터 2020년 2월1일까지 임차권자 최민국 680703-1562316 서울특별시 마포구 마포대로 25 (공덕동)
4	3번임차권설정등기의 채무자회생및파산에관한법률에 의한 부인	2018년4월6일 제4638호	2018년4월1일 판결	

(주) 소유권이전등기 등의 부인의 등기도 이 기록례에 준하여 한다.

다. 부인등기의 말소(부인의 효과가 상실되면서 절차가 종료되는 경우) 750

【 갑 구 】 (소유권에 관한 사항)

순위번호	등 기 목 적	접 수	등 기 원 인	권 리 자 및 기 타 사 항
4	소유권이전	2017년2월3일 제2087호	2017년1월6일 매매	소유자 최정순 690125-2045915 서울특별시 서초구 서초대로 12 (서초동) 거래가액 금100,000,000원
5	소유권이전	2018년4월13일 제4120호	2018년4월13일 매매	소유자 이겨레 750614-1035852 서울특별시 종로구 창덕궁길 105 (원서동) 거래가액 금150,000,000원
~~6~~	~~5번소유권이전 등기원인의 채무자회생및파산에관한법률에 의한 부인~~	~~2018년4월24일 제4914호~~	~~2018년4월20일 판결~~	
7	6번등기원인의 부인등기말소	2018년5월22일 제5988호	2018년5월14일 회생절차개시 결정취소	

(주) 부인등기 후 회생절차 또는 파산절차 등이 종료되어 부인의 효과가 상실되는 경우 법원의 촉탁에 의하여 이를 말소할 수 있다.

라. 부인등기의 말소(부인의 효과가 확정되면서 절차가 종료되는 경우) 751

【 갑 구 】 (소유권에 관한 사항)				
순위번호	등 기 목 적	접 수	등 기 원 인	권 리 자 및 기 타 사 항
4	소유권이전	2017년2월3일 제2087호	2017년1월6일 매매	소유자 최정순 690125-2045915 서울특별시 서초구 서초대로 12 (서초동) 거래가액 금100,000,000원
~~5~~	~~소유권이전~~	~~2018년4월13일~~ ~~제4120호~~	~~2018년4월6일~~ ~~매매~~	~~소유자 이거래 750614-1035852~~ ~~서울특별시 종로구 창덕궁길 105~~ ~~(원서동)~~ 거래가액 금150,000,000원
~~6~~	~~5번소유권이전 등기원인의 채무자회생및파산에관한법률에 의한 부인~~	~~2018년4월24일~~ ~~제4014호~~	~~2018년4월23일~~ ~~판결~~	
7	회생계획인가	2018년5월15일 제5588호	2018년5월14일 회생계획인가	
8	소유권이전	2018년6월5일 제6889호	2018년6월1일 매각	소유자 서하늘 630419-1034125 서울특별시 용산구 효창원로 71 (산천동)
9	6번등기원인의 부인등기말소	2018년6월8일 제7088호	2018년6월1일 매각	
10	5번소유권이전 등기말소	2018년6월8일 제7088호	2018년6월1일 매각	

(주) 부인등기 후 회생절차 또는 파산절차 등으로 매각되어 부인의 효과가 확정되는 경우 법원은 부인의 등기, 부인된 행위를 원인으로 하는 등기, 부인된 등기 및 위 각 등기의 뒤에 되어 있는 등기로서 회생채권자 또는 파산채권자에게 대항할 수 없는 것의 말소를 촉탁하여야 하고, 등기관은 이를 수리하여야 한다.

제12장

그 밖의 등기

제12장 그 밖의 등기

제1절 대위등기

1. 소유권보존의 대위등기 752

【 갑 구 】	(소유권에 관한 사항)			
순위번호	등 기 목 적	접 수	등 기 원 인	권 리 자 및 기 타 사 항
1	소유권보존	2019년3월5일 제3005호		소유자 김한울 650422-1045115 서울특별시 종로구 율곡로1길 16 (사간동) 대위자 이겨레 서울특별시 종로구 창덕궁길 105 (원서동) 대위원인 2017년11월5일 매매에 의한 소유권이전등기청구권

2. 소유권이전의 대위등기 753

【 갑 구 】	(소유권에 관한 사항)			
순위번호	등 기 목 적	접 수	등 기 원 인	권 리 자 및 기 타 사 항
5	소유권이전	2019년3월5일 제3860호	2019년2월4일 상속	공유자 지분 5분의 3 서하늘 630419-1034125 서울특별시 용산구 효창원로 71 (원효로4가) 지분 5분의 2 서민국 850703-1562316 서울특별시 용산구 효창원로 71 (원효로4가) 대위자 이겨레 서울특별시 종로구 창덕궁길 105 (원서동) 대위원인 2019년3월2일 서울중앙지방 법원의 가압류결정
6	가압류	(생략)	(생략)	(생략)

3. 근저당권자의 대위에 의한 상속등기(등기예규 제1432호) 754

【 갑 구 】 (소유권에 관한 사항)				
순위번호	등 기 목 적	접 수	등 기 원 인	권 리 자 및 기 타 사 항
5	소유권이전	2019년3월5일 제3860호	2019년2월4일 상속	공유자 지분 5분의 3 서하늘 630419-1034125 서울특별시 용산구 효창원로 71 (원효로4가) 지분 5분의 2 서민국 850703-1562316 서울특별시 용산구 효창원로 71 (원효로4가)
				대위자 이겨레 서울특별시 종로구 창덕궁길 105 (원서동) 대위원인 2017년8월23일 설정된 근저당권의 실행을 위한 경매에 필요함

4. 등기명의인 표시변경의 대위등기 755

【 갑 구 】 (소유권에 관한 사항)				
순위번호	등 기 목 적	접 수	등 기 원 인	권 리 자 및 기 타 사 항
3	소유권이전	(생략)	(생략)	(생략)
3-1	3번등기명의인 표시변경	2019년3월5일 제3005호	2019년3월2일 주소변경	이대한의 주소 서울특별시 서초구 강남대로37길 21(서초동)
				대위자 서울특별시 대위원인 2019년1월5일 체납처분에 의한 압류
4	압류	(생략)	(생략)	(생략)

5. 부동산 표시변경의 대위등기 756

(갑지)

【표 제 부】	(토지의 표시)				
표시번호	접 수	소 재 지 번	지 목	면 적	등기원인 및 기타사항
~~1~~	~~2011년9월6일~~	~~서울특별시 은평구 신사동 1~~	~~대~~	~~150㎡~~	
2	2019년1월9일	서울특별시 은평구 신사동 1	대	100㎡	분할로 인하여 대 50㎡를 서울특별시 은평구 신사동 1-1에 이기
					대위자 서울특별시 대위원인 2019년1월5일 공공용지의 협의취득으로 인한 소유권이전등기청구권

(주) 분할한 토지(을지)의 표제부에도 대위자 및 대위원인을 기록한다.

제2절 직권경정등기

1. 착오로 기록한 등기를 말소하는 경우 757

【 갑 구 】		(소유권에 관한 사항)		
순위번호	등 기 목 적	접 수	등 기 원 인	권 리 자 및 기 타 사 항
1	소유권보존	2019년1월6일 제1003호		소유자 서하늘 630419-1034125 서울특별시 용산구 효창원로 71 (원효로4가)
~~2~~	~~소유권이전~~	~~2019년3월7일~~ ~~제3073호~~	~~2012년3월1일~~ ~~매매~~	~~소유자 강미래 790513-1052134~~ ~~서울특별시 용산구 원효로 10~~ ~~(원효로1가)~~ ~~거래가액 금60,000,000원~~
3	2번소유권이전 등기말소			착오발견으로 인하여 2019년5월1일 등기

2. 유루발견을 원인으로 기록하는 경우 758

【 갑 구 】		(소유권에 관한 사항)		
순위번호	등 기 목 적	접 수	등 기 원 인	권 리 자 및 기 타 사 항
9 (전8)	소유권이전	2018년3월7일 제3073호	2018년3월1일 매매	소유자 서하늘 630419-1034125 서울특별시 용산구 효창원로 71 (원효로4가) 유루발견 2019년5월6일 등기

3. 주등기로 등기하여야 할 저당권의 채권액증액의 등기를 부기등기로 한 경우 759

【 을 구 】	(소유권 이외의 권리에 관한 사항)			
순위번호	등 기 목 적	접 수	등 기 원 인	권 리 자 및 기 타 사 항
1	저당권설정	2018년2월5일 제233호	2018년2월4일 설정계약	~~채권액 금20,000,000원~~ 변제기 2015년2월3일 이 자 연 5푼 채무자 김한울 서울특별시 종로구 율곡로1길 16 (사간동) 저당권자 주식회사최고은행 101111-1355511 서울특별시 중구 남대문로 113 (다동) (중구지점)
2	저당권설정	2018년8월25일 제8800호	2018년8월24일 설정계약	채권액 금20,000,000원 변제기 2015년8월23일 이 자 연 6푼 채무자 김한울 서울특별시 종로구 율곡로1길 16 (사간동) 저당권자 주식회사대한은행 110100-4803112 서울특별시 강남구 테헤란로 430 (대치동)
~~1-1~~ 3	1번저당권변경	2018년10월22일 제11012호	2018년10월8일 변경계약	채권액 금30,000,000원
4	1-1번순위번호 경정			착오발견으로 인하여 2018년10월23일 등기

4. 말소하여서는 안될 근저당권을 잘못 말소한 경우 760

【 을 구 】	(소유권 이외의 권리에 관한 사항)			
순위번호	등 기 목 적	접 수	등 기 원 인	권 리 자 및 기 타 사 항
1	저당권설정	2018년6월18일 제10221호	2018년6월15일 설정계약	채권액 금20,000,000원 변제기 2013년6월15일 이 자 연 6푼 채무자 김한울 서울특별시 종로구 율곡로1길 16 (사간동) 저당권자 주식회사하나 110111-1055000 서울특별시 도봉구 덕릉로60마길 5 (창동)
~~2~~	~~근저당권설정~~	~~2018년11월6일~~ ~~제20231호~~	~~2018년9월4일~~ ~~설정계약~~	~~채권최고액 금5,000,000,000원~~ ~~채무자 김한울~~ ~~서울특별시 종로구 율곡로1길 16~~ ~~(사간동)~~ ~~근저당권자 주식회사최고은행~~ ~~101111-1355511~~ ~~서울특별시 중구 남대문로 113~~ ~~(다동)~~ ~~(중구지점)~~
3	2번근저당권설정 등기말소	2018년12월10일 제23505호	2018년12월5일 해지	
4	2번근저당권설정 등기회복			착오발견으로 인하여 2018년12월18일 등기
2	근저당권설정	2018년11월6일 제20231호	2018년9월4일 설정계약	채권최고액 금5,000,000,000원 채무자 김한울 서울특별시 종로구 율곡로1길 16 (사간동) 근저당권자 주식회사최고은행 101111-1355511 서울특별시 중구 남대문로 113 (다동) (중구지점) 2018년12월18일 등기

5. 가등기에 의한 본등기가 잘못된 경우 761

【 갑 구 】 (소유권에 관한 사항)				
순위번호	등 기 목 적	접 수	등 기 원 인	권 리 자 및 기 타 사 항
2	소유권이전청구권 가등기	2018년1월20일 제1520호	2018년1월15일 매매예약	가등기권자 김우리 600104-1056429 서울특별시 서초구 서초대로46길 60, 101동 201호(서초동, 서초아파트)
	~~소유권이전~~	~~2018년3월20일~~ ~~제20000호~~	~~2018년3월15일~~ ~~매매~~	~~소유자 김우리 600104-1056429~~ ~~서울특별시 서초구 서초대로46길~~ ~~60, 101동 201호(서초동,~~ ~~서초아파트)~~ ~~거래가액 금30,000,000원~~
3	2번소유권본등기 말소			착오발견으로 인하여 2018년6월20일 등기

6. 분필전사를 할 때 저당권설정등기를 전부 유루한 경우 762

【 을 구 】 (소유권 이외의 권리에 관한 사항)				
순위번호	등 기 목 적	접 수	등 기 원 인	권 리 자 및 기 타 사 항
1 (전1)	저당권설정	2018년1월20일 제1300호	2018년1월15일 설정계약	채권액 금20,000,000원 변제기 2013년1월15일 이 자 연 6푼 채무자 김우리 서울특별시 서초구 서초대로46길 60, 101동 201호(서초동, 서초아파트) 저당권자 최민국 680703-1562316 서울특별시 마포구 마포대로 25 (공덕동)
				분할로 인하여 서울특별시 서초구 서초동 20에서 전사 공동담보 토지 서울특별시 서초구 서초동 20 접수 2018년2월5일 제1700호
				유루발견 2018년7월20일 등기

제3절 회복등기

1. 멸실회복등기(부동산등기규칙 부칙 제3조)

가. 소유권보존등기의 회복 763

【표 제 부】	(토지의 표시)				
표시번호	접 수	소 재 지 번	지 목	면 적	등기원인 및 기타사항
1	2018년2월1일	강원도 철원군 철원면 관전리 300	대	3500㎡	멸실회복

(주) 접수연월일은 회복등기 신청서 접수연월일을 기록한다.

【 갑 구 】	(소유권에 관한 사항)			
순위번호	등기목적	접 수	등기원인	권리자 및 기타사항
1 (전1)	소유권보존	1989년9월25일 제9100호		소유자 이강석 440308-1089041 강원도 철원군 철원면 관전리 1
				멸실회복 접수 2018년2월1일 제2060호

나. 소유권이전등기의 회복 764

【 갑 구 】	(소유권에 관한 사항)			
순위번호	등기목적	접 수	등기원인	권리자 및 기타사항
1 (전1)	소유권이전	1989년6월5일 제6005호	1989년6월4일 매매	소유자 이정수 600311-1234567 서울시 종로구 원서동 6
				멸실회복 접수 2018년2월1일 제2017호

(주) 전순위 불명의 경우에는 순위번호란에 "전불명"으로 괄호 안에 기록한다.

다. 근저당권설정등기의 회복 765

【 을 구 】	(소유권 이외의 권리에 관한 사항)			
순위번호	등기목적	접 수	등기원인	권리자 및 기타사항
1 (전1)	근저당권설정	1989년3월7일 제3007호	1989년3월7일 설정계약	채권최고액 금6,000,000원 채무자 김예린 서울특별시 서초구 반포동 151-1 근저당권자 이대한 701115-1201257 서울특별시 서초구 서초동 321-1
				멸실회복 접수 2018년8월1일 제8017호

2. 말소회복등기

가. 소유권보존등기의 회복 766

【표 제 부】	(토지의 표시)				
표시번호	접 수	소 재 지 번	지목	면적	등기원인 및 기타사항
~~1~~	~~2018년2월9일~~	~~서울특별시 마포구 망원동 7~~	~~대~~	~~300㎡~~	
~~2~~					~~갑구 2번 등기하였으므로 1번 등기말소~~ ~~2018년3월5일 등기~~
					~~2번 등기하였으므로 본 등기 기록 폐쇄~~ ~~2018년3월5일 등기~~
3	2018년3월9일	서울특별시 마포구 망원동 7	대	300㎡	갑구 2번 등기착오로 본 등기 기록 부활

【 갑 구 】	(소유권에 관한 사항)			
순위번호	등 기 목 적	접 수	등 기 원 인	권 리 자 및 기 타 사 항
~~1~~	~~소유권보존~~	~~2018년2월9일~~ ~~제5320호~~		~~소유자 정다운 721205-1352121~~ ~~서울특별시 종로구 인사동6길 7~~ ~~(인사동)~~
2	1번소유권보존 등기말소	2018년3월5일 제8328호	2018년3월2일 중복발견	
3	1번소유권보존 등기회복	2018년3월9일 제13575호	2018년3월5일 신청착오	
1	소유권보존	2018년2월9일 제5320호		소유자 정다운 721205-1352121 서울특별시 종로구 인사동6길 7 (인사동) 2018년3월9일 등기

나. 소유권이전등기의 회복 767

【 갑 구 】	(소유권에 관한 사항)			
순위번호	등 기 목 적	접 수	등 기 원 인	권 리 자 및 기 타 사 항
1	소유권보존	2012년6월1일 제15320호		소유자 김우리 600104-1056429 서울특별시 서초구 서초대로 60 (서초동)
~~2~~	~~소유권이전~~	~~2017년8월8일~~ ~~제23009호~~	~~2017년8월7일~~ ~~매매~~	~~소유자 김한울 650422-1045115~~ ~~서울특별시 종로구 율곡로1길 16~~ ~~(사간동)~~ ~~거래가액 금200,000,000원~~
3	2번소유권이전 등기말소	2018년3월2일 제2032호	2018년2월1일 확정판결	
4	2번소유권이전 등기회복	2018년9월5일 제14007호	2018년6월7일 확정판결	
2	소유권이전	2017년8월8일 제23009호	2017년8월7일 매매	소유자 김한울 650422-1045115 서울특별시 종로구 율곡로1길 16 (사간동) 거래가액 금200,000,000원 2018년9월5일 등기

(주) 등기상 이해관계인이 있는 경우에는 그의 승낙을 증명하는 정보 또는 이에 대항할 수 있는 재판이 있음을 증명하는 정보를 제공하여야 한다.

다. 근저당권설정등기의 회복 768

【 을 구 】 (소유권 이외의 권리에 관한 사항)				
순위번호	등 기 목 적	접 수	등 기 원 인	권 리 자 및 기 타 사 항
~~1~~	~~근저당권설정~~	~~2018년1월5일~~ ~~제105호~~	~~2018년1월2일~~ ~~설정계약~~	~~채권최고액 금50,000,000원~~ ~~채무자 박영호~~ ~~서울특별시 마포구 성암로15길 12~~ ~~(상암동)~~ ~~근저당권자 이시용 690123-1211207~~ ~~서울특별시 서대문구 세무서2길 2~~ ~~(홍제동)~~
2	1번근저당권 설정등기말소	2018년3월4일 제8822호	2018년3월2일 해지	
3	1번근저당권 설정등기회복	2018년8월30일 제13052호	2018년8월6일 확정판결	
1	근저당권설정	2018년1월5일 제105호	2018년1월2일 설정계약	채권최고액 금50,000,000원 채무자 박영호 서울특별시 마포구 성암로15길 12 (상암동) 근저당권자 이시용 690123-1211207 서울특별시 서대문구 세무서2길 2 (홍제동) 2018년8월30일 등기

라. 등기사항 일부의 회복 769

【 을 구 】	(소유권 이외의 권리에 관한 사항)			
순위번호	등 기 목 적	접 수	등 기 원 인	권 리 자 및 기 타 사 항
1	저당권설정	2018년6월5일 제2062호	2018년6월2일 설정계약	채권액 금5,000,000원 ~~이 자 연 2할~~ 채무자 박영호 서울특별시 마포구 성암로15길 12 (상암동) 저당권자 이시용 690123-1211207 서울특별시 서대문구 세무서2길 2 (홍제동)
~~1-1~~	~~1번저당권변경~~	~~2018년9월4일~~ ~~제8822호~~	~~2018년9월2일~~ ~~변경계약~~	~~이 자 약정의 폐지~~
1-2	2번등기로인하여 1번등기 회복			이 자 연 2할 2018년10월6일
2	1-1번저당권 변경등기말소	2018년10월6일 제10500호	2018년9월4일 신청착오	

마. 직권말소한 등기사항의 직권회복 770

【 갑 구 】 (소유권에 관한 사항)				
순위번호	등기목적	접 수	등기원인	권리자 및 기타사항
~~3~~	~~소유권이전~~ ~~청구권가등기~~	~~2015년6월4일~~ ~~제10432호~~	~~2015년6월1일~~ ~~매매예약~~	~~가등기권자 김우리 651010-1923101~~ ~~서울시 종로구 원서동 7~~
	~~소유권이전~~	~~2018년8월4일~~ ~~제36432호~~	~~2018년8월1일~~ ~~매매~~	~~소유자 김우리 651010-1923101~~ ~~서울시 종로구 원서동 7~~
~~4~~	~~압류~~	~~2018년3월5일~~ ~~제3987호~~	~~2018년3월4일~~ ~~압류(세일1234)~~	~~권리자 서울특별시 411~~
~~4-1~~	~~4번압류직권~~ ~~말소대상통지~~			~~2018년8월4일 부기~~
5	4번압류등기 말소			3번 가등기에 의한 본등기로 인하여 2018년9월4일 등기
6	3번소유권가 등기및본등기 말소	2019년2월2일 제6795호	2019년1월3일 확정판결	
~~7~~	~~4번압류직권~~ ~~말소회복통지~~			~~2019년2월2일 등기~~
8	4번압류등기 회복			6번 등기에 의하여 2019년3월20일 등기
4	압류	2018년3월5일 제3987호	2018년3월4일 압류(세일1234)	권리자 서울특별시 411 2019년3월20일 등기
9	7번직권말소 회복통지말소			4번 등기 회복으로 인하여 2019년3월20일 등기

제4절 예고등기의 말소등기

1. 촉탁에 의한 예고등기말소

가. 통상의 경우 771

【 갑 구 】 (소유권에 관한 사항)				
순위번호	등 기 목 적	접 수	등 기 원 인	권 리 자 및 기 타 사 항
6	4번예고등기말소	2012년3월5일 제3006호	2012년3월4일 소각하 (또는 소취하)	

(주) 4번 예고등기를 말소하는 표시를 한다.

나. 예고등기의 촉탁으로 분할 전 등기기록에서 일정한 등기사항을 이기한 경우 예고등기의 말소 772

【 갑 구 】	(소유권에 관한 사항)			
순위번호	등기목적	접수	등기원인	권리자 및 기타사항
1 (전6)	소유권이전	1996년9월6일 제16598호	1996년8월31일 매매	소유자 김성순 491012-2134567 서울특별시 양천구 목동 360-1 분할로 인하여 순위 제1번 등기를 서울특별시 종로구 당주동 20에서 전사 접수 2002년5월10일 제37800호
~~2~~ ~~(전5)~~	~~소유권이전~~	~~1995년4월11일~~ ~~제19260호~~	~~1995년4월11일~~ ~~매매~~	~~소유자 이올순 481231-2345671~~ ~~서울특별시 동작구 신대방동 503-23~~
~~3~~ ~~(전4)~~	~~소유권이전~~	~~1994년12월28일~~ ~~제85346호~~	~~1994년12월26일~~ ~~매매~~	~~소유자 김돌이 470211-1323456~~ ~~서울특별시 강서구 등촌동 산 9~~ ~~예고등기를 위하여 순위 제2번, 제3번 등기를 서울특별시 종로구 당주동 20 에서 이기~~ ~~2001년7월11일 등기~~
~~4~~	~~1번소유권, 2번소유권, 3번소유권말소예고등기~~	~~2001년7월11일~~ ~~제37898호~~	~~2001년7월1일~~ ~~서울지방법원에 소제기~~ ~~(2001가합9781)~~	
5	4번예고등기말소	2012년7월18일 제37992호	2012년7월16일 소취하	
6	2번소유권이전 등기말소			4번 예고등기말소로 인하여 2012년7월18일 등기
7	3번소유권이전 등기말소			4번 예고등기말소로 인하여 2012년7월18일 등기

(주) 제1심 법원의 예고등기말소촉탁에 의하여 예고등기의 말소를 한 때에는 등기관은 그 예고등기를 위하여 폐쇄등기기록으로부터 이기한 등기사항의 등기도 동시에 말소하는 표시를 하여야 한다.

다. 소제기자가 승소판결에 의한 말소 또는 회복등기 신청을 하지 않기로 한 경우 773

【 갑 구 】	(소유권에 관한 사항)			
순위번호	등 기 목 적	접 수	등 기 원 인	권 리 자 및 기 타 사 항
1	소유권보존	1996년1월10일 제2001호		소유자 박일석 491112-1234567 서울특별시 강남구 개포동 1
2	소유권이전	1998년8월8일 제21213호	1998년8월2일 매매	소유자 김달호 560301-1234123 서울특별시 중구 회현동 6
~~3~~	~~2번소유권말소 예고등기~~	~~2000년1월5일~~ ~~제1080호~~	~~2000년1월3일~~ ~~서울지방법원에 소제기~~ ~~(2000가합100)~~	
4	3번예고등기말소	2002년5월3일 제56781호	2002년5월1일 등기신청포기	

(주) 원인일자는 제1심법원에 그 재판에 의한 등기신청을 하지 않겠다는 서면(등기신청포기서)을 제출한 날짜이다.

라. 소제기자가 승소판결에 의한 말소 또는 회복등기 신청을 다른 재판의 결과로 할 수 없는 경우 774

【 갑 구 】	(소유권에 관한 사항)			
순위번호	등 기 목 적	접 수	등 기 원 인	권 리 자 및 기 타 사 항
1	소유권보존	1996년1월10일 제2001호		소유가 박일석 491112-1234567 서울특별시 강남구 개포동 1
2	소유권이전	1998년8월8일 제21213호	1998년8월2일 매매	소유자 김달호 560301-1234123 서울특별시 중구 회현동 6
~~3~~	~~2번소유권말소 예고등기~~	~~2000년1월5일~~ ~~제1080호~~	~~2000년1월3일~~ ~~서울지방법원에 소제기~~ ~~(2000가합100)~~	
4	소유권이전	2002년11월11일 제31312호	2002년10월15일 매매	소유자 최진석 661011-1234567 서울특별시 관악구 신림동 1
5	3번예고등기말소	2012년12월10일 제42123호	2012년12월1일 등기실행불능	

(주) 1. 이 기록례는 갑에서 을로의 소유권이전등기의 무효를 원인으로 한 말소소송에서 승소하였으나 변론종결 전에 병으로 소유권이전등기가 마쳐지고 다시 병을 상대로 한 말소의 소송에서 패소한 경우이다.
2. 원인일자는 구법 제170조제3항의 다른 재판이 확정된 날짜이다.

2. 예고등기의 직권말소

가. 보통의 경우 775

【 갑 구 】 (소유권에 관한 사항)				
순위번호	등 기 목 적	접 수	등 기 원 인	권 리 자 및 기 타 사 항
~~2~~	~~소유권이전~~	~~1996년1월10일~~ ~~제200호~~	~~1996년1월9일~~ ~~매매~~	~~소유자 이복동 270310-1312752~~ ~~서울특별시 은평구 응암동 1~~
~~3~~	~~2번소유권말소~~ ~~예고등기~~	~~1999년3월4일~~ ~~제3004호~~	~~1999년3월3일~~ ~~서울지방법원에~~ ~~소제기~~ ~~(99가합12)~~	
4	2번소유권이전 등기말소	2012년3월15일 제3005호	2012년2월5일 확정판결	
5	3번예고등기말소			2번 소유권이전등기말소로 인하여 2000년3월15일 등기

나. 동일 등기사항에 대하여 2개 이상의 예고등기가 있는 경우 776

【 갑 구 】	(소유권에 관한 사항)			
순위번호	등 기 목 적	접 수	등 기 원 인	권 리 자 및 기 타 사 항
~~1~~ ~~(전2)~~	~~소유권이전~~	~~(생략)~~	~~(생략)~~	~~(생략)~~
~~2~~	~~소유권이전~~	~~(생략)~~	~~(생략)~~	~~(생략)~~
~~3~~	~~소유권이전~~	~~(생략)~~	~~(생략)~~	~~(생략)~~
~~4~~	~~1번소유권,~~ ~~2번소유권,~~ ~~3번소유권말소~~ ~~예고등기~~	~~1988년3월5일~~ ~~제3007호~~	~~1988년3월2일~~ ~~서울지방법원에~~ ~~소제기~~ ~~(88가합351)~~	
~~5~~	~~1번소유권,~~ ~~2번소유권,~~ ~~3번소유권말소~~ ~~예고등기~~	~~1989년7월7일~~ ~~제5008호~~	~~1989년7월3일~~ ~~서울지방법원에~~ ~~소제기~~ ~~(89가합735)~~	
6	3번소유권이전 등기말소	1990년9월9일 제7005호	1990년8월7일 확정판결	
7	2번소유권이전 등기말소	1990년9월9일 제7005호	1990년8월7일 확정판결	
8	1번소유권이전 등기말소	1990년9월9일 제7005호	1990년8월7일 확정판결	
9	4번예고등기말소			1번, 2번, 3번 소유권이전등기말소로 인하여 1990년9월9일 등기
10	5번예고등기말소			1번, 2번, 3번 소유권이전등기말소로 인하여 1990년9월9일 등기

(주) 촉탁법원에 예고등기가 직권말소되었다는 뜻을 통지한다.

다. 예고등기의 목적이 된 등기가 다른 원인으로 말소된 경우 777

【 을 구 】	(소유권 이외의 권리에 관한 사항)			
순위번호	등 기 목 적	접 수	등 기 원 인	권 리 자 및 기 타 사 항
~~1~~	~~근저당권설정~~	~~(생략)~~	~~(생략)~~	~~(생략)~~
~~2~~	~~1번근저당권말소 예고등기~~	~~1999년5월7일 제5007호~~	~~1999년5월3일 서울지방법원에 소제기 (99가합500)~~	
3	1번근저당권설정 등기말소	2000년10월7일 제7005호	2000년10월6일 해지	
4	2번예고등기말소			1번 근저당권설정등기말소로 인하여 2000년10월7일 등기

(주) 촉탁법원에 예고등기가 직권말소되었다는 뜻을 통지한다.

제5절 구 부동산등기법 부칙 제4조(제2조)에 따른 등기

1. 권리존속신고가 있는 경우 778

【 을 구 】	(소유권 이외의 권리에 관한 사항)			
순위번호	등 기 목 적	접 수	등 기 원 인	권 리 자 및 기 타 사 항
1	근저당권설정	(생략)	(생략)	(생략)
1-1	1번근저당권설정 존속신고	1992년2월10일 제1234호		

(주) 등기예규 제1592호 참조

2. 말소하는 경우 779

【 을 구 】	(소유권 이외의 권리에 관한 사항)			
순위번호	등 기 목 적	접 수	등 기 원 인	권 리 자 및 기 타 사 항
~~1~~	~~근저당권설정~~	~~(생략)~~	~~(생략)~~	~~(생략)~~
2	1번근저당권설정 등기말소			구 부동산등기법 부칙 제4조 (또는 제2조)의 규정에 의하여 2012년5월2일 등기

(주) 부동산등기법(법률 제4422호, 1991. 12. 14.)부칙 제4조와 부동산등기법(법률 제7954호, 2006. 05. 10.) 부칙 제2조에 의하여 저당권 등의 등기의 정리 등에 관한 업무처리절차를 규정한 기록례이다(등기예규 제1592호 참조).

제6절 공유토지분할에 관한 특례법에 따른 등기

1. 분할개시의 등기[공유토지분할에관한특례법(이하 특례법이라 한다) 제16조제4항, 제17조, 제20조제2항] 780

【 갑 구 】	(소유권에 관한 사항)			
순위번호	등 기 목 적	접 수	등 기 원 인	권 리 자 및 기 타 사 항
12	10번갑지분전부 이전	(생략)	(생략)	(생략)
13	분할개시	2018년12월20일 제32500호	2018년12월5일 ○○공유토지분할 위원회의 분할개시 결정	

(주) 1. 특례법은 2020년 5월 22일까지만 효력을 가진다. 다만, 2020년 5월 22일 이전에 위 법에 의한 분할 신청을 한 공유토지로서 2021년 5월 22일 이전에 분할조서의 확정이 있는 토지에 대해서는 위 법의 유효기간 경과 후에도 위 법을 적용한다(동법 부칙 제2조).
2. 등기원인이 판결인 경우에는 "○○법원 분할개시판결"이라고 기록한다.

2. 분할개시결정 등기의 말소(특례법 제18조제8항, 제19조제3항, 동법 시행령 제15조제2항, 제24조) 781

【 갑 구 】	(소유권에 관한 사항)			
순위번호	등 기 목 적	접 수	등 기 원 인	권 리 자 및 기 타 사 항
~~13~~	~~분할개시~~	~~(생략)~~	~~(생략)~~	
14	13번분할개시 등기말소	2018년12월24일 제38125호	2018년12월20일 분할개시결정취소	

(주) 등기원인이 취하(공유자 합의)인 경우에는 "취하(공유자 합의)"로, 판결인 경우에는 "○○법원 분할개시결정취소의 판결"이라고 기록한다.

3. 분할등기(특례법 제38조)

가. 신등기기록에 대한 등기

1) 표제부에 분할등기 촉탁으로 인하여 등기한 뜻을 기록하는 경우(특례법 제38조제1항) 782

【표 제 부】 (토지의 표시)					
표시번호	접 수	소 재 지 번	지 목	면 적	등기원인 및 기타사항
1	2018년12월3일	서울특별시 은평구 응암동 5-1	대	100㎡	공유토지분할에관한특례법 제37조제1항에 따른 분할등기 촉탁으로 인하여 서울특별시 은평구 응암동 5에서 이기

2) 공유자가 단독으로 분할 토지의 소유권을 취득하는 경우(특례법 제38조제2항)

가) 공유자가 당초 취득한 분할대상토지의 공유지분을 그대로 가지고 있는 경우 783

【 갑 구 】 (소유권에 관한 사항)				
순위번호	등 기 목 적	접 수	등 기 원 인	권 리 자 및 기 타 사 항
1 (전2)	소유권일부이전	2018년1월5일 제140호	2018년1월3일 매매	~~공유자 지분 10분의 1~~ ~~김우리 600104-1056429~~ ~~서울특별시 서초구 서초대로46길 60(서초동)~~ 공유토지분할에관한특례법에 따른 분할로 인하여 순위 제1번 등기를 서울특별시 은평구 응암동 5에서 이기 접수 2018년5월2일 제12855호
1-1	1번소유권변경	2018년5월2일 제12855호		소유자 김우리 600104-1056429 서울특별시 서초구 서초대로46길 60(서초동) 공유토지분할에관한특례법에 따른 분할확정으로 소유권 취득

(주) 분할취득한 공유자의 공유지분에 관한 소유권등기에 부기등기로 그 공유자가 당해 토지의 소유권을 취득한 뜻의 소유권변경등기를 한다.

나) 공유자가 당초 취득한 분할대상토지의 소유권 또는 공유지분의 일부를 이전한 경우 784

【 갑 구 】 (소유권에 관한 사항)				
순위번호	등 기 목 적	접 수	등 기 원 인	권 리 자 및 기 타 사 항
1 (전2)	소유권이전	(생략)	(생략)	~~소유자 김우리 600104-1056429~~ ~~서울특별시 서초구 서초대로46길 60(서초동)~~
(전3)	소유권일부이전	(생략)	(생략)	~~공유자 지분 10분의 1~~ ~~이대한 701115-1201257~~ ~~서울특별시 서초구 강남대로37길 21(서초동)~~
(전4)	1번김우리지분 10분의9 중 일부 (10분의4)이전	(생략)	(생략)	~~공유자 지분 10분의 4~~ ~~정다운 721205-1352121~~ ~~서울특별시 종로구 인사동6길 8(인사동)~~
(전5)	1번김우리지분 10분의5 중 일부 (10분의1)이전	(생략)	(생략)	~~공유자 지분 10분의 1~~ ~~김한울 650422-1045115~~ ~~서울특별시 종로구 율곡로1길 16(사간동)~~
				공유토지분할에관한특례법에 따른 분할로 인하여 순위 제1번(전2번부터 전5번까지) 등기를 서울특별시 은평구 응암동 5에서 이기 접수 2018년5월2일 제12855호
1-1	1번소유권변경	2018년5월2일 제12855호		소유자 김우리 600104-1056429 서울특별시 서초구 서초대로46길 60(서초동) 공유토지분할에관한특례법에 따른 분할 확정으로 소유권 취득

(주) 순위 1번란의 기록은 공유자가 당초 취득한 분할대상 토지의 소유권 또는 공유지분의 일부를 이전한 경우에 그 이전등기도 이기하여 분할등기 당시의 공유지분을 알 수 있도록 하기 위한 것이다.

3) 공유자 수인이 분할토지를 공동으로 취득하는 경우(특례법 제38조제3항) 785

【 갑 구 】	(소유권에 관한 사항)			
순위번호	등 기 목 적	접 수	등 기 원 인	권 리 자 및 기 타 사 항
1 (전12)	전11번이삼수 지분전부이전	2018년2월6일 제980호	2018년1월5일 상속	~~공유자 지분 8분의 1~~ ~~김우리 600104-1056429~~ ~~서울특별시 서초구 서초대로46길 60(서초동)~~
1-1	1번소유권변경	2018년5월2일 제12855호		공유자 지분 2분의 1 김우리 600104-1056429 서울특별시 서초구 서초대로46길 60(서초동) 공유토지분할에관한특례법에 따른 분할확정으로 소유권 취득
2 (전20)	전15번박복남 지분전부이전	2018년2월20일 제1100호	2018년2월18일 매매	~~공유자 지분 8분의 1~~ ~~이대한 701115-1201257~~ ~~서울특별시 서초구 강남대로37길 21(서초동)~~ 공유토지분할에관한특례법에 따른 분할로 인하여 순위 제1번, 제2번 등기를 서울특별시 은평구 응암동 5에서 이기 접수 2018년5월2일 제12855호
2-1	2번소유권변경	2018년5월2일 제12855호		공유자 지분 2분의 1 이대한 701115-1201257 서울특별시 서초구 강남대로37길 21(서초동) 공유토지분할에관한특례법에 따른 분할확정으로 소유권 취득

4) 분할취득한 공유자의 종전 공유지분을 목적으로 한 가등기와 처분제한의 등기를 이기하는 경우(특례법 제38조제2항, 제3항) 786

【 갑 구 】	(소유권에 관한 사항)			
순위번호	등기목적	접 수	등기원인	권리자 및 기타사항
1 (전2)	소유권일부이전	2018년1월3일 제25호	2018년1월2일 매매	~~공유자 지분 10분의 1~~ ~~김우리 600104-1056429~~ ~~서울특별시 서초구 서초대로46길 60(서초동)~~
1-1	1번소유권변경	2018년5월2일 제12855호		공유자 지분 2분의 1 김우리 600104-1056429 서울특별시 서초구 서초대로46길 60(서초동) 공유토지분할에관한특례법에 따른 분할확정으로 소유권 취득
2 (전3)	전1번이도준 지분 10분의9 중 일부(10분의1) 이전	2018년1월20일 제823호	2018년1월15일 매매	~~공유자 지분 10분의 1~~ ~~이대한 701115-1201257~~ ~~서울특별시 서초구 강남대로37길 21(서초동)~~
2-1	2번소유권변경	2018년5월2일 제12855호		공유자 지분 2분의 1 이대한 701115-1201257 서울특별시 서초구 강남대로37길 21(서초동) 공유토지분할에관한특례법에 따른 분할확정으로 소유권 취득
3 (전5)	2번이대한지분 전부이전청구권 가등기	2018년4월2일 제3520호	2018년4월1일 매매예약	가등기권자 정다운 721205-1352121 서울특별시 종로구 인사동6길 8 (인사동)
				공유토지분할에관한특례법에 따른 분할로 인하여 순위 제1번부터 3번까지 등기를 서울특별시 은평구 응암동 5에서 이기 접수 2018년5월2일 제12855호

5) 분할취득한 공유자의 전자의 종전 공유지분을 목적으로 한 가등기와 처분제한의 등기를 이기하는 경우(특례법 제38조제2항, 제3항) 787

【 갑 구 】	(소유권에 관한 사항)			
순위번호	등 기 목 적	접 수	등 기 원 인	권 리 자 및 기 타 사 항
1 (전2)	소유권일부이전	2018년1월5일 제24호	2018년1월4일 매매	공유자 지분 20분의 1 김우리 600104-1056429 서울특별시 서초구 서초대로46길 60(서초동)
2 (전3)	1번김우리지분전부이전청구권가등기	2018년1월10일 제500호	2018년1월9일 매매예약	가등기권자 이대한 701115-1201257 서울특별시 서초구 강남대로37길 21(서초동)
3 (전5)	1번김우리지분전부이전	2018년3월28일 제980호	2018년3월25일 매매	~~공유자 지분 20분의 1~~ ~~정다운 721205-1352121~~ ~~서울특별시 종로구 인사동6길 8 (인사동)~~ 공유토지분할에관한특례법에 따른 분할로 인하여 순위 제1번부터 3번까지 등기를 서울특별시 은평구 응암동 5에서 이기 접수 2018년5월2일 제12855호
3-1	3번소유권변경	2018년5월2일 제12855호		소유자 정다운 721205-1352121 서울특별시 종로구 인사동6길 8 (인사동) 공유토지분할에관한특례법에 따른 분할확정으로 소유권 취득

(주) 분할 토지의 소유권을 취득한 공유자의 전자의 종전 공유지분을 목적으로 한 가등기, 가압류, 압류 또는 가처분의 등기가 있는 경우에는 가등기 등을 할 당시의 소유권등기도 이를 이기한다.

6) 공유토지 전부나 일부에 존속하던 소유권 이외의 권리에 관한 등기를 이기하는 경우(특례법 제38조제2항, 제3항) 788

【 을 구 】		(소유권 이외의 권리에 관한 사항)		
순위번호	등 기 목 적	접 수	등 기 원 인	권 리 자 및 기 타 사 항
1 (전1)	근저당권설정	(생략)	(생략)	(생략)
1-1				공동담보 토지 서울특별시 은평구 응암동 5-1 토지 서울특별시 은평구 응암동 5-2 공유토지분할에관한특례법에 따른 분할로 인하여 2018년5월2일 부기
2 (전3)	갑구2번김우리 지분전부 근저당권설정	(생략)	(생략)	(생략) 공유토지분할에관한특례법에 따른 분할로 인하여 순위 제1번, 제2번 등기를 서울특별시 은평구 응암동 5에서 이기 접수 2018년5월2일 제12855호

(주) 공유토지 전부에 존속하는 소유권 이외의 권리는 법에 따른 분할에 의하여 영향을 받지 아니하므로(특례법 제34조제4항), 그 권리에 관한 등기는 각 분할한 토지마다 이기하여야 하며, 그 권리가 근저당권인 때에는 각 분할한 토지마다 공동담보인 뜻을 부기하여야 한다.

나. 분할등기 완료로 구등기기록을 폐쇄하는 경우(특례법 제38조제4항) 789

【 표 제 부 】		(토지의 표시)			
표시번호	접 수	소 재 지 번	지 목	면 적	등기원인 및 기타사항
~~3~~	~~(생략)~~	~~(생략)~~	~~(생략)~~	~~(생략)~~	
4	2018년5월2일				공유토지분할에관한특례법에 따른 분할등기완료(서울특별시 은평구 응암동 5-1 100㎡, 서울특별시 은평구 응암동 5-2 100㎡에 이기)로 인하여 본 등기기록 폐쇄

4. 분할등기 후의 등기

가. 분할취득한 공유자의 종전 공유지분을 목적으로 한 가등기에 의하여 본등기를 하는 경우 790

【 갑 구 】 (소유권에 관한 사항)				
순위번호	등 기 목 적	접 수	등 기 원 인	권 리 자 및 기 타 사 항
1 (전2)	소유권일부이전	2018년1월13일 제243호	2018년1월12일 매매	~~공유자 지분 10분의 1~~ ~~김우리 600104-1056429~~ ~~서울특별시 서초구 서초대로46길 60(서초동)~~
1-1	1번소유권변경	2018년5월2일 제12855호		공유자 지분 2분의 1 김우리 600104-1056429 서울특별시 서초구 서초대로46길 60(서초동) 공유토지분할에관한특례법에 따른 분할확정으로 소유권 취득
2 (전3)	전1번이도령지분 10분의9 중 일부 (10분의1)이전	2018년1월30일 제341호	2018년1월15일 매매	~~공유자 지분 10분의 1~~ ~~이대한 701115-1201257~~ ~~서울특별시 서초구 강남대로37길 21(서초동)~~
2-1	2번소유권변경	2018년5월2일 제12855호		공유자 지분 2분의 1 이대한 701115-1201257 서울특별시 서초구 강남대로37길 21(서초동) 공유토지분할에관한특례법에 따른 분할확정으로 소유권 취득
3 (전5)	2번이대한지분 전부이전청구권 가등기	2018년4월2일 제1002호	2018년4월1일 매매예약	가등기권자 정다운721205-1352121 서울특별시 종로구 인사동6길 8 (인사동) 공유토지분할에관한특례법에 따른 분할로 인하여 순위 제1번부터 3번까지 등기를 서울특별시 은평구 응암동 5에서 이기 접수 2018년5월2일 제12855호
	2번이대한지분 전부이전	2018년8월4일 제27895호	2018년8월3일 매매	공유자 지분 2분의 1 정다운 721205-1352121 서울특별시 종로구 인사동6길 8 (인사동)

(주) 이 경우에 가등기에 의한 본등기신청서에는 공유자가 분할 확정으로 취득한 소유권 또는 공유지분을 본등기의 목적으로 표시하여야 한다.

나. 분할취득한 공유자의 전자의 종전 공유지분을 목적으로 한 가등기에 의한 본등기를 하는 경우 791

【 갑 구 】	(소유권에 관한 사항)			
순위번호	등 기 목 적	접 수	등 기 원 인	권 리 자 및 기 타 사 항
1 (전2)	소유권일부이전	2018년2월5일 제243호	2018년2월4일 매매	공유자 지분 20분의 1 김우리 600104-1056429 서울특별시 서초구 서초대로46길 60(서초동)
2 (전3)	1번김우리지분 전부이전청구권 가등기	2018년4월2일 제895호	2018년4월1일 매매예약	가등기권자 이대한 701115-1201257 서울특별시 서초구 강남대로37길 21(서초동)
	소유권이전	2018년11월20일 제13541호	2018년11월19일 매매	소유자 이대한 701115-1201257 서울특별시 서초구 강남대로37길 21(서초동)
~~3~~ ~~(전6)~~	~~1번김우리지분 전부이전~~	~~2018년4월9일~~ ~~제1002호~~	~~2018년4월8일~~ ~~매매~~	~~공유자 지분 20분의 1~~ ~~정다운 721205-1352121~~ ~~서울특별시 종로구 인사동6길 8 (인사동)~~
				공유토지분할에관한특례법에 따른 분할로 인하여 순위 제1번부터 3번까지 등기를 서울특별시 은평구 응암동 5에서 이기 접수 2018년5월2일 제12855호
~~3-1~~	~~3번소유권변경~~	~~2018년5월2일~~ ~~제12855호~~		~~소유자 정다운 721205-1352121~~ ~~서울특별시 종로구 인사동6길 8 (인사동)~~ ~~공유토지분할에관한특례법에 따른 분할확정으로 소유권취득~~
4	3번소유권이전 등기말소			2번 가등기에 의한 본등기로 인하여 2018년11월20일 등기

(주) 이 경우에 가등기에 의한 본등기신청서에는 공유자가 분할 확정으로 취득한 소유권 또는 공유지분을 본등기의 목적으로 표시하여야 한다.

다. 분할확정으로 이기된 공유자의 등기가 그보다 선순위인 처분제한의 등기의 효력에 의하여 말소되는 경우 792

【 갑 구 】	(소유권에 관한 사항)			
순위번호	등 기 목 적	접 수	등 기 원 인	권 리 자 및 기 타 사 항
1 (전2)	소유권일부이전	2018년1월5일 제145호	2018년1월4일 매매	공유자 지분 20분의 1 김우리 600104-1056429 서울특별시 서초구 서초대로46길 60(서초동)
2 (전3)	1번김우리지분전부가처분	(생략)	(생략)	채권자 이대한 701115-1201257 서울특별시 서초구 강남대로37길 21(서초동)
~~3~~ ~~(전6)~~	~~1번김우리지분전부이전~~	~~2018년2월28일~~ ~~제467호~~	~~2018년2월27일~~ ~~매매~~	~~공유자 지분 20분의 1~~ ~~정다운 721205-1352121~~ ~~서울특별시 종로구 인사동6길 8 (인사동)~~ 공유토지분할에관한특례법에 따른 분할로 인하여 순위 제1번부터 3번까지 등기를 서울특별시 은평구 응암동 10에서 이기 접수 2018년8월2일 제2000호
~~3-1~~	~~3번소유권변경~~	~~2018년8월2일~~ ~~제2000호~~		~~소유자 정다운 721205-1352121~~ ~~서울특별시 종로구 인사동6길 8 (인사동)~~ ~~공유토지분할에관한특례법에 따른 분할확정으로 소유권취득~~
4	3번소유권이전등기말소	2018년8월20일 제2905호	가처분에 의한 실효	
5	소유권이전	(생략)	(생략)	소유자 이대한 701115-1201257 서울특별시 서초구 강남대로37길 21(서초동)

(주) 이 기록례는 분할 당시 공유자의 소유권(지분) 취득에 관한 등기보다 선순위의 가압류, 압류 또는 가처분의 등기가 있는 경우에 분할등기 후 그 소유권(지분) 취득에 관한 등기를 매각으로 인한 말소촉탁으로 또는 가처분권리자의 본안 승소 확정판결에 의하여 가처분과 저촉되는 등기로서 말소하고 소유권이전등기를 하는 기록례이다.

이 경우에 가처분권리자의 소유권이전등기신청서에는 가처분채무자의 종전 고유지분에 해당하는 분할 후의 소유권 또는 공유지분을 소유권이전등기의 목적으로 표시하여야 한다. 다만, 가처분의 대상인 소유권(지분) 등기까지 말소된 경우(가처분의 피보전권리가 말소등기청구권인 경우)에는 종전 등기기록으로부터 전 순위의 등기를 이기하고 그 등기명의인이 이 법에 의하여 소유권을 취득한 뜻을 부기한다.

라. 분할확정으로 이기된 공유자의 등기의 말소로 인하여 구등기기록으로부터 전순위의 등기를 이기하는 경우 793

【 갑 구 】 (소유권에 관한 사항)				
순위번호	등 기 목 적	접 수	등 기 원 인	권 리 자 및 기 타 사 항
~~1~~ ~~(전5)~~	~~전3번정다운~~ ~~지분전부이전~~	~~2018년5월4일~~ ~~제645호~~	~~2018년5월3일~~ ~~매매~~	~~공유자 지분 10분의 1~~ ~~김우리 600104-1056429~~ ~~서울특별시 서초구 서초대로46길 60(서초동)~~ 공유토지분할에관한특례법에 따른 분할로 인하여 순위 제1번 등기를 서울특별시 은평구 응암동 20에서 이기 접수 2018년8월14일 제2300호
~~1-1~~	~~1번소유권변경~~	~~2018년8월14일~~ ~~제2300호~~		~~소유자 김우리 600104-1056429~~ ~~서울특별시 서초구 서초대로46길 60(서초동)~~ ~~공유토지분할에관한특례법에 따른 분할확정으로 소유권취득~~
2	1번소유권이전 등기말소	2018년11월2일 제30000호	(생략)	(생략)
3 (전3)	전2번김선효 지분전부이전	2017년12월4일 제12345호	2017년12월2일 매매	~~공유자 지분 10분의 1~~ ~~정다운 721205-1352121~~ ~~서울특별시 종로구 인사동6길 8 (인사동)~~ 1번 소유권등기의 말소로 인하여 서울특별시 은평구 응암동 20에서 순위 제3번 등기를 이기 2018년11월2일 등기
3-1	3번소유권변경			소유자 정다운 721205-1352121 서울특별시 종로구 인사동6길 8 (인사동) 1번 등기의 말소에 따라 효력을 회복한 3번 등기명의인 정다운이 공유토지분할에 관한 특례법에 의하여 소유권을 취득

5. 구분건물소유권자와 그 밖의 자와의 공유토지에 대한 분할등기

가. 분할등기를 하기 전의 등기기록

1) 토지의 등기기록 794

【 갑 구 】 (소유권에 관한 사항)				
순위번호	등 기 목 적	접 수	등 기 원 인	권 리 자 및 기 타 사 항
1	소유권보존	(생략)		소유자 김우리 600104-1056429 서울특별시 서초구 서초대로46길 60(서초동)
2	소유권일부이전	(생략)	(생략)	공유자 지분 10분의 4 이대한 701115-1201257 서울특별시 서초구 강남대로37길 21(서초동)
3	1번김우리지분 10분의6 중 일부(10분의2)이전	(생략)	(생략)	공유자 지분 10분의 2 정다운 721205-1352121 서울특별시 종로구 인사동6길 8 (인사동)
4	1번김우리지분 10분의4 중 일부(10분의2)이전	(생략)	(생략)	공유자 지분 10분의 2 김한울 650422-1045115 서울특별시 종로구 율곡로1길 16 (사간동)
5	1번김우리지분전부이전	(생략)	(생략)	공유자 지분 10분의 2 서하늘 630419-1034125 서울특별시 용산구 효창원로 71 (산천동)
6	3번 정다운지분전부, 4번 김한울지분전부, 5번 서하늘지분 전부 대지권	(생략)	(생략)	건물의 표시 (생략)
7	분할개시	2018년10월20일 제3250호	2018년10월15일 ○○공유토지분할위원회의 분할개시 결정	

(주) 이 기록례의 전제가 되는 사례
1필지의 공유토지 중 일부 위에 1동의 집합건물이 건립되어 있고 그 전유부분의 현재의 소유자는 각각 김가을, 김병조, 김수정이며, 위 토지 중 지분 4/10는 위 각 전유부분의 소유자가 아닌 이대한에게 속하고

나머지 지분 6/10은 김가을, 김병조, 김수정 소유 각 전유부분의 대지권(대지권 비율 2/10)인데(다만, 당초 대지권 등기를 할 때에는 그 전유부분의 소유자가 각각 정다운, 김한울, 서하늘 이었음), 위 토지에 관한 분할개시의 등기가 된 후 이를 2필지로 분할하여 1필지는 이대한의 단독소유로 하고, 다른 1필지는 김가을, 김병조, 김수정의 공동소유로 하는 분할조서가 확정되어 그에 의한 분할등기촉탁이 있는 경우이다.

2) 건물의 등기기록

가) 1동의 건물 795

【표 제 부】	(1동의 건물의 표시)				
표시번호	접 수	소재지번, 건물명칭 및 번호	건 물 내 역		등기원인 및 기타사항
1	2018년5월20일	서울특별시 서초구 반포동 151-1 서초아파트 제101동 [도로명주소] 서울특별시 서초구 동광로27길 61	철근콘크리트조 슬래브지붕 5층 아파트 (생략)		
(대지권의 목적인 토지의 표시)					
표시번호	소 재 지 번		지목	면 적	등기원인 및 기타사항
1	1. 서울특별시 서초구 반포동 151-1		대	1000㎡	2018년5월20일

나) 김가을의 전유부분 796

【표 제 부】 (전유부분의 건물의 표시)

표시번호	접 수	건 물 번 호	건 물 내 역	등기원인 및 기타사항
1	2018년5월20일	제1층 제101호	철근콘크리트조 90㎡	

(대지권의 표시)

표시번호	대지권종류	대지권비율	등기원인 및 기타사항
1	1 소유권대지권	10분의 2	2018년4월30일 대지권 2018년5월20일
			별도등기 있음 1토지(갑구 7번 분할개시등기) 2018년10월20일

(주) 1. 김병조, 김수정의 전유부분 등기기록은 생략함.
2. 토지의 등기기록에 분할개시의 등기를 한 때에 전유부분 표제부에 별도 등기가 있다는 뜻을 기록한다.

【 갑 구 】 (소유권에 관한 사항)

표시번호	등 기 목 적	접 수	등 기 원 인	권리자 및 기타사항
1	소유권보존	(생략)		소유자 정다운 721205-1352121 서울특별시 종로구 인사동6길 8 (인사동)
2	소유권이전	(생략)	(생략)	소유자 김가을 580122-1568247 서울특별시 용산구 효창원로 77 (산천동)

(주) 김병조, 김수정의 전유부분 등기기록은 생략함.

나. 분할등기

1) 이대한이 취득하는 토지의 신등기기록 797

【 갑 구 】 (소유권에 관한 사항)				
순위번호	등 기 목 적	접 수	등 기 원 인	권 리 자 및 기 타 사 항
1 (전2)	소유권일부이전	(생략)	(생략)	~~공유자 지분 10분의4~~ ~~이대한 701115-1201257~~ ~~서울특별시 서초구 강남대로37길 21(서초동)~~ 공유토지분할에관한특례법에 따른 분할로 인하여 순위 제1번 등기를 서울특별시 서초구 반포동 151-1에서 이기 접수 2018년12월20일 제15550호
1-1	1번소유권변경	2018년12월20일 제15550호		소유자 이대한 701115-1201257 서울특별시 서초구 강남대로37길 21(서초동) 공유토지분할에관한특례법에 따른 분할확정으로 소유권 취득

2) 김가을, 김병조, 김수정이 취득하는 토지의 신등기기록 798

【 갑 구 】	(소유권에 관한 사항)			
순위번호	등 기 목 적	접 수	등 기 원 인	권 리 자 및 기 타 사 항
1 (전3)	전1번김우리지분 10분의6중 일부 (10분의2)이전	(생략)	(생략)	공유자 지분 10분의 2 정다운 721205-1352121 서울특별시 종로구 인사동6길 8 (인사동)
2 (전4)	전1번김우리지분 10분의4중 일부 (10분의2)이전	(생략)	(생략)	공유자 지분 10분의 2 김한울 650422-1045115 서울특별시 종로구 율곡로1길 16 (사간동)
3 (전5)	전1번김우리지분 전부이전	(생략)	(생략)	공유자 지분10분의 2 서하늘 630419-1034125 서울특별시 용산구 효창원로 71 (산천동)
4 (전6)	~~1번 정다운지분 전부, 2번 김한울 지분 전부, 3번 서하늘지분 전부 대지권~~	(생략)	(생략)	건물의 표시 (생략) 공유토지분할에관한특례법에 따른 분할로 인하여 순위 제1번부터 4번까지 등기를 서울특별시 서초구 반포동 151-1에서 이기 접수 2018년12월20일 제15550호
4-1	4번등기변경	2018년12월20일 제15550호		목적 공유자전원지분전부대지권 공유토지분할에관한특례법에 따른 분할확정으로 인함

(주) 대지권인 뜻의 등기를 할 당시의 공유자(전유부분 소유자)의 지분에 관한 등기를 대지권인 뜻의 등기와 함께 이기하고, 법에 의한 분할확정으로 소유권을 취득한 뜻의 등기는 대지권인 뜻의 등기에 대한 변경등기의 형식으로 한다.

3) 건물의 등기기록

가) 1동의 건물 799

【표 제 부】 (1동의 건물의 표시)				
표시번호	접 수	소재지번, 건물명칭 및 번호	건 물 내 역	등기원인 및 기타사항
1	2018년5월20일	서울특별시 서초구 반포동 151-1 서초아파트 제101동 [도로명주소] 서울특별시 서초구 동광로27길 61	철근콘크리트조 슬래브지붕 5층 아파트 지하층 300㎡ 1층 1,000㎡ 2층 1,000㎡ 3층 1,000㎡ 4층 1,000㎡ 5층 1,000㎡ 옥탑층 100㎡	

(대지권의 목적인 토지의 표시)				
표시번호	소 재 지 번	지목	면 적	등기원인 및 기타사항
~~1~~	~~1. 서울특별시 서초구 반포동 151-1~~	~~대~~	~~1000㎡~~	~~2018년5월20일~~
2	1. 서울특별시 서초구 반포동 151-1	대	600㎡	2018년12월20일 1토지 면적변경 2018년12월20일

(주) 대지권의 목적인 토지의 표시를 직권으로 변경한다.

나) 김가을의 전유부분 800

【표 제 부】 (전유부분의 건물의 표시)				
표시번호	접 수	건 물 번 호	건 물 내 역	등기원인 및 기타사항
1	2018년5월20일	제1층 제101호	철근콘크리트조 90㎡	

(대지권의 표시)			
표시번호	대지권종류	대지권비율	등기원인 및 기타사항
~~1~~	~~1 소유권대지권~~	~~10분의 2~~	2018년4월30일 대지권 2018년5월20일
~~2~~			~~별도등기 있음~~ ~~1토지(갑구 7번 분할개시등기)~~ ~~2018년10월20일~~
3	1 소유권대지권	6분의 2	2018년12월20일 공유토지분할에관한특례법에 따른 분할확정으로 변경 2018년12월20일
4			2번 별도등기 말소 2018년12월20일

(주) 1. 대지권의 표시를 직권으로 변경한다.
2. 전유부분의 갑구 사항란에는 따로 기록할 사항이 없다.
3. 특례법에 의한 분할등기 완료로 전 토지 등기기록을 폐쇄한 때에는 별도등기를 말소하는 표시를 기록한다.
4. 김병조, 김수정의 등기기록에 대한 기록례는 생략.

6. 甲이 X토지의 소유권을 취득하여 그 위에 A 집합건물과 B 집합건물을 동시에 신축하여 소유권보존등기 및 대지권등기를 경료한 후 「공유토지분할에 관한 특례법」에 따라 X 토지가 A 집합건물을 위한 Y 토지와 B 집합건물을 위한 Z 토지로 분할되는 경우 801

(X토지의 등기기록)

【 갑 구 】	(소유권에 관한 사항)			
순위번호	등 기 목 적	접 수	등 기 원 인	권 리 자 및 기 타 사 항
2	소유권이전	(생략)	(생략)	소유자 甲 (생략)
3	소유권대지권	(생략)		건물의 표시 A 집합건물 및 B 집합건물
4	분할개시	(생략)	(생략)	

(Y토지의 신등기기록)

【 갑 구 】	(소유권에 관한 사항)			
순위번호	등 기 목 적	접 수	등 기 원 인	권 리 자 및 기 타 사 항
1 (전2)	소유권이전	(생략)	(생략)	소유자 甲 (생략)
2 (전3)	소유권대지권	(생략)		~~건물의 표시~~ ~~A 집합건물 및 B 집합건물~~
				공유토지분할에관한특례법에 따른 분할로 인하여 순위 제1번, 제2번 등기를 ○○○에서 이기 접수 (생략)
2-1	2번등기변경	(생략)		건물의 표시 A 집합건물 공유토지분할에관한특례법에 따른 분할확정으로 인함

(주) 1. Y 토지는 분할로 인하여 B 집합건물 대지권의 목적인 토지에서 제외되었으므로, 권리자 및 기타사항란의 건물의 표시를 "A 집합건물 및 B 집합건물"에서 "A 집합건물"로 변경한다.

2. 대지권이라는 뜻의 등기를 할 당시 甲이 X 토지를 이미 단독으로 소유하고 있었으므로, 대지권이라는 뜻의 등기의 등기목적은 변경하지 아니한다(「공유토지분할에 관한 특례법 시행에 따른 등기처리규칙」 제13조 제2항 참조).

3. 그 밖에 X, Y, Z 토지 등기기록의 표제부, A 집합건물 및 B 집합건물에 속하는 전유부분의 1동의 건물 표제부, 전유부분 표제부 및 권리부(갑구, 을구)의 등기기록 방식은 780항에서 800항을 참조한다.

제7절 공무원범죄에 관한 몰수특례법에 따른 등기

1. 몰수보전등기

가. 소유권의 경우 802

【 갑 구 】	(소유권에 관한 사항)			
순위번호	등 기 목 적	접 수	등 기 원 인	권 리 자 및 기 타 사 항
5	몰수보전	2018년12월12일 제10000호	2018년12월8일 서울중앙지방법원 의 몰수보전명령 (2018초기20)	권리자 국

나. 지상권의 경우 803

【 을 구 】	(소유권 이외의 권리에 관한 사항)			
순위번호	등 기 목 적	접 수	등 기 원 인	권 리 자 및 기 타 사 항
3-1	3번지상권몰수보전	2018년12월12일 제10000호	2018년12월8일 서울중앙지방법원 의 몰수보전명령 (2018초기21)	권리자 국

다. 저당권부채권의 경우 804

【 을 구 】	(소유권 이외의 권리에 관한 사항)			
순위번호	등 기 목 적	접 수	등 기 원 인	권 리 자 및 기 타 사 항
4-1	4번저당권부채권 몰수보전	2018년12월12일 제10000호	2018년12월8일 서울중앙지방법원 의 몰수보전명령 (2018초기22)	권리자 국

라. 등기(가등기)된 소유권이전청구권의 경우 805

【 갑 구 】 (소유권에 관한 사항)				
순위번호	등 기 목 적	접 수	등 기 원 인	권 리 자 및 기 타 사 항
4-1	4번가등기소유권 이전청구권몰수 보전	2018년12월12일 제10000호	2018년12월8일 서울중앙지방법원의 몰수보전명령 (2018초기23)	권리자 국

(주) 등기된 임차권, 환매권에 대한 몰수보전도 이에 준한다.

2. 부대보전등기 806

【 을 구 】 (소유권 이외의 권리에 관한 사항)				
순위번호	등 기 목 적	접 수	등 기 원 인	권 리 자 및 기 타 사 항
4-1	4번저당권부대보전	2018년12월12일 제10000호	2018년12월8일 서울중앙지방법원의 부대보전명령 (2018초기24)	권리자 국

3. 추징보전등기

가. 소유권의 경우 807

【 갑 구 】 (소유권에 관한 사항)				
순위번호	등 기 목 적	접 수	등 기 원 인	권 리 자 및 기 타 사 항
5	가압류	2018년12월12일 제10000호	2018년12월8일 서울중앙지방법원의 추징보전명령에 의한 검사의 명령	추징보전액 금100,000,000원 권리자 국

나. 저당권부채권의 경우 808

【 을 구 】	(소유권 이외의 권리에 관한 사항)			
순위번호	등 기 목 적	접 수	등 기 원 인	권 리 자 및 기 타 사 항
4-1	4번저당권부채권가 압류	2018년12월12일 제10000호	2018년12월8일 서울중앙지방법원의 추징보전명령에 의한 검사의 명령	추징보전액 금100,000,000원 권리자 국

4. 몰수등기

가. 몰수부동산 위에 말소해야 할 처분제한 또는 권리의 등기가 없는 경우 809

【 갑 구 】	(소유권에 관한 사항)			
순위번호	등 기 목 적	접 수	등 기 원 인	권 리 자 및 기 타 사 항
5	소유권이전	2018년12월22일 제12000호	2018년12월20일 몰수	권리자 국 관리청 ○○○○
6	4번몰수보전등기 말소			5번 몰수로 인한 소유권이전등기로 인하여 2018년12월22일 등기

나. 몰수부동산 위에 말소해야 할 처분제한 또는 권리의 등기가 있는 경우 810

【 갑 구 】	(소유권에 관한 사항)			
순위번호	등 기 목 적	접 수	등 기 원 인	권 리 자 및 기 타 사 항
4	3번소유권이전 등기말소			2018년12월20일 몰수로 인하여 2018년12월22일 등기
5	소유권이전	2018년12월22일 제12000호	2018년12월20일 몰수	권리자 국 관리청 ○○○○
6	2번몰수보전등기 말소			5번 몰수로 인한 소유권이전등기로 인하여 2018년12월22일 등기

【 을 구 】	(소유권 이외의 권리에 관한 사항)			
순위번호	등 기 목 적	접 수	등 기 원 인	권 리 자 및 기 타 사 항
5	3번저당권말소			2018년12월20일 몰수로 인하여 2018년12월22일 등기
6	3-1번부대보전 등기말소			3번 저당권말소에 의하여 2018년12월22일 등기

5. 취소결정 등에 의한 몰수보전등기 또는 부대보전등기의 말소

가. 몰수보전등기의 말소 811

【 갑 구 】	(소유권에 관한 사항)			
순위번호	등 기 목 적	접 수	등 기 원 인	권 리 자 및 기 타 사 항
5	4번몰수보전등기 말소	2018년12월12일 제10000호	2018년12월8일 취소결정 (또는 실효)	

나. 부대보전등기의 말소 812

【 갑 구 】	(소유권에 관한 사항)			
순위번호	등 기 목 적	접 수	등 기 원 인	권 리 자 및 기 타 사 항
5	4번부대보전등기 말소	2018년12월12일 제10000호	2018년12월8일 취소결정 (또는 실효)	

제8절 수복지역내소유자미복구토지의복구등록과보존등기에관한특별조치법에 따른 등기

1. 소유권보존등기 813

【 갑 구 】 (소유권에 관한 사항)				
순위번호	등 기 목 적	접 수	등 기 원 인	권 리 자 및 기 타 사 항
1	소유권보존	1998년1월4일 제124호		소유자 박성준 650422-1045115 경기도 고양군 지도면 행주리 15 법률 제3627호에 의하여 등기

(주) 수복지역내소유자미복구토지의복구등록과보존등기에관한특별조치법(법률 제3627호)의 유효기간은 1991. 12. 31.까지이고, 위 법 제19조에 의하여 확인서의 발급을 신청한 부동산에 대하여는 유효기간 경과 후 2년까지는 확인서를 발급받아 위 법에 의한 소유권이전등기를 신청할 수 있으나 1994. 1. 1. 이후에는 그 이전에 확인서를 발급받았다 하여도 위 법에 의한 소유권이전등기를 신청할 수 없다. 다만, 위 법에 의하여 소유자복구등록 또는 소유명의인이 변경등록된 대장상 소유명의인은 1994. 1. 1. 이후 일지라도 위법에 의한 소유권보존등기가 아닌 구 부동산등기법 제130조 제1호의 규정에 의한 소유권보존등기를 할 수 있다.

2. 소유권이전등기 814

【 갑 구 】 (소유권에 관한 사항)				
순위번호	등 기 목 적	접 수	등 기 원 인	권 리 자 및 기 타 사 항
1	소유권보존	1988년2월1일 제235호		소유자 홍길동 490410-1024433 경기도 고양군 지도면 행주리 3
2	소유권이전	1989년2월4일 제125호	1989년2월1일 매매	소유자 김갑돌 521212-1038492 서울특별시 용산구 공덕동 71 법률 제3627호에 의하여 등기

제9절 친일반민족행위자 재산의 국가귀속에 관한 특별법에 따른 등기

1. 미등기부동산인 경우 815

【 갑 구 】 (소유권에 관한 사항)				
순위번호	등 기 목 적	접 수	등 기 원 인	권 리 자 및 기 타 사 항
1	소유권보존	2018년6월1일 제6000호		소유자 국 관리청 ○○○ 법률 제10646호에 의하여 등기

※ 대장상 최초명의인으로 소유권보존등기를 하지 않고 바로 국명의로 소유권보존등기를 한다.

2. 친일행위자 명의로 소유권보존등기만 되어 있는 경우 816

【 갑 구 】 (소유권에 관한 사항)				
순위번호	등 기 목 적	접 수	등 기 원 인	권 리 자 및 기 타 사 항
1	소유권보존	생략	생략	소유자 이완용
2	소유권이전	2018년6월1일 제6000호	○○년○월○일 국가귀속	소유자 국 관리청 ○○○ 법률 제10646호에 의하여 등기

※ 등기원인일자는 촉탁서에 기재된 친일재산의 취득, 증여 등 원인행위시로 하고, 일자가 불명인 경우에는 불명으로 기록한다.

3. 친일행위자 앞으로 소유권이전등기가 되어 있는 경우 817

【 갑 구 】 (소유권에 관한 사항)				
순위번호	등 기 목 적	접 수	등 기 원 인	권 리 자 및 기 타 사 항
1	소유권보존	생략	생략	소유자 ○○○
2	소유권이전	생략	○○년○월○일 증여	소유자 이완용
3	소유권이전	2018년6월1일 제6000호	○○년○월○일 국가귀속	소유자 국 관리청 ○○○ 법률 제10646호에 의하여 등기

※ 친일행위자 명의의 소유권등기를 말소하지 않고 소유권이전등기의 방식에 따라 국명 의로의 소유권이전등기를 한다.

4. 친일행위자 이후로 소유권이 이전된 경우 818

【 갑 구 】		(소유권에 관한 사항)		
순위번호	등 기 목 적	접 수	등 기 원 인	권 리 자 및 기 타 사 항
1	소유권보존	생략	생략	소유자 이완용
2	소유권이전	생략	생략	소유자 홍길동
3	소유권이전	2018년6월1일 제6000호	○○년○월○일 국가귀속	소유자 국 관리청 ○○○ 법률 제10646호에 의하여 등기

※ 친일행위자 명의의 소유권보존등기와 그 이후의 등기를 말소하지 않고 국명의로의 소유권이전등기를 한다.

5. 보전처분(가처분)의 등기가 마쳐진 경우 819

【 갑 구 】		(소유권에 관한 사항)		
순위번호	등 기 목 적	접 수	등 기 원 인	권 리 자 및 기 타 사 항
1	소유권보존	생략	생략	소유자 이완용
2	소유권이전	생략	생략	소유자 홍길동
~~3~~	~~가처분~~	~~2016년3월14일~~	~~2016년3월13일~~ ~~○○지방법원의~~ ~~가처분결정~~ ~~(2016가단○○)~~	~~피보전권리 소유권이전등기청구권~~ ~~권리자 대한민국~~ ~~금지사항 매매, 증여, 전세권, 저당권,~~ ~~임차권의 설정 기타 일체의~~ ~~처분행위의 금지~~
4	소유권이전	2018년6월1일 제6000호	○○년○월○일 국가귀속	소유자 국 관리청 ○○○ 법률 제10646호에 의하여 등기
5	3번가처분등기 말소	2018년7월6일 제7000호	2018년7월3일 집행취소	

※ 권리귀속을 원인으로 국명의로 소유권이전등기를 하면서 보전처분(가처분)등기는 집행법원의 말소촉탁에 의하여 말소한다.

6. 보전처분(가처분)의 등기가 마쳐진 후 소유권이전등기가 된 경우 820

【 갑 구 】 (소유권에 관한 사항)				
순위번호	등 기 목 적	접 수	등 기 원 인	권 리 자 및 기 타 사 항
1	소유권보존	생략	생략	소유자 이완용
2	소유권이전	생략	생략	소유자 홍길동
~~3~~	~~가처분~~	~~2016년3월14일~~	~~2016년3월13일 ○○지방법원의 가처분결정 (2016가단○○)~~	~~피보전권리 소유권이전등기청구권 권리자 대한민국 금지사항 매매, 증여, 전세권, 저당권, 임차권의 설정 기타 일체의 처분행위의 금지~~
~~4~~	~~소유권이전~~	~~2016년4월3일 제3500호~~	~~2016년3월20일 매매~~	~~소유자 ○○○~~
5	4번소유권이전 등기말소	2018년6월1일	가처분에의한 실효	
6	소유권이전	2018년6월1일 제6000호	○○년○월○일 국가귀속	소유자 국 관리청 ○○○ 법률 제10646호에 의하여 등기
7	3번가처분 등기말소	2018년7월6일 제7000호	2018년7월3일 집행취소	

※ 권리귀속을 원인으로 국명의로 소유권이전등기를 하면서 보전처분(가처분)에 저촉되는 등기는 촉탁서에 말소촉탁이 기재된 경우에 한하여 말소한다.

제2편

재단등기

Supreme Court of Korea

제1절 공장재단 소유권보존등기

1. 공장재단 등기부

가. 1개 공장으로 구성하는 경우 821

(표제부)

【표 제 부】	(재단의 표시)		
표시번호	접 수	공장재단의 표시	등기원인 및 기타사항
1	2019년3월8일	공장의 명칭 신일기계공장 공장의 위치 서울특별시 서초구 강남대로4길 16(양재동) 주된 영업소 서울특별시 중구 을지로 1가 10 영업의 종류 기계제작 및 판매 재단목록 제2019-1호 도면 제2019-1호	

(주) 재단목록과 도면을 표제부에 기록한다.

(갑구)

【 갑 구 】	(소유권에 관한 사항)			
순위번호	등 기 목 적	접 수	등 기 원 인	권 리 자 및 기 타 사 항
1	소유권보존	2019년3월8일 제975호		소유자 주식회사신일기계 113261-1673612 서울특별시 중구 남대문로 113(다동) 2019년6월3일 등기

(주) 접수일자는 신청서 접수일자를, 등기일자는 공장 및 광업재단 저당법 제33조의 공고 완료 후 보존등기를 한 날짜를 기록한다.

나. 2개 이상의 공장으로 구성하는 경우(소유자가 다른 경우) 822

(표제부)

【표 제 부】	(재단의 표시)		
표시번호	접 수	공장재단의 표시	등기원인 및 기타사항
1	2019년3월8일	공장의 명칭 미래자동차공장 공장의 위치 서울특별시 중구 남대문로 113(다동) 주된 영업소 서울특별시 서초구 강남대로 4길 12(양재동) 영업의 종류 자동차 제조 공장 소유자 주식회사미래자동차 재단목록 제2019-1호 도면 제2019-1호 공장의 명칭 우주정밀공장 공장의 위치 서울특별시 중구 세종대로 138(태평로1가) 주된 영업소 서울특별시 마포구 마포대로 25(공덕동) 영업의 종류 자동차부속품 제조 공장 소유자 주식회사우주정밀 재단목록 제2019-2호 도면 제2019-2호	

(주) 1. 2개 이상의 공장으로 구성하는 경우에는 각 공장별로 재단목록을 기록한다.
2. 2개 이상의 공장으로 구성하고 소유자가 다른 경우에는 각 공장별로 공장소유자를 기록한다.

(갑구)

【 갑 구 】	(소유권에 관한 사항)			
순위번호	등 기 목 적	접 수	등 기 원 인	권 리 자 및 기 타 사 항
1	소유권보존	2019년3월8일 제978호		소유자 주식회사미래자동차 123122-1712611 서울특별시 서초구 강남대로4길 12(양재동) 주식회사우주정밀 161211-1211271 서울특별시 중구 세종대로 138 (태평로1가) 2019년6월3일 등기

(주) 2개 이상의 공장으로 구성되고 소유자가 다른 경우에도 공유자가 아니라 소유자로 기록하며, 별도의 지분 표시도 기록하지 않는다.

2. 부동산등기부

가. 동일 등기소 관할 부동산인 경우 823

(갑구)

【 갑 구 】	(소유권에 관한 사항)			
순위번호	등 기 목 적	접 수	등 기 원 인	권 리 자 및 기 타 사 항
1	소유권보존	2018년11월5일 제1705호		소유자 주식회사미래자동차 123122-1712611 서울특별시 서초구 강남대로4길 12(양재동)
2				이 부동산은 공장재단에 속하게 될 것으로 그 재단에 관한 소유권보존등기의 신청이 있음 접수 2019년3월8일 제978호 2019년3월8일 등기
3				이 부동산은 공장재단에 속함 2019년6월3일 등기

(주) 1. 순위 2번 등기는 공장재단의 소유권보존등기신청이 있는 때 그 재단에 속하게 되는 부동산에 그 신청이 있다는 취지를 기록하는 경우이며(공장 및 광업재단 저당법 제32조), 순위 3번 등기는 재단에 관한 보존등기가 완료된 경우 그 재단에 속한다는 취지를 기록하는 경우이다(공장 및 광업재단 저당법 제35조).

2. 순위 2번 등기의 권리자 및 기타사항란에 기록된 접수일자와 접수번호는 공장재단 소유권보존등기 신청서의 접수일자와 접수번호이다.

(을구)

【 을 구 】	(소유권 이외의 권리에 관한 사항)			
순위번호	등 기 목 적	접 수	등 기 원 인	권 리 자 및 기 타 사 항
1	지상권설정	2019년1월8일 제805호	2019년1월7일 설정계약	목적 철근콘크리트 건물의 소유 범위 토지의 전부 존속기간 30년 지상권자 주식회사우주정밀 161211-1211271 서울특별시 중구 세종대로 138(태평로1가)
1-1				1번 지상권은 공장재단에 속하게 될 것으로 그 재단에 관한 소유권보존등기의 신청이 있음 접수 2019년3월8일 제978호 2019년3월8일 등기
1-2				1번 지상권은 공장재단에 속함 2019년6월3일 등기

(주) 지상권이 공장재단의 구성 부분으로 된 경우로 기록형태는 소유권의 경우와 동일하다.

나. 다른 등기소 관할 부동산인 경우 824

(갑구)

【 갑 구 】	(소유권에 관한 사항)			
순위번호	등 기 목 적	접 수	등 기 원 인	권 리 자 및 기 타 사 항
1	소유권보존	2019년1월8일 제73호		소유자 주식회사미래자동차 123122-1712611 서울특별시 서초구 강남대로4길 12(양재동)
2		2019년1월25일 제255호		이 부동산은 공장재단에 속하게 될 것으로 서울중앙지방법원 등기국에 그 재단에 관한 소유권보존등기의 신청이 있음 접수 2019년1월21일 제477호
3		2019년4월26일 제2550호		이 부동산은 공장재단에 속함

(주) 1. 순위 2번 등기의 권리자 및 기타사항란에 기록된 접수일자와 접수번호는 공장재단 소유권보존등기 신청서의 접수일자와 접수번호이다.

2. 을구의 경우에도 동일하다.

제2절 공장재단 표시변경에 관한 등기

1. 공장재단의 분할

가. 저당권등기가 없는 공장재단의 분할 825

(갑 재단, 표제부)

【표 제 부】	(재단의 표시)		
표시번호	접 수	공장재단의 표시	등기원인 및 기타사항
~~1~~	~~2019년1월8일~~	~~공장의 명칭 미래동차공장~~ ~~공장의 위치 서울특별시 중구 남대문로 113(다동)~~ ~~주된 영업소 서울특별시 서초구 강남대로4길 12(양재동)~~ ~~영업의 종류 자동차 제조~~ ~~재단목록 제2019-1호~~ ~~도면 제2019-1호~~ ~~공장의 명칭 일신기계공장~~ ~~공장의 위치 서울특별시 종로구 대학로 11(연지동)~~ ~~주된 영업소 서울특별시 서초구 강남대로4길 1(양재동)~~ ~~영업의 종류 자동차 부품 제조~~ ~~재단목록 제2019-2호~~ ~~도면 제2019-2호~~	
2	2019년4월26일	공장의 명칭 미래자동차공장 공장의 위치 서울특별시 중구 남대문로 113(다동) 주된 영업소 서울특별시 서초구 강남대로4길 12(양재동) 영업의 종류 자동차 제조 재단목록 제2019-1호 도면 제2019-1호	분할로 인하여 일신기계공장을 서울특별시 종로구 대학로 11 일신기계공장에 이기

(을 재단, 표제부)

【표 제 부】	(재단의 표시)		
표시번호	접 수	공장재단의 표시	등기원인 및 기타사항
1	2019년4월26일	공장의 명칭 일신기계공장 공장의 위치 서울특별시 종로구 대학로 11(연지동) 주된 영업소 서울특별시 서초구 강남대로4길 1(양재동) 영업의 종류 자동차 부품 제조 재단목록 제2019-2호 도면 제2019-2호	분할로 인하여 일신기계공장을 서울특별시 중구 남대문로 113 미래자동차공장에서 이기

(을 재단, 갑구)

【 갑 구 】	(소유권에 관한 사항)			
순위번호	등 기 목 적	접 수	등 기 원 인	권 리 자 및 기 타 사 항
1 (전 1)	소유권보존	2019년1월8일 제301호		소유자 주식회사미래자동차 123122-1712611 서울특별시 서초구 강남대로4길 12(양재동) 2019년3월8일 등기
				분할로 인하여 서울특별시 중구 남대문로 113 미래자동차공장에서 이기 접수 2019년4월26일 제1974호

나. 저당권등기가 있는 공장재단의 분할 826

(을 재단, 표제부)

【표 제 부】		(재단의 표시)	
표시번호	접 수	공장재단의 표시	등기원인 및 기타사항
1	2019년3월11일	공장의 명칭 삼화제분공장 공장의 위치 서울특별시 도봉구 마들로 25(월계동) 주된 영업소 서울특별시 종로구 대학로 54(연건동) 영업의 종류 제분 재단목록 제2019-2호 도면 제2019-2호	분할로 인하여 2019년3월11일 저당권이 소멸한 삼화제분공장을 서울특별시 서초구 명달로 22 삼화제당공장에서 이기

다. 저당권등기가 전부 말소된 공장재단의 분할 827

(을 재단, 표제부)

【표 제 부】		(재단의 표시)	
표시번호	접 수	공장재단의 표시	등기원인 및 기타사항
1	2019년3월4일	공장의 명칭 성공기계공장 공장의 위치 서울특별시 도봉구 마들로 20(월계동) 주된 영업소 서울특별시 종로구 대학로 11(연지동) 영업의 종류 모터 제조 재단목록 제2019-2호 도면 제2019-2호	분할로 인하여 2019년1월8일 저당권의 등기가 전부 말소된 성공기계공장을 서울특별시 서초구 명달로22길 23 문화기술공장에서 이기

라. 소유자가 다른 수개의 공장으로 구성된 공장재단의 분할 828

(갑 재단, 표제부)

【표 제 부】	(재단의 표시)		
표시번호	접 수	공장재단의 표시	등기원인 및 기타사항
~~1~~	~~2019년1월8일~~	~~공장의 명칭 현대자동차공장~~ ~~공장의 위치 서울특별시 서초구~~ ~~명달로22길 23(서초동)~~ ~~주된 영업소 서울특별시 종로구~~ ~~인사동6길 8(인사동)~~ ~~영업의 종류 자동차 제조~~ ~~공장 소유자 현대자동차주식회사~~ ~~재단목록 제2019-1호~~ ~~도면 제2019-1호~~ ~~공장의 명칭 신일기계공장~~ ~~공장의 위치 서울특별시 도봉구 마들로~~ ~~20(월계동)~~ ~~주된 영업소 서울특별시 종로구 대학로~~ ~~11(연지동)~~ ~~영업의 종류 자동차부속품 제조~~ ~~공장 소유자 신일기계주식회사~~ ~~재단목록 제2019-2호~~ ~~도면 제2019-2호~~	
2	2019년6월10일	공장의 명칭 현대자동차공장 공장의 위치 서울특별시 서초구 명달로22길 23(서초동) 주된 영업소 서울특별시 종로구 인사동6길 8(인사동) 영업의 종류 자동차 제조 재단목록 제2019-1호 도면 제2019-1호	분할로 인하여 신일기계공장을 서울특별시 도봉구 마들로 20 신일기계공장에 이기

(갑 재단, 갑구)

【 갑 구 】	(소유권에 관한 사항)			
순위번호	등 기 목 적	접 수	등 기 원 인	권 리 자 및 기 타 사 항
1	소유권보존	2019년1월8일 제170호		소유자 현대자동차주식회사 121171-1121171 서울특별시 종로구 인사동6길 8(인사동) ~~신일기계주식회사~~ ~~113316-1231212~~ ~~서울특별시 종로구 대학로 11 (연지동)~~ 2019년3월8일 등기
1-1	1번소유권변경			분할로 인하여 신일기계공장의 소유자에 관한 부분을 서울특별시 도봉구 마들로 20 신일기계공장에 이기 접수 2019년6월10일 제937호

(을 재단, 갑구)

【 갑 구 】	(소유권에 관한 사항)			
순위번호	등 기 목 적	접 수	등 기 원 인	권 리 자 및 기 타 사 항
1 (전 1)	소유권보존	2019년1월8일 제170호		소유자 신일기계주식회사 113316-1231212 서울특별시 종로구 대학로 11 (연지동) 2019년3월8일 등기 분할로 인하여 신일기계공장의 소유자에 관한 부분을 서울특별시 서초구 명달로22길 23 현대자동차공장에서 이기 접수 2019년6월10일 제937호

2. 공장재단의 합병

가. 저당권의 등기가 전부 말소된 공장재단의 합병 829

(갑 재단, 표제부)

【표 제 부】	(재단의 표시)		
표시번호	접 수	공장재단의 표시	등기원인 및 기타사항
~~1~~	~~2019년1월8일~~	~~공장의 명칭 성일제사공장~~ ~~공장의 위치 서울특별시 서초구~~ ~~명달로22길 23(서초동)~~ ~~주된 영업소 서울특별시 종로구~~ ~~인사동6길 8(인사동)~~ ~~영업의 종류 제사~~ ~~재단목록 제2019-1호~~ ~~도면 제2019-1호~~	
2	2019년4월26일	공장의 명칭 성일제사공장 공장의 위치 서울특별시 서초구 명달로22길 23(서초동) 주된 영업소 서울특별시 종로구 인사동6길 8(인사동) 영업의 종류 제사 공장 소유자 성일제사주식회사 재단목록 제2019-1호 도면 제2019-1호 공장의 명칭 제일방직공장 공장의 위치 서울특별시 도봉구 마들로 20(월계동) 주된 영업소 서울특별시 종로구 대학로 11(연지동) 영업의 종류 견직물 제조 공장 소유자 제일방직공업주식회사 재단목록 제2019-2호 도면 제2019-2호	합병으로 인하여 2019년2월21일 저당권의 등기가 전부 말소된 제일방직공장을 서울특별시 도봉구 마들로 20 제일방직공장에서 이기

(갑 재단, 갑구)

【 갑 구 】 (소유권에 관한 사항)				
순위번호	등 기 목 적	접 수	등 기 원 인	권 리 자 및 기 타 사 항
1	소유권보존	2019년1월8일 제170호		~~소유자 성일제사주식회사~~ ~~121171-1121171~~ ~~서울특별시 종로구 인사동6길 8 (인사동)~~ ~~2019년3월21일 등기~~
1-1	1번소유권변경			소유자 성일제사주식회사 121171-1121171 서울특별시 종로구 인사동6길 8(인사동) 제일방직공업주식회사 112211-1316111 서울특별시 종로구 대학로 11 (연지동)
				합병으로 인하여 제일방직공장의 소유자에 관한 부분을 서울특별시 도봉구 마들로 20 제일방직공장에서 이기 접수 2019년4월26일 제7305호

(을 재단, 표제부)

【표 제 부】 (재단의 표시)			
표시번호	접 수	공장재단의 표시	등기원인 및 기타사항
~~1~~	~~2018년10월1일~~	~~공장의 명칭 제일방직공장~~ ~~공장의 위치 서울특별시 도봉구 마들로 20(월계동)~~ ~~주된 영업소 서울특별시 종로구 대학로 11(연지동)~~ ~~영업의 종류 견직물 제조~~ ~~재단목록 제2019-2호~~ ~~도면 제2019-2호~~	
2	2019년4월26일		합병으로 인하여 제일방직공장을 서울특별시 서초구 명달로22길 23 성일제사공장에 이기
			2번 등기하였으므로 본 등기기록 폐쇄 2019년4월26일

나. 저당권등기가 있는 공장재단의 합병 830

(갑 재단, 표제부)

【표 제 부】 (재단의 표시)			
표시번호	접 수	공장재단의 표시	등기원인 및 기타사항
~~1~~	~~2019년1월8일~~	~~공장의 명칭 성일제사공장~~ ~~공장의 위치 서울특별시 서초구 명달로22길 23(서초동)~~ ~~주된 영업소 서울특별시 종로구 인사동6길 8(인사동)~~ ~~영업의 종류 제사~~ ~~재단목록 제2019-1호~~ ~~도면 제2019-1호~~	
2	2019년4월26일	공장의 명칭 성일제사공장 공장의 위치 서울특별시 서초구 명달로22길 23(서초동) 주된 영업소 서울특별시 종로구 인사동6길 8(인사동) 영업의 종류 제사 공장 소유자 성일제사주식회사 재단목록 제2019-1호 도면 제2019-1호 공장의 명칭 제일방직공장 공장의 위치 서울특별시 도봉구 마들로 20(월계동) 주된 영업소 서울특별시 종로구 대학로 11(연지동) 영업의 종류 견직물 제조 공장 소유자 제일방직공업주식회사 재단목록 제2019-2호 도면 제2019-2호	합병으로 인하여 제일방직공장을 서울특별시 도봉구 마들로 20 제일방직공장에서 이기

3. 공장의 추가, 분리 등에 의한 변경(경정)

가. 주된 영업소 변경의 경우 831

(표제부)

【표 제 부】 (재단의 표시)			
표시번호	접 수	공장재단의 표시	등기원인 및 기타사항
~~1~~	~~2019년1월8일~~	~~공장의 명칭 문화기술공장~~ ~~공장의 위치 서울특별시 서초구 명달로22길 23(서초동)~~ ~~주된 영업소 서울특별시 종로구 인사동6길 8(인사동)~~ ~~영업의 종류 자동차 부품 제조~~ ~~재단목록 제2019-1호~~ ~~도면 제2019-1호~~	
2	2019년4월26일	공장의 명칭 문화기술공장 공장의 위치 서울특별시 서초구 명달로22길 23(서초동) 주된 영업소 서울특별시 종로구 대학로 11(연지동) 영업의 종류 자동차 부품 제조 재단목록 제2019-1호 도면 제2019-1호	주된 영업소의 변경

나. 공장 명칭 변경의 경우 832

(표제부)

【표 제 부】	(재단의 표시)		
표시번호	접 수	공장재단의 표시	등기원인 및 기타사항
~~1~~	~~2019년1월8일~~	~~공장의 명칭 문화기술공장~~ ~~공장의 위치 서울특별시 서초구 명달로22길 23(서초동)~~ ~~주된 영업소 서울특별시 종로구 인사동6길 8(인사동)~~ ~~영업의 종류 자동차 부품 제조~~ ~~재단목록 제2019-1호~~ ~~도면 제2019-1호~~	
2	2019년4월26일	공장의 명칭 문화기계공장 공장의 위치 서울특별시 서초구 명달로22길 23(서초동) 주된 영업소 서울특별시 종로구 인사동6길 8(인사동) 영업의 종류 자동차 부품 제조 재단목록 제2019-1호 도면 제2019-1호	공장명칭의 변경

다. 공장 추가에 의한 변경의 경우 833

(표제부)

【표 제 부】	(재단의 표시)		
표시번호	접 수	공장재단의 표시	등기원인 및 기타사항
~~1~~	~~2019년1월8일~~	~~공장의 명칭 문화기술공장~~ ~~공장의 위치 서울특별시 서초구~~ ~~명달로22길 23(서초동)~~ ~~주된 영업소 서울특별시 종로구~~ ~~인사동6길 8(인사동)~~ ~~영업의 종류 자동차 부품 제조~~ ~~재단목록 제2019-1호~~ ~~도면 제2019-1호~~	
2	2019년4월26일	공장의 명칭 문화기술공장 공장의 위치 서울특별시 서초구 명달로22길 23(서초동) 주된 영업소 서울특별시 종로구 인사동6길 8(인사동) 영업의 종류 자동차 부품 제조 재단목록 제2019-1호 도면 제2019-1호 공장의 명칭 성공기계공장 공장의 위치 서울특별시 도봉구 마들로 20(월계동) 주된 영업소 서울특별시 종로구 대학로 11(연지동) 영업의 종류 모터 제조 재단목록 제2019-2호 도면 제2019-2호	공장추가등기

라. 공장 분리에 의한 변경의 경우 834

(표제부)

【표 제 부】 (재단의 표시)			
표시번호	접 수	공장재단의 표시	등기원인 및 기타사항
~~1~~	~~2019년1월8일~~	~~공장의 명칭 문화기술공장~~ ~~공장의 위치 서울특별시 서초구 명달로22길 23(서초동)~~ ~~주된 영업소 서울특별시 종로구 인사동6길 8(인사동)~~ ~~영업의 종류 자동차 부품 제조~~ ~~재단목록 제2019-1호~~ ~~도면 제2019-1호~~ ~~공장의 명칭 성공기계공장~~ ~~공장의 위치 서울특별시 도봉구 마들로 20(월계동)~~ ~~주된 영업소 서울특별시 종로구 대학로 11(연지동)~~ ~~영업의 종류 모터 제조~~ ~~재단목록 제2019-2호~~ ~~도면 제2019-2호~~	
2	2019년4월26일	공장의 명칭 문화기술공장 공장의 위치 서울특별시 서초구 명달로22길 23(서초동) 주된 영업소 서울특별시 종로구 인사동6길 8(인사동) 영업의 종류 자동차 부품 제조 재단목록 제2019-1호 도면 제2019-1호	성공기계공장 분리

4. 구성 부동산의 추가에 따라 부동산등기부에 하는 등기

가. 동일 등기소 관할 부동산의 경우 835

(갑구)

【 갑 구 】	(소유권에 관한 사항)			
순위번호	등 기 목 적	접 수	등 기 원 인	권 리 자 및 기 타 사 항
1	소유권보존	2019년1월8일 제73호		소유자 주식회사삼양 110111-0062432 서울특별시 종로구 인사동6길 8 (인사동)
2				이 부동산은 새로 공장재단에 속하게 될 것으로 공장재단목록 기록의 변경등기 신청이 있음 접수 2019년4월26일 제1704호 2019년4월30일 등기
3				이 부동산은 공장재단에 속함 2019년6월21일 등기

(주) 순위 2번 등기의 권리자 및 기타사항란에 기록된 접수일자와 접수번호는 공장재단에 재단을 구성하는 부동산을 추가하는 재단목록 기록의 변경등기 신청서의 접수일자와 접수번호이다.

나. 다른 등기소 관할 부동산의 경우 836

(갑구)

【 갑 구 】	(소유권에 관한 사항)			
순위번호	등 기 목 적	접 수	등 기 원 인	권 리 자 및 기 타 사 항
1	소유권보존	2019년1월8일 제73호		소유자 화양주식회사 110111-0065273 서울특별시 종로구 인사동6길 8 (인사동)
2		2019년4월30일 제834호		이 부동산은 새로 공장재단에 속하게 될 것으로 서울중앙지방법원 등기국에 공장재단목록 기록의 변경등기 신청이 있음 접수 2019년4월26일 제1704호
3		2019년6월21일 제2550호		이 부동산은 공장재단에 속함

5. 구성 부동산의 분리에 따라 부동산등기부에 하는 등기

가. 동일 등기소 관할 부동산인 경우 837

(갑구)

【 갑 구 】 (소유권에 관한 사항)				
순위번호	등 기 목 적	접 수	등 기 원 인	권 리 자 및 기 타 사 항
1	소유권보존	2018년11월5일 제1705호		소유자 주식회사미래자동차 123122-1712611 서울특별시 서초구 강남대로4길 12(양재동)
~~2~~				~~이 부동산은 공장재단에 속하게 될 것으로 그 재단에 관한 소유권보존등기의 신청이 있음~~ ~~접수 2019년3월8일~~ ~~제978호~~ ~~2019년3월9일 등기~~
~~3~~				~~이 부동산은 공장재단에 속함~~ ~~2019년6월3일 등기~~
4				이 부동산은 공장재단에 속하지 아니하게 될 것으로 공장재단목록 기록의 변경등기의 신청이 있음 접수 2019년6월25일 제8342호
5	2번, 3번 등기 말소			공장 및 광업재단 저당법 제47조의 규정에 의하여 2019년 6월 25일 등기

나. 다른 등기소 관할 부동산인 경우 838

(갑구)

【 갑 구 】	(소유권에 관한 사항)			
순위번호	등 기 목 적	접 수	등 기 원 인	권 리 자 및 기 타 사 항
1	소유권보존	2019년1월8일 제73호		소유자 주식회사미래자동차 123122-1712611 서울특별시 서초구 강남대로4길 12(양재동)
~~2~~		~~2019년1월25일~~ ~~제255호~~		~~이 부동산은 공장재단에 속하게 될 것으로 서울중앙지방법원 등기국에 그 재단에 관한 소유권보존등기의 신청이 있음~~ ~~접수 2019년1월21일~~ ~~제477호~~
~~3~~		~~2019년4월26일~~ ~~제2550호~~		~~이 부동산은 공장재단에 속함~~
4		2019년6월28일 제5795호		이 부동산은 공장재단에 속하지 아니하게 될 것으로 서울중앙지방법원 등기국에 공장재단목록 기록의 변경 등기의 신청이 있음 접수 2019년6월25일 제7305호
5	2번, 3번 등기 말소			공장 및 광업재단 저당법 47조의 규정에 의하여 2019년 6월 28일 등기

제3절 공장재단의 소유권이전등기

1. 공장재단등기부

가. 매매로 인한 소유권이전 839

(갑구)

【 갑 구 】	(소유권에 관한 사항)			
순위번호	등 기 목 적	접 수	등 기 원 인	권 리 자 및 기 타 사 항
1	소유권보존	2019년1월8일 제170호		소유자 주식회사미래자동차 123122-1712611 서울특별시 서초구 강남대로4길 12(양재동)
2	소유권이전	2019년5월23일 제8342호	2019년5월20일 매매	소유자 주식회사로니모터스 112110-1611234 서울특별시 중구 마장로 25 (신당동)

나. 공장재단의 일괄 공매로 인한 소유권이전 840

(갑구)

【 갑 구 】	(소유권에 관한 사항)			
순위번호	등 기 목 적	접 수	등 기 원 인	권 리 자 및 기 타 사 항
1	소유권보존	2019년1월8일 제147호		소유자 성일제사주식회사 121171-1121171 서울특별시 중구 서소문로 32(서소문동)
~~2~~	~~압류~~	~~2019년2월8일~~ ~~제548호~~	~~2019년2월7일~~ ~~압류(세일2345)~~	~~권리자 서울특별시 411~~
3	소유권이전	2019년3월19일 제730호	2019년3월18일 공매	소유자 화랑주식회사 110111-1012312 서울특별시 서초구 강남대로4길 12(양재동)
4	2번압류등기말소	2019년3월19일 제730호	2019년3월18일 공매	

2. 부동산등기부

가. 매매로 인한 소유권이전 841

(갑구)

【 갑 구 】	(소유권에 관한 사항)			
순위번호	등 기 목 적	접 수	등 기 원 인	권 리 자 및 기 타 사 항
1	소유권보존	2017년11월10일 제17305호		소유자 주식회사미래자동차 123122-1712611 서울특별시 서초구 강남대로4길 12(양재동)
2				이 부동산은 공장재단에 속하게 될 것으로 그 재단에 관한 소유권보존등기의 신청이 있음 접수 2018년2월21일 제978호 2018년2월22일 등기
3				이 부동산은 공장재단에 속함 2018년6월1일 등기
4	소유권이전	2019년6월3일 제2550호	2019년5월23일 공장재단 소유권이전	소유자 주식회사로니모터스 112110-1611234 서울특별시 중구 마장로 25 (신당동)

나. 공장재단의 일괄 공매로 인한 소유권이전 842

(갑구)

【 갑 구 】 (소유권에 관한 사항)				
순위번호	등 기 목 적	접 수	등 기 원 인	권 리 자 및 기 타 사 항
1	소유권보존	2017년11월10일 제17305호		소유자 성일제사주식회사 121171-1121171 서울특별시 중구 서소문로 32(서소문동)
2				이 부동산은 공장재단에 속하게 될 것으로 그 재단에 관한 소유권보존 등기의 신청이 있음 접수 2018년2월21일 제978호 2018년2월22일 등기
3				이 부동산은 공장재단에 속함 2018년6월1일 등기
4	소유권이전	2019년3월25일 제1004호	2019년3월19일 공장재단 소유권이전	소유자 화랑주식회사 110111-1012312 서울특별시 서초구 강남대로4길 12(양재동)

제4절 공장재단 소멸의 등기

1. 공장재단등기부

가. 소유권보존등기의 실효의 경우 843

(표제부)

【표 제 부】	(재단의 표시)		
표시번호	접 수	공장재단의 표시	등기원인 및 기타사항
~~1~~	~~2018년1월8일~~	~~공장의 명칭 재일방직공장~~ ~~공장의 위치 서울특별시 서초구 명달로22길 23(서초동)~~ ~~주된 영업소 서울특별시 종로구 인사동6길 8(인사동)~~ ~~영업의 종류 견직물 제조~~ ~~재단목록 제2018-1호~~ ~~도면 제2018-1호~~	
2			공장및광업재단저당법 제21조의 규정에 의한 소유권보존등기의 실효 2019년5월2일 등기
			2번 등기하였으므로 본 등기기록 폐쇄 2019년5월2일 등기

나. 공장재단 소멸의 등기신청이 있는 경우 844

(표제부)

【표 제 부】 (재단의 표시)			
표시번호	접 수	공장재단의 표시	등기원인 및 기타사항
~~1~~	~~2018년1월8일~~	~~공장의 명칭 재일방직공장~~ ~~공장의 위치 서울특별시 서초구 명달로22길 23(서초동)~~ ~~주된 영업소 서울특별시 종로구 인사동6길 8(인사동)~~ ~~영업의 종류 견직물 제조~~ ~~재단목록 제2018-1호~~ ~~도면 제2018-1호~~	
2	2019년5월2일		공장재단 소멸등기
			2번 등기하였으므로 본 등기기록 폐쇄 2019년5월2일

2. 부동산등기부

가. 소유권보존등기의 실효의 경우 845

(갑구)

【 갑 구 】		(소유권에 관한 사항)		
순위번호	등 기 목 적	접 수	등 기 원 인	권 리 자 및 기 타 사 항
1	소유권보존	2018년1월8일 제82호		소유자 주식회사삼양 110111-0062432 서울특별시 종로구 인사동6길 8(인사동)
~~2~~				~~이 부동산은 공장재단에 속하게 될 것으로 그 재단에 관한 소유권보존등기의 신청이 있음~~ ~~접수 2018년3월8일~~ ~~제978호~~
~~3~~				~~이 부동산은 공장재단에 속함~~ ~~2018년6월3일 등기~~
4	2번, 3번등기 말소			공장재단의 소유권보존등기 실효 2019년5월2일 등기

나. 신청에 의하여 공장재단을 말소한 경우 846

(갑구)

【 갑 구 】		(소유권에 관한 사항)		
순위번호	등 기 목 적	접 수	등 기 원 인	권 리 자 및 기 타 사 항
1	소유권보존	2018년1월8일 제82호		소유자 주식회사삼양 110111-0062432 서울특별시 종로구 인사동6길 8(인사동)
~~2~~				~~이 부동산은 공장재단에 속하게 될 것으로 그 재단에 관한 소유권보존등기의 신청이 있음~~ ~~접수 2018년3월8일~~ ~~제978호~~
~~3~~				~~이 부동산은 공장재단에 속함~~ ~~2018년6월3일 등기~~
4	2번, 3번등기 말소	2019년5월2일 제7305호	2019년4월25일 공장재단 소멸	

다. 소유권보존등기신청을 각하(또는 취하)한 경우 847

(갑구)

【 갑	구 】	(소유권에 관한 사항)		
순위번호	등 기 목 적	접 수	등 기 원 인	권 리 자 및 기 타 사 항
1	소유권보존	2019년1월8일 제82호		소유자 주식회사삼양 110111-0062432 서울특별시 종로구 인사동6길 8(인사동)
~~2~~				~~이 부동산은 공장재단에 속하게 될 것으로 그 재단에 관한 소유권보존등기의 신청이 있음 접수 2019년3월8일 제978호~~
3	2번등기말소			공장재단 소유권보존등기 신청 각하(또는 취하) 2019년4월26일 등기

라. 구성물건의 분리의 경우 848

(갑구)

【 갑	구 】	(소유권에 관한 사항)		
순위번호	등 기 목 적	접 수	등 기 원 인	권 리 자 및 기 타 사 항
1	소유권보존	2019년1월8일 제82호		소유자 주식회사삼양 110111-0062432 서울특별시 종로구 인사동6길 8(인사동)
~~2~~				~~이 부동산은 공장재단에 속하게 될 것으로 그 재단에 관한 소유권보존등기의 신청이 있음 접수 2019년3월8일 제978호~~
~~3~~				~~이 부동산은 공장재단에 속함 2019년6월3일 등기~~
4	2번, 3번등기 말소	2019년6월28일 제7305호	2019년6월25일 분리	

마. 저당권등기를 하기 전에 한 압류등기 등의 말소의 경우(공장 및 광업재단저당법 제17조) 849

(갑구)

【 갑 구 】	(소유권에 관한 사항)			
순위번호	등 기 목 적	접 수	등 기 원 인	권 리 자 및 기 타 사 항
3	소유권이전	2019년1월8일 제147호		소유자 성일제사주식회사 121171-1121171 서울특별시 종로구 인사동6길 8(인사동)
4				이 부동산은 공장재단에 속하게 될 것으로 그 재단에 관한 소유권보존등기의 신청이 있음 접수 2019년3월8일 제978호
~~5~~	~~압류~~	~~2019년5월10일~~ ~~제5482호~~	~~2019년5월7일~~ ~~압류(세일 2345)~~	~~권리자 서울특별시 411~~
6				이 부동산은 공장재단에 속함 2019년6월3일 등기
7	5번압류등기말소			공장재단에 저당권설정등기 2019년6월25일 등기

제5절 공장재단 목록의 기록

1. 공장재단 목록표시

가. 소유권보존등기의 경우 850

공장재단목록(표지)

공장의 명칭 신일기계공장
공장의 위치 서울특별시 마포구 마포대로11가길 25(염리동)

신청인 신일산업주식회사
대리인 법무사 이 갑 돌 (인)

나. 변경목록 제출의 경우 851

<table><tr><td>

공장재단목록 제2019-3호의
변경목록(표지)

신청인　신일산업주식회사

대리인　법무사 이 갑 돌 (인)

</td></tr></table>

다. 추가목록 제출의 경우 852

공장재단목록 제2019-3호의
추가목록(표지)

신청인 신일산업주식회사

대리인 법무사 이 갑 돌 (인)

라. 재단분할로 인한 목록분리의 경우 853

(갑 재단목록)

<table><tr><td>

공장재단목록 제2019-3호의

분리목록(표지)

신청인 신일산업주식회사

대리인 법무사 이 갑 돌 (인)

</td></tr></table>

(을 재단목록)

공장재단목록(표지)

공장의 명칭　한일기계공장
공장의 위치　서울특별시 마포구 마포대로11가길 26(염리동)

신청인　한일산업주식회사
대리인　법무사 이 갑 돌 (인)

마. 재단합병으로 인한 목록변경의 경우 854

(갑 재단목록)

<table><tr><td>

공장재단목록 제2019-3호의
합병목록(표지)

신청인 신일산업주식회사
대리인 법무사 이 갑 돌 (인)

</td></tr></table>

(을 재단목록)

※ 을 공장재단목록은 폐쇄 처리한다.

제6절 광업재단등기

1. 1개의 광업권으로 구성되는 재단의 보존등기 855

(표제부)

【표 제 부】 (재단의 표시)			
표시번호	접 수	광업재단의 표시	등기원인 및 기타사항
1	2019년5월2일	광구의 위치 경상북도 봉화군 석포면 석포리 2 광물의 명칭 석회 광구의 면적 300헥타 광업권 등록번호 제68호 광업 사무소 전라남도 장성군 서삼면 축령로 5 재단목록 제2019-3호 도면 제2019-3호	

(주) 1. 2개 이상의 광구로 구성하는 경우에는 각 광업권별로 재단목록을 기록한다.
2. 광구의 위치 기록 시 광업원부의 기록과 동일하게 광구의 소재지와 광업지적번호를 기록하며, 광구의 소재지는 '○○광역시 ○○구', '○○광역시 ○○군 ○○읍(면)', '○○광역시 ○○읍(면)', '○○도 ○○시'나 '○○도 ○○시 ○○읍(면)', '○○도 ○○군 ○○읍(면)'으로 기록한다.

2. 2개 이상의 광업권으로 구성되는 재단의 보존등기 856

(표제부)

【표 제 부】	(재단의 표시)		
표시번호	접 수	광업재단의 표시	등기원인 및 기타사항
1	2019년5월2일	광구의 위치 경상북도 봉화군 석포면 석포리 2 광물의 명칭 석회 광구의 면적 300헥타 광업권 등록번호 제68호 광업 사무소 전라남도 장성군 서삼면 축령로 5 재단목록 제2019-3호 도면 제2019-3호 광구의 위치 전라남도 장성군 서삼면 금계리 산6 광물의 명칭 석회 광구의 면적 200헥타 광업권 등록번호 제608호 광업 사무소 전라남도 장성군 서삼면 축령로 5 재단목록 제2019-4호 도면 제2019-4호	

(주) 2개 이상의 광구로 구성하는 경우에는 각 광업권별로 재단목록을 기록한다.

제3편

입목등기

Supreme Court of Korea

제1절 소유권보존등기

1. 입목 소유권보존등기 857

(표제부)

【표 제 부】	(입목의 표시)			
표시번호	접 수	소재지번 및 입목번호	입 목 내 역	등기원인 및 기타사항
1	2019년3월5일	경기도 광주시 도척면 도웅리 산15	임야 50,000㎡내 서북쪽 노루골 20,000㎡ 잣나무 25년생 1,000주 낙엽송 13년생 1,500주 밤나무 17년생 2,000주 조사년도 2019년 도면 제2019-1호	

(갑구)

【 갑 구 】	(소유권에 관한 사항)			
순위번호	등 기 목 적	접 수	등 기 원 인	권 리 자 및 기 타 사 항
1	소유권보존	2019년3월5일 제3호		소유자 정다운 721205-1352121 경기도 광주시 도척면 도척윗로 10

(토지 등기부, 표제부)

【표 제 부】	(토지의 표시)				
표시번호	접 수	소 재 지 번	지 목	면 적	등기원인 및 기타사항
1	2012년5월10일	경기도 광주시 도척면 도웅리 산15	임야	50,000㎡	
2	2019년3월5일				입목소유권보존등기 입목등기 경기도 광주시 도척면 도웅리 산15

(주) 토지의 등기기록 중 표제부에 입목등기기록을 표시할 때에는 수목이 부착된 토지의 소재지번을 기록하여야 한다. 이 경우 하나의 토지에 여러 개의 입목등기가 있는 경우에는 입목번호도 함께 기록하여야 한다.(입목등기규칙 제5조)

2. 근저당권등기 있는 토지상의 입목 소유권보존등기(입목에 관한 법률 제18조 참조)

가. 입목등기부 858

(을구)

【 을 구 】	(저당권에 관한 사항)			
순위번호	등 기 목 적	접 수	등 기 원 인	권 리 자 및 기 타 사 항
1 (전 1)	근저당권설정	2019년2월8일 제120호	2019년2월7일 설정계약	채권최고액 금50,000,000원 채무자 정다운 경기도 광주시 도척면 도척윗로 10 근저당권자 주식회사대한은행 110100-4803112 서울특별시 강남구 강남대로 430 (양재동) (강남지점)
				토지등기 광주시 도척면 도웅리 산15에서 이기 공동담보목록 제2019-10호 2019년3월5일

(주) 입목소유권보존등기의 대상인 토지등기기록에서 (근)저당권등기를 이기하고, 해당 입목등기와 토지등기를 공동담보목록으로 구성한다.

나. 토지등기부 859

(을구)

【 을 구 】	(소유권 이외의 권리에 관한 사항)			
순위번호	등 기 목 적	접 수	등 기 원 인	권 리 자 및 기 타 사 항
1	근저당권설정	2019년2월8일 제120호	2019년2월7일 설정계약	채권최고액 금50,000,000원 채무자 정다운 경기도 광주시 도척면 도척윗로 10 근저당권자 주식회사대한은행 110100-4803112 서울특별시 강남구 강남대로 430 (양재동) (강남지점)
1-1	1번근저당권담보 추가			공동담보목록 제2019-10호 2019년3월5일 부기

(주) 입목등기와 토지등기를 공동담보목록으로 구성한다. 단, 대상인 토지 등기기록에 이미 공동담보목록이 있는 경우 부동산등기에는 공동담보목록을 작성하지 않고 해당 목록에 기록한다.

다. 공동담보목록 기록례 860

【공동담보목록 】

목록번호	2019-10				
일련번호	부동산에 관한 권리의 표시	관할등기소명	순위번호	기 타 사 항	
				생성원인	변경/소멸
1	[토지]경기도 광주시 도척면 도웅리 산15	수원지방법원 성남지원 광주등기소	1	2019년3월5일 제3호 입목소유권보존 등기로 인하여	
2	[입목]경기도 광주시 도척면 도웅리 산15	수원지방법원 성남지원 광주등기소		2019년3월5일 제3호 입목소유권보존 등기로 인하여	
3					
4					
5					

(주) (근)저당권이 설정된 토지에 입목등기를 하는 경우에는 대상 담보의 수와 상관없이 토지등기와 입목등기를 공동담보목록으로 구성한다.

제2절 표시변경에 관한 등기

1. 입목구분의 등기

가. 입목등기부 갑지 861

(표제부)

【표 제 부】 (입목의 표시)				
표시번호	접 수	소재지번 및 입목번호	입 목 내 역	등기원인 및 기타사항
~~1~~	~~2019년2월8일~~	~~경기도 광주시 도척면 도웅리 산2~~	~~임야 10,000㎡ 잣나무 20년생 3,000주 낙엽송 30년생 2,000주 조사년도 2019년 도면 제2019-7호~~	
2	2019년3월5일	경기도 광주시 도척면 도웅리 산2 제1호	임야 10,000㎡ 내 남쪽 6,000㎡ 잣나무 20년생 3,000주 조사년도 2019년 도면 제2019-10호	구분으로 인하여 낙엽송 생립부분 북쪽 4,000㎡를 경기도 광주시 도척면 도웅리 산2 제2호에 이기

나. 입목등기부 을지 862

(표제부)

【표 제 부】 (입목의 표시)				
표시번호	접 수	소재지번 및 입목번호	입 목 내 역	등기원인 및 기타사항
1	2019년3월5일	경기도 광주시 도척면 도웅리 산2 제2호	임야 10,000㎡ 내 북쪽 4,000㎡ 낙엽송 30년생 2,000주 조사년도 2019년 도면 제2019-10호	구분으로 인하여 낙엽송 생립부분 북쪽 4,000㎡를 경기도 광주시 도척면 도웅리 산2 제1호에서 이기

다. 토지등기부 863

(표제부)

【표 제 부】 (토지의 표시)					
표시번호	접 수	소 재 지 번	지 목	면 적	등기원인 및 기타사항
1	1999년1월15일	경기도 광주시 도척면 도웅리 산2	임야	10,000㎡	
~~2~~	~~2019년2월8일~~				~~입목소유권보존등기~~ ~~입목등기 경기도 광주시 도척면~~ ~~도웅리 산2~~
3	2019년3월5일				입목구분등기 입목등기 경기도 광주시 도척면 도웅리 산2 제1호, 제2호

2. 토지분할로 인한 입목분할등기

가. 입목등기부 갑지 864

(표제부)

【표 제 부】 (입목의 표시)				
표시번호	접 수	소재지번 및 입목번호	입 목 내 역	등기원인 및 기타사항
~~1~~	~~2019년2월8일~~	~~경기도 광주시 도척면 도웅리 산10~~	~~임야 50,000㎡~~ ~~잣나무 23년생 2,000주~~ ~~밤나무 17년생 3,000주~~ ~~조사년도 2019년~~ ~~도면 제2019-1호~~	
2	2019년3월5일	경기도 광주시 도척면 도웅리 산10	임야 20,000㎡ 잣나무 23년생 2,000주 조사년도 2019년 도면 제2019-10호	분할로 인하여 밤나무 생립부분 30,000㎡를 경기도 광주시 도척면 도웅리 산10-1에 이기

나. 입목등기부 을지 865

(표제부)

【표 제 부】 (입목의 표시)				
표시번호	접 수	소재지번 및 입목번호	입 목 내 역	등기원인 및 기타사항
1	2019년3월5일	경기도 광주시 도척면 도웅리 산10-1	임야 30,000㎡ 밤나무 17년생 3,000주 조사년도 2019년 도면 제2019-10호	분할로 인하여 밤나무 생립부분 30,000㎡를 경기도 광주시 도척면 도웅리 산10에서 이기

3. 입목합병등기

가. 입목등기부 갑지 866

(표제부)

【표 제 부】	(입목의 표시)			
표시번호	접 수	소재지번 및 입목번호	입 목 내 역	등기원인 및 기타사항
~~1~~	~~2019년2월8일~~	~~경기도 광주시 도척면~~ ~~도웅리 산5 제1호~~	~~임야 50,000㎡~~ ~~내 서쪽 20,000㎡~~ ~~오동나무 15년생 2,000주~~ ~~조사년도 2019년~~ ~~도면 제2019-10호~~	
2	2019년3월5일			합병으로 인하여 오동나무 생립부분 서쪽 20,000㎡를 경기도 광주시 도척면 도웅리 산5 제2호에 이기
				2번 등기하였으므로 본 등기기록 폐쇄 2019년3월5일

나. 입목등기부 을지 867

(표제부)

【표 제 부】	(입목의 표시)			
표시번호	접 수	소재지번 및 입목번호	입 목 내 역	등기원인 및 기타사항
~~1~~	~~2019년2월8일~~	~~경기도 광주시 도척면~~ ~~도웅리 산 5 제2호~~	~~임야 50,000㎡~~ ~~내 동쪽 30,000㎡~~ ~~밤나무 20년생 3,000주~~ ~~조사년도 2019년~~ ~~도면 제2019-11호~~	
2	2019년3월5일	경기도 광주시 도척면 도웅리 산 5 제2호	임야 50,000㎡ 밤나무 20년생 3,000주 오동나무 15년생 2,000주 조사년도 2019년 도면 제2019-30호	합병으로 인하여 오동나무 생립부분 20,000㎡를 경기도 광주시 도척면 도웅리 산5 제1호에서 이기

4. 입목벌채로 인한 변경등기 868

(표제부)

【표　　제　　부】	(입목의 표시)			
표시번호	접 수	소재지번 및 입목번호	입 목 내 역	등기원인 및 기타사항
~~1~~	~~2019년2월8일~~	~~경기도 광주시 도척면 도웅리 산 4~~	~~임야 30,000㎡ 낙엽송 30년생 3,000주 조사년도 2019년 도면 제2019-5호~~	
2	2019년3월5일	경기도 광주시 도척면 도웅리 산 4	임야 30,000㎡ 내 북쪽 10,000㎡ 낙엽송 30년생 1,500주 조사년도 2019년 도면 제2019-11호	일부 벌채

제3절 저당권설정등기

1. 일반적인 경우 869

(을구)

【 을 구 】 (저당권에 관한 사항)				
순위번호	등 기 목 적	접 수	등 기 원 인	권 리 자 및 기 타 사 항
1	저당권설정	2019년3월5일 제1001호	2019년3월4일 설정계약	채권액 금20,000,000원 이 자 연 2할 시업방법 1. 주벌은 일체 행하지 아니한다. 2. 간벌은 3년마다 행하기로 하고 그 실시에 있어서는 계획과 벌채 예정량을 저당권자에게 제출하고 그 지시에 따른다. 3. 고손목이 생길 때에는 저당권자의 지시에 따라 벌채하고 즉시 식재한다. 4. 항상 입목의 육성을 하기 위하여 적당한 방법을 실시한다. 채무자 정다운 서울특별시 종로구 인사동6길 5 (인사동) 저당권자 김한울 650422-1045115 서울특별시 종로구 율곡로 16 (원서동)

(주) 저당권설정등기를 할 때에는 시업방법을 (근)저당권등기의 권리자 및 기타사항에 기록한다.

제4절 근저당권에 관한 등기

1. 근저당권 설정등기

가. 공동근저당 870

(을구)

【 을 구 】	(저당권에 관한 사항)			
순위번호	등 기 목 적	접 수	등 기 원 인	권 리 자 및 기 타 사 항
1	근저당권설정	2019년3월5일 제3691호	2019년3월4일 설정계약	채권최고액 금60,000,000원 시업방법 1. 주벌은 일체 행하지 아니한다. 2. 간벌은 3년마다 행하기로 하고 그 실시에 있어서는 계획과 벌채 예정량을 저당권자에게 제출하고 그 지시에 따른다. 3. 고손목이 생길 때에는 저당권자의 지시에 따라 벌채하고 즉시 식재한다. 4. 항상 입목의 육성을 하기 위하여 적당한 방법을 실시한다. 채무자 정다운 서울특별시 종로구 인사동6길 5 (인사동) 근저당권자 김한울 50422-1045115 서울특별시 종로구 율곡로 16 (원서동) 공동담보 입목 경기도 광주시 도척면 도웅리 산5

(주) 다른 입목등기와 공동담보인 경우 입목의 소재지번을 기록하며, 하나의 지번에 여러 개의 입목등기가 있는 경우에는 소재지번과 입목번호를 기록한다.

나. 담보목록이 제출된 공동근저당 871

(을구)

【 을 구 】		(저당권에 관한 사항)		
순위번호	등 기 목 적	접 수	등 기 원 인	권 리 자 및 기 타 사 항
1	근저당권설정	2019년3월5일 제3691호	2019년3월4일 설정계약	채권최고액 금60,000,000원 시업방법 1. 주벌은 일체 행하지 아니한다. 2. 간벌은 3년마다 행하기로 하고 그 실시에 있어서는 계획과 벌채 예정량을 저당권자에게 제출하고 그 지시에 따른다. 3. 고손목이 생길 때에는 저당권자의 지시에 따라 벌채하고 즉시 식재한다. 4. 항상 입목의 육성을 하기 위하여 적당한 방법을 실시한다. 채무자 정다운 서울특별시 종로구 인사동6길 5 (인사동) 근저당권자 김한울 650422-1045115 서울특별시 종로구 율곡로 16 (원서동) 공동담보목록 제2019-10호

다. 공동담보목록 기록례 872

【공동담보목록 】					
목록번호	2019-10				
일련번호	부동산에 관한 권리의 표시	관할등기소명	순위번호	기 타 사 항	
				생성원인	변경/소멸
1	[입목]경기도 광주시 도척면 도웅리 산1	수원지방법원 성남지원 광주등기소	1	2018년2월9일 제4980호 설정계약으로 인하여	
2	[입목]경기도 광주시 도척면 도웅리 산2	수원지방법원 성남지원 광주등기소	1	2018년2월9일 제4980호 설정계약으로 인하여	
3	[입목]경기도 광주시 도척면 도웅리 산3	수원지방법원 성남지원 광주등기소	1	2018년2월9일 제4980호 설정계약으로 인하여	
4	[입목]경기도 광주시 도척면 도웅리 산4	수원지방법원 성남지원 광주등기소	1	2018년2월9일 제4980호 설정계약으로 인하여	
5	[입목]서울특별시 서초구 서초동 산100	서울중앙지방법원 등기국		2018년2월9일 제4980호 설정계약으로 인하여	

(주) 1. 추가공동담보인 경우에만 전에 등기한 부동산의 표시에 을구 순위번호를 기록한다.
2. 공동담보목록의 변경·소멸의 등기는 목적 부동산을 표시한 뒤 변경 또는 소멸되는 사항을 기록하고 그 변경 또는 소멸한 사항을 말소하는 기호를 기록한다.

라. 새로운 담보물의 추가 873

(을구)

【 을 구 】	(저당권에 관한 사항)			
순위번호	등 기 목 적	접 수	등 기 원 인	권 리 자 및 기 타 사 항
1	근저당권설정	2019년3월5일 제3691호	2019년3월4일 추가설정계약	채권최고액 금60,000,000원 시업방법 1. 주벌은 일체 행하지 아니한다. 2. 간벌은 3년마다 행하기로 하고 그 실시에 있어서는 계획과 벌채 예정량을 저당권자에게 제출하고 그 지시에 따른다. 3. 고손목이 생길 때에는 저당권자의 지시에 따라 벌채하고 즉시 식재한다. 4. 항상 입목의 육성을 하기 위하여 적당한 방법을 실시한다. 채무자 정다운 서울특별시 종로구 인사동6길 5 (인사동) 근저당권자 김한울 650422-1045115 서울특별시 종로구 율곡로 16 (원서동) 공동담보 입목 경기도 광주시 도웅면 도척리 산3의 담보물에 추가

(주) 등기신청서에는 종전의 등기를 표시함에 족한 사항으로서 그 부동산의 표시 외에 종전등기의 순위번호와 접수연월일 및 접수번호를 기록하여야 한다.

마. 담보물의 추가의 부기 874

(을구)

【 을 구 】	(저당권에 관한 사항)			
순위번호	등 기 목 적	접 수	등 기 원 인	권 리 자 및 기 타 사 항
1	근저당권설정	2019년2월8일 제3500호	2019년2월7일 설정계약	채권최고액 금60,000,000원 시업방법 1. 주벌은 일체 행하지 아니한다. 2. 간벌은 3년마다 행하기로 하고 그 실시에 있어서는 계획과 벌채 예정량을 저당권자에게 제출하고 그 지시에 따른다. 3. 고손목이 생길 때에는 저당권자의 지시에 따라 벌채하고 즉시 식재한다. 4. 항상 입목의 육성을 하기 위하여 적당한 방법을 실시한다. 채무자 정다운 서울특별시 종로구 인사동6길 5 (인사동) 근저당권자 김한울 650422-1045115 서울특별시 종로구 율곡로 16 (원서동)
1-1	1번근저당권담보 추가			공동담보 입목 경기도 광주시 도웅면 도척리 산2 2019년3월5일 부기

바. 담보목록에 추가설정 875

(을구)

【 을 구 】		(저당권에 관한 사항)		
순위번호	등 기 목 적	접 수	등 기 원 인	권 리 자 및 기 타 사 항
1	근저당권설정	2019년3월5일 제3980호	2019년3월4일 추가설정계약	채권최고액 금6,000,000원 시업방법 1. 주벌은 일체 행하지 아니한다. 2. 간벌은 3년마다 행하기로 하고 그 실시에 있어서는 계획과 벌채 예정량을 저당권자에게 제출하고 그 지시에 따른다. 3. 고손목이 생길 때에는 저당권자의 지시에 따라 벌채하고 즉시 식재한다. 4. 항상 입목의 육성을 하기 위하여 적당한 방법을 실시한다. 채무자 정다운 서울특별시 종로구 인사동6길 5 (인사동) 근저당권자 김한울 650422-1045115 서울특별시 종로구 율곡로 16 (원서동) 공동담보목록 제2019-50호

사. 추가공동담보목록 기록례 876

【공 동 담 보 목 록 】					
목록번호	2019-50				
일련번호	부동산에 관한 권리의 표시	관할등기소명	순위번호	기 타 사 항	
				생성원인	변경/소멸
1	[입목]경기도 광주시 도척면 도웅리 산1	수원지방법원 성남지원 광주등기소	1	2019년3월5일 제3980호 담보추가로 인하여	
2	[입목]경기도 광주시 도척면 도웅리 산2	수원지방법원 성남지원 광주등기소	1	2019년3월5일 제3980호 담보추가로 인하여	
3	[입목]경기도 광주시 도척면 도웅리 산3	수원지방법원 성남지원 광주등기소	1	2019년3월5일 제3980호 담보추가로 인하여	
4	[입목]경기도 광주시 도척면 도웅리 산4	수원지방법원 성남지원 광주등기소	1	2019년3월5일 제3980호 담보추가로 인하여	
5	[입목]부산광역시 금정구 장전동 산100-1	부산지방법원 금정등기소		2019년3월5일 제3980호 담보추가로 인하여	

(주) 1. 추가공동담보인 경우 전에 등기한 부동산의 표시에만 을구 순위번호를 기록한다.
2. 추가하는 부동산과 전에 등기한 부동산이 합하여 5개 이상이 될 때에는 공동담보목록을 작성한다.

아. 다른 등기소로부터 담보 추가의 통지가 있는 경우의 부기 877

(을구)

【 을 구 】		(저당권에 관한 사항)		
순위번호	등 기 목 적	접 수	등 기 원 인	권 리 자 및 기 타 사 항
1	근저당권설정	(생 략)	(생 략)	(생 략)
1-1	1번근저당권담보 추가	2019년3월5일 제3691호		공동담보목록 제2019-56호

(주) 1. 추가설정계약의 통지서와 함께 공동담보목록의 송부가 있는 경우이다.
2. 한 입목의 추가설정통지의 송부가 있는 경우에는 "공동담보 입목 경기도 광주시 도척면 도웅리 산10"의 형태로 기록한다.

자. 목록 제출이 있는 입목에 대한 담보목록 제출의 추가설정 878

(을구)

【 을 구 】		(저당권에 관한 사항)		
순위번호	등 기 목 적	접 수	등 기 원 인	권 리 자 및 기 타 사 항
1	근저당권설정	2019년3월5일 제3691호	2019년3월4일 추가설정계약	채권최고액 금6,000,000원 시업방법 1. 주벌은 일체 행하지 아니한다. 2. 항상 입목의 육성을 하기 위하여 노력한다. 채무자 정다운 서울특별시 종로구 인사동6길 5 (인사동) 근저당권자 김한울 650422-1045115 서울특별시 종로구 율곡로 16 (원서동) 공동담보목록 제2019-30호

제4편

선박등기

Supreme Court of Korea

제1절 소유권보존등기

1. 국내에서 건조한 선박의 경우

가. 보통선박인 경우 879

(표제부)

【표 제 부】	(선박의 표시)		
표시번호	접 수	선박의 표시	등기원인 및 기타사항
1	2019년3월27일	선박의 종류와 명칭 범선 목포호 선적항 부산광역시 동래구 선 질 동과 목 총톤수 2,000톤 기관의 종류와 수 발동기 2개 추진기의 종류와 수 영선추진기 2개 범선의 범장 2장 스르프 진수 연월일 2018년5월7일	

(주) 1. 국내에서 건조한 선박은 국적취득 연월일을 기록하지 아니한다.
2. 선적항이 광역시인 경우에는 '○○광역시', '○○광역시 ○○구', '○○광역시 ○○군 ○○읍(면), '○○광역시 ○○읍(면)'으로, 광역시가 아닌 시인 경우에는 '○○도 ○○시'나 '○○도 ○○시 ○○읍(면)'으로, 군인 경우에는 '○○도 ○○군 ○○읍(면)'으로 기록한다. 광역시에 기록하는 구는 자치구이며 행정구는 해당되지 않는다.
3. 범선의 경우에만 범장을 기록한다.

(갑구)

【 갑 구 】	(소유권에 관한 사항)			
순위번호	등 기 목 적	접 수	등 기 원 인	권 리 자 및 기 타 사 항
1	소유권보존	2019년3월27일 제385호		소유자 목포선박주식회사 110111-1011011 부산광역시 영도구 대교로 12 (봉래동1가)

나. 압항부선과 해저조망부선의 경우 880

(표제부)

【표 제 부】	(선박의 표시)		
표시번호	접 수	선박의 표시	등기원인 및 기타사항
1	2019년3월27일	선박의 종류와 명칭 해저조망부선 바다무지개호 선적항 부산광역시 동래구 선 질 강철 총톤수 704.38톤 기관의 종류와 수 없음 추진기의 종류와 수 없음 진수 연월일 1998년7월1일 국적취득 연월일 2019년3월27일	

(주) 국내에서 건조한 선박은 국적취득 연월일을 기록하지 아니한다.

2. 외국에서 건조한 선박의 경우 881

(표제부)

【표 제 부】	(선박의 표시)		
표시번호	접 수	선박의 표시	등기원인 및 기타사항
1	2019년3월27일	선박의 종류와 명칭 기선 인천호 선적항 인천광역시 남구 선 질 강철 총톤수 5,000톤 기관의 종류와 수 발동기 2개 추진기의 종류와 수 영선추진기 2개 진수 연월일 2018년10월8일 국적취득 연월일 2018년11월5일	

(주) 외국에서 건조한 선박은 표시란에 국적취득 연월일을 기록한다.

3. 선박 소유권이 공유인 경우 882

(갑구)

【 갑 구 】	(소유권에 관한 사항)			
순위번호	등 기 목 적	접 수	등 기 원 인	권 리 자 및 기 타 사 항
1	소유권보존	2019년3월20일 제365호		공유자 지분 3분의 1 이대한 701115-1201257 서울특별시 중구 서소문로 32 (서소문동) 지분 3분의 2 김우리 600104-1056429 부산광역시 중구 대청로 51 (대청동1가)

(병구)

【 병 구 】	(선박관리인에 관한 사항)			
순위번호	등 기 목 적	접 수	등 기 원 인	선 박 관 리 인 및 기 타 사 항
1	선박관리인선임	2019년3월20일 제365호		선박관리인 김갑돌 601101-1345789 부산광역시 중구 대청로 31 (대청동1가)

(주) 1. 선박 소유권이 공유 관계이면 선박관리인을 선임하여야 하며, 일반적으로 갑구의 공유자 1명을 선박관리인으로 선임하나 전체 공유자의 동의를 얻어 공유자가 아닌 사람을 선박관리인으로 선임할 수 있다. 소유권에 관한 등기와 선박관리인에 관한 등기를 동시에 신청하는 경우에는 선박관리인에 관한 등기의 등기원인과 등기원인일자는 기록하지 않는다.

제2절 소유권이전등기

1. 소유권 전부를 이전하는 경우 883

(갑구)

【 갑 구 】	(소유권에 관한 사항)			
순위번호	등 기 목 적	접 수	등 기 원 인	권 리 자 및 기 타 사 항
1	소유권보존	2002년3월20일 제320호		소유자 이대한 510101-1234567 서울특별시 중구 서소문로 32 (서소문동)
2	소유권이전	2019년3월28일 제339호	2019년3월27일 매매	소유자 김우리 600104-1056429 부산광역시 중구 대청로 51 (대청동1가)

2. 소유권 일부를 이전하는 경우

가. 선박관리인을 동시에 선임 884

(갑구)

【 갑 구 】	(소유권에 관한 사항)			
순위번호	등 기 목 적	접 수	등 기 원 인	권 리 자 및 기 타 사 항
1	소유권보존	2003년3월10일 제125호		소유자 이대한 510101-1234567 서울특별시 중구 필동 7
2	소유권일부이전	2019년3월20일 제398호	2019년3월19일 매매	공유자 지분 3분의 2 김우리 600104-1056429 부산광역시 중구 대청로 51 (대청동1가)

(병구)

【 병 구 】	(선박관리인에 관한 사항)			
순위번호	등 기 목 적	접 수	등 기 원 인	선 박 관 리 인 및 기 타 사 항
1	선박관리인선임	2019년3월20일 제398호		선박관리인 김우리 600104-1056429 부산광역시 중구 대청로 51 (대청동1가)

(주) 1. 소유권이전등기와 동시에 선박관리인을 선임하는 경우에는 별도의 접수번호를 부여하지 않으며, 등기원인 또한 기록하지 아니한다.

나. 선박관리인을 별도로 선임 885

(갑구)

【 갑 구 】	(소유권에 관한 사항)			
순위번호	등 기 목 적	접 수	등 기 원 인	권 리 자 및 기 타 사 항
1	소유권보존	2003년3월10일 제125호		소유자 이대한 510101-1234567 서울특별시 중구 필동 7
2	소유권일부이전	2019년3월20일 제398호	2019년3월19일 매매	공유자 지분 3분의 2 김우리 600104-1056429 부산광역시 중구 대청로 51 (대청동1가)

(병구)

【 병 구 】	(선박관리인에 관한 사항)			
순위번호	등 기 목 적	접 수	등 기 원 인	선 박 관 리 인 및 기 타 사 항
1	선박관리인선임	2019년3월25일 제400호	2019년3월21일 선임	선박관리인 김우리 600104-1056429 부산광역시 중구 대청로 51 (대청동1가)

(주) 1. 소유권이전등기와 별도로 선박관리인을 선임하는 경우에는 별도의 접수번호를 부여하고, 해당 등기원인 또한 별도로 기록한다.

3. 공유지분 이전으로 공유자 중의 1인 단독 소유로 된 경우 886

(갑구)

【 갑 구 】	(소유권에 관한 사항)			
순위번호	등 기 목 적	접 수	등 기 원 인	권 리 자 및 기 타 사 항
1	소유권보존	2003년1월10일 제127호		공유자 지분 3분의 2 대한선박주식회사 110111-1101011 부산 영도구 대교동 8 지분 3분의 1 대양선박주식회사 110102-1101021 서울 중구 을지로 1가 7
2	1번대양선박주식회사지분전부이전	2019년3월29일 제358호	2019년3월24일 매매	공유자 지분 3분의 1 대한선박주식회사 110111-1101011 부산광역시 영도구 대교로 8 (봉래동1가)

(병구)

【 병 구 】	(선박관리인에 관한 사항)			
순위번호	등 기 목 적	접 수	등 기 원 인	선 박 관 리 인 및 기 타 사 항
~~1~~	~~선박관리인선임~~	~~2003년1월10일~~ ~~제127호~~		~~선박관리인 대한선박주식회사~~ ~~110111-1101011~~ ~~부산 영도구 대교동 8~~
2	1번선박관리인 등기말소			공유관계 소멸로 2019년3월29일 등기

(주) 1. 선박 소유권이 공유 관계에서 공유 관계가 아닌 것으로 되면 직권으로 선박관리인에 관한 등기를 말소한다.

4. 공유자 전원의 지분 전부이전으로 제3자의 공유가 되며 선박관리인을 말소한 후 선임한 경우 887

(갑구)

【 갑 구 】	(소유권에 관한 사항)			
순위번호	등 기 목 적	접 수	등 기 원 인	권 리 자 및 기 타 사 항
1	소유권보존	2003년3월20일 제120호		공유자 지분 2분의 1 이대한 651121-1019019 부산 영도구 대교동 7 지분 2분의 1 김우리 601101-1345789 서울 중구 대청동 1가 7
2	1번이대한지분 2분의 1 중 일부(4분의1), 1번김우리지분 2분의 1 중 일부(4분의1) 이전	2019년3월23일 제391호	2019년3월22일 매매	공유자 지분 2분의 1 박나라 620201-2024425 부산광역시 중구 대청로 8 (대청동1가)
3	1번이대한지분전부, 1번김우리지분전부 이전	2019년3월23일 제392호	2019년3월22일 매매	공유자 지분 2분의 1 최민국 680703-1562316 서울특별시 마포구 마포대로11가길 25 (염리동)

(주) 1. 수인 대 수인의 이전인 경우로 부동산등기예규 제1363호를 준용하여 등기권리자나 등기의무자별로 신청하여야 하며, 등기권리자별로 신청하는 경우에는 등기의무자들의 각 지분 중 각 ○분의 ○지분이 등기권리자 중 각 1인에게 이전되었는지를 기록하고, 등기의무자별로 신청하는 경우에는 등기의무자 1인의 지분이 등기권리자들에게 각 ○분의 ○씩 이전되었는지를 기록한다(기록례 208항, 209항 참조).

(병구)

【 병 구 】 (선박관리인에 관한 사항)				
순위번호	등 기 목 적	접 수	등 기 원 인	선 박 관 리 인 및 기 타 사 항
~~1~~	~~선박관리인선임~~	~~2003년3월20일~~ ~~제120호~~		~~선박관리인 이대한 651121-1019019~~ ~~부산 영도구 대교동 7~~
2	1번선박관리인 등기말소			공유관계 소멸로 2019년3월23일 등기
3	선박관리인선임	2019년3월23일 제392호		선박관리인 박나라 620201-2024425 부산광역시 중구 대청로 8 (대청동1가)

(주) 1. 기존의 공유 관계에서 새로운 공유 관계가 성립하면 기존의 선박관리인등기를 직권으로 말소한 후 새로운 선박관리인선임등기를 기록한다.

제3절 변경에 관한 등기

1. 선박관리인 경질 888

(갑구)

【 갑 구 】 (소유권에 관한 사항)				
순위번호	등 기 목 적	접 수	등 기 원 인	권 리 자 및 기 타 사 항
1	소유권보존	2002년5월7일 제515호		공유자 지분 3분의 2 박갑돌 600511-1456789 부산 중구 대청동 1가 5 지분 3분의 1 이도령 510101-1234567 부산 영도구 대교동 8

(병구)

【 병 구 】 (선박관리인에 관한 사항)				
순위번호	등 기 목 적	접 수	등 기 원 인	선 박 관 리 인 및 기 타 사 항
1	선박관리인선임	2002년5월7일 제515호		~~선박관리인 박갑돌 600511-1456789~~ ~~부산 중구 대청동 1가 5~~
1-1	1번선박관리인 변경	2019년3월10일 제375호	2019년3월9일 경질	선박관리인 이도령 510101-1234567 부산광역시 영도구 남항로19번길 (대교동 2가)

2. 선박 종류의 변경 889

(표제부)

【표 제 부】 (선박의 표시)			
표시번호	접 수	선박의 표시	등기원인 및 기타사항
~~1~~	~~2002년5월1일~~	~~선박의 종류와 명칭 범선 동양호~~ ~~선적항 부산광역시 동래구~~ ~~선 질 동과 목~~ ~~총톤수 7백톤~~ ~~기관의 종류와 수 전동기 2개~~ ~~추진기의 종류와 수 영선추진기 2개~~ ~~범선의 범장 2장 스르프~~ ~~진수 연월일 1998년1월9일~~	
2	2019년3월20일	선박의 종류와 명칭 기선 동양호 선적항 부산광역시 동래구 선 질 동과 목 총톤수 700톤 기관의 종류와 수 전동기 2개 추진기의 종류와 수 영선추진기 2개 진수 연월일 2017년1월9일	선박종류 변경

3. 선적항 이전으로 인한 관할 변경 890

(표제부)

【표 제 부】	(선박의 표시)		
표시번호	접 수	선박의 표시	등기원인 및 기타사항
~~1~~	~~2002년8월8일~~	~~선박의 종류와 명칭 기선 부산호~~ ~~선적항 부산광역시 동래구~~ ~~선 질 강철~~ ~~총톤수 3천톤~~ ~~기관의 종류와 수 발동기 2개~~ ~~추진기의 종류와 수 영선추진기 2개~~ ~~진수 연월일 2000년5월1일~~	
2	2019년5월8일	선박의 종류와 명칭 기선 부산호 선적항 목포시 선 질 강철 총톤수 3000톤 기관의 종류와 수 발동기 2개 추진기의 종류와 수 영선추진기 2개 진수 연월일 2017년5월1일	선적항 이전

제4절 건조중인 선박에 대한 저당권에 관한 등기

1. 건조중인 선박에 대한 저당권설정 891

(표제부)

【표 제 부】	(선박의 표시)		
표시번호	접 수	선박의 표시	등기원인 및 기타사항
1	2019년3월10일	선박의 종류와 명칭 기선 (건조중) 선 질 강철 용골의 길이 157미터 계획의 폭 28미터 계획의 깊이 53미터 계획의 총톤수 1500톤 건조지 부산광역시 영도구 대교동 1 조선자 주식회사부산조선소 110111-1012345 부산광역시 영도구 남항로19번길 43 (대교동2가)	

(주) 1. 건조중인 선박의 경우 선박의 명칭을 '(건조중)'이라고 표시하고 조선자의 성명, 주소(조선자가 법인인 때에는 그 상호 또는 명칭 및 본점 또는 주된 사무소를 말함 : 선박등기규칙 제23조제2항 6호)를 기록한다.

(갑구)

【갑 구】	(소유권에 관한 사항)			
순위번호	등 기 목 적	접 수	등 기 원 인	권 리 자 및 기 타 사 항
1				등기의무자 동양기선주식회사 110111-1012212 서울특별시 종로구 인사동6길 8 (인사동) 저당권설정등기의 신청으로 인하여 2019년3월10일 등기

(을구)

【 을 구 】	(저당권 및 임차권에 관한 사항)			
순위번호	등 기 목 적	접 수	등 기 원 인	권 리 자 및 기 타 사 항
1	저당권설정	2019년3월10일 제378호	2019년3월9일 설정계약	채권액 금70,000,000원 변제기 2019년3월10일 이 자 연1할 채무자 동양기선주식회사 서울특별시 종로구 인사동6길 8 (인사동) 저당권자 주식회사국민은행 110112-1110235 서울특별시 강남구 강남대로 430 (양재동) (강남지점)

2. 건조중에 저당권등기를 한 선박의 소유권보존등기 892

(표제부)

【표 제 부】 (선박의 표시)			
표시번호	접 수	선박의 표시	등기원인 및 기타사항
~~1~~	~~2019년3월10일~~	~~선박의 종류와 명칭 기선 (건조중)~~ ~~선 질 강철~~ ~~용골의 길이 132m~~ ~~계획의 폭 21m~~ ~~계획의 깊이 53m~~ ~~계획의 총톤수 1천5백톤~~ ~~건조지 부산광역시 영도구 태교동 1~~ ~~조선자~~ ~~주식회사부산조선소 110111-1012345~~ ~~부산 영도구 태교동 1~~	
2	2019년5월7일	선박의 종류와 명칭 기선 부산호 선적항 부산광역시 동래구 선 질 강철 총톤수 1500톤 기관의 종류와 수 발동기 1대 추진기의 종류와 수 영선추진기 1대 진수 연월일 2019년5월2일	소유권보존등기로 인하여 1번등기 말소

(갑구)

【갑 구】 (소유권에 관한 사항)				
순위번호	등 기 목 적	접 수	등 기 원 인	권 리 자 및 기 타 사 항
~~1~~				~~등기의무자 동양기선주식회사~~ 110111-1012212 ~~서울 중구 을지로 1가 9~~ ~~저당권설정등기의 신청으로 인하여~~ ~~2003년3월10일 등기~~
2	소유권보존	2019년5월7일 제518호		소유자 동양기선주식회사 110101-1012212 서울특별시 종로구 인사동6길 8 (인사동)
3	1번등기말소			소유권보존등기로 인하여 말소 2019년5월7일 등기

제5절 선박등기의 말소

1. 선박의 멸실(또는 침몰)로 인한 말소 893

(표제부)

【표 제 부】	(선박의 표시)		
표시번호	접 수	선박의 표시	등기원인 및 기타사항
~~1~~	~~2003년1월10일~~	~~선박의 종류와 명칭 기선 부산호~~ ~~선적항 부산광역시 동래구~~ ~~선 질 강철~~ ~~총톤수 1천5백톤~~ ~~기관의 종류와 수 발동기 2개~~ ~~추진기의 종류와 수 영선추진기 2개~~ ~~진수 연월일 2003년1월10일~~	
2	2019년3월30일		2019년3월20일 멸실
			2번 등기하였으므로 본 등기기록 폐쇄 2019년3월30일

(주) 1. 선박등기처리규칙 제21조 각호의 규정에 의한 말소신청에 의하여 말소등기하는 경우이다.

2. 직권에 의한 말소 894

(표제부)

【표 제 부】	(선박의 표시)		
표시번호	접 수	선박의 표시	등기원인 및 기타사항
~~1~~	~~2003년1월10일~~	~~선박의 종류와 명칭 기선 부산호~~ ~~선적항 부산광역시 동래구~~ ~~선 질 강철~~ ~~총톤수 1천5백톤~~ ~~기관의 종류와 수 발동기 2개~~ ~~추진기의 종류와 수 영선추진기 2개~~ ~~진수 연월일 2003년1월10일~~	
2	2019년3월30일		2019년3월20일 선박원부 등록말소로 인하여 1번등기 말소
			2번 등기하였으므로 본 등기기록 폐쇄 2019년3월30일

제6절 임차권에 관한 등기

1. 임차권 설정 895

(을구)

【 을 구 】	(저당권 및 임차권에 관한 사항)			
순위번호	등 기 목 적	접 수	등 기 원 인	권 리 자 및 기 타 사 항
1	임차권설정	2019년3월5일 제3005호	2019년3월4일 설정계약	임차보증금 금2,000,000원 차 임 월 금50,000원 차임지급시기 매월 말일 존속기간 2019년3월5일부터 2020년3월4일까지 임차권자 최민국 680703-1562316 서울특별시 마포구 마포대로 25 (공덕동)

2. 임차권 이전 896

(을구)

【 을 구 】	(저당권 및 임차권에 관한 사항)			
순위번호	등 기 목 적	접 수	등 기 원 인	권 리 자 및 기 타 사 항
1	임차권설정	2012년2월5일 제2005호	2012년2월4일 설정계약	차 임 월 금50,000원 ~~임차권자 최민국 680703-1562316~~ ~~서울특별시 마포구 마포대로 25~~ ~~(공덕동)~~
1-1	1번임차권이전	2019년3월5일 제3005호	2019년3월4일 매매	임차권자 이겨레 750614-1035852 서울특별시 종로구 창덕궁길 105(원서동)

(주) 1. 양도한 임차권자의 표시를 말소하는 기호를 기록한다.

3. 임차권 변경 897

(을구)

【 을 구 】	(저당권 및 임차권에 관한 사항)			
순위번호	등 기 목 적	접 수	등 기 원 인	권 리 자 및 기 타 사 항
1	임차권설정	2019년2월4일 제2005호	2019년2월4일 설정계약	~~임차보증금 금10,000,000원~~ 차 임 월 금50,000원 차임지급시기 매월 말일 존속기간 2019년2월4일부터 2020년2월3일까지 임차권자 최민국 680703-1562316 서울특별시 마포구 마포대로 25 (공덕동)
1-1	1번임차권변경	2019년3월5일 제3005호	2019년3월4일 변경계약	임차보증금 금20,000,000원

(주) 1. 변경 전의 임차보증금을 말소하는 기호를 기록한다.
2. 등기상 이해관계인이 있는 경우에는 그의 승낙서 또는 그에 대항할 수 있는 재판의 등본을 첨부한 때에 한하여 부기등기로 한다.

4. 임차권 경정 898

(을구)

【 을 구 】	(저당권 및 임차권에 관한 사항)			
순위번호	등 기 목 적	접 수	등 기 원 인	권 리 자 및 기 타 사 항
1	임차권설정	2019년2월4일 제2005호	2019년2월4일 설정계약	임차보증금 금10,000,000원 ~~차 임 월 금50,000원~~ 차임지급시기 매월 말일 존속기간 2019년2월4일부터 2020년2월3일까지 임차권자 최민국 680703-1562316 서울특별시 마포구 마포대로 25 (공덕동)
1-1	1번임차권경정	2019년3월5일 제3005호	2019년2월4일 신청착오	차 임 월 금100,000원

(주) 1. 변경 전의 차임을 말소하는 기호를 기록한다.
2. 등기상 이해관계인이 있는 경우에는 그의 승낙서 또는 그에 대항할 수 있는 재판의 등본을 첨부한 때에 한하여 부기등기로 한다.

5. 임차권설정등기 말소 899

(을구)

【 을 구 】	(저당권 및 임차권에 관한 사항)			
순위번호	등 기 목 적	접 수	등 기 원 인	권 리 자 및 기 타 사 항
~~1~~	~~임차권설정~~	~~2019년2월4일~~ ~~제2005호~~	~~2019년2월4일~~ ~~설정계약~~	~~임차보증금 금10,000,000원~~ ~~차 임 월 금50,000원~~ ~~차임지급시기 매월 말일~~ ~~존속기간 2019년2월4일부터~~ ~~2020년2월3일까지~~ ~~임차권자 최민국 680703-1562316~~ ~~서울특별시 마포구 마포대로 25~~ ~~(공덕동)~~
2	1번임차권설정등기말소	2019년3월5일 제3005호	2019년3월4일 해지	

제7절 근저당권에 관한 등기

1. 근저당권 설정등기

가. 통상의 근저당권설정 900

(을구)

【 을 구 】	(저당권 및 임차권에 관한 사항)			
순위번호	등 기 목 적	접 수	등 기 원 인	권 리 자 및 기 타 사 항
1	근저당권설정	2019년3월15일 제3691호	2019년3월14일 설정계약	채권최고액 금6,000,000원 채무자 김우리 부산광역시 중구 대청로 51 (대청동1가) 근저당권자 최민국 680703-1562316 서울특별시 마포구 마포대로 25 (공덕동)

(주) 채권최고액은 반드시 단일하게 기록되어야 하고, 채권자 또는 채무자가 수인일지라도 각 채권자 또는 채무자별로 채권최고액을 구분하여 기록할 수 없다.(등기예규 제1471호)

나. 공유지분에 대한 근저당권설정 901

(을구)

【 을 구 】	(저당권 및 임차권에 관한 사항)			
순위번호	등 기 목 적	접 수	등 기 원 인	권 리 자 및 기 타 사 항
3	갑구20번김우리 지분전부근저당 권설정	2019년3월5일 제3500호	2019년3월4일 설정계약	채권최고액 금10,000,000원 채무자 김우리 부산광역시 중구 대청로 51 (대청동1가) 근저당권자 최민국 680703-1562316 서울특별시 마포구 마포대로 25 (공덕동)

(주) 제405항부터 제408항까지를 참조한다.

다. 외화표시의 채권을 담보하는 근저당권설정 902

(을구)

【 을 구 】	(저당권 및 임차권에 관한 사항)			
순위번호	등 기 목 적	접 수	등 기 원 인	권 리 자 및 기 타 사 항
3	근저당권설정	2019년3월5일 제3005호	2019년3월4일 설정계약	채권최고액 미화 금10,000달러 채무자 김우리 부산광역시 중구 대청로 51 (대청동1가) 근저당권자 최민국 680703-1562316 서울특별시 마포구 마포대로 25 (공덕동)

(주) 제409항의 (주)를 참조한다.

라. 공동근저당 903

(을구)

【 을 구 】	(저당권 및 임차권에 관한 사항)			
순위번호	등 기 목 적	접 수	등 기 원 인	권 리 자 및 기 타 사 항
1	근저당권설정	2019년3월15일 제3691호	2019년3월14일 설정계약	채권최고액 금6,000,000원 채무자 김우리 부산광역시 중구 대청로 51 (대청동1가) 근저당권자 최민국 680703-1562316 서울특별시 마포구 마포대로 25 (공덕동) 공동담보 인천광역시 남구 기선 인천1호 인천광역시 남구 기선 인천2호

(주) 1. 공동담보의 표시는 선적항과 선박의 종류와 명칭을 기록한다.

마. 담보목록이 제출된 공동근저당 904

(을구)

【 을 구 】	(저당권 및 임차권에 관한 사항)			
순위번호	등 기 목 적	접 수	등 기 원 인	권 리 자 및 기 타 사 항
1	근저당권설정	2019년3월15일 제3691호	2019년3월14일 설정계약	채권최고액 금6,000,000원 채무자 김우리 부산광역시 중구 대청로 51 (대청동1가) 근저당권자 최민국 680703-1562316 서울특별시 마포구 마포대로 25 (공덕동) 공동담보목록 제2019-10호

바. 공동담보목록 기록례 905

【공동담보목록 】					
목록번호	2019-10				
일련번호	선박에 관한 권리의 표시	관할등기소명	순위번호	기 타 사 항	
				생성원인	변경/소멸
1	인천광역시 서구 기선 인천1호	인천지방법원 등기국	1	2019년3월15일 제3691호 설정계약으로 인하여	
2	인천광역시 서구 기선 인천2호	인천지방법원 등기국	1	2019년3월15일 제3691호 설정계약으로 인하여	
3	인천광역시 서구 기선 인천3호	인천지방법원 등기국	1	2019년3월15일 제3691호 설정계약으로 인하여	
4	인천광역시 서구 기선 인천4호	인천지방법원 등기국	1	2019년3월15일 제3691호 설정계약으로 인하여	
5	부산광역시 중구 부선 부산5호	부산지방법원 등기과		2019년3월15일 제3691호 설정계약으로 인하여	

(주) 1. 추가공동담보인 경우에만 전에 등기한 선박의 표시에 을구 순위번호를 기록한다.
2. 공동담보목록의 변경·소멸의 등기는 목적 선박을 표시한 뒤 변경 또는 소멸되는 사항을 기록하고 그 변경 또는 소멸한 사항을 말소하는 기호를 기록한다.

사. 새로운 담보물의 추가 906

(을구)

【 을 구 】		(저당권 및 임차권에 관한 사항)		
순위번호	등 기 목 적	접 수	등 기 원 인	권 리 자 및 기 타 사 항
1	근저당권설정	2019년3월15일 제3691호	2019년3월14일 추가설정계약	채권최고액 금6,000,000원 채무자 김우리 부산광역시 중구 대청로 51 (대청동1가) 근저당권자 최민국 680703-1562316 서울특별시 마포구 마포대로 25 (공덕동) 공동담보 인천광역시 남구 기선 인천1호 의 담보물에 추가

(주) 1. 등기신청서에는 종전의 등기를 표시하는 사항으로서 그 선박의 표시 외에 종전등기의 순위번호와 접수연월일 및 접수번호를 기록하여야 한다.

아. 담보물의 추가의 부기 907

(을구)

【 을 구 】		(저당권 및 임차권에 관한 사항)		
순위번호	등 기 목 적	접 수	등 기 원 인	권 리 자 및 기 타 사 항
1	근저당권설정	(생 략)	(생 략)	(생 략)
1-1	1번근저당권담보 추가			공동담보 인천광역시 남구 기선 인천2호 2019년3월15일 부기

자. 담보목록 제출의 추가설정 908

(을구)

【 을 구 】	(저당권 및 임차권에 관한 사항)			
순위번호	등 기 목 적	접 수	등 기 원 인	권 리 자 및 기 타 사 항
1	근저당권설정	2019년3월5일 제3980호	2019년3월4일 추가설정계약	채권최고액 금6,000,000원 채무자 김우리 부산광역시 중구 대청로 51 (대청동1가) 근저당권자 최민국 680703-1562316 서울특별시 마포구 마포대로 25 (공덕동) 공동담보목록 제2019-50호

차. 추가공동담보목록 기록례 909

【공동담보목록 】					
목록번호	2019-50				
일련번호	선박에 관한 권리의 표시	관할등기소명	순위번호	기 타 사 항	
				생성원인	변경/소멸
1	인천광역시 남구 기선 인천1호	인천지방법원 등기국	1	2019년3월5일 제3980호 담보추가로 인하여	
2	인천광역시 남구 기선 인천2호	인천지방법원 등기국	1	2019년3월5일 제3980호 담보추가로 인하여	
3	인천광역시 남구 기선 인천3호	인천지방법원 등기국	1	2019년3월5일 제3980호 담보추가로 인하여	
4	인천광역시 옹진군 대청면 기선 인천4호	인천지방법원 등기국	1	2019년3월5일 제3980호 담보추가로 인하여	
5	경상북도 울진군 죽변면 부선 부산5호	울진등기소		2019년3월5일 제3980호 담보추가로 인하여	

(주) 1. 추가공동담보인 경우 전에 등기한 선박의 표시에만 을구 순위번호를 기록한다.
2. 추가하는 선박과 전에 등기한 선박이 합하여 5개 이상이 될 때에는 공동담보목록을 작성한다.

카. 다른 등기소로부터 담보 추가의 통지가 있는 경우의 부기 910

(을구)

【 을　　　구 】	(저당권 및 임차권에 관한 사항)			
순위번호	등 기 목 적	접　수	등 기 원 인	권 리 자 및 기 타 사 항
1	근저당권설정	(생 략)	(생 략)	(생 략)
1-1	1번근저당권담보 추가	2019년3월18일 제3691호		공동담보목록 제2019-56호

(주) 1. 추가설정계약의 통지서와 함께 공동담보목록의 송부가 있는 경우이다.
2. 한 선박의 추가설정통지의 송부가 있는 경우에는 "공동담보 인천광역시 남구 기선 인천3호"의 형태로 기록한다.

타. 목록 제출이 있는 선박에 대한 담보목록 제출의 추가설정 911

(을구)

【 을　　　구 】	(저당권 및 임차권에 관한 사항)			
순위번호	등 기 목 적	접　수	등 기 원 인	권 리 자 및 기 타 사 항
1	근저당권설정	2019년3월15일 제3691호	2019년3월14일 추가설정계약	채권최고액 금6,000,000원 채무자 김우리 　부산광역시 중구 대청로 51 　(대청동1가) 근저당권자 최민국 680703-1562316 　서울특별시 마포구 마포대로 25 　(공덕동) 공동담보목록 제2019-30호

제5편

부부재산약정등기

Supreme Court of Korea

1. 약정등기

가. 일반적인 경우 912

【약 정 자】	(약정자의 표시)		
표시번호	접 수	약정자의 기본사항	등기원인 및 기타사항
1	2019년3월11일	부 이대한 850110-1122333 서울특별시 종로구 대학로 11(연지동) 처 박나라 901212-2069111 서울특별시 도봉구 마들로 20(도봉동)	

【약 정 사 항】	(약정의 내역)		
표시번호	접 수	등 기 원 인	약 정 내 역
1	2019년3월11일 제100호	2019년3월4일 부부재산약정	1. 부부재산 중 다음에 기록한 것은 각자 재산으로 한다. (부의 재산) 가. 서울특별시 마포구 공덕동 100 토지 100㎡ 나. 2018년식 아반떼 42더1166 (처의 재산) 가. 서울특별시 서초구 서초대로62길 31, 102동 103호 (서초동, 한양아파트) 나. 국민은행 예금 5천만원 2. 부의 특유재산의 사용, 수익 및 관리는 처가 한다. 3. 혼인 중 새로 취득한 재산은 부부공유로 한다.

나. 약정자가 주민등록번호가 없는 재외국민이거나 외국인인 경우 913

【약 정 자】	(약정자의 표시)		
표시번호	접 수	약정자의 기본사항	등기원인 및 기타사항
1	2019년3월11일	부 영국인 웨인루니 1980. 10. 20.생 서울특별시 마포구 공덕동 223 처 이을순 1983. 9. 5.생 서울특별시 서초구 서초동 967	

2. 약정자의 변경등기 914

【약 정 자】 (약정자의 표시)			
표시번호	접 수	약정자의 기본사항	등기원인 및 기타사항
~~1~~	~~2019년3월11일~~	~~부 이대한 850110-1122333~~ ~~서울특별시 종로구 대학로 11(연지동)~~ ~~처 박나라 901212-2069111~~ ~~서울특별시 도봉구 마들로 20(도봉동)~~	
2	2019년5월15일	부 이대한 850110-1122333 서울특별시 종로구 인사동6길 8(인사동) 처 박나라 901212-2069111 서울특별시 도봉구 마들로 20(도봉동)	부의 주소변경

3. 약정사항의 변경등기 915

【약 정 사 항】 (약정의 내역)			
표시번호	접 수	등 기 원 인	약 정 내 역
~~1~~	~~2019년3월11일~~ ~~제100호~~	~~2019년3월4일~~ ~~부부재산약정~~	~~1. 부부재산 중 다음에 기록한 것은 각자 재산으로 한다.~~ ~~(부의 재산)~~ ~~가. 서울특별시 마포구 공덕동 100 토지 100㎡~~ ~~나. 2018년식 아반떼 42더1166~~ ~~(처의 재산)~~ ~~가. 서울특별시 서초구 서초대로62길 31, 102동 103호 (서초동, 한양아파트)~~ ~~나. 국민은행 예금 5천만원~~ ~~2. 부의 특유재산의 사용, 수익 및 관리는 처가 한다.~~ ~~3. 혼인 중 새로 취득한 재산은 부부공유로 한다.~~
2	2019년5월10일 제110호	2019년5월1일 부부재산약정 변경허가	1. 부부재산 중 다음에 기록한 것은 각자 재산으로 한다. (부의 재산) 가. 2018년식 아반떼 42더1166 (처의 재산) 가. 서울특별시 서초구 서초대로62길 31, 102동 103호 (서초동, 한양아파트) 나. 국민은행 예금 5천만원 다. 서울특별시 마포구 공덕동 100 토지 100㎡ 2. 부의 특유재산의 사용, 수익 및 관리는 처가 한다. 3. 혼인 중 새로 취득한 재산은 부부공유로 한다.

4. 부부재산약정 소멸등기 916

【약 정 자】	(약정자의 표시)		
표시번호	접 수	약정자의 기본사항	등기원인 및 기타사항
~~1~~	~~2019년3월11일~~	~~부 이대한 850110-1122333~~ ~~서울특별시 종로구 대학로 11 (연지동)~~ ~~처 박나리 901212-2069111~~ ~~서울특별시 도봉구 마들로 20 (도봉동)~~	
2	2019년5월20일		2019년5월15일 이혼(부의 사망)
			2번 등기하였으므로 본 등기기록 폐쇄 2019년5월20일

기록례번호
신 · 구대조표

구	신	구	신	구	신
1	1	34	223	69-4	313
2	199	35	224	69-5	314
3	200	36	225	70	321
4	201	37	226	71	303
5	173	38	227	72	304
6	66	39	228	73	251
7	67	40	240	74	252
8	68	41	241	75	253
9	69	42	242	76	254
10	71	43	243	77	255
11	72	44	244	78	256
12	202	45	245	79	257
13	·	46	246	80	258
13-1	70	47	247	81	259
13-2	229	48	248	82	260
13-3	230	49	233	83	261
13-4	231	50	234	84	262
13-5	232	51	235	85	263
14	203	52	237	86	264
15	204	53	238	87	265
16	205	54	239	88	266
17	206	55	249	89	267
18	207	56	250	90	268
19	208	57	295	91	·
20	209	58	296	92	·
21	210	59	297	93	269
22	211	60	298	94	270
23	212	61	299	95	271
24	213	62	301	96	272
25	214	63	302	97	273
26	215	64	305	98	274
27	216	65	306	99	275
28	217	67	307	100	276
29	218	68	308	101	277
30	219	69	309	102	278
31	220	69-1	310	103	279
32	221	69-2	311	104	280
33	222	69-3	312	105	281

구	신	구	신	구	신
106	282	144	348	181	427
107	283	145	349	182	429
108	285	146	350	183	·
109	286	147	351	184	431
110	287	148	352	185	411
111	288	149	353	186	171
112	289	150	354	187	412
113	290	151	355	188	413
114	291	152	356	189	414
115	292	153	357	190	415
116	293	154	358	191	416
117	294	155	359	192	504
118	322	156	360	193	506
119	323	157	362	193-1	507
120	324	157-1	363	193-2	446
121	325	158	361	194	432
122	326	159	364	195	433
123	327	160	·	196	434
124	328	161	·	197	437
125	329	162	371	198	438
126	330	163	372	199	439
127	331	164	373	200	440
128	332	165	374	201	441
129	333	166	375	202	442
130	334	167	376	203	443
131	335	168	404	204	444
132	336	169	405	205	447
133	337	170	409	206	448
134	338	171	410	207	449
135	339	172	417	208	450
136	340	173	418	209	451
137	341	174	419	210	·
138	342	175	421	211	·
139	343	176	420	212	453
140	344	177	423	213	454
141	345	178	424	214	455
142	346	179	422	215	452
143	347	180	426	216	456

구	신	구	신	구	신
217	457	256	494	294	50
218	458	257	495	295	51
219	459	258	496	296	52
220	463	259	497	297	2
221	464	260	·	298	3
222	·	261	·	299	4
223	460	262	498	300	5
224	461	263	499	301	6
225	462	264	502	302	7
226	465	265	503	303	8
227	466	266	500	304	9
228	467	267	501	305	10
229	468	268	377	306	11
230	469	269	378	307	12
231	470	270	383	308	13
232	471	271	384	309	14
233	472	272	385	310	15
234	473	273	386	311	16
235	474	274	387	312	17
236	475	275	379	313	18
237	476	276	380	314	19
238	477	277	381	315	20
239	478	278	382	316	21
240	479	279	389	317	22
241	480	280	390	318	23
242	481	281	391	319	24
244	482	282	392	320	25
245	483	283	393	321	26
246	484	284	394	322	27
247	485	285	395	323	28
248	486	286	396	324	29
249	487	287	397	325	30
250	488	288	399	326	31
251	489	289	400	327	32
252	490	290	398	328	33
253	491	291	401	329	34
254	492	292	402	330	35
255	493	293	403	331	36

구	신	구	신	구	신
332	37	364	83	401	547
332-1	38	365	86	402	548
332-2	39	366	84	403	549
332-3	40	367	85	404	550
332-4	41	368	87	405	551
332-5	42	369	88	406	552
333	53	370	95	407	553
334	54	371	60	408	554
335	55	372	61	409	555
336	43	373	62	410	556
337	44	374	96	411	557
338	45	375	63	412	558
339	46	376	183	413	559
340	47	377	184	414	560
341	48	378	186	415	561
342	49	379	187	416	562
343	56	380	188	417	563
345	57	381	189	418	564
346	58	382	191	419	565
347	59	383	192	420	566
347-1	64	384	193	421	567
347-2	65	385	194	422	568
348	73	386	195	423	570
349	74	386-1	196	424	571
350	75	387	197	425	572
351	76	388	198	426	573
352	77	389	757	427	574
353	78	390	758	428	575
354	79	391	759	429	576
355	89	392	760	430	577
356	90	393	·	431	578
357	91	394	761	431-1	579
358	92	395	762	431-2	580
359	93	396	·	432	581
360	94	397	·	433	582
361	80	398	544	434	583
362	81	399	545	435	584
363	82	400	546	435-1	585

구	신	구	신	구	신
436	586	485	609	517	626
448	771	486	610	518	627
449	772	487	611	519	628
450	773	488	612	520	629
451	774	489	613	521	630
452	775	490	632	522	631
453	776	491	633	523	726
454	777	492	634	524	727
455	763	493	635	525	728
456	764	494	636	526	729
457	765	495	637	527	730
459	766	496	638	528	731
460	767	497	639	529	732
461	768	498	640	530	733
462	769	499	641	531	734
463	770	500	642	532	735
464	587	501	643	533	736
465	588	502	644	534	737
466	589	503	645	535	738
467	590	503-1	646	536	739
468	591	503-2	647	537	740
469	592	504	648	538	741
470	593	505	649	539	742
471	594	505-1	650	540	743
472	595	505-2	651	541	744
473	596	506	652	542	745
474	597	507	614	543	746
475	598	507-1	615	544	747
476	599	507-2	616	546	748
477	600	508	617	547	749
478	601	509	618	548	750
479	602	510	619	549	751
480	603	511	620	564	752
481	604	512	621	565	753
482	605	513	622	566	755
482-1	606	514	623	567	756
483	607	515	624	568	508
484	608	516	625	569	509

구	신	구	신	구	신
570	510	603	783	641	669
571	512	604	784	642	670
572	513	605	785	643	671
573	515	606	786	644	672
574	516	607	787	645	673
575	517	608	788	646	674
576	569	609	789	647	675
577	522	610	790	648	676
577-1	518	611	791	649	677
577-2	519	612	792	650	678
577-3	511	613	793	651	679
577-4	521	614	794	652	680
578	523	615	795	653	681
579	524	616	796	654	682
580	525	617	797	655	683
581	526	618	798	656	684
582	527	619	799	657	685
583	531	620	800	658	686
584	532	621	715	659	687
585	533	622	716	660	688
586	534	623	717	661	689
587	528	624	718	662	690
588	529	625	719	663	691
589	530	626	720	664	692
589-1	535	627	721	665	693
590	537	628	656	666	694
591	538	629	657	667	695
592	539	630	658	668	696
593	653	631	659	669	697
594	654	632	660	670	698
595	655	633	661	671	699
596	722	634	662	672	700
597	723	635	663	673	701
598	724	636	664	674	702
599	725	637	665	675	703
600	780	638	666	676	704
601	781	639	667	677	705
602	782	640	668	678	706

구	신	구	신	구	신
679	707	715	128	753	166
680	708	716	129	754	167
681	709	717	130	755	778
682	710	718	131	756	779
683	711	719	132	757	813
684	712	720	133	758	814
684-1	713	721	134	759	802
684-2	714	722	135	760	803
685	97	723	136	761	804
686	99	724	137	762	805
687	100	725	138	763	806
688	101	726	139	764	807
689	102	727	140	765	808
690	103	728	141	766	809
691	104	729	142	767	810
692	105	730	143	768	811
693	106	731	144	769	812
694	107	732	145	769-1	815
695	108	733	146	769-2	816
696	109	734	147	770	821
697	110	735	148	771	822
698	111	736	149	772	823
699	112	737	150	773	824
700	113	738	151	774	831
701	114	739	152	775	832
702	115	740	153	776	833
703	116	741	154	777	834
704	117	742	155	778	825
705	118	743	156	779	826
706	119	744	157	780	827
707	120	745	158	781	828
708	121	746	159	782	829
709	122	747	160	783	830
710	123	748	161	784	835
711	124	749	162	785	836
712	125	750	163	786	839
713	126	751	164	787	840
714	127	752	165	788	841

구	신	구	신
789	843	829	881
790	844	830	882
791	845	831	883
792	846	832	884
793	847	833	885
794	848	834	886
795	849	835	887
796	850	836	888
797	851	837	889
798	852	838	890
799	853	839	891
800	854	840	892
803	855	841	893
804	856	842	894
805	857	843	895
806	858	844	896
807	859	845	897
808	860	846	898
809	861	847	899
810	862	848	900
811	863	849	901
812	864	850	902
813	865	851	903
814	866	852	904
815	867	853	905
816	868	854	906
817	869	855	907
818	870	856	908
819	871	857	909
820	872	858	910
821	873	859	911
822	874	860	912
823	875	861	914
824	876	862	915
825	877	863	916
826	878		
827	879		
828	880		

부동산등기기록례집
(재단 · 입목 · 선박 · 부부재산 등기 포함)

2019년 8월 발 행

발 행 법원행정처

인 쇄 한 양 당(363-3423)